대륙의 미학
　　역설의 시학

대륙의 미학 역설의 시학

2020년 9월 30일 초판 1쇄 펴냄

지은이 김현택 외
기획 라승도, 송종찬
펴낸이 신길순

펴낸곳 (주)도서출판 **삼인**
전화 02-322-1845
팩스 02-322-1846
이메일 saminbooks@naver.com
등록 1996. 9. 16. 제25100·2012·000046호
주소 (03716) 서울시 서대문구 성산로 312 북산빌딩 1층

표지, 본문 디자인 끄레 디자인
인쇄 수이북스
제책 은정

ISBN 978-89-6436-182-5 03920

값 19,000원

이 책은 2019년 대한민국 교육부와 한국연구재단의 지원을 받아 발간되었음
(NRF-2019S1A6A3A02102950)

러시아와 함께한 우리들의 30년

대륙의 미학
역설의 시학

김현택 외 지음

삼인

상상 속의 러시아, 그리고 우리가 체험한 러시아

러시아 얘기라고요? 공산 국가 소련, 무척 추운 나라, 보드카와 불곰, 기차를 타고 가도 가도 끝이 없는 시베리아 평원 정도는 알고 있죠. 그러고 보니 강한 카리스마의 푸틴 대통령도 있고, 발레와 음악, 문학 같은 예술이 유명하다던데. 친구들과 블라디보스토크에 갔더니 '한국에서 가장 가까운 유럽'이라는 여행사 광고가 딱 맞더군요. 그런데 러시아 사람들은 좀 무뚝뚝한 것 같아요. 한국 여행자들이 가득한 현지 레스토랑에서 검은 비닐장갑 끼고 먹은 킹크랩이 좋았고요. 다음엔 도시 전체가 박물관이라는 상트페테르부르크로 떠나보려고요.

우리 한반도 면적의 무려 80배에 달하는 광대한 나라 러시아는 이렇게 간단히 설명할 수도 있다. 하지만 북유럽과 중유럽, 발트해, 벨라루스와 우크라이나를 지나 캅카스, 중앙아시아, 몽골, 중국 같은 수많은 나라와 국경이 잇닿아 있고, 우리 한반도와는 두만강을 경계로 마주하고 있는 러시아는 상상하고 이해하기가 꽤 버거운 상대다. 천 년의 역사를 거치는 동안 이 나라는 서로 다른 문명에 속하는 다양한 국가 및 민족들과 교류하고 섞이면서 독특한 삶의 양식과 문화예술을 일궈왔고, 세계사적 격변의 중심에 여러 번 서 있었다.

영토의 동쪽 끝 캄차카반도에서 시계가 오후 6시를 가리킬 때, 모스크바는 오전 9시, 최서단 도시 칼리닌그라드는 한 시간 더 차이 나는 오전 8시가 되는 이 드넓은 공간에서 항공기와 열차 운행 시간표가 우리에게 익숙한 방식과 전혀 다른 것은 물론이다. 영토 종심을 따라 펼쳐지는 식생대는 어떤가. 혹한 때문에 관목과 이끼 정도만 겨우 자라는 툰드라, 전나무와 소나무가 죽죽 뻗은 침엽수림, 혼합림, 스텝, 사막 지대가 남쪽으로 가면서 차례로 등장한다. 북쪽 먼 곳에서 거센 눈보라가 칠 때 남부 어느 마을에서는 아몬드 꽃이 눈처럼 쏟아지는 나라가 러시아다. 모스크바에서 기차로 동쪽으로 이동하다 보면 갈수록 동양인 얼굴이 자주 등장한다. 한국에서 가장 가까운 유럽인 블라디보스토크 거리에서 서양 사람들을 자주 마주치는 것은 태평양함대 모항으로 소련 시절 외부인 출입이 금지되던 군사 도시에 타지 출신 전문 인력이 다수 배치되었던 까닭이다. 러시아는 무릇 이해하고 설명하기 쉬운 나라가 아니다. 남북으로 나뉜 반도에 살면서 단일민족 신화에 익숙해진 우리 한국인에게는 더욱 그렇다.

한반도와 지리적으로 가까운데도 이 나라가 우리에게 유독 낯설게 여겨지는 다른 이유도 있다. 해방 후 분단 상황과 냉전 체제 속에서 소련과는 교류가 완전히 차단됐을 뿐 아니라, 러시아어를 배우거나 이 나라에 관심을 보이는 일조차 달가워하지 않는 분위기가 오래 이어졌다. 다행히 1980년대 후반 동서 진영 간 긴장이 완화되는 가운데 당시 우리 정부가 추진한 북방정책을 계기로 소련을 비롯한 공산권 국가들과의 교류 가능성이 비로소 열렸다.

그리고 1988년 서울 올림픽과 1990년 한·소 수교 즈음해서는 이른바 '소련 붐'이 일었다. 러시아어는 하루아침에 인기 외국어로 등극했고, 모스크바로 연수와 유학을 떠나는 학생들이 줄을 이었다. 우리가 러시아 땅을 처음 밟은 이 무렵 소련에서 러시아연방으로 바뀐 이 나라는 극심한 혼란을 겪고 있었다. 시장경제로 급격히 전환하는 와중에 혼돈과 무질서가 소용돌이치던 당시의 러시아 모습은 무척 초라했다. 단기간에 경제 선진국으로 발돋움한 한국에서 온 이들의 눈에 비친 러시아 국가는 무능했고, 국민은 '애국심'이 부족했으며, 언제나 안정을 찾을 수 있을지 가닥이 잡히지 않았다. 자연히 러시아를 향한 한국의 관심과 열기는 시들해졌다. 그러는 사이 러시아는 변화를 거듭했고, 때로는 놀라울 정도의 성과와 자신감을 드러내기 시작했다. 2020년 오늘의 러시아를 이해하려면 과거의 고정관념과 편협한 시선을 털어내고 역동적으로 변하는 이 나라의 여러 모습을 현장에서 관찰하며 다시 생각해보려는 노력이 필요한 이유다.

  러시아 전문가 스물일곱 명의 글을 묶어 발간하는 이번 작업은 러시아를 한국적 시각에서 재조명하는 한편, 우리가 그동안 느끼고 상상해온, 또 현지 곳곳에서 직접 체험한 러시아를 그려보려는 공동의 노력에 해당한다. 학계와 현장에서 꾸준히 이 나라를 연구해온 동학들이 러시아를 향한 개인적 열정과 사랑, 학문적 결실, 자신만의 생각, 또 거기에 더하여 젊은 세대와 함께 풀어나가야 할 공통의 과제 등을 서로 비추어보는 일이 이 시점에서 의미 있다고 생각했기 때문이다. 아울러 필자 자신과 후학에게는 진지한 자기 성찰과 새로운 방향 탐색의 기회를 제공하는 동시에, 러시아에 관심 있는 일반 독자에게는 피상적 이해 너머에 존재하는 러시아 고유의 정체성과 독특한 정신세계, 우리와의 협력 가능성

등을 소개한다는 기대감도 있었다.

이런 구상의 태동은 코로나바이러스로 인한 팬데믹 상황 덕분이다. 한·러 수교 30주년을 맞아 계획했던 수많은 회의와 행사가 줄줄이 연기됐고, 강의는 모조리 온라인으로 전환됐다. 뜻밖에 생긴 혼자만의 시간에 이런저런 궁리를 하던 중에 모여서 요란을 떨지 않고 함께 도모할 수 있는 일 하나가 떠올랐고, 그 결과 서로 다른 분야와 영역에서 러시아와 오랜 인연을 맺어온 전문가들끼리 이 나라를 바라보는 나름의 견해와 소회를 에세이 형식으로 묶어보자는 제안을 하기에 이르렀다.

인문학과 사회과학, 문화예술과 과학기술, 언론과 비즈니스 등 다양한 분야에서 활약 중인 중견 전문가들로 구성된 집필진 면면을 보면, 관심 분야는 달라도 하나같이 러시아에 푹 빠져들어 이 나라와 함께하며 성장한, 그리고 러시아 여러 지역 답사 경험이 풍부한 이력을 갖고 있다. 문학 작품과 예술 텍스트를 통해서, 또는 학술 연구와 실무 프로젝트를 수행하면서 러시아의 자연과 사람을 만나고 문화예술이 숨 쉬는 현장과 역사 유산을 답사한 필자들의 이야기를 읽어가다 보면, 러시아 특유의 매력과 우리가 평소 소홀히 하던 묵직한 질문들을 문득문득 만나게된다. 여러 전공 분야와 세대를 망라한 우리 전문가들이 지난 30년 동안 러시아를 상상하고, 관찰하며, 체험한 이야기를 솔직하게 기록한 글들 속에서 한국의 러시아 연구가 상당히 성숙하고 풍성해진 것도 확인할 수 있다.

이 공동 작업에 흔쾌히 참여하여 소중한 원고를 보내준 필자 모두에게 감사드리고, 특히 기획과 편집 일에 수고를 아끼지 않은 라승도 박사와 송종찬 시인, 두 분께 고마운 마음을 전한다.

독자 여러분, 끝없는 상상과 체험, 사유의 공간 러시아에 오신 것을 환영합니다. 자! 그럼 수교 30주년을 맞아 조금은 색다른 러시아를 만나볼까요.

2020년 9월
필자들을 대신하여
김현택

차례

11

1부

문학과 예술의 광야 너머

광야의 도스토옙스키

석영중

2016년 4월 23일 토요일, 모스크바의 새벽이 서서히 밝아왔다. 전날 밤 내린 비로 차도와 보도는 군데군데 젖어 있었고 공기는 맑고 신선했다. 레프 톨스토이 거리의 성 니콜라이 성당 앞에는 머리에 스카프를 두른 러시아 부인들이 삼삼오오 모여 있었다. 대략 50대에서 60대로 보였다. 우리는 대기 중이던 20인승 미니버스에 올라탔다. 우리까지 포함해 정확하게 스무 명의 여성 순례객을 태운 버스는 곧 출발했다. 홍지인 선생, 이명현 선생, 이 두 제자와 함께하는 옵티나 푸스틴Optina pustyn 수도원 순례는 이렇게 시작되었다.

모스크바에서 남서쪽으로 약 180km 떨어진 칼루가주州 허허벌판에 세워진 옵티나 수도원은 18세기 말까지는 그냥 고만고만한 '광야 수도원' 중의 하나였다. 그러나 19세기 초, 수년간 광야에서 은둔 생활을 한 푸스틴니키pustynniki라는 은수자들이 모여들면서 이곳은 러시아 영성의 요지이자 신학의 중심지가 되었다. 표도르 도스토옙스키, 니콜라이 고골, 레프 톨스토이 등 수많은 지식인이 피정을 위해, 혹은 장로와의 개인 면담을 위해 이곳을 찾았다.

도스토옙스키가 수도원을 방문한 데는 가슴 아픈 사연이 있다. 1878

년 5월 16일 도스토옙스키의 세 살배기 아들 알료샤가 사망했다. 사인은 아버지한테서 이어받은 간질병이었다. 막내를 유난히 사랑했던 도스토옙스키는 가슴이 터질 듯한 고통의 늪에서 도저히 벗어날 수 없어 옵티나 수도원을 방문했다. 당시 러시아 전역에 그 성덕이 알려져 있던 암브로시 장로를 만나기 위해서였다. 도스토옙스키는 수도원에서 이틀 밤을 묵으며 암브로시 장로와 세 번의 만남을 가졌다. 한 번은 밀집한 군중 틈에서 만났고, 두 번은 독대했다. 그는 장로에게서 깊은 감동과 위안을 얻었다. 알료샤의 죽음과 수도원 방문, 그리고 장로와의 면담은 도스토옙스키의 삶에 지워지지 않는 흔적을 남겼고 그 흔적은 소설 『카라마조프가의 형제』로 고스란히 이전되었다. 죽은 세 살배기 아들 알료샤는 소설의 주인공으로 다시 태어났고, 옵티나 수도원은 소설의 주요 배경으로 들어왔으며, 암브로시 장로는 조시마 장로로 환생하여 소설의 전면에 배치되었다. 한마디로, 옵티나 수도원은 현실과 허구가 만나고 대문호의 삶과 문학과 신앙이 하나로 녹아드는 특수한 공간이라 할 수 있다.

도스토옙스키는 내게 좋아하는 작가 그 이상이다. 돌이켜보면 도스토옙스키와 나는 운명과도 같은 어떤 기이한 힘으로 엮어졌다는 생각이 든다. 운명이라니까 다소 신파조로 들리지만, 그 밖의 다른 단어는 떠오르지 않는다.

1977년 3월은 유난히 쌀쌀했었다. 옷깃 사이로 스며드는 바람은 한겨울 삭풍보다 매서웠다. 고려대학교는 그해 처음으로 계열별 모집을 시행했다. 요즘으로 치자면 '학부제'와 같은 제도다. 문과대학은 어문 계열과 인문 계열로 나뉘어 있었고 신입생은 3학년 진급 시 전공을 결정하게 되어 있었다. 나는 문과대학 어문 계열에 합격했다. 이렇다 할 목표가 있었던 것은 아니고 당시 여학생들 사이에서는 영문과가 이른바 인기 학과였으므로 나도 막연히 2년 뒤에는 영문학을 전공하겠다는 생각을 품고 있었던 것 같다. 고등학교 시절 책 읽기를 좋아했던 것은 사실이지만, 그것이 꼭 전공을 결정해준 요인은 아니었다. 인터넷도 없고 핸드폰도 없다 보니 거의 모든 학생이 독서를 취미로 삼고 거의 모든 학생이 자타가 공인하는 문학소녀, 문학소년이던 시절이었다. 나는 공부 좀 한다는 대부분의 여학생처럼 그렇게 대학에 들어와 그렇게 진로를 결정했다.

그런데 사소한 문제가 내 장래를 바꾸어놓았다. 제2외국어로 교양 불어를 신청했는데 강의실이 언제나 만원이었다. 강의실에 뒷문이 없다는 것은 치명적이었다. 지각이라도 할라치면 교수님의 따가운 눈길을 받으며 맨 뒷좌석으로 기신기신 들어가야 했다. 나는 결국 "텅텅 비었다"고 소문난 교양 러시아어 수업으로 수강 과목을 정정했다.

그런 나에게 처음 들어간 러시아어 수업은 경이 그 자체였다. 오, 러시아어여! 영어 알파벳을 뒤집어놓은 듯한 그 절묘한 실루엣에 나는 완전히 매혹되었다. 첫 수업부터 러시아어는 그때까지 내가 쌓아왔던 모든 이성과 감성과 상상력의 성을 송두리째 뒤흔들어놓았다. 영어와 프랑스어가 외국어의 전부인 줄 알았던 나에게 러시아어가 열어 보인 세상은 너무도 이국적이고 너무도 황홀했다. 러시아어의 소리는 그때까지 내가 들어왔던 그 어떤 음악보다 강렬했다. 이고리 스트라빈스키의 〈봄의 제전〉을 인간의 음성으로 옮겨놓은 듯한 그 소리에는 이른 봄 얼어붙은 땅을 뚫고 솟구쳐오르는 원초적인 생명력이 있었고, 극도로 거친 야성의 힘과 어린애 같은 천진함이 교묘하게 뒤섞여 있었다. 나는 첫 시간에 러시아어의 모양과 소리에 완전히 취한 채 비틀거리며 강의실을 나섰다.

그때부터 나는 주술에 걸린 듯이 러시아어를 공부했다. 교재라고는 신아사에서 나온 『기초 러시아어』가 전부였고, 사전도 없어 옥스퍼드 노영

사전을 사용해야 했지만, 그런 건 아무 문제도 아니었다. 나는 단숨에 알 파벳을 깨쳤고, 문법을 공부했으며, 동사 변화와 명사 어미를 미친 듯이 암기했다. 두 달 뒤, 나는 간단한 러시아어 문장을 말할 수 있게 되었다. 러시아어는 언어 자체가 시였다. '날씨가 정말 좋습니다' 같은 산문적인 문장까지도 러시아어로 말하면 시가 되었다. '카카야 자미차첼리나야 파 고다Kakaia zamechatel'naia pogoda!'

그러던 어느 날 드디어 내 삶에 도스토옙스키가 등장했다. 러시아어 에 푹 빠져서 한 학기를 보낸 뒤 나는 러시아 소설을 읽기 시작했다. 여 름방학이 시작될 무렵이었던 것으로 기억한다. 창밖에 비가 주룩주룩 내 리는 무더운 여름날 텅 빈 도서관에 홀로 앉아 『죄와 벌』을 읽었다. 그 감동을 언어로는 표현하기 어렵다. 아직 어렸던 내가 그 깊은 의미를 다 이해했을 리 없다. 그런데도 한순간에 갑자기 인생의 비밀이라도 알게 된 것 같은 그런 느낌이 들었다. 무엇 때문인지 자꾸만 눈물이 났다. 특히 소냐가 '나자로의 부활'을 낭송하는 대목에서는 독서를 더는 지속할 수 가 없어 책장을 덮고 그냥 눈물만 줄줄 흘렸다. 나는 가끔 도스토옙스키 가 바로 그날, 장맛비 냄새가 밴 눅눅한 고려대학교 도서관으로 나를 찾 아왔었던 게 아닌가 하고 다소 소설적인 상상을 해본다. 아무튼 그때 이 후 나는 정음사에서 출간된 『도스토옙스키 전집』을 독파했고, 1년 반 뒤 아무런 망설임도 없이 러시아 문학을 전공으로 택했다.

인생의 고비마다 나는 도스토옙스키를 읽었고 그에게서 희망을 발견 했고 그에게서 삶의 지침을 얻었다. 그러므로 어느 시점 이후부터는 그 를 연구한다기보다는 그에게서 배운다는 생각이 앞섰고, 더 이후에는 배 운 데 대한 보답으로 예를 갖추어야 한다는 생각이 더 앞섰다. 조금 통 속적으로 말한다면 나는 '인생에서 알아야 할 모든 것을 도스토옙스키

한테서 배웠다.' 도스토옙스키에 관해 책을 쓰고 논문을 쓰는 것이야 연구자 본연의 일이라 할 수 있겠지만, 2014년부터 2018년까지 도스토옙스키의 족적을 찾아 러시아, 카자흐스탄, 독일, 영국, 프랑스, 이탈리아, 체코, 오스트리아, 스위스를 둘러본 것은 거의 순례에 가까웠다. 2018년에는 그 여행기를 토대로 꼬박 1년 동안 〈중앙선데이〉에 매주 주말 총 48회에 걸쳐 작가론과 평론과 수필을 뒤섞은 여행기 「매핑 도스토옙스키」를 연재했고 이듬해에는 그것을 모두 엮어 동명의 저술로 출간했다. 이 책의 콘텐츠는 2020년 6월 1일부터 약 한 달 반 동안 KBS 제3라디오 '라디오 여행기'에서 아침 7시 40분부터 8시까지 오디오북으로 방송되었다. 대문호에게 바치는 나의 작은 헌정이라는 생각이 들어 조금 흐뭇했다.

내 성격이나 취향의 어떤 점 때문에 도스토옙스키를 좋아하게 된 것인지, 아니면 도스토옙스키를 좋아하다 보니 내 성격이나 취향이 지금처럼 굳어지게 된 것인지는 알 도리가 없다. 그러나 도스토옙스키의 이른바 '광팬'이 되는 바람에 내 인생의, 특히 독서 생활의 한 부분이 조금 정도에서 벗어난 게 아닌가 하는 생각이 들 때가 있다. 도스토옙스키를 읽고 나면 솔직히 다른 작가는 조금 심심하게 느껴진다. 『카라마조프가의 형제』를 두고 아인슈타인은 자기 손에 들어온 가장 훌륭한 책이라고 격찬했다. 다른 많은 천재 지식인도 그 작품을 최고의 고전으로 꼽았다. 그러니 도스토옙스키와 『카라마조프가의 형제』를 척도로 하면 웬만한 작가와 작품은 'B급'처럼 느껴질 수밖에 없다. 심지어 괴테, 플로베르, 하디, 스타인벡 같은 대가들까지도 나에게는 따분하기만 했다. 문학 교수임에도 불구하고 나의 독서 반경이 의외로 넓지가 못한 것은 바로 이 때문이다.

얘기가 너무 곁가지로 흘렀다. 아무튼 이런 사정이다 보니 도스토옙스키의 인생과 문학이 수렴하는 옵티나 수도원 방문은 내 인생의 목표처럼 되어버렸다. 그러나 외국인인 내가 잠시 러시아를 방문해서 내륙의 광야 수도원을 방문하는 것은 만만한 일이 아니었다. 교통도 숙박도 모두 문제였다. 러시아에 오랫동안 거주해온 홍지인 선생이 아니었더라면 나는 결코 그곳에 가지 못했을 것이다. 이리저리 방도를 모색하던 홍 선생은 수도원 순례만 전문으로 하는 라도네즈(www.radonez.ru)라는 여행사를 물색해서 담당자와 몇 차례 교신했다. 우리는 홍 선생의 노력 덕분에 성지주일에 옵티나 수도원을 방문하는 러시아 정교 순례단에 합류했다. 교통, 식사, 수도원 답사를 모두 포함한 가격이 2,800루블(우리 돈 약 5만원)이었다. 여행사 측에서는 이런 외진 수도원 순례를 원하는 외국인은 처음이었던지 적잖이 당황해하며 우리의 '정체'에 관해 꼬치꼬치 캐물었다. 홍 선생은 현명하게도 '믿는 사람들'(veruiushchie)이라고 답변했고, 그것이 통했던지 우리는 마침내 미니버스에 몸을 실을 수 있었다.

낡고 비좁은 버스는 중부 러시아의 초원을 달리고 또 달렸다. 흔들리는 버스에 옆 좌석 사람과 꼭 끼어 앉아 있으려니 피곤이 몰려왔다. 그러나 마이크를 쥔 인솔자 아주머니가 너무나도 열심히 설명하는 바람에 단 1분도 눈을 붙이지 못했다. 그녀는 구약 성서와 신약 성서를 종횡무진 해설하다가 그것이 따분해지면 무엇이건 보이는 대로 공략했다. 성당이 보이면 그 성당에 관해, 거리 표지판이 보이면 그 거리에 관해, 새가 보이면 새에 관해, 구름이 보이면 구름에 관해 설명했다. 아무것도 안 보이면 아무것도 안 보이는 것에 관해 설명했다. 목적지에 도착할 때까지 정말 단 한 순간도 침묵하지 않았다. 내 경험으로 러시아에서 여행할 경우 가장 기억에 남는 것은 가이드의 달변이다. 소규모 답사이건 대규모

패키지 여행이건 가이드들은 해당 주제에 관한 완벽한 지식으로 무장하고서 쉴 새 없이 떠들었다. 그러나 옵티나 순례의 인솔자는 이 모든 가이드를 다 합친 것보다도 한 수 위였다. 17세기 러시아의 이른바 '열성신도파'가 21세기에 환생한 것 같았다. 이어폰을 안 가지고 온 것이 매우 후회스러웠다.

아주머니의 범우주적인 설명을 귓전으로 흘려들으며 창밖을 멍하니 바라보았다. 자작나무 숲, 전나무 숲, 소나무 숲이 교대로 이어진다. 가끔 집도 보이고 전선과 전신주가 보이지만, 기본적으로 지상의 풍경은 매우 단조롭다. 그러나 하늘은 변화무쌍하다. 높고 푸른 창공에 기기묘묘한 형태의 뭉게구름이 나타나는가 싶더니 어느덧 검은색의 솜털 같은 구름이 장막처럼 펼쳐진다. 모스크바주 경계를 지나 칼루가주로 들어가 남서쪽으로 한 3시간 반 정도 달렸더니 멀리 새파란 지붕이 보인다. 유명한 수도원이나 성소에 도착하면 으레 주변에 있기 마련인 가게, 기념품 상점이 없어 분위기가 무척 깔끔하다. 그러나 최근 전면적으로 복원된지라 오래된 수도원이 내뿜는 고색창연한 카리스마는 별로 없다. 약간은 실망스럽다.

일행과 함께 순례자 식당에 들어갔다. 중년의 러시아 부인들로 구성된 우리 순례단원들은 모두 고상하고 경건하고 선량했다. 그들은 우리에게 무척 친절했고 기회만 닿으면 무엇이든 도와주고 싶어 했다. 건더기가 거의 없는 야채수프와 빵과 죽이 나왔다. 갑자기 어디선가 식사 당번인 듯한 건장한 수도사가 등장하여 약간은 위압적인 큰 소리로 식전 기도를 선창하자 순례자들이 따라 했다. 우리는 잔뜩 주눅이 들어 옆 사람을 곁눈질해가며 우물우물 따라 했다. 식전 기도 못지않게 우렁찬 식후 기도로 식사를 마무리하고서 순례단 일행은 수도원 경내로 들어가 답사를 시작했다. 순례단 담당 사제는 훤칠한 키에 이목구비가 번듯한 수도사였다. 그가 가이드 역할을 하면서 수도원 곳곳을 설명해주겠거니 생각했는데, 그게 전혀 아니었다. 그는 수도원 마당에 순례자들을 세워놓고 야외 강론을 했다. 4월이었지만 체감 온도는 영하 10도 정도 되었고, 유명한 러시아 내륙의 칼바람이 두툼한 패딩 코트 사이를 후벼파고 들어왔다. 강론은 끝없이 이어졌고 중간중간 알아듣기 어려운 대목도 많았다. 위장까지 얼어붙는 느낌과 함께 이대로 서 있다가는 필경 의식을 잃게 될지도 모른다는 무서운 생각이 들어 부랴부랴 근처 성물 보급소로 피신했다. 잠시 후 이명현 선생도 얼굴이 시퍼렇게 되어 성물 보급소로 뛰어 들어왔다. 우리 두 사람이 난방 되는 따스한 성물 보급소에서 유유히 쇼핑을 즐기고 있는 동안 홍지인 선생을 포함한 다른 모든 순례객은 꼿꼿하게 서서 장렬하게 두 시간 남짓한 야외 강론을 다 소화했다.

답사가 끝나고 우리는 일행과 함께 '순례자 호텔'이라는 이름의 허름한 숙소에 들었다. 비좁고 열악한 방이었지만, 이부자리는 청결했다. 세제 냄새가 풍기는 깨끗한 수건도 1인당 한 장씩 주었다. 다음 날이 성지주일이라 일행들은 그날 저녁 미사에 참례하고 판공성사를 본다고 했다. 우리는 과감하게 일정을 건너뛰고 코졸스크 읍내로 갔다. 온종일 먹은 게 거의 없던 터라 '집밥'이라 쓰인 식당에 들어가 러시아 국수를 허겁지겁 먹었다. 호텔로 돌아가기 위해 택시를 잡았는데 기사가 너무 멋쟁이라 놀라웠다. 딱 붙는 청바지와 가죽 재킷을 입은 50대 중반의 여성 기사는 스모키 눈 화장에 보라색 립스틱을 바르고 있어 관록 있는 힙합 가수처럼 보였다. 그녀는 동거남인 듯한 남자와 연신 전화 통화를 했다. 그녀의 목에 걸린 큼지막한 은 십자가와 귓바퀴에 박힌 여러 개의 피어싱이 오랫동안 기억에 남았다. 숙소에 돌아와 우리는 조금 수다를 떤 뒤에 자리에 누웠다. 왠지 큼지막한 곤충과 그보다 더 큰 생명체가 출몰할지 모른다는 생각이 들어 두 눈을 부릅뜨고 침대에 들어갔지만, 고단한 몸은 곧바로 수면의 나락으로 떨어졌다.

다음 날, 우리는 새벽 6시 40분에 일행과 로비에서 만나 수도원으로 이동했다. 우리 일행뿐 아니라 무수히 많은 순례객과 인근에 사는 일반 신도들이 수도원 대성당으로 속속 모여들었다. 대부분이 두꺼운 외투에 스카프를 두르고 있었다. 7시에 성지주일 미사가 시작될 즈음 성당은 발 디딜 틈도 없이 신도들로 꽉 들어찼다. 어두운 성당 안에서 소용돌이치는 짙은 향냄새와 연기, 너울거리는 촛불 그림자, 찬란하게 번쩍이는 사제의 제의, 천상의 노래처럼 들리는 성가, 고답적인 교회 슬라브어, 신자들이 손에 쥐고 있던 성지가지(베르바Verba, 버들가지로 만듦)……. 거룩하고 성스러운 분위기였는데도 너무나 낯설어서 그런지 감정이입은 되지 않았다. 나는 경이로운 눈으로 2시간 넘게 계속된 미사 전례를 '관람'했다.

성당에서 나와 수도원 경내를 산책했다. 종소리가 청정한 대기를 가르며 울려 퍼졌다. 순례단과 수도원 식당에서 점심을 먹고 오후 늦게 귀경길에 오르는 일정을 생각하니 마이크를 쥔 인솔자 아주머니의 모습이 자꾸만 연상되었다. 이 궁리 저 궁리 하던 차에 마침 수도원 앞에서 2시에 떠나는 시외버스가 있기에 우리는 재빨리 표를 샀다. 인솔자 아주머니에게 도스토옙스키 족적을 찾는 여행이었노라고 이실직고하고 작별 인사를 했다. 아주머니는 진즉에 그렇게 얘기하지 그랬냐며 만면에 웃음을 띠었다. 그러더니 즉각 예의 그 '설명 모드'로 전환하여 도스토옙스키에 대한 설명을 시작하려 했다. 우리는 손사래를 치며 사의를 표하고 일행과 얼른 헤어졌다. 버스 출발 시간까지 여유가 조금 있기에 매표소에서 파는 천 원짜리 커다란 러시아 파이를 사가지고 벤치에 앉아 한입 베어 물었다. 파이 조각이 목구멍을 넘어가기도 전에 멀리 창공을 선회하던 비둘기 떼가 냄새를 맡고는 벤치를 향해 쏜살같이 날아왔다. 우리는 외마디 비명과 함께 파이를 내동댕이치고 혼비백산하여 뿔뿔이 도망쳤다. 버스는 우리나라 60년대 시외버스 같았다. 해 질 무렵 모스크바 남쪽 끝자락에 있는 터미널에 도착하니 '문명 세계로 귀환'한 느낌이었다. 이렇게 우리의 순례는 무사히 마무리되었다.

도스토옙스키와 그리스도교 영성의 접점을 물리적으로 찾아본 경험은 한동안 나의 뇌리에 눌어붙어 있었다. 나는 도대체 무엇을 보고 온 것인가. 무엇이 이 여행을 나에게 '인생여행'으로 남게 했는가. 수도원 공간 그 자체는 크게 감동적이지 않았다. 성지주일 미사의 그 장엄함도 옵티나 방문의 핵심은 아니었다. 나는 어쩌면 러시아를 보고 온 것인지도 몰랐다. 검은 스카프를 머리에 두른 아주머니들은 『카라마조프가의 형제』 제2권 제3장 「신앙심이 깊은 아낙네」의 인물들이 소설의 경계를 뚫고 나온 것처럼 보였다. 도스토옙스키가 왜 '러시아적임'의 완벽한 구현인 최후의 대작 『카라마조프가의 형제』 초반부에 「신앙심이 깊은 아낙네」라는 장을 집어넣었는지 알 것 같았다. 천 년 동안 이어져 내려온 어떤 것, 그것을 체화한 러시아 여성들, 그녀들은 19세기 소설 속에서, 20세기 역사 속에서, 그리고 21세기 현실 속에서 끝없이 되살아났다. 강인하고 선하고 겸손한 부인들은 마리야이자 아쿨카이며 소냐이자 리자베타였다. 그들이 러시아의 전부는 아니지만, 러시아의 어떤 부분, 면면히 이어져 내려오는 어떤 불사의 정신을 대변하는 것만은 틀림없을 것 같다. 러시아 문학으로 연결된 나, 이명현 선생, 홍지인 선생이 바로 그 러시아 문학에, 러시아적인 정신에 잠시나마 속해 있었다는 것, 러시아 여성들과 같은 공간을 점했었다는 것이 어쩌면 이 여행의 가장 감동적인 부분인지도 모르겠다.

더불어, 러시아 정교 전례의 그 유명한 "고스포디 포밀루이Gospodi pomilui"(주여 불쌍히 여기소서)의 의미가 조금 더 직관적으로 이해되었다는 사실을 덧붙이고 싶다. 러시아 정교 전례의 성가 부분은 으레 수백 번의 "주여 불쌍히 여기소서"를 포함한다. 그래서 러시아인도 아니고 정교 신자도 아닌 사람, 심지어 러시아어를 하나도 못 알아듣는 사람까지도 "주여 불쌍히 여기소서"는 기억한다. 나는 그날 그곳 옵티나 수도원에서 수천 번 "주여 불쌍히 여기소서"를 들었다. 그날의 전례 전체, 아니 도스토옙스키 문학 전체, 더 나아가 그리스도교 전체가 이것 아닐까 하는 생각이 들었다. 수다스럽고 사람 좋은 인솔자 아주머니, 키 작고 통통한 다른 아주머니, 짙은 눈 화장에 피어싱한 택시 기사 아주머니, 그리고 그들과 옷깃이 스쳤던 우리, 주여 우리를 불쌍히 여기소서.

홍지인 선생은 순례단에 등록할 때 우리를 '믿는 사람들'이라고 기록했다. 새삼 그 말의 의미가 가슴속을 맴돈다. 러시아 부인들이 믿는 것은 분명해 보였다. 그러면 나는? 미사를 '관람'하고 아주머니들을 지켜보고 수도원을 구경한 나는? 나는 무엇을 믿는 것일까? 나는 누구를 믿는 것일까? 나는 '믿는 사람'인가? 머릿속이 어지러워 나는 다시 근원으로 돌아온다. 주여 불쌍히 여기소서. 주여, 아직도 뭐가 뭔지 잘 모르는 저를 불쌍히 여기소서.

내가 사랑한 러시아

머리에 스카프를 두르고 정교 미사에 참례하는 러시아 부인들은 천 년 동안 이어져 내려온 신앙을 체화하면서 19세기 소설 속에서, 20세기 역사 속에서, 그리고 21세기 현실 속에서 끝없이 되살아났다. 강인하고 선하고 겸손한 부인들은 마리야이자 아쿨카이자 소냐이자 리자베타였다. 그들이 러시아의 전부는 아니지만 러시아의 어떤 부분, 면면이 이어져 내려오는 어떤 불사의 정신을 대변하는 것만은 틀림없을 것 같다.

옵티나 수도원에서
미사를 마친 순례객과 신도들

석영중

고려대학교 노어노문학과를 졸업하고 미국 오하이오주립대학교 슬라브어문학과에서 문학 박사 학위를 받았다. 1991년부터 고려대 노어노문학과 교수로 가르치며 도스토예프스키 등 문학 강의를 해왔다. 한국러시아문학회장과 한국슬라브학회 회장을 지냈으며, 저서로 『인간 만세: 도스토예프스키의 〈카라마조프가의 형제〉 읽기』, 『도스토예프스키, 돈을 위해 펜을 들다』, 『톨스토이, 도덕에 미치다』, 『러시아 문학의 맛있는 코드』 등이 있다. 푸시킨, 도스토예프스키, 톨스토이 작품을 다수 번역했고, 푸시킨 작품집을 번역한 공로로 1999년 러시아 정부로부터 푸시킨 메달을 받았다. 2000년에는 백상출판문화상을 받았다. 현재 고려대학교 도서관장을 맡고 있다.

나의 막심 고리키 테마 여행:
니즈니노브고로드에서 파리까지

이강은

2018년 3월 말 니즈니노브고로드는 곳곳이 여전히 눈에 덮여 있었다. 그래도 봄은 봄이어서 볼가강변 거리에는 산뜻한 차림의 많은 주민이 아직은 서늘한 봄바람 속을 느긋하게 거닐고 있었다. 시내 크렘린 주변 도로는 말끔하게 정비되었고 오래된 건물과 유적들도 산뜻하게 단장되어 고색창연하고 다소 침침하던 예전의 모습은 찾아보기 힘들었다. 여름에 있을 월드컵에 대비하는 역동적인 모습이 눈에 확 들어왔고, 한국과 스웨덴의 예선 경기 포스터도 심심찮게 눈에 띄었다. 오래된 도시가 현대적으로 면모를 일신해가는 모습이 제법 눈부셨다. 그런데 막심 고리키 문학을 전공한 내가 놀라움을 금치 못한 것은 다른 데 있었다.

막심 고리키는 어느 비평가의 말대로 '진자의 양쪽 끝을 극단적으로 오고 간' 작가, 진자의 이쪽 끝에서 저쪽 끝으로 중간 과정 없이 극단에서 극단으로 평가받은 작가다.

19세기 말, 수척하고 구부정한 몸매에 허름한 긴 농민 외투를 걸치고 상트페테르부르크에 나타난 신예 소설가 고리키의 모습에 수도의 세련된 지식인들은 낯선 이를 향한 호기심으로 눈을 반짝였다. 초등학교 문턱을 넘어본 것 외에는 정규 교육이라곤 전혀 받아본 적 없고 러시아 지방을 전전하며 떠돌던 청년이 거친 문장의 단편 소설을 발표하며 작가로 이름을 알리는가 싶더니, 채 10년도 되지 않아 두 권의 단편집으로 당대 최고의 작가 레프 톨스토이나 안톤 체호프의 작품 판매량을 넘어서며 일약 최고의 대중적 명성을 얻게 되었으니 수도의 문화계 인사들이 앞다투어 모임이나 강연회에 초대하려고 옷자락을 잡아당기며 수선을 떤 것도 당연했을 것이다. 사회주의 혁명 이후에 정치적 대명사가 레닌이었다면 문학과 문화의 대명사는 바로 막심 고리키였다. 보이는 곳마다 고리키 동상이 세워지고 주요 거리와 건물과 대학, 공장 등에 그의 이름이 붙여졌다. 적어도 소련의 문학 교과서로 본다면 고리키는 푸시킨이나 도스토옙스키, 톨스토이보다 위대했다. 그러나 20세기 말 소련의 몰락과 더불어 고리키는 높은 영광의 권좌에서 가차 없이 끌어 내려졌고, 그에게 바쳐졌던 화려한 헌사는 비에 젖어 짓밟힌 오욕의 꽃잎에 다름 아니었다. 고리키를 러시아 문학사에서 지워버려야 한다는 목소리가 들려오고 스탈린의 앞잡이였다는 폭로와 증언이 지면을 뒤덮기도 했다. 백여 년 사이 고리키의 이런 극단적인 운명은 진자의 양쪽을 오갔다는 말로도 부족해 보인다.

니즈니노브고로드는 바로 이런 막심 고리키의 고향으로, 소련 시절 고리키시市로 개명되었다가 소련이 몰락한 뒤 다시 복원되었다. 1990년대 초반 내가 처음 방문했을 때 내 눈에 비친 이 도시의 고리키는 날개가 꺾인 '혁명의 부레베스트니크(바다제비)'였다. 고리키 문학 기념관이 되어 있던 외할아버지 바실리 카시린의 집은 보수가 필요해 보였다. 곳곳에 쓰레기가 나뒹굴고, 시들한 관리인은 낯선 외국인 관람객을 불청객처럼 맞이했다. 시내 중심가 고리키 공원에 서 있던 동상은 별것도 아닌 것을 팔아보겠다고 나선 배고픈 표정의 노점상과 지나는 사람을 힐끔거리기조차 피곤한 듯 벤치에 쭈그려 앉아 있는 노인들, 외국인을 보고 불쑥불쑥 손을 내미는 어린애들에게 둘러싸여 있었다. '프롤레타리아 문학의 창시자', '위대한 소비에트 문학의 아버지'는 7m의 높이로 뒷짐을 진 채 주변 세상과 무연하게 짐짓 시선을 들어 다른 하늘을 바라보고 있었다. 동상이 표현하고 있다는 '힘찬 의지를 담은 거대한 내적 격정' 같은 건 느껴지지 않았고 이 도시에서 고리키는 그저 퇴색한 교복에 붙은 낡은 이름표에 불과해 보였다.

더 아름답고 대담한 삶의 큰길을 향한 방랑

그렇게 쓸쓸한 인상을 남겼던 니즈니노브고로드의 고리키는 21세기 들어 다른 모습을 보여주고 있었다.

니즈니노브고로드에서는 전통적으로 3월 28일 고리키 탄생일을 기념하여 '고리키 독회'라는 학술대회가 열리곤 한다. 그런데 2018년 탄생 150주년을 맞이하여 시 차원의 대대적인 기념행사가 조직되었고, 세계 여러 나라의 대표단이 초대되었다. 수원시와 니즈니노브고로드는 매년 문화 행사나 경제 포럼 등을 열며 벌써 몇 년째 서로 초청하곤 했는데, 이번에는 니즈니노브고로드 측에서 고리키 학술행사에 참여해달라고 요청한 덕분에 그때까지 두 도시의 교류 소식을 알지도 못하던 내가 고리키 전공자라는 명분으로 서울대 노문과 변현태 교수를 단장으로 하는 수원시 대표단에 포함되어 이 도시를 다시 방문할 기회를 얻게 되었다.

러시아에서 열린 이런저런 행사에 몇 번 참석한 경험이 있던 내게 이

번 대회는 초대된 규모나 세련된 운영 방식이 매우 돋보였다. 개막식과 더불어 고리키 공원의 동상 앞에서 헌화식과 간략한 기념행사가 열렸다. 시장과 시의회 의장, 대학 총장 등의 씩씩한 인사말(정말 러시아에서 축사나 헌사 등 인사말들은 참으로 씩씩하고 활달하다)이 끝난 후 고리키의 증손자 막심의 추모사가 있었고, 한 청년의 고리키 작품 낭송도 펼쳐졌다. 여전히 주변에 눈이 쌓여 있는 동상 주변은 깨끗하게 정비되어 있었고 붉은 카네이션을 들고 모여 선 백여 명의 시민과 취재진은 밝고 품격이 있었다. 주변 거리에 늘어선 명품 상점들의 세련된 진열장과 오가는 시민들의 옷차림과 행동거지 속에서 지난날 내 경험 속의 니즈니노브고로드를 떠올리기란 쉽지 않았다.

고리키가 어린 시절을 보내야 했던 카시린의 집도 새 단장을 하고 있었고, 어린 고리키(알료샤 페시코프)의 동상은 동경에 가득 찬 모습으로 새하얗고 말끔하게 마당에 서 있었다. 어린 알료샤는 페치카 옆 작은 침상에 누워 삼촌들이 서로 싸우고 술 마시고 노래하는 모습을 지켜보다가 외할아버지의 엄격한 훈육과 매질을 겪어야 했고, 외할머니의 다정한 위로와 옛날이야기에 귀를 기울이곤 했을 것이다. 문학 해설사는 작가의 자전적 삼부작 중 『어린 시절』의 주요 대목들을 줄줄 암송하여 알료샤의 어린 시절을 매우 실감 나게 들려주었는데 활기찬 모습으로 보아 요즘 하는 일에 꽤 신이 나는 모양이었다.

니즈니노브고로드의 부시장은 초청한 외국 대표단에게 이 도시를 문화와 관광의 중심지라고 자랑했다. 볼가강 중류 지역의 대표적인 상공업 도시가 문화와 관광의 면모를 획득하기 위해 노력하고 있는 모습이었다. 니즈니노브고로드는 '고리키 작품 낭송 세계 대회', '고리키 작품에 나오는 그림 그리기 대회' 등 다양한 문화 프로그램을 매년 진행하고 관광

코스도 운영하고 있다고 했다. 그런데 앞서 나를 놀라게 했다는 것은 바로 이 관광 코스의 테마였다. '고리키와 함께하는 러시아 여행', '고리키와 함께하는 볼가 여행.' 니즈니노브고로드에서 출발하여 볼가강 중하류를 따라 몇몇 도시를 돌고 오는 크루즈 테마 여행이 작가 고리키의 이름으로 홍보되고 있었던 것이다.

니즈니노브고로드시에서 기획한 여행 테마는 고리키의 성장 과정과 관련되어 있다. 잘 알려졌다시피 어린 고리키, 즉 알료샤는 일찍이 부모를 여의고 외할아버지와 외할머니 손에서 양육되지만, 열 살에 초등학교 2학년을 채 마치지 못하고 '세상 속으로' 나가야 했다. 알료샤는 가게 심부름꾼이나 성상화 제작소 조수, 야간 경비원 등 온갖 하층 직업을 전전하며 날품팔이로 생계를 유지했다. 알료샤가 겪어야 했던 현실은 이유 없이 서로 싸우고 괴롭히는 출구 없는 절망의 러시아였다. 그런 가운데 알료샤는 눈앞의 삶을 잊으려는 듯 스스로 글을 깨치고 손에 잡히는 대로 책을 읽으며 새로운 삶, 더 아름답고 대담하며 순결한 삶을 꿈꾼다.

나는 나 자신을 포함하여 이 모든 것을 힘차게 박차버리고 싶었다. 그러면 나 자신과 이 모든 것은 즐거운 물레방아처럼 힘차게 돌아갈 것 같았다. 서로가 서로를 사랑하는 축제 같은 춤판처럼... 다른 사람의 삶을 위해 마련된 그러한 삶이라면 얼마나 아름답고 대담하며 순결할 것인가...

'나는 무언가를 해야만 해. 아니면 파멸하고 말 거야...'

아무도 태양을 보지도 느끼지도 생각하지도 않는 음습한 가을날이면 나는 숲속을 방황하곤 했다. 그러다가 완전히 길을 잃고 찾다, 찾다 지치면 나는 이를 악물고 썩은 낙엽을 밟으며 미끌미끌한 진흙 구덩이를 지나 덤불을 헤치고 곧장 앞으로 나아갔다. 그러면 결국 큰길로 나설 수 있었던 것이다.(『세상 속으로』, 이강은 역, 이론과실천, 458쪽)

이리하여 알료샤는 자신을 짓누르는 답답한 현실을 떠나 물레방아처럼 즐거운 삶을 찾아 러시아를 떠돌게 된다. 무언가를 해야만 했고, 그 끝을 알 수는 없었지만, 진흙 구덩이를 헤치고 곧장 앞으로 나아가면 큰길을 만날 수 있다고 확신하며. 공부를 해보겠다고 카잔으로 갔지만, 정규 학력이 없던 고리키가 대학에 입학할 수는 없는 노릇이었다. 인민주의 대학생들과 어울려 농촌 계몽운동에도 참여했으나 거기서도 답을 얻지 못한 그는 계속해서 볼가강을 따라 내려간다. 그렇게 그는 사마라, 아스트라한, 크림, 흑해, 몰도바 등 남쪽 끝까지 걷고 또 걸으며 방랑했다. 그때 만나고 겪은 사람들과 사건들은 후에 수많은 작품의 소재가 되거나 짤막짤막한 단편 모음집 『러시아 순례』로 출판되기도 한다. 니즈니노브고로드시는 세계적으로 유명한 고리키의 바로 이런 고단한 방랑 생활에 착안하여 테마 관광의 이름을 가져다 붙인 것이다. '혁명의 바다제비' 막심 고리키가 21세기 니즈니노브고로드 관광의 홍보대사가 된 셈이다. 나는 니즈니노브고로드시가 생각을 참 잘했네 하고 감탄하는 한편 시내 공원의 고리키 동상은 과연 어떤 표정을 짓고 있을지 궁금하기도 했다.

소련이 붕괴하고 러시아연방이 탄생한 지 30년이 다 됐으니 대표적인 공업도시 중 하나인 니즈니노브고로드가 이 정도로 변화한 것은 그리 놀랄 일도 아니다. 그리고 월드컵이라는 세계적 행사를 유치하고 몰려들 관광객들을 상상하며 독창적이고 매력적인 여행 코스로 고리키의 이름을 가져다 붙인 것도 충분히 있을 법한 일이다. 하지만 그럼에도 불구하고 나는 고리키가 테마 관광 상품으로 활용되는 아이러니한 운명의 변전을 목도하며 마냥 흔쾌하지만은 않았다.

나에게 고리키는

내가 1980년대 중반 대학원에 입학하여 고리키를 전공하겠다고 말했을 때 교수님들은 자료도 구하기 어려울 뿐만 아니라 요즘 그런 작가는 연구하지 않는다며 나를 말렸다. 실제로 도서관에서 구할 수 있는 것이라곤 푸시킨이나 톨스토이, 도스토옙스키 등 내로라하는 고전급 작가들과 관련된 책들이 대부분이었고 고리키 관련 연구서라곤 눈을 씻고 찾아봐도 없을 때였다. 나는 서구권에서 나온 몇 권의 연구서와 소련에서 출판된 문학사 등을 통해 그야말로 어둠 속에 바늘을 찾듯 고리키에 대해 더듬어갈 수밖에 없었다. 그래도 내가 고리키를 포기할 수 없었던 것은 당시 내가 사랑하던 많은 친구가 노동운동에 투신하거나 학교에서 내쫓기던 시대 분위기 속에서 내심 그것이 대학원에서 공부해야 할 최소한의 명분이라고 생각했기 때문인 것 같다. 당시 내게 고리키는 사회주의 리얼리즘의 창시자, 프롤레타리아 문학가, 사회주의 혁명 문학가라는 키워드로 이해되었고, 사회 변혁과 문학의 관계를 증명해줄 수 있는 가장 믿음직한 작가였던 것이다. 거기엔 당시 시대적 저항 정신을 공유하고 있다는 어설픈 과장이 덧칠되어 있었음이 분명하다. 하지만 어쨌든 나의 공부는 소련의 문학사 기술에 기초하여 죄르지 루카치의 리얼리즘 이론으로 점차 무장해가고 있었다. 그럴수록 고리키에 대한 해석은 더욱더 정교하게 교조화되었음은 물론이다.

소련을 비롯한 사회주의권의 몰락은 내가 쌓아 올린 문학관에도 커다란 영향을 주지 않을 수 없었다. 고리키에 대한 나의 공부도 처음부터 새롭게 돌아봐야 했다. 1993년 나는 모스크바에 있는 세계문학연구소에서 1년 동안 연구년을 보내면서 비로소 고리키에 관한 수많은 문헌에 파묻힐 수 있었다. 세계문학연구소에는 고리키 관련 자료가 도서관 한쪽 벽을 채우고도 남을 만큼 무궁무진했고 당시 이미 고리키 문헌 연구자로 유명했던 리디야 스피리도노바 교수가 가리키는 새로운 고리키 자료들은 내가 소화하기 어려울 정도였다. 어둠 속에서 바늘을 찾듯 더듬대던 공부가 이젠 환한 대낮에 눈이 부셔 제대로 앞을 볼 수 없는 것과 같은 형국에 빠진 것이다. 수많은 자료, 거기에 더해 고리키에 대한 폭로와 비난의 홍수 속에서 나는 진정한 고리키 문학은 무엇인가를 찾아가야만 했다. 다행히 러시아의 고리키 연구자들은 예전과 같은 영광의 자리는 아니라 해도 여전히 꿋꿋하게 연구자로서의 자리를 지키고 있었고, 한국의 미숙한 연구자에게 격려를 아끼지 않았다. 러시아 고리키 연구자들이 펼쳐 보이는 고리키 문학의 세계는 적어도 내겐 참으로 흥미진진하고 무궁무진하고 다채로웠다. 단순한 코드로 읽히던 고리키의 문학 세계가 비로소 알록달록하고 모순적이며 내밀한 모습을 내게 열어 보인 것이다. 그리고 사실 소련 시절 관변 학자들은 고리키를 일원화된 모습으로 해석하고 교조화했지만, 다른 더 많은 학자는 지속해서 그 세계를 깊고 다양하게 탐구해왔다는 사실을 확인하면서 나는 거듭 내 공부의 부박함을 한탄하지 않을 수 없었다.

그러나 현실의 고리키는 갈수록 쓸쓸하게 전락하고 있었다. 수많은 동상이 쓰러지고 그의 이름은 지워져 갔다. 새로운 전집 출판이 중단되고 기획된 연구 지원이 폐지되었다. 고리키 기념 세계문학연구소의 고리키 문서고가 루뱐카에 있던 도서관으로 통합되자 평생 그곳을 지켰다던 늙은 사서는 눈물을 흘리며, 이사하는 날 찾아오라며 내게 눈짓을 했고, 문서고와 도서관에 이중으로 존재하던 책들을 모두 골라서 멀리 동양에서 고리키를 공부하러 왔다는 내게 넘겨주었다. 이렇게 해서 저자들의 자필 서명이 들어 있는 고리키 연구서들이 꽤 많이 내 손에 들어오게 되었다. 그런데 그런 와중에도 내가 꼭 갖고 싶었던 고리키 전집이 있었다. 70년대부터 새로 구성된 25권짜리 전집은 최신 연구가 반영된 고리키 연구의 핵심적인 문헌이었다. 나는 헌책방마다 이 전집을 좋은 가격으로 구매하겠다고 연락처를 남겨놓곤 했지만, 출판 부수가 매우 한정되어 있어 어디서도 잘 구해지지 않았다. 결국 복사해야만 하나 하고 고민하고 있을 때, 〈손에서 손으로〉(우리나라 〈교차로〉 같은 길거리 잡지)에 이 전집을 팔겠다는 사람이 나타났다. 나는 즉시 전화했고 한 점잖은 부인이 지하철역으로 전집을 끌고 와서 손수레까지 넘겨주었다. 부인은 자기 부모들이 읽던 책인데 자기 애들은 이제 읽지 않고 집이 좁아 필요한 사람이 가져가면 좋겠다며 하지 않아도 될 얘기를 군이 덧붙였다. 어디 교사쯤 되어 보이는 부인은 책을 파는 자신의 곤궁한 생활 한구석을 외국인에게 내보이는 걸 영 부끄러워하고 있음이 분명했다. 나는 고리키를 공부하는 사람이고 이 책을 꼭 가지고 싶었다며 어떻게든 무심하게 응대하려고 애를 썼고 부르는 값에 반을 더해 주었는데 그래봤자 10만 원도 채 되지 않았다. 잘사는 자본주의 국가의 국립대 교수로서 그것은 조금도 비싸지 않은 가격이었다.

　이렇게 고리키는 러시아의 최하층에서 걸어 나와 세계의 진보적 문학계의 상징이 되었다가 이젠 누구도 돌아보지 않는 허름한 바다제비로 박제화되어 생명력을 잃어가고 있었다.

고리키는 있었는가

　요즘 가장 잘나가는 문학평론가로 꼽힐 만한 드미트리 비코프의 『고리키는 있었는가?』(2009)라는 평론서는 고리키의 마지막 장편 소설의 한 장면에서 책 제목을 따오고 있다.

　『클림 삼긴의 생애』 제1부 제1장 끝 무렵에 주인공 클림의 어린 시절 맞수인 보리스가 복닥복닥한 스케이트장을 벗어나 용감하게 강 위를 지쳐나가다가 얼음 구덩이에 빠져 죽는 장면이 나온다. 보리스는 클림과 비교하여 더 건강하고 활달한 소년으로 회의적이고 병약한 주인공 클림과 대조적으로 중요한 역할을 맡을 만한 인물인데, 고리키는 이상하게도 4부에 걸친 긴 장편 소설에서 이 소년을 등장시키자마자 죽이고 만다. 보리스가 얼음 구덩이에 빠져 출렁이는 검은 강물 속에서 허우적댈 때 뒤따라간 클림은 보리스를 구하려고 허리띠를 풀어 강물에 던진다. 그러나 보리스가 허리띠를 붙잡고 잡아당기자 얼음 바닥에 엎드려 있던 클림의 몸이 구덩이 속으로 미끄러져 갔고 클림은 악 소리를 지르며 허리띠를 놓치고 만다. 이윽고 보리스의 모습은 얼음 밑으로 사라져버리고 모자만 떠다니고 있었다. 뒤이어 달려온 사람들이 아무것도 보이지 않는 얼음 구덩이 강물을 바라보며 묻는다.

　"소년이 있기는 있었어? 아니, 소년이라곤 없었던 것 아냐?"

　클림은 "있었어!"라고 대답하려 했지만, 의식을 잃고 만다. 분명히 있었던 것에 대해 그 존재를 묻는 질문에 대답하지 못하는 것이다. 존재의 알리바이를 묻는 이 질문은 이후 클림의 생각 속에 반복적으로 떠오르며 소설의 중요한 주제를 담아내는 모티프가 된다.

　비코프는 민중 출신의 고리키라는 초기의 신화에서부터 '혁명의 바다제비'라는 중기 이후의 신화, 나아가 사회주의 리얼리즘의 창시자라는 신화에 이르기까지 고리키에게 부여된 다양한 이데올로기적 낙인찍기, 그리고 이에 반발하는 1990년 이후의 평가절하 모두 고리키라는 존재와 그의 문학이 러시아 문학사에서 차지하는 진정한 의미를 왜곡하고 있다고 비판한다. 비코프는 고리키 문학이 "주체의 힘과 문화를 결합하고 인간성과 결단력 있는 행동을 결합하고, 자유로운 의지와 고난을 함께 감수해내는 새로운 인간 유형(그런 인간 유형이 없이는 인류가 존재할 수 없는)을 추구"하고 있으며, 고리키는 "이런 인간 유형의 신뢰할 만한 유형을 우리에게 선사하지는 못"하지만, "그를 위해 되지 말아야 할, 있어서는 안 될 유형에 대해서는 충분하게 이야기해주고 있다"고 말한다. 비코프는 오늘날 러시아 역사의 격변기에 고리키의 삶과 문학의 진정한 모습을 다시 읽어야 하며, 따라서 "고리키는 있었다"는 확신으로 책을 끝맺는다.

진정한 고리키를 찾아가는 21세기 고리키 테마 여행

나는 니즈니노브고로드의 고리키 테마 여행을 직접 가보지 못한 것이 못내 아쉽고, 언제고 꼭 다시 가서 볼가강 크루즈 여행을 해보고 싶다. 그러나 나의 고리키 탄생 150주년 테마 여행은 다른 방향으로 이어졌다. 나는 수원시의 초청을 받기 전부터 세계문학연구소의 고리키 국제학술대회에 참석할 예정이었기 때문에 니즈니노브고로드에서 행사가 끝난 뒤 곧바로 모스크바로 향했다. 이름만 들어도 나의 가슴을 뛰게 하는 고리키 연구자들을 만날 수 있을 것이었다.

모스크바에선 150명 이상의 발표자가 고리키에 관한 온갖 주제를 다뤘다. 고리키의 삶과 문학에 대한 새로운 이해와 연구가 이제 확실한 방향을 잡아가고 있다는 것을 확인할 수 있었다. 나의 주제 역시 고리키 문학에 나타난 자연과 어머니 상에 관한 것이었다. 확실히 나의 고리키도 예전과 다른 모습이었던 것이다.

그해에 고리키는 나를 파리로까지 이끌었다. 유네스코는 막심 고리키 탄생 150주년을 2018~19년 문화적 기념일 중 하나로 선정하면서 2018년 10월에 파리 유네스코 본부에서 '막심 고리키와 현대의 휴머니즘'이라는 주제의 라운드테이블을 개최했는데, 나도 한국의 휴머니즘 발전 과정에서 막심 고리키 문학이 차지하는 역할에 관해 발표할 기회를 얻게 된 것이다. 유네스코 사무총장의 축사, 세계문학연구소장의 강연, 프랑스와 러시아를 비롯한 여러 나라 고리키 연구자들의 발표는 고리키를 현대 사회의 휴머니즘 복원이라는 문제와 연계시키고 있었다. 나는 여기서 막심 고리키가 한국의 민주화 과정에서 어떤 역할을 했는지 소개하고, 『클림 삼긴의 생애』가 향후 한국의 통일 과정에서 예상되는 복잡다기한 이데올로기 밀림을 지혜롭게 헤쳐가기 위해 매우 필요하고 중요한 작품이 될 것이라고 강조했다. 사회주의 혁명이라든가 사회주의 리얼리즘과 관련된 키워드들을 다소 모호한 휴머니즘의 문제로 분식하는 것은 아닌가 의문을 지울 수 없었지만, 어쨌든 파리의 고리키도 21세기 고리키의 새로운 면모 중 하나일 것이라는 점에서 의미가 적지 않았다.

21세기 중반에 접어들며 고리키는 다시, 아니 원래의 그 모습으로 부활하는 것 같다. 작가의 삶과 문학을 재해석하는 새로운 전기들이 쏟아져 나오고 문학성에 대한 수준 높은 연구도 점차 활발하게 나타나고 있다. 그러고 보면 니즈니노브고로드의 고리키 테마 여행도 결코 삐딱하게 볼 일만은 아니리라. 잘 차려입고 희희낙락 관광을 하면서도 한편으로 백여 년 전 다른 사람을 위한 아름다운 삶을 꿈꾸며 진흙 구덩이와 덤불을 헤치고 방랑길을 떠난 한 청년의 생애를 떠올려볼 수 있다면 그 또한 고리키의 현대적인 새로운 탄생 아니겠는가.

고리키를 따라가는 볼가강 테마 관광을 아쉬워하며 나는 니즈니노브고로드에서 모스크바로, 파리로 나름대로 고리키 테마 여행을, 그것도 러시아 돈을 받아가며 다녀올 수 있었으니 고리키를 전공한 덕을 늦게나마 톡톡히 누린 셈이다. 물론 나의 여행은 아직 끝나지 않았다. '다음 세대를 위한 유산'으로 '모든 걸 포괄한다'는 최후의 대작 『클림 삼긴의 생애』를 한국의 독자들에게 온전하게 번역해 소개하는 것은 머지않은 나의 주요한 고리키 테마 여행지다.

내가 사랑한 러시아

어린 고리키, 즉 알료샤는 외할아버지의 엄격한 훈육과 매질을 겪고 외할머니의 다정한 위로와 옛날이야기를 들으며 성장한다. 열 살 무렵 알료샤는 자신을 짓누르는 답답한 현실을 떠나 물레방아처럼 즐거운 삶을 찾아 러시아를 방랑하기 시작한다. 이때의 삶과 경험이 작가 고리키를 만들었다. 다른 사람을 위한 아름답고 대담한 삶을 동경하는 알료샤의 모습이 아름답다.

니즈니노브고로드의
'고리키 문학관 카시린의 집'
마당에 있는
어린 고리키 동상

이강은

경북대학교 노문학과 교수. (사)인문사회연구소 이사장. 고려대학교 노어노문학과를 졸업했고 같은 곳 대학원에서 문학 박사 학위를 받았다. 저서로 『막심 고리키, 혁명의 문학 문학의 혁명』, 『변혁기 러시아 문학의 윤리와 미학』, 『러시아 소설의 형식적 불안정과 화자』, 『반성과 지향의 러시아 소설론』, 『바흐친과 폴리포니야』 등이 있고, 고리키 소설집 『은둔자』, 『대답 없는 사랑』, 『세상 속으로』 등을 번역했으며, 현재 『클림 삼긴의 생애』 완역에 매달리고 있다.

페테르부르크 비가悲歌

이지연

운명의 아이러니

　삶은 때로 전혀 예기치 못한 방향으로 흘러간다. 내가 러시아 시를 전공하게 된 것도 그랬다. 중고등학교 때의 나를 아는 사람이라면 내가 노어노문학과에 입학했고 졸업 후 대학원에 진학해 문학을 전공했다는 것을 믿지 못할 것이다. 소설도 아닌 시로 박사 학위를 받았다는 사실을 알고는 비웃을지도 모른다. 1지망에 떨어져 노어노문학과에 입학하게 된 나는 학과 공부도, 러시아어라는 낯선 언어도 그저 다 싫었다. 가방엔 늘 휴학원이 있었지만, 학교를 그만둘 용기는 없었고 다시 입시 준비를 할 만큼 부지런하지도 못했다. 전공이 싫다는 핑계로 잡다한 '인문 도서'들을 읽으며 빈둥거리다 보니 어느새 '인문대' 4학년생이 되었고, 지긋지긋하던 러시아어가 조금은 덜 어색하게 느껴질 무렵의 비 내리던 어느 날 학교 순환도로를 따라 올라갈 때 눈앞으로 펼쳐진 구름 덮인 산의 풍경이 아름다워 학교를 떠나기 싫어졌다. 그렇게 나는 한·소 수교로 촉발된 노어노문학 광풍이 이미 잦아든 1996년 대학원에 진학하게 되었다. 대학원 생활도 크게 다르지는 않았다. 여전히 전공 공부에 큰 흥미가 없었고 러시아어 텍스트 읽는 것은 어려웠다. 한글 번역이 없는 텍스트는 가능하면 영어 번역을 찾아서 읽었다. 소설보다 길이가 더 짧은 시를 전공으로 선택하게 된 것도 이와 무관하지 않다.

학부 러시아 시 수업 커리큘럼에는 이오시프 브로드스키 작품 몇 편이 포함되어 있었다. 그 며칠 전 서점에서 "러시아의 다섯 번째 노벨문학상 수상자, 망명 시인"이라는 문구가 눈에 띄어 번역본을 사뒀었다. 번역은 대개 시인이 영어로 쓴 시, 혹은 직접 영어로 번역한 시를 한국어로 옮긴 것이었다. 러시아어로부터 번역된 시집도 있기는 했지만, 사실 번역된 시를 읽는 것, 특히 브로드스키 같은 시인의 시를 번역으로 읽는 것은 때로 시의 반절만 읽는 것만도 못하다. 과제를 하려면 러시아어로 시를 읽어야 했다. 그런데 러시아어 텍스트를 겨우 해석했다 해도 시의 의미는 여전히 명확히 이해하기 어려웠다. 비밀스러운 암호 해독 과정 같았다. 나는 의미를 숨기고 있는 이러한 암호와 같은 시어를 해석하는 것에 조금씩 흥미를 느끼기 시작했다. 브로드스키의 시는 그렇게 나의 학부 졸업 논문 주제, 이어 석사 학위 논문의 주제가 되었다.

석사 학위 논문은 겨우 브로드스키의 장시長詩 한 편을 다루는 보잘것없는 것이었지만, 그 습작과도 같은 과정은 일종의 '기억의 장소'로서의 시어의 문제에 관심을 기울이는 계기가 되었다. 브로드스키 작품에서는 러시아 시 전통으로부터 스스로 거리를 두려는 시인의 의지와 그것이 불가능함에 대한 시인의 자의식이 팽팽한 긴장감을 이룬다. 시어 하나하나는 러시아 시의 역사와 당시의 언어문화를 응축하고 있는 기호였으며, 따라서 그의 시는 러시아 시 전통에 대한 도전을 통해 오히려 그것을 보존하는 박물관과도 같았다. 하나의 시어가 때로 그 자체로 러시아 문학사가 될 수 있다는 사실이 흥미로웠다.

시 읽기를 전혀 즐기지 않았고, 러시아어보다는 영어가 훨씬 나았고, 그래서 러시아어 텍스트 읽기를 어떻게든 피하려 했던 나는 결국 반드시 러시아어로 읽어야만 하며 다른 어떤 장르보다 러시아어에 대한 섬세한 감각을 필요로 하는 시를 전공으로 삼게 되었고, 망명 시인 브로드스키의 시를 러시아 시 전통과의 영향 관계 및 20세기 러시아-소련의 특수한 문화적 맥락 속에서 고찰하는 문학사적 연구로 페테르부르크의 러시아과학아카데미 문학연구소에서 박사 학위를 받게 되었다.

페테르부르크, 1998년 여름

내가 처음 러시아에 간 것은 1998년 여름이었다. 선후배, 친구들과 함께 떠난 방학 중 단기 연수 프로그램을 통해서였다. 비행기는 밤늦게 페테르부르크 풀코보 공항에 도착했다. 7월 말 페테르부르크는 아직 백야의 흔적을 간직하고 있었다. 완전히 해가 지지 않은 회색빛 가운데 푸르스름한 조명을 받아 빛나는 웅장한 건물들이 신비롭게 보였다. 19세기 페테르부르크를 배경으로 하는 러시아 소설의 감각들, 고골의 단편이 보여주는 그로테스크한 환상의 세계, 도스토옙스키가 말한 기만적인 백야의 모습이 이런 것이려니 하는 생각이 들었다. 그리고 얼마간 낯선 페테르부르크의 거리를 달려 버스가 마침내 도시의 중심을 흐르는 네바강을 향해 나아갔을 때, 그때의 감동은 앞으로도 잊지 못할 것이다. 강변을 따라 펼쳐진 기념비적 건축물들의 파노라마 가운데 웅장한 겨울궁전이 찬란히 빛나고 있었다.

그러나 그렇게 페테르부르크의 밤 풍경에 홀린 듯 도착한 기숙사 시설은 정말 열악했다. 침대는 몸을 조금만 움직여도 소리가 났고 공동 화장실과 욕실은 지저분했다. 여름인데도 너무 추웠다. 자다가 몇 번을 일어나 짐을 뒤져 옷을 끼어 입었다. 그렇게 잠을 설치고 다음 날 아침 비가 흩뿌리는 음산한 날씨 가운데 마주한 겨울궁전과 네바강은 어젯밤 그 화려했던 모습이 아니었다. 사람들의 어두운 표정만큼이나 흐린 회색 강변의 대리석 풍경은 오히려 슬퍼 보여 아름다웠다.

1998년은 힘겹게 페레스트로이카와 소련 해체의 시기를 겪어온 러시아인들에게는 더없이 절망적인 한 해였다. 러시아는 국가 부도 사태에 직면했고 이는 화폐 개혁으로 이어졌다. 루블화는 100배의 평가절하를 겪었고 새로운 화폐가 만들어졌다. 갑작스러운 화폐 개혁으로 러시아인들은 자신들이 모아두었던 루블이 눈앞에서 그냥 종이가 되는 것을 지켜볼 수밖에 없었다. 이러한 경험에서 러시아인들은 은행에 루블화로 예금하길 꺼리는 버릇을 오랫동안 버리지 못하게 된다. 당시 내 손에는 옛 루블과 새 루블이 코페이카 동전들과 복잡하게 뒤섞여 들려 있었다. 러시아어도 서툴고 루블이라는 화폐도 낯설었던 내가 0이 몇 개나 더 붙은 옛 화폐 단위로 가격을 말하는 일반 상점에서 그걸 듣고 외운 후 계산 창구에 가서 정확히 그 금액을 말해 돈을 내고 영수증을 받아서는 다시 돌아와 상품과 교환하는 일련의 과정을 수행하기란 거의 불가능했다. 게다가 점원들은 무뚝뚝하고 불친절해 보였다. 음식도 편의 시설도 다 엉망이었다. 페테르부르크에서 나는 고생스러운 한 달 남짓의 시간을 보내야 했다. 그리고 이듬해 9월 나는 다시는 가고 싶지 않다고 불평했던 바로 그곳, 페테르부르크로 유학을 떠나게 된다.

모스크바에서는 스킨헤드라 불리는 우익 청년 집단의 동양인에 대한 테러 이야기가 심심치 않게 들려왔다. 페테르부르크에는 함께 공부할 든

든한 선배들이 있다는 사실이 무엇보다 중요한 이유이기도 했다. 그것으로 '마피아가 판치는' '공산당 나라', '후진국' 러시아 땅에 유학하러 가는 것을 반기지 않으셨던 부모님을 설득할 수 있었다. 그럼에도 부모님은 단기 연수에서 돌아와 러시아의 암울하고 열악한 환경에 대해 성토하던 내가 다시 페테르부르크에 가겠다는 것을 이해하지 못하셨다.

나도 당시 무엇이 나를 다시 페테르부르크로 가게 했는지 정확히 말하기 어렵다. 다만 한 가지 분명한 것은 페테르부르크가 러시아 문학, 특히 러시아 시를 전공하는 이들에게 주어진 가장 자연스러운 선택지라는 사실이다. 1940년 레닌그라드에서 태어나 1972년 망명 전까지 그곳에 살았던 브로드스키의 시는, 심지어 그가 망명해 미국에 정착한 후 쓴 시까지도 이 도시의 기억 없이는, 러시아 제국의 수도 페테르부르크로부터 격변의 시대를 예고하며 페트로그라드로, 레닌그라드로 이어진 도시의 역사와 그 시간을 살았던 선배 시인들의 시적 유산 없이는 존재할 수 없다. 나에게 페테르부르크는 '페테르부르크 텍스트'였다. 나는 준비도 없이 그 텍스트 속으로 던져졌다.

페테르부르크 텍스트

페테르부르크는 기념비의 도시다. 역사의 기억을 보존하고 있는 하나의 거대한 박물관이다. 도시 전체에 포진한, 표트르 대제를 비롯한 차르들에서 레닌에 이르는 통치자들의 동상, 그들의 궁전들과 별장들과 성당들은 러시아 역사의 내러티브를 촘촘히 채운다. 그것은 제국 러시아의 탄생, 영토의 확장과 제국의 승리, 새로운 사회주의 국가의 건설과 붕괴로 이어지는 신화이자 무용담이지만 거기엔 늘 러시아 역사의 모순과 비극성이 그림자를 드리우고 있다.

황제의 위엄을 당당히 드러내고 있는 표트르 대제의 동상은 새로운 수도를 건설하는 공사 현장에서 죽어간 수많은 이름 없는 민중의 원혼 위에 세워졌다. '유럽을 향한 창', 유럽과 대등해지고 러시아를 유럽의 일부로 편입시키고자 하는 열망과 열등감으로부터 시작된 거대한 건설 프로젝트, 국경 외부의 땅, 엄밀히 말해 땅도 아닌 축축한 늪지를 메워 그 위에, 유럽과 가장 가까운 곳에 새로운 수도를 건설하겠다는 무모할 정도의 극단적 시도가 이 도시를 만들어냈다. 어느 날 갑자기 눈앞에 나타난 전대미문의 도시, 발음도 러시아어를 닮지 않았던 이 페테르부르크는 그렇게 마치 하루아침에 만들어져 지상 위로 던져진 사악한 반신半神의 작품처럼 러시아 역사에 등장했다.

그러나 강변에 세워진 표트르 대제의 기념비는 '표트르의 도시' 페테르부르크의 건설을 기리는 기호에 머물지 않는다. 그것은 알렉산드르 푸시킨이 서사시 「청동기마상」에서 찬양한 표트르 대제의 업적과 자연력에 대한 인간의 승리로서의 도시 건설을, 그것을 한순간에 파괴하는 대홍수의 재앙을, 심지어 창조자 표트르의 적그리스도적 형상에 주목했던 20세기 초반 러시아 상징주의 문학가들의 은밀한 비교祕敎적 탐구를 한꺼번에 표상한다. 심지어 그 청동의 기마상은 인간의 손으로 만들지 않은 신성한 기념비를 자신의 시에 바치겠다는 푸시킨의 선언에서 본격적으로 시작되어 러시아 문학 전체를 관류해온 정치 권력과 문학 권력 간의 은밀한 투쟁의 역사를 가리킨다.

페테르부르크는 도시 전체로 러시아 문학을 기록하고 있다. 표트르 대제의 동상에서 발을 옮겨 모이카 운하 12번가에 위치한 박물관으로 단장된 푸시킨 생전의 집에 들르면 평생을 푸시킨의 삶을 소개하는 일을 해오신 할머니가 "알렉산드르 세르게예비치 푸시킨이 드디어 운명하셨습니다"라는 마지막 말을 내뱉으며 다시 한 번 흘리는 눈물을, 아마도 평생 앞으로도 하루에 몇 번씩 흘리게 될 그 놀랍도록 진정성 어린 눈물을 마주하게 된다. 시인이 태어나고 자라고 결투로 죽음에 이르는 과정이 새겨진 도시는 그 흔적을 여전히 기억하고 기리는 이들에 의해 지켜진다.

넵스키 대로의 인파를 헤치고 지나가면서 마주친 누군가의 모습에 문득 니콜라이 고골의 단편 소설이 생각나 혼자 웃음을 짓는다. 『죄와 벌』의 주인공 라스콜니코프의 소설 속 동선을 따라 지금은 화려한 복합 쇼핑 공간으로 변신한 센나야 광장 뒷골목으로 이어진 여정에 동참하다 보면, 도스토옙스키 소설의 실제 주인공은 다름 아닌 당시의 화려한 도시 전경 뒤에 감추어진 무겁고 음습한 페테르부르크 그 자체라는 말에 고개가 끄덕여진다. '서정적인 혁명 시인'이라는 이율배반의 아름다움을 온몸으로 살아낸 알렉산드르 블록이 말년에 거주했던 아파트에서는 그의 죽기 전 마지막 얼굴을 보면서 혁명이라는 숭고한 신념과 혁명 이후의 현실에 대한 환멸 사이에서 길을 잃을 수밖에 없었던 20세기 초 러시아 귀족 지식인들의 비극적 운명에 숙연해진다.

내가 걷는 거리가 곧 내가 읽는 작가들이 언젠가 거닐었던 바로 그 거리이고 그 가운데 위치한 건물들이 바로 그들이 살고 글을 썼던 그 장소라는 사실이 나를 설레게 한다. 그 길을 가다 이른 나이에 운명한 시인의 친구인 나이 지긋한 선생님을 우연히 만나 안부를 묻고 이야기를 나눌 수 있는 것은 러시아 문학을 공부하는 나에게 이 도시가 허락한 은총이다. 넵스키 대로 중간쯤 위치한 공공도서관의 공기가 답답하게 느껴질 때면 그곳을 나와 도시 안쪽의 골목길을 걷는다. 카라반나야 거리의 카페에서 차를 마시고 폰탄카 운하의 탁 트인 풍경에 잠시 멈춰 섰다가는 다시 느린 걸음으로 여름정원 입구를 지나 늘 조용한 페스텔 거리를 따라가다 보면, 그 길이 리테이니 대로와 만나는 곳에서 브로드스키가 살았던 '하나 반짜리 방'이 있는 집이 나타난다. 들어가보지도 못하고 그저 건물 벽면의 현판을 통해 시인의 흔적과 조우하고 돌아오는 길에는 그에게 적잖은 영향을 미친 비극적 운명의 시인 아흐마토바를 기리는 박물관의 뜰에 앉아 졸거나 책을 읽고, 시간이 맞으면 작은 공연을 보기도 한다. 반대 방향으로 돌아 모호바야 거리에 있는 유서 깊은 문학잡지 『즈베즈다』(별) 편집국에 들러 신간을 둘러보고 책을 몇 권 살 수도 있다. 수없이 반복된 이 목적 없는 순례의 여정을 시인의 레닌그라드, 그가 남긴 삶과 문학의 흔적에 동참하려는 일종의 제의라 부를 수 있을까.

아흐마토바 박물관의 강연에서 만나 알게 된 브로드스키의 친구이자 선배, 『즈베즈다』의 편집장 야코프 고르딘은 늘 든든한 선생님이셨다. 그는 브로드스키를 매개로 알렉산드르 쿠시네르, 안드레이 아리예프 같은 문인들을 비롯하여 2000년대 초반까지만 해도 아직 굳건했던 페테르부르크의 '60년대인들'에게로 나를 인도한 안내자였다. 1924년 창간되어 2차 세계대전 중 페테르부르크가 봉쇄되었을 때조차 중단되지 않았으며 1990년에는 30만 부가 넘는 발행 부수를 기록하기도 했던 『즈베즈다』는 2015년 2,000부까지 부수를 줄였고, 얼마 전에는 재정 문제로 인해 폐간의 위기를 겪었다. 한동안 연락도 못 했던 고르딘 편집장님을 잡지의 회생을 위한 모금 캠페인을 통해 보는 것이 슬펐다.

『즈베즈다』의 위기는 내 페테르부르크 생활의 가장 큰 버팀목이 되어주었던 소련 지식인의 세대가 저물고 있음을 예감하게 한다. 페테르부르크의 60년대인들을 통해 무엇보다 스탈린 시대를 비롯한 소련 역사 50년을 모든 가치 있는 문화와 예술의 종말로 사유하는 익숙한 태도에 저항할 수 있게 되었다. 이들 소련의 지식인들은 권력의 억압 가운데서, 혹은 그것을 통해, 심지어 그것과 유희하며 살아남았다. 도시의 비극적 역사가 결국 개인의 운명으로 수렴된다고 하더라도 삶을 구성하는 매 순간을 비극이라는 틀로 재단할 수는 없는 일이다. 소련의 문학과 예술의 걸작들을 무조건 숨겨진 저항이라는 모순형용으로 기술하는 태도는 그 안의 삶을 알지 못하는 이들의 안일함이거나 애써 부정하려는 이들의 오만이다. 소련 정부의 억압으로 인해 망명을 택한 작가와 예술가들에게서조차 소련은 그것보다 훨씬 더 복잡하게 작동하는 삶이자 텍스트였다.

푸시킨의 집, 박물관의 삶

나의 모교인 러시아과학아카데미 문학연구소에는 '푸시킨의 집'이라는 또 하나의 이름이 있다. 알렉산드르 블록의 시와 안드레이 비토프의 소설 제목이기도 한 그곳은 삶의 공간인 '집'인 동시에 러시아 문학을 집약하고 있는 '박물관'이기도 하다. 학교가 집이자 박물관이라는 이 드문 상황은 이 도시가 러시아 문학과 맺고 있는 특수한 관계를 드러내고 있다. 말하자면 여기서 러시아 문학을 공부한다는 것은 그것의 전 역사와 전통, 그 모든 유산과 흔적 가운데로 들어가는 것이고, 그 안에 머무는 것이다. 나는 3년 반의 시간 동안 그렇게 러시아 문학이라는 거대한 텍스트를 읽고, 그 위를 걷고, 그 안에서 살았다. 그리고 그곳에는 지금도 정말로 그 공간을 살아왔고 변함없이 그렇게 살아가실 나이 지긋한 선생님들이 계신다. 그분들이 하나둘 우리 곁을 떠나는 것이 아쉽지만, 그들은 언젠가 자연스럽게 집으로부터 박물관의 영역으로 옮겨갈 것이다. 표트르의 동상 건너편, 네바강 위에서 은밀하게 시간과 자연과 정치 권력에 맞서면서 그 자리를 지켜온 이 정겨운 이름에, 블록이 자신의 시에서 그랬듯, 나 역시 머리를 숙인다.

박물관은 물론 사물의, 더 정확히는, 죽은 사물의 공간이다. 그러나 나에게 박물관은 늘 전시실 곳곳에 자리를 지키고 앉아 계신 친절한 할머니들, 작가의 생몰 연도와 작품의 발표 연도를 하나하나 읊어가며 기억하는 우리 학교의 선생님들, 공공도서관 지하의 문서고에서 부스러질 것 같은 낡은 고문서를 뒤지고 있는 노학자들의 모습과 겹쳐진다. 페테르부르크의 문화적 가치에 대한 진정한 오마주라 할 알렉산드르 소쿠로프의 영화 〈러시아의 방주〉가 주목하는 것도 바로 그런 것이다. 그는 레닌그라드 봉쇄 중 자신의 관을 짜는 사람의 모습을 보여주고, 러시아제국 마지막 무도회의 떠들썩한 인파의 흐름을 비켜 박물관 외부를 흐르는 얼어붙은 네바강의 암흑과 희미한 기억과도 같은 물안개의 형상을 클로즈업함으로써 페테르부르크 전체에 만연한 죽음을 그린다. 그러나 그의 영화에서 단 한 번의 멈춤도 없이 시간 위를 떠가는 카메라의 움직임에 담긴 에르미타시 박물관 내부의 공간은 차가운 물의 흐름 위에서도 여전히 따뜻한 기운으로 가득하다. 박물관을 통한 죽은 사물의 부활을 꿈꾸었던 니콜라이 표도로프의 과격함은 아니더라도 그에게 박물관은 이 도시와 그 안에서의 기억을 죽음으로부터 삶으로 인도하는 방주와 같다.

그의 또 다른 영화 〈고요한 페이지〉 역시 푸시킨과 고골, 도스토옙스키로 이어지는 페테르부르크 텍스트의 모든 것을 담아내며 탄생의 순간부터 폐허일 수밖에 없었던 이 독특한 도시의 삶과 사물들을 애도한다.

그가 자신의 다큐멘터리 영화 제목으로 즐겨 사용한 '비가悲歌'라는 장르는 사실 그의 모든 영화의 부제가 되어도 좋을 것이다. 비가는 상실과 몰락과 죽음에 바쳐진 노래지만, 그것이 향하는 곳은 결국 남겨진 이들의 자리이기 때문이다. 소쿠로프의 영화 역시 모든 사라진 것을 불러내고 그것을 위로하며 보존하고 있는 박물관이다. 박물관 또한 그렇다면 폐허이거나 적어도 몰락의 연대기이겠지만, 그럼에도 그 안에는 죽음이라는 실존을 넘어서려는 인간의 영원을 향한 꿈이 깃들어 있다.

애도의 감각

나는 늘 몰락한 자들에게 매료되곤 했다. 생의 어느 고비에서 한순간 모든 것을 잃어버리는 사람은 참혹하게 아름다웠다. 왜 그랬을까. 그들은 그저 모든 것을 잃어버리기만 한 것이 아니었다. 전부인 하나를 지키기 위해 그 하나를 제외한 전부를 포기한 것이었다. 그래서 그들은 텅 빈 채로 가득 차 있었고 몰락 이후 그들의 표정은 숭고했다.

평론가 신형철이 현대 한국 문학에 대한 글을 모아 출간한 책『몰락의 에티카』를 여는 이 문장에서 나는 역사에 자신의 모든 것을 내던졌던 러시아 작가들과 그들의 삶의 공간으로서의 페테르부르크와 어느새 그들에 매혹된 나를 떠올렸다. 그가 말하듯 문학을 몰락의 에티카라 한다면, 자기 자신의 파멸을 통해서라도 삶과 세계의 변화를 촉구하는 몰락한 자들의 비극적 아름다움과 숭고가 문학의 조건이라고 한다면, 페테르부르크는 아마 문학을 위한 최적의 공간이 될 것이다. 이 도시는 몰락을 반복해왔고 그 가운데 매혹적인 주인공들을 창조해냈다.

　대홍수의 아포칼립스 속에서 약혼녀를 잃고 결국 죽음에 이르는 「청동기마상」의 예브게니, 측은하고도 참혹하게 대상에 사로잡혔던 「외투」의 아카키 아카키예비치, 사상과 명분의 오류를 인정할 수 없어 끝까지 참회할 수 없었던 『죄와 벌』의 라스콜니코프, 이들은 모두 전부인 하나를 지키기 위해 그 하나를 제외한 전부를 포기한 소설 속 주인공들이었다. 때로 이들보다 더 문학적이고 심지어 허구적으로까지 보이는 개인들, 문학을 삶으로 전유한 '12월 당원'(데카브리스트)들과 혁명의 선봉에 섰으나 결국 환멸 가운데 생을 마감할 수밖에 없었던 러시아 아방가르드 예술가들로부터, 자유를 위해 조국을 버리고 떠난 작가들과 이념을 위해 기꺼이 죽음을 맞이한 사상가들, 그리고 전쟁의 포화 속에서 자신을 완전히 내던진 이름 없는 어린 병사들에 이르기까지, 이 모든 몰락한 개인들의 계보는 페테르부르크 텍스트를 빽빽이 채우고 있다.

　러시아 역사는 때로 모든 것을 버리는 그 극단성으로 우리를 놀라게 한다. 러시아에서 사회주의 혁명이 일어날 수 있었던 것은 그것이 러시아였기 때문일 것이다. 페테르부르크의 삼위일체 다리를 지나 강변도로를 따라가다 보면 러시아혁명의 첫 포성을 울린 거대 전함 오로라호가 그 위용을 드러낸다. 그것은 위대한 혁명의 상징이지만, 사실 러일전쟁에서 혁명, 스탈린의 공포정치로 이어지는 20세기 러시아의 격동의 역사에 대한 불길한 전조이기도 했다. 이제 와 그것은 실패한 사회주의 혁명의 유물로 남게 되었지만, 그럼에도 러시아혁명 자체는 사회주의 체제와 스탈린 통치의 역사가 범한 많은 오류와는 비교할 수 없을 만큼 숭고했다는 점만은 기억하고 싶다. 자신의 전부를 이념 하나만을 위해 내버리고 혁명의 불꽃을 향해 뛰어들었던 당시 러시아 청년들의 프로메테우스적 열망과 그 비극성 앞에 경건해지지 않을 수 없다.

2차 세계대전의 기억 또한 그렇다. 5월 9일 승전기념일은 러시아에서 가장 큰 국경일이다. 온 국민이 거리 퍼레이드를 즐기고 노병들은 옛 제복에 훈장을 있는 대로 달고 나와 이 축제를 만끽한다. 이는 나치 독일에 맞서 싸운 연합군의 승리, 특히 독일에 대한 러시아의 승리를 기념하는 행사이다. 온 국민이 러시아의 승리를 기뻐하고 러시아의 영광을 기린다. 그러나 이러한 러시아의 승리는 사실 페테르부르크가 겪은 도시 봉쇄의 끔찍한 역사를 바탕으로 하고 있다. 흔히 2차 대전은 미국을 주축으로 하는 연합군의 승리로 해석되지만, 실제 전투의 강도와 희생자의 수를 고려한다면 이는 곧 러시아와 독일 간의 전쟁이었다. 2차 대전에 참전한 10여 개 나라의 전체 사망자는 4천5백만 명이며 그중 60%에 해당하는 2,700만 명이 소련인이었다. 독일군 역시 2차 대전 중 사망자의 80%는 소련과의 전쟁 중에 발생했다. 이때 독일과 러시아 간 전투의 정점이라 할 수 있는 것이 바로 1941년 9월 25일 시작된 '레닌그라드 봉쇄 작전'이었다. 그것은 1944년 1월 27일까지 900여 일 동안 계속되었다. 도시가 봉쇄되고 보급로가 차단된 동안 약 100만 명의 페테르부르크인이 포탄에 맞아 죽거나, 굶어 죽고 얼어 죽었다. 사망자 수가 많아 시체 처리 시설이 마비된 겨울엔 거리에 시체가 뒹굴기도 했다. 나무껍질은 모두 벗겨 먹어 하나도 남은 것이 없었고 책상다리나 책의 가죽을 씹어 먹기도 했으며 심지어 인육을 먹었다는 이야기까지 전해진다. 그렇게 세 번의 혹독한 추위를 극한의 상황에서 버텨냄으로써 페테르부르크인들은 '레닌의 도시'를 초토화하려던 히틀러의 계획을 좌절시켰다. 레닌그라드 봉쇄를 직접 겪은 세대는 점차 우리 곁을 떠나가고 있고 그 처절하고 치욕스러웠던 기억은 희미해져 가겠지만 이 사건은 앞으로도 페테르부르크 역사에서 가장 비극적인 것으로 기록될 것이다. 국가의 승리를 기념하는 떠들썩한 행사의 뒤편에서 조용히, 담담하게 페테르부르크인들의 기억으로 남겨져 있을 것이다.

그러니 페테르부르크에 대한 글은 비가일 수밖에 없다. 도시의 역사가 반복되는 죽음의 기록이며 넘쳐나는 기념비가 그 자체로 부재를 증명하는 사물이기 때문이다. 이 도시에선 심지어 아름다움마저 때로 몰락에 대한 애도의 결과다. 알록달록한 둥근 지붕이 매우 러시아적이라 느껴지는 '피 위의 구세주 사원'은 그 동화처럼 화려한 외관에 어울리지 않게 1881년 3월 1일 극단적 인민주의자의 폭탄 테러에 의해 죽음을 맞이한 황제 알렉산드르 2세를 기리고 있다. 파블롭스크라는 도시 근교의 그림 같은 공원에는 예카테리나 여제의 아들로서 불우한 삶을 살았던 파벨 1세의 슬픈 운명이 깃들어 있다. 간신히 살아남은 레닌의 동상은 사회주의의 기원에서부터 이미 배태된 성상 파괴의 역사를 증거하는 마지막 전리품 같다.

2003년 여름 마침내 간신히 박사 학위 논문을 다 쓰고 귀국길에 올랐다. 귀국 후 몇 달이 지나 작고 볼품없는 학위증이 날아왔다. 페테르부르크에서 보낸 간단치 않았던 3년 반의 삶의 전리품이자 그 안에서 갑작스럽게 맞닥뜨린, 그때까지의 내 삶에서 가장 큰 상실의 경험에 바치는 작지만 소중한 기념비였다.

바실리섬, 배 만드는 이들의 거리 46번지

다른 나라도 다른 동네도
필요 없다.
나는 바실리섬으로
죽으러 갈 것이다.
네가 있는 곳의 검푸른 입구를
어둠 속에 분간해내지 못한 채
빛 잃은 거리 사이
아스팔트 위에 쓰러질 것이다.

브로드스키가 죽으러 가려 했던 곳, 바실리섬의 핀란드만에 면한, '배 만드는 이들'이라는 뜻의 카라블레스트로이텔리 거리의 끝, 전차들이 모여드는 원형의 종점에서 유학 기간 내내 '살았다.' 소련의 전형적인 노동 계급이었던, 답답하고 고집불통이지만 정직하고 따뜻했던 주인아저씨 유라는 멀리 크론시타트의 집에서 한 달에 한 번 월세를 받으러 오는 것을 낙으로 삼으셨다. 여름이면 캅카스 어딘가에서 수박을 잔뜩 가지고 와 그걸 다 팔 때까지 길에서 먹고 자며 장사를 했던, 멀리 두고 온 자식 자랑하기 바쁘셨던 집 앞 과일 장수 아저씨는 내가 어쩌다 늦게 집에라도 들어가는 날이면 위험하다고, 일찍 다니라고 성화를 부리셨다. 지하철역 우체국 앞, 길에서 환전해주던 아르메니아인지 아제르바이잔인지 출신의 무뚝뚝한 남자는 우연히 만나기라도 하면 자연스럽게 인사하는 사이가 되었다. 러시아과학아카데미 도서관 1층 가판대에서 책을 파는 할아버지는 나중엔 우리가 살 것 같은 책을 귀신같이 알고 슬그머니 꺼내주셨다. 신경질적이었으나 때로는 매우 매력적인 프랑스 여인 같았던 비자 연장 담당자를 만나러 가야 할 땐 언제나 긴장이 됐다. 손을 들어 지나가는 차를 세워 가격을 흥정해 타고 다니던, 지금은 상상도 못 할 당시 러시아의 독특한 택시 시스템 덕에 만난 이들, 당장이라도 멈출 것 같은 낡은 러시아 차 지굴리로부터 고급 외제 자동차, 마을버스, 대형버스, 심지어 구급차까지 다양한 차종의 다양한 기사님은 러시아인의 삶의 단면을 엿보게 해주었다. 지금은 이름도 얼굴도 기억나지 않는 많은 이들이 페테르부르크에서의 내 일상을 채우고 있다.

지도교수인 나탈리야 그랴칼로바 교수와 부군인 철학자 알렉세이 알렉세예비치는 한국에 돌아온 후에도 계속해서 인연을 이어가 이제 러시아 문학과 현대철학에 대한 이야기를 함께 나누고 연구 주제를 공유하는 동료가 되었다. 처음 만났을 때 내가 러시아어를 너무 못해 어떻게 지도해야 할지 막막했다는 말을 숨김없이 하시는 지도교수님은 지금은 그때보다 더 나빠진 나의 러시아어를 말이 채 끝나기도 전에 이해하신다. 지도교수님 부부와 다차에서 사우나를 하고 술을 마시고 페테르부르크로 돌아와서는 매번 다른 문학적 주제로 도시를 산책하고 동료 철학자의 집에 가 영화와 책에 대한 이야기를 나눈다. 나는 지도교수님 부부에게 학문이 일상이 되는 삶의 방식과, 불행을 의미 있는 사건으로 승화시키는 법을 배웠다. 러시아어 과외 선생님이었던 올가 프라즈드니코바와 그의 부군 미학자 게오르기는 페테르부르크에 있는 동안 늘 든든한 부모님 같은 존재였다. 나는 이분들을 통해 소련 지식인의 교양과 페테르부르크 예술계 인사들의 문화를 접하게 되었다. 무엇보다 이분들 덕분에 있는 그대로의 '소련'의 일상과 문화를 이해하게 되었고 그에 대한 학문적 관심을 가질 수 있게 되었다. 그 외에도 일일이 열거할 수 없는 많은 선생님들과 친구들, 그리고 무엇보다 가까이서 함께 공부한 선배들이 있어 나의 유학 생활은 풍요로웠다.

유학을 마치고 한국에 돌아온 이후에도 자주 페테르부르크를 찾는다. 사실 이제 모든 면에서 모스크바 집중 현상이 심해져 굳이 페테르부르크에 갈 이유가 없음에도 그저 목적 없이 잠시 들렀다 오기도 한다. 절대 변하지 않을 것 같던 박제된 도시도 그새 많이 변했지만, 거기엔 여전히 고향과 같은 따뜻함과 편안함이 있다. 무엇보다도 나는 그곳에서 나의 삶의 가장 힘들었지만 충만한 시간을 보냈다.

한여름 뜨거운 한국을 떠나 그늘진 페테르부르크의 좁은 골목 여기저기를 걸으며 상흔처럼 남아 있는 기억을 다시금 어루만진다. 어느새 나도 브로드스키나 소쿠로프가 시와 영화를 통해 계속 말하려 했던, 기억을 통한 삶의 회복 여정에 동참하는 것일까. 몰락하는 삶을 아름다움으로 승화시킨 그들의 작품처럼 포탄의 습격으로 상처 입은 도시의 역사를 고스란히 간직하고 있는 이삭 대성당의 그 육중한 기둥과 네바강의 빛나는 물결은 페테르부르크의 전경과 어우러져 언제나 나에게 찬란함을 넘어서는 숭고함을 선사한다.

내가 사랑한 러시아

나는 쇼스타코비치의 음악을, 특히 그의 피아노 삼중주 2번 E 단조를 좋아한다. 첼로가 끊어질 듯 아슬아슬하게 고음부를 연주하고 바이올린이 오히려 낮은 성부로 화답하는 파격의 도입부와 그로테스크하고 어두운 스케르초, 소용돌이치는 죽음의 무곡, 장중한 비가의 선율 아래 최면을 거는 듯한 피아노의 파사칼리아, 그리고 마치 히스테릭한 절망의 웃음소리처럼 나타나 이 모든 것을 감싸며 반짝이는 빛 가운데로 유령처럼 사라지는 마지막까지. 1944년 친구 이반 솔레르틴스키의 갑작스러운 죽음을 추모하여 만든 이 곡은 또한 폐허가 된 레닌그라드에 바친 비가이기도 했다. 러시아에서 유독 피아노 삼중주는 애도의 형식이 되었다. 차이콥스키는 N. 루빈시테인을, 라흐마니노프는 차이콥스키를, 아렌스키는 다비도프를 추모했다. 길렐스, 로스트로포비치, 코간의 연주로 이 곡을 들어보시길 권한다. 쇼스타코비치 음악이 분열적이며(schizophrenic) 정치적 냉소로 가득하다는 평가가 냉전 시대 상상된 소련에 속한 천재의 삶에 대한 섣부른 재단에 불과함을 깨닫게 될 것이다.

블라디슬라프 맘첸코,
〈레닌그라드 교향곡, 쇼스타코비치〉(1967)

이지연

서울대학교 노어노문학과를 졸업했고 러시아과학아카데미 문학연구소에서 박사 학위를 받았다. 현재 한국외국어대 러시아연구소 HK교수로 일하고 있다. 저서로는 『아름다운 시대의 종말: I. 브로드스키의 작품 세계』(2004), 『러시아 아방가르드: 불가능을 그리다』(2015), 『알렉산드르 소쿠로프: 폐허의 시간』(2015, 편저), 『제국과 기념비: 권력의 표상공간으로서의 20세기 러시아 문화』(근간) 등이 있으며, 모더니즘 문학과 아방가르드 예술프로젝트로부터 영화와 현대 러시아 대중문화에 이르기까지 20세기 러시아 문화예술에 관한 다수의 논문을 발표했다.

'시어터 천국', 그리고 나의 연극

함영준

오랜 시간 유럽 문명의 변방이던 러시아는 19세기에서 20세기 초까지 푸시킨, 톨스토이, 도스토옙스키, 체호프로 이어지는 대문호들, 음악에서는 차이콥스키, 라흐마니노프, 스트라빈스키, 미술 쪽에서 레핀과 샤갈, 말레비치, 칸딘스키, '발레 뤼스'의 댜길레프, 영화에서는 베르토프, 예이젠시테인이라는 세계적 거장들이 출현하며 유럽 문화 가족의 일원으로 당당히 편입되었다.

특히, 찬란한 그리스 비극과 셰익스피어의 전통을 자부하던 유럽 연극과 비교하여 짧은 역사임에도 러시아 연극은 스타니슬랍스키라는 위대한 연출가와 극작가 체호프가 만나면서 '모스크바예술극장'을 일약 세계 연극의 중심으로 끌어올린다.

역사는 위대한 천재들에 의해 이루어지는가? 많은 논란에도 불구하고 러시아 연극사를 보면 그렇다고 답할 수밖에 없음을 느낀다. 스타니슬랍스키는 메이에르홀드에 의해, 메이에르홀드는 박탄고프와 타이로프에 의해, 이들은 다시 톱스토노고프와 류비모프로, 또 오늘날 도진과 긴카스로 수용과 극복의 전통이 이어지며 러시아 연극은 세계 연극의 본류를 이끌어가고 있다.

무엇이 상대적으로 짧은 전통을 지닌 러시아를 세계에서 가장 주목받는 연극의 나라로 만들었는가? 무엇이 시민들로 하여금 매일 저녁 연극을 보기 위해 애태우며 줄 서게 하는 것일까? 무엇이 영상 시대인 21세기에 러시아 최대 규모 영화관을 공연장으로 개조하게 하는 것일까? 무엇이 러시아 문화 뉴스의 가장 중요한 사건으로 연극을 최상단에 자리 잡게 하는가?

해답은 아마도 '인간'일 것이다. 그들이 추구하는 연극적 최선이자 최고는 바로 '유일자인 한 인간의 인생이 무대에서 보여야 함'을 강조하는 것이다. 그리하여 "모든 것은 인간을 위해, 모든 것은 인간 속에서!"(막심 고리키, 〈밑바닥에서〉)라는 강령은 '시어터 천국' 러시아 연극의 가장 중요한 표제어이다. 그렇다면 이 진부한 주제인 '인간'은 무엇이란 말인가?

인간, 쿠라의 자손이여!

러시아 연극은 인간의 '그 어떤 것'에 몰두하고 있는가? 이를 알기 위해 우리는 그리스 신화로 여행해본다.

어느 날 근심의 신 쿠라는 진흙으로 뭔가를 빚고 있었다. 근심의 손으로 만들어진 그 진흙의 형상은 참으로 아름다웠다. 쿠라는 영혼의 신인 제우스에게로 가져가 자랑했고, 제우스도 이내 그 모습에 반해 생명의 영혼을 불어넣어주었다. 그리하여 살아난 창조물이 바로 인간이었다.

문제는 그 다음에 일어났다. 제우스는 진흙에 생명을 주어 인간이 되었으니 이것이 자신의 것이라 주장했다. 그러나 쿠라도 지지 않고 자신이 만든 작품인 인간을 포기할 수 없다고 했다. 여기에 진흙의 신인 호무스마저 이 인간이 진흙의 몸을 가졌으니 인간은 자신의 것이라고 가세했다.

소유권 분쟁이 거세지자 심판의 신인 사튀른에게 판결을 의뢰하기로 했고 심판의 신은 마침내 지혜를 발휘했다.

"내가 보기에 이 피조물은 그리 오래 살 것 같지가 않다. 그러므로 인간이 죽으면 그때 가서 몸은 호무스에게로, 영혼은 제우스에게로 가게 될 것이다. 그러나 살아 있는 짧은 동안은 인간은 그것을 만든 신 쿠라의 것이 되리라."

이때부터 인간은 길지 않은 인생을 온통 근심 속에서 살아가는 쿠라의 자손이 되었다는 것이다. 실제로 인간에게 확실한 것은 두 가지뿐일지도 모른다. 즉, 죽음을 향한 존재라는 것과 살아 있는 동안 근심에 허덕이리라는 사실! 그리고 '죽음'과 '근심'이야말로 인간 본질의 바로 '그 어떤 것'임을 발견한 그리스의 천재들이 2,500여 년 전 만든 것이 바로 연극이다. 그러나 연극의 역사는 시간이 흐르면서 죽음과 근심에 대한 고민을 외면하고 말초적 흥분과 상업적 목적으로 타락해가고 있음을 부인할 수 없다.

바로 여기서 러시아 연극인들은 연극에 대한 순수한 열정과 대문자의 **인간**에 관한 관심으로 순수한 혈통의 연극을 유지하고 있다. 그리하여 죽음 앞에 선 쿠라의 자손인 인간들의 모습에 같이 아파하고 같이 호흡하고자 하는 노력이 현대 러시아 연극의 가장 큰 주제라 할 수 있다.

연극, 고통의 축제

21세기를 설렘으로 맞이한 지 20년이 됐지만, 새천년의 설렘은 현실 상황에 마주쳐 여지없이 무너졌다. 종교적 갈등의 상징인 9/11 테러의 상흔은 아직도 진행형이고, 지구촌 대재앙의 서막처럼 보이는 쓰나미의 공포는 현실화하고 있다. 환경 파괴에 의한 북극의 눈물은 곧 우리의 눈물이 될 것이며, 전대미문의 코로나19 팬데믹은 마치 영화처럼 우리 눈앞에 버티고 서 있다. 설렘이 저주로 바뀐 이런 역사의 수레바퀴 아래서 인간이 할 수 있는 것은 무엇일까? 마지막 때를 기다리는 수도사처럼 하늘만 바라볼 것인가? 아니면 머리에 띠를 두르고 광야로 외치러 갈 것인가? 그런데 놀랍게도 망각의 동물인 인간은 오늘도 근거 없는 낙관주의에 몸을 맡기고 살아간다. 텔레비전은 연일 이유 없는 웃음을 쏟아내고, 그 웃음을 받아먹고 사는 우리는 매일 저녁 술집에서 고통을 마비시키고 욕망을 꿈꾼다.

근심의 자손들이 만든 연극의 본질은 '고통'이다. 그리고 이 근심의 삶 속에서 연극이 세상에 내보이는 선물은 '고통의 축제'이다. 이 축제에서는 '그들의 고통'이 아닌 '우리의 고통'이 느껴진다. 아팠던 역사적 흔적, 피곤한 경제적 어려움, 정체성의 혼란을 야기한 사회에서 러시아의 연극인들과 관객을 견디게 해주었던 것은 '같이 아파하자'라는 공감의 정신이었다. 그리하여 러시아에서 연극은 고통을 같이 느끼고 같이 위로하려는 삶의 성지가 되어주었다.

연극은 '고통을 공감'하는 장소라고 연출가 스타니슬랍스키가 말했다. 인간의 삶 자체가 고통이라면 연극이 존재하는 이유는 '인간을 공감'하기 위함이다. 아무도, 누구에게도 관심 없는 패악한 세대를 사는 우리에게 이러한 주문은 구시대적이고 시대착오처럼 들리겠지만, 이것이 진정 구원의 열쇠임은 분명해 보인다.

시어터 천국인 러시아에서 연극은 '삶의 문제를 해결하는' 장소이다. 그곳에서는 시간과 공간이 '인간' 속으로 수렴되고, 그 인간의 문제가 드러난다. 세상이 추할수록, 세상이 고통스러울수록 연극은 나의 문제를 해결해주는 가장 위대한 치료자가 되는 것이다. 그리하여, 도스토옙스키의 저 유명한 "아름다움이 세상을 구원할 것이다!"라는 경구는 연극의 방향타가 된다. 이제 이 키를 쥔 러시아의 연극인과 관객은 이 경구를 뒤집으며 말한다. "세상이 그 아름다움을 구원해야 할 것이다!"

고통스러운 세상을 구원할 수 있는 아름다움이 연극이 되길 바라면서, 이 고통의 축제에 참여하기 위하여 나 역시 러시아 연극의 끝자락을 붙들었다.

나의 연극 — 행복한 고통에로의 유혹

문학을 전공하다 보면 참으로 많은 유혹을 받게 된다. 푸시킨을 외우면서 불같은 사랑에 유혹을 느끼고, 도스토옙스키를 읽다 보면 어느새 철학에 빠져들어 간다. 톨스토이를 찾아가면 저 먼 어린 시절 꿈꾸었던 종교에로의 귀의를 생각하기도 한다. 젊을 적 고리키를 읽으면서 혁명의 유혹을 받았고, 예브게니 자먀틴을 툭 건들면서 유토피아 건설에 대한 꿈을 꾸기도 했다.

그러나 내게 유혹은 유혹일 뿐, 타고난 소심함으로 대부분 유혹의 변방만 건드리고 쉽게 스쳐 지나갔다. 현실에서 나는 그저 이 유혹의 언저리를 학생들에게 조금씩 잘라 팔면서 근근이 먹고살 뿐이다. (오, 맙소사! 이들이 없었다면 난 어찌 되었을까?)

이런 내게 딱 한 가지 그냥 지나칠 수 없는 것이 있으니 그것은 '연극에의 유혹'이다. 전공이 희곡 문학이므로 어찌 보면 유혹이라 말할 수도 없겠지만 그래도 학문 분류가 다르고 그야말로 '노는 물'이 다르니, 연극이 내게 유혹은 유혹인 셈이다.

사실 연극에 대한 열정의 시작은 어린 시절로 돌아가야 하겠지만, 유학 시절 공부를 핑계로, 혹은 강요로 보았던 러시아의 치열한 연극과 연극 정신에 기인한다. 연극을 '흉내 내는 것'이라고 믿던 나에게 연극은 '사는 것'임을 알게 해준 배우들, 러시아 문학을 누구보다 명쾌하게 분석해주던 연극인들과 만남!

나의 유학 생활은 이런 연극 정신의 세례 기간이었다. 나의 문학 주제는 늘 연극과 연관되었고 나의 주인공들은 늘 무대와 접속되었다. 그 만남 중 내 인생을 용감하게 유혹의 길로 가게 해준 것이 두 가지 있다. 첫번째는 톨스토이의 단편 소설 「홀스토메르」를 기반으로 한 연극 〈말의 이야기〉다.

톨스토이의 「홀스토메르: 어느 늙은 거세마의 이야기」

〈말의 이야기〉와 만남은 1990년 대학원 세미나 과제에서 시작한다. 사전을 뒤적이며 원서를 읽기도 바쁜 시기에 지도교수님은 이 연극을 보고 리포트를 써오라고 요구하셨다. 비싼 암표를 사 들고 내용도 모르고 들어간 극장 안에서의 3시간 30분은 예기치 않게 내 인생을 바꾸어놓았다. 그날 배우의 연기를 보며 나는 마치 이 작품을 너무나 잘 이해하고 있는 듯한 착각이 들었다. 작품을 아직 읽어보지도 않았는데 말이다! 말을 연기하는 인민배우 레베데프를 보면서 그가 사람인지 말인지 구분되지 않았다. 연극은 "그 언어가 무엇이든 무조건 이해될 수 있어야 한다, 그것이 연기"라는 스타니슬랍스키의 전통은 나중에 알게 되었다.

그리고 연극이 끝나고 30분이 넘는 길고 긴 커튼콜, 관객들의 환호, 그리고 어느 가난한 관객이 길가에 핀 키 작은 꽃을 꺾어 실로 꽁꽁 묶어 배우에게 수줍게 전해주던 광경. 집에 돌아와 그날 밤 나는 밤새도록 이 작품을 읽어 내려갔다. 그리고 막연한 맹세 하나! "만일 언젠가 내가 연극을 한다면 이런 연극을 할 거야!"

연극에서 만난 톨스토이는 우리가 사는 곳이 '괴물들의 왕국'이며 사람들은 자신도 깨닫지 못하는 사이, 거기에 적응하고 동의하며 살아간다고 준엄하게 꾸짖고 있었다. 마치 이 연극에 나오는 노래처럼.

오, 인생이여! 삶은 화살처럼 빠르게 지나가니
그 짧은 순간을 이해하지 못하겠네.
혹, 어떤 이는 자신이 고관, 누구는 검사라고
또 어떤 이는 자신을 황제라고 한다네.
하지만 그 자신은 인간, 인간이라는 것을 잊고 살지!
잠시 동안 행복했었다고 믿을 뿐.
너의 눈에 비치는 피곤과 가슴에 품었던 허무한 꿈은 어디로 갔나?
그러한 네 인생이 두렵구나, 그러니 기억하라!

종말에 대한 느낌, 그의 핏빛 모순이 걸려 있는 죽음의 모습이 그날 내가 만난 톨스토이의 연극 세계였다. 〈말의 이야기〉에서 나는 선과 악, 영과 육의 세계, 그 잔인함에 대한 맑은 성찰을 보았다. 인간이 짐승에게 퍼붓는 잔인성! 젊은 말들이 늙은 말에게 퍼붓는 잔인성! 그리고 모든 살아 있는 대상에게 퍼붓는 시간의 무차별한 잔인성까지!

그러나 그것은 거칠고 추악하기보다는, 원초적 순정성에 기댄 채 예술이라는, 연극이라는 아름다운 이름으로 위로하고 있었다. 그리하여 난 이 연극을 통해 다시 한 번 자신의 뒤를 돌아보았다. "오, 인생이여, 그대 자신이 인간, 인간이란 것을 기억하라!"

학위를 마치고 돌아와서 나는 대학로의 유혹을 온몸으로 받아들였다. 연극 〈카라마조프가의 형제들〉에 학술 자문으로 참여하면서 이 유혹은 치명적으로 변화했고, 연극을 직접 만드는 이들과 만남은 나를 차츰 연극의 깊은 수렁으로 끌어들였다. 그러던 1998년 배우 유인촌이 걸어온 전화를 받았다. 연극 〈홀스토메르〉를 할 텐데 도와줄 수 있느냐는 것이었다. 오! 운명이여! 그로부터 나의 문학과 연극의 위험한 동거는 시작되었다.

안톤 체호프, 내 마법의 호수

두 번째로 용감하고도 무모하게 연극이라는 유혹의 세계로 내 인생을 이끈 인물은 안톤 체호프이다. 대학 시절 연극의 주변 관객으로, 유학 시절 연극을 그저 문학의 부교재로만 생각하던 내게 체호프는 운명 같은 존재였다. 나의 유학 생활은 체호프를 찾아가는 길이었고, 귀국 후 25년이 넘도록 나는 그 길을 헤매고 있으며, 아마도 죽기 전까지 그에게로 가는 작은 오솔길 하나 내보는 것이 나의 작은 소망이기도 하다. 그러나 무엇보다도 체호프를 연극으로 만난 후 더는 비평가로도, 주변 관객으로만도 살 수 없었다.

2004년부터 2010년까지 예술의전당에서 체호프 연극 프로젝트를 진행하면서 나는 체호프를 가슴으로 받아들였다. 그리고 체호프를 통해 나는 연극 연출가가 되어 있었다. 문학을 공부한 내가 평론가가 아니라 연출가가 되었다는 사실은 위대한 스타니슬랍스키의 말 덕분이었다. "예술가는 하늘 위에 찬란히 떠 있는 별입니다. 그 별이 오늘 보이지 않을 수도 있습니다. 하지만 분명히 존재하지요. 평론가는 그저 그 별을 관찰하는 사람입니다. 평론가가 저 별을 향해 이리 가라, 저리 가라 할 수는 없습니다. 우리는 스스로 존재하는 별입니다!" 그 순간 나는 나의 길이 예술로 가는 길이어야 함을 느꼈다. 그때 나는 『닥터 지바고』의 작가 보리스 파스테르나크가 언젠가 예술이 죽음을 극복할 수 있다는 생각으로 쓴 시 「밤」을 밤마다 되뇌고 있었다.

잠들지 말라, 잠들지 말라, 예술가여!
꿈속으로 빠져들지 말라.
시간 속에 포로로 잡혀 있는
그대는 ─ 영원의 인질이어라.

나는 그렇게 잠들지 말고 깨어 있는 인질이 되어야 했다. 그리고 이 길을 체호프가 동행해주었다. "체호프는 자신의 마법적인 재능으로 현대 연극을 낡은 조건의 사슬로부터 해방했다"고 외친 사람은 프리스톨이었고, "20세기 드라마의 출현은 전적으로 체호프에 의해서이다"라는 극작가 에드워드 올비의 웅변은 물론 과장이 아니다. 하지만 나에게 체호프가 누구인가?

이런 수사보다도 내게 체호프는 "자기 자신의 문제와 끊임없이 싸우는 사람, 단 한 순간의 '행복'을 위해 전 인생을 바칠 수 있는 사람, 사랑이 명사가 아니라 동사라는 사실을 아는 사람, 그리하여 자신의 삶에 늘 물음표를 던지는 사람"이다. 그때 내게 체호프라는 이름은 '인생'과 동의어가 되었다. 거기엔 배신과 맹세, 사랑과 질투, 희망과 좌절, 의혹과 믿음, 운명과 의지가 공존한다. 체호프 드라마의 인물들은 한마디로 요약하자면 "살고 싶어!"와 "사랑하고 싶어"를 외치는 사람들이었다. 이것이 내 인생이 아니고 무엇이겠는가? 이 두 가지 외에 인생에서 무엇을 더 바라겠는가?

2004년 예술의전당 〈갈매기〉 공연은 내게 삶의 길을 제시해주었다. 체호프의 가장 수수께끼 같은 이 작품을 읽으면서 어쩔 수 없는 슬픈 현실 속으로 빠져드는 나에게 체호프는 이 작품이 코미디라고 했다. 역설적으로 결혼은 비극이고, 죽음은 코미디라고 했다. 인생의 코미디란 본래 괴로운 것이라고 했다. 그 세상에서 모두는 주연배우라고 했다.

그렇다면 내 인생의 코미디를 어떻게 살아내야 할까? 정말로 나는 내 인생의 주연배우일까? "세상은 무대이고 인간은 누구나 배우"라면 나도 배우여야 한다. 배우가 무엇인가? "배우는 저 대양 속의 상어다. 상어는 죽는 순간까지 멈추지 않는다. 상어가 멈추는 순간 그 상어는 죽은 것이다"라고 나의 연극 선생은 말한다. 과연 나는 살아 있는 배우인가? 수없이 많은 물음표의 일차적 답으로 내가 찾은 것은 스스로 극단을 만드는 일이었다. 극단은 내게 실험실이며 '마법의 호수'가 되어주었다. 난 서서히 인생이라는 코미디의 주연배우로 살기로 했고 그 호수에서 익사하지 않으려 얼마나 발버둥 쳤던가.

세상이 아플 때, 사회가 어지러울 때, 사람들이 길을 잃을 때 연극이 찾는 것이 있다. 그것은 바로 고전이라는 이름의 슬픈 초상화다. 평소에는 박제해놓고 먼지 구덩이 속에 뒹굴게 하다가 시대가 병들었을 때, 전방위적 혼동과 막다른 길목에 부딪혔을 때에만 사랑한다고 말한다. 마치 변심한 못된 애인처럼.

이럴 때 그 슬픈 초상화로 〈벚꽃 동산〉이 찾아왔다. 2010년 예술의전당 〈벚꽃 동산〉 공연은 그렇게 다가왔다. "고전은 아침 조간신문처럼 읽어라"라는 내 선생의 충고처럼 나는 이 작품을 다시 새롭게 읽어갔다. 전설적인 연극 선배들의 고민과 충고가 내 눈의 비늘을 떼어내주었다. 러시아의 거장 에프로스는 '벚꽃 동산'은 회오리바람처럼 삶 속에 존재한다고 내게 말해주었다. "인간은 이 회오리 속에서 늘 실패합니다. 이 회오리가 인간을 삼킵니다. 우리는 이것보다 늘 약하죠. 이 회오리의 이름은 시간입니다"라고.

프랑스의 피터 브룩이 파리 무대에서 선보인 〈벚꽃 동산〉(1981)은 수많은 죽음의 모티프들로 가득 채워져 있지 않았던가. 그는 자신의 논문 「삶과 죽음의 거대한 장시」에서 이 연극을 삶과 죽음의 레퀴엠으로 다루지 않았던가. 그의 연극을 보면서 수많은 파리 시민이 눈물을 흘리지 않았던가!

이러한 '벚꽃 동산'이 그리웠다. 우리가 사는 이 동산이 아프면 아플수록, 신음하면 신음할수록 '벚꽃 동산'이 그리웠다. 죽어가는 이 동산에 다시 한 번 꽃을 피울 수는 없을까? 죽은 나무에서도 꽃은 필까? 이미 황무지로 변한, 거의 사망 판정을 받은 이 동산을, '참을 수 없는 존재의 가벼움'의 도시인 우리 동산에서 과연 어떠한 '벚꽃 동산'을 만들어낼 수 있을까?

연극과 인생, 이 두 단어는 내게 불가분의 관계가 되어주었다. 삶과 유리되지 않은 연극, 인생의 지속으로서 우리의 '벚꽃 동산'이 '마법의 호수'에서 활짝 피어날 수 있으려면 얼마나 더 고통스러운 축제를 지속해야 할까?

"인생이란 행복한 자에겐 너무 짧고, 불행한 자에겐 지나치게 길다"는 사실을 체호프는 누구보다 잘 알고 있었다. 이제 이해를 할 만도 하다. "서양 문학이 스스로 자기 질병의 성격을 규정할 능력을 찾지 못해 열병에 들떠 이쪽저쪽 막다른 골목에서 헤맬 때 러시아의 체호프는 어느 길로 가야 하는지 분명히 보고 또 이해했다. 오늘 우리는 체호프가 우리와 얼마나 가까이 있는지 느끼기 시작한다. 그리고 아마도 내일이면 우리는 그가 끊임없이 규정했던 그것을 이해하게 될 것이다"라는 영국 비평가 존 머리의 헌사는 단순한 수사가 아니었음을. 체호프가 발견한 것은 인생에 대한 '물음표'였다. 물음표를 찍는 순간부터 인생이 얼마나 고통스러워지는지를 우리는 잘 알고 있다. 바로 이것, "연극은 언제나 가장 아픈 지점을 찾아 시작해야 한다"라는 원칙과 "극장은 인생의 고통을 공감하는 장소"라는 확신이 나의 호흡과 일치한다.

체호프와 함께 가는 내 연극의 길은 어쩌면 '삶을 찾아가는 구도의 길'이기도 하다. 하지만 그 길은 이미 잘 만들어진 등산로가 아니라, 숲속에서 버섯을 찾듯이 헤쳐가면서 길을 내며 가야 하는 길이다. 그리하여 연극은 내가 삶의 길을 찾고자 할 때 돌아보고, 내가 길을 헤맬 때 다시 돌아가야 할 곳이며, 길을 잃을 때 다시 두드려야 할 '마법의 호수'인 것이다.

유혹 혹은 운명

연극은 언제나 미완으로 끝이 난다. 마치 우리네 인생처럼. 그래서 또 연극을 한다. 진실로 이 시대에 작든 크든 연극이란 이름을 가슴에 묻고 산다는 일은 참으로 어려운 일임이 분명하다. (아, '시어터 천국' 러시아의 연극인들은 얼마나 행복한가!) 대한민국에서는 연극 없이도 얼마든지 잘살고 있고, 내일 연극이 완벽하게 사라진다 해도 눈 하나 꿈쩍하지 않을 사람들이 대다수니까. 그런데도 가난하고, 고통스럽고, 치 떨리는 이 작업을 하는 이유는 무엇일까?

내 언어가 연극의 언어로 바뀔 즈음 주위에서 성화가 그치질 않는다. 대체 돈 안 되는 연극이 뭐 그리 좋으냐고, 연극이 무엇이기에 극단까지 만들어가며 연극을 하느냐고. 사실상 감정의 문제를 말로 설명하기란 힘이 든다. 궁색한 대답을 찾던 중 내 사랑하는 작가 체호프가 또 답을 준다. 알다시피 그는 의사였다. 문학은 그에게 당시로선 생계를 위한 도구였다. 그러나 작가로서 삶을 꾸려나가고, 작가로 삶을 마치면서도 체호프는 생의 마지막 순간까지 자신이 의사임을 잊지 않았다. 시골에 병원을 개원하여 평생 무료 진료를 했던 체호프에게 사람들은 물었다. 의사와 작가 중 당신은 누구입니까? 체호프가 대답한다. "내게 의학은 아내죠, 그리고 문학은 애인이고요!"

체호프의 말은 내게 위로와 정당성을 준다. 주위에서 오늘도 내게 묻는다. 문학과 연극에 대한 나의 정체성을. 난 체호프를 흉내 낸다. "문학은 내 아내이고, 연극은 애인이지요!" 그리고 아내와 애인을 동시에 주신 신께 감사한다고, 둘을 다 사랑할 수 있게 해줘서 감사한다고 웃는다. 그리하여 오늘도 아내의 등을 토닥여주면서 애인이 있는 극장으로 간다.

이제 나는 더는 유혹의 언저리를 맴돌지 않고 그 유혹에 푹 빠져 있다. 그리고 오늘도 기도한다. "오, 하느님, 내게 연극을 주셔서 감사합니다. 내게 고통의 축제를 주셔서 감사합니다"라고. 어쩌면 이제 연극은 내게 유혹이 아니라 운명이 되었다.

*P.S. 연극인에게는 두 개의 여권이 있습니다. 하나는 낳아준 조국의 것이고, 다른 하나는 연극 나라의 여권입니다. 연극을 하는 사람들과 연극을 보는 이들은 모두 국적을 초월하여 하나의 독립된 특별한 민족이라 생각합니다. 그들은 연극 나라 언어를 쓰니까요. 나와 같이 연극 나라 여권을 취득하고 싶은 분 어디 안 계시는가요?

내가 사랑한 러시아

1990년 9월. 분단 이후 최초의 러시아(당시 소련) 유학생이라는 칭호는 내게는 늘 훈장이며 짐이다. 러시아는 내게 늘 애증의 상대였다. 사랑하며 미워하고, 미워하며 아파했다. 그런 내게 늘 위안을 준 것은 '러시아의 무대'였다. 미친 듯이 극장을 순례하던 내 유학 생활은 예술의 세례 기간이었고, 귀국 후 지금까지도 나의 러시아 여행은 마치 '미네르바의 부엉이'처럼 황혼이 깃들기만 하면 극장으로 날아가게 해준다. 내게 러시아의 지성을 알려준 연극인, 내게 러시아의 속살을 보여준 무대, 내게 고통의 축제를 알려준 러시아의 예술을 나는 사랑한다.

상트페테르부르크
'말리 드라마 극장'(MDT)
전면 유리창에 걸려 있는
〈바냐 외삼촌〉 공연 포스터.
레프 도진 연출의 이 공연을 보고
나는 얼마나 눈물을 흘렸던가!

함영준

한국외국어대학교 노어과 학부와 대학원을 졸업했고 러시아 상트페테르부르크국립대학교 러시아문학과에서 박사 학위를 받았다. 한국노어노문학회 회장을 지냈고 현재 단국대학교 러시아어과 교수다. 1997년부터 연극에 참여하여 〈홀스토메르〉(1998), 〈크로이처 소나타〉(2010) 등의 연출가로도 활동하고 있다. 저서로 『수호보-코빌린 드라마 시학의 제문제』(1996), 『세계연극 339선』(공저, 2008) 등 여러 저서와 논문이 있고, 박완서의 소설을 러시아어로 번역했다. 2010년에는 한·러 수교 20주년 문화축제 총괄 예술감독으로 활동했다.

러시아 발레의 특별한 전성기

신혜조

꿈의 상실과 희망의 발견

러시아가 낳은 영상 시인 안드레이 타르콥스키는 『봉인된 시간』(분도
출판사, 2015)이라는 책에서 "예술이 태어나고 발전되는 곳은 다름 아닌
정신적인 것과 이상을 향한 저 영원하고 쉴 새 없는 동경이 가득 찬 곳
이며, 예술의 주변으로 인간들이 모이도록 만드는 곳"이라고 말한 바 있
다. 글의 전후 맥락을 볼 때, 그가 남긴 이 말의 의도는 '더 높은 보편성
과 이념에의 도달'이라는, 예술이 취해야 할 궁극의 목적을 강조하기 위
함으로 보인다. 그러나 나는 조금 다른 의미에서 이 말에 전적으로 공
감한다. 이상과 동경이 가득한 곳, 사람과 예술이 끊임없이 소통하는 곳
을 예술이 발전할 수 있는 곳이라고 규정한다면, 나에게 그러한 곳은 예
나 지금이나 바로 러시아다. 나는 예술에 이끌려 처음 러시아로 향했고,
지금까지 두 차례에 걸친 러시아 유학을 통해 내가 얻은 것은 모두 예술
과 관련된 것들이었다. 그런 의미에서 나에게 러시아는 그야말로 예술의
나라다. 우연이든 필연이든 러시아와 연을 맺고 예술에 실눈이라도 뜨게
되었음에, 오랜 역사 속에서 러시아인들이 보여준 예술가적 삶과 정신을

73

공부할 수 있었음에, 그리고 러시아 대중들이 예술을 대하는 태도를 경험할 수 있었음에 나는 감사한다.

인생이라는 나의 캔버스에서 유의미한 첫 자국은 러시아가 장식했다. 러시아는 내 인생에 찾아온 첫 번째 기회이자 도전, 모험이자 여행의 출발점이었다. 나는 1994년 가을 어느 날 모스크바 셰레메티예보 국제공항에 도착했다. 그날 내가 본 모스크바 밤 풍경은 참 아름다웠다. 덜컹거리는 택시를 타고 호텔로 향한 길에 마주했던 모스크바국립대학교 본관 건물은 조명 불빛과 어우러져 동화 속에나 나올 법한 아름다운 성처럼 보였고, 도심 속 광활하게 뻗은 레닌 대로는 그 시절 내가 경험한 최대 넓이의 고속도로에 버금갈 만큼 무척이나 넓어 보였다. 나는 그 길을 지나며 드디어 내가 유학생이 된다는 사실과 가족의 과도한 보호 아래서 벗어나게 될 것이라는 사실에 기뻐했다.

하지만 설렘과 기쁨은 그리 오래가지 않았다. 바로 다음 날 나의 꿈같은 희망은 대부분 좌절되고 말았다. 모스크바의 청정한 가을 아침이 시작되고 마주한 도시는 전날 밤 보았던 모습과는 너무도 달랐다. 모스크바 시내는 마치 색을 지워버린 듯 생기 없는 잿빛으로 채색되어 있었고, 내가 마주한 러시아인들은 하나같이 웃음기 없는 경직된 표정을 짓고 있었으며, 거리를 쏜살같이 달리는 자동차들은 사이드미러가 곧 떨어져 나갈 듯 위태로워 보였다. 게다가 오후 다섯 시가 되어 해가 저물자 잿빛의 흔적마저 사라져 어두컴컴한 암흑의 도시로 변해버렸다. 잿빛 도시, 낡은 도시, 삭막한 도시. 나에게 모스크바의 첫인상은 그러했고, 그곳에 혼자 남겨진다면 나는 메마른 화분 속 식물처럼 점점 시들어갈 것이 분명해 보였다. 그때 나는 '괜히 왔다'고 생각했고, 내 손을 잡고 있던 어머니는 "큰일 났다"고 말씀하셨다. 모스크바에서 맞은 첫날은 충격적이었던 것만큼 강렬한 인상을 남겼고, 생소하고 두려웠던 모든 것은 그만큼의 강렬한 궁금증을 갖게 했다. 만약 그때 나에게 지금 내가 열정이라 부르고 싶은 호기심마저 없었다면 다시 한국행 비행기에 몸을 싣게 되지 않았을까. 어쨌든 그렇게 나는 멋모르고 황무지에 씨앗을 뿌렸고, 그 안에서 기필코 싹을 틔워야만 한다는 전투 의지를 가슴속에 품어야 했다.

사실 나는 발레 전공자로 러시아를 처음 찾았다. 어렵사리 들어간 학교 생활은 그야말로 총체적 난국이었다. 기숙사 사감 선생님은 「B 사감과 러브레터」 속 '딱장대' 같은 주인공 성격보다 더 무섭고 싸늘했다. 나무 창틀로 새어드는 러시아 추위를 견뎌내려고 챙겨간 전기장판은 그 B 사감(발렌티나 예브게니나) 선생님께 빼앗기기 일쑤였으며, 실내에서 잠글 수 없는 방문 구조상 아무 때나 사감 선생님들이 불쑥불쑥 들이닥치는 일이 허다했다. 심지어 소등 시간, 통금 시간조차 정해져 있었다. 그때 나는 내가 그토록 꿈꿔왔던 발레학교를 자라나는 꿈나무의 자유의지를 박탈하는 '창살 없는 감옥'이라고 생각했다.

학교 생활과는 별개로, 내가 더욱더 좌절했던 또 하나의 이유는 나의 재능이 보잘것없음을 스스로 인식하게 된 데 있었다. 발레에 최적화된 우월한 신체 조건과, 분명히 같은 동작을 연습하는데도 다르게 보이는 타고난 재능이 그 러시아 학생들에게는 분명히 있었다. '어디에나 차이는 존재하고 다름은 또 하나의 선물일 수 있다'는 상투적인 말은 서양 전통 예술인 발레를 전공하고 있던 나에게 무의미한 위로에 불과했다. 아무리 노력해도 우월한 유전자는 당할 수가 없었고, 노력하는 것이 무의미하다는 생각이 머릿속에서 떠나지 않았다. 물론 그곳에서 모든 조건의 차이를 멋지게 극복해낸 훌륭한 한국인 무용수들이 존재했다. 하지만 그들에게 있던 강인한 정신력과 끈기는 안타깝게도 나에겐 없는 것들이었다.

그렇게 몇 년의 시간을 보냈고, 인생의 첫 번째 좌절이 찾아왔다. 나는 다리를 다쳤고, 발레를 그만둘 수밖에 없었다. 어린 시절부터 그때까지 15년간 지켜왔던 거창한 꿈은 물거품이 되었고, 그때 나와 나를 지지했던 어머니는 세상의 종말을 맞이한 심정으로 눈물을 흘렸다. (사실 20여 년이 지난 지금 돌이켜 생각해보면, 어쩌면 그때의 다리 부상은 나에게 발레를 떠날 수 있는 타당한 이유가 되어주었기에 내심 감사했는지도 모른다.) 그렇게 나는 꿈을 찾아 러시아로 갔지만 오히려 꿈을 잃고 돌아오게 된 셈이다.

그 후 나는 한국에 돌아와 러시아 문학 전공자로서 대학 생활을 시작했고, 우여곡절 끝에 4년간의 학업을 마쳤다. 그리고 대학원에 진학했다. 석사 과정 중에는 많은 것을 경험하고 배웠다. 인문학 전공자로서 알아야 할 전문지식을 습득했고, 먼발치에서 스승님들을 바라보며 학자의 모습을 배워갔다. 그때 나는 그분들처럼 될 수 있으리라 생각하지 않았지만, 그분들을 닮고 싶다는 생각은 했던 것 같다. 그 여정은 나에게 쉽지 않은 길이었지만 즐거웠고, 어느새 내 인생의 두 번째 꿈이 마음속에 자리를 잡아갔다. 그리고 2005년 두 번째 러시아 유학길에 올랐다.

러시아 예술을 만나기까지

박사 과정에 들어가기 전까지 나는 스스로 예술을 가까이하고 좋아하는 사람이라고 믿어 의심치 않았다. 언제나 주위에 예술을 좋아하는 가족들이 있었기 때문이다. 어린 시절 아버지는 동양 고화古畵와 고서古書를 수집하셨고, 어머니는 한국무용을 하셨다. 나와 가까웠던 사촌오

빠는 문학을 공부했고, 조카는 예술고등학교에서 미술을 전공했다. 나는 발레를 했으며, 덕분에 성장기 내내 표트르 차이콥스키의 음악을 쉼 없이 들었다. 박사 과정에서는 문학과 회화를 공부하기도 했다. 그런데 두 번째 유학 중 '예술은 곧 삶'이라는 나의 확고한 믿음에 철퇴를 가한 사건이 일어났다.

박사 과정에 진학해 두 번째 해를 마쳤을 무렵 외국에서 어학연수 중이던 '절친'의 조카가 모스크바로 잠시 귀국했다. 올랴라는 이름의 친구는 당시 10여 년의 우정을 이어오고 있던 한 살 터울의 친구였고, 그 조카는 레나타라는 이름의 17세 소녀였다. 아르바트 거리에서 올랴를 만나기로 한 어느 날 레나타가 함께 나왔다. 나는 레나타가 3~4살 되던 무렵부터 그때까지 사진을 통해, 소식을 통해 성장 과정을 가끔 접해왔던 터라 그녀에 대해 여러모로 잘 알고 있었지만, 실제로 만난 것은 처음이었다. 레나타 역시 이모의 유일한 외국인 친구였던 나에 대해 꽤 잘 알고 있는 듯했다. 첫 만남에서 대화를 이어가던 중 레나타는 나에게 차이콥스키를 좋아하느냐고 물었다. 발레를 했으니 당연히 발레 음악의 대가 차이콥스키를 잘 모를 리 없다고 생각한 것 같다. 그러나 터무니없게도 차이콥스키에 관한 내 지식은 기본적인 상식 정도의 수준이었던 터였다. 나는 내가 갖고 있는 얕은 지식과 정보를 최대한 포장해 레나타와의 대화를 어렵사리 이어갔다. 이 17세의 어린 소녀가 러시아 문화를 전공하고 있던 나보다 차이콥스키에 관해, 발레 음악에 관해 더 많이 알고 있다는 것은 확실해 보였다.

대화가 끝날 무렵이 되어 우리는 급기야 페테르부르크 여행을 계획했다. 레나타가 내친김에 차이콥스키 무덤에 헌화하고 싶다는 뜻을 강하게 보였기 때문이다. 그렇게 첫 만남이 있은 지 이틀 후 우리는 페테르부르크로 향했고, 넵스키 대로에 도착했다. 에르미타시 박물관을 지나 본격적으로 넵스키 대로에 진입해 이동하자 대로를 따라 좌우로 카잔 성당, '돔 크니기' 서점 건물, 피의 사원 등 러시아 문화의 상징물들이 눈에 들어왔다. 그 길을 지나 우리는 넵스키 대로 끝자락에 위치한 모스크바 기차역 뒤편 알렉산드르 넵스키 수도원으로 향했다. 수도원 본당으로 들어가기 전 두 개의 갈라지는 문이 있었는데, 바로 공동 묘원이었다. 그곳에서 우리가 향한 곳은 오른편에 있는 '예술인의 묘'였다. 이 수도원은 표트르 대제의 명으로 1710~13년에 건립된 곳으로, 수도원 내부에는 11개의 교회와 러시아 문화를 꽃피운 인물들의 묘가 자리 잡고 있었다. 우리의 목적지인 차이콥스키의 묘를 비롯해 미하일 글린카, 러시아 5인조와 같은 음악가들의 묘가 있었고, 그 밖에도 19세기 사실주의 문학의 거장 표도르 도스토옙스키와 고전발레의 아버지 마리우스 페티파의 최후 안식처가 있었다.

그중 유난히 많은 꽃다발이 놓여 있는 곳이 바로 차이콥스키 묘였다. 견학 온 학생들이 그 앞에서 대화를 나누고 있었다. 그들의 시선을 받으며 우리는 시간을 거스르고 한 줌의 흙이 되었을 차이콥스키 앞에 섰다. 이번 여행을 제안한 레나타는 처음 마주한 차이콥스키의 흔적에 감격스러운 표정으로 헌화했고, 미리 챙겨온 차이콥스키 음반을 꺼내 꽃다발 옆에 놓아두었다. 그리고 예술가 묘원을 뒤로하고 돌아오는 길에 레나타는 말이 없었다. 17세 소녀의 감성에 어울리지 않는 〈오직 그리움을 아는 이만이〉(None But The Lonely Heart)를 허밍으로 무한 반복해 불러 댔을 뿐이었다. 그러자 올랴는 '타지 생활이 힘들면 그만 귀국하라'는 핀잔으로 응수했다. 사실 어린 소녀를 따라간 차이콥스키의 무덤 앞에서 내 마음은 먹먹해졌다. 아니, 불편해졌다. 성장기 내내 차이콥스키의 음악과 함께한 나는 과연 무엇을 들었고, 러시아 문화를 전공하고 있는 나는 과연 무엇을 공부하고 있나 하는 근본적인 물음에 쉽사리 답을 내놓을 수 없었기 때문이다. 발레를 해봤다고 아는 것이 아니었고, 그림을 보았다고 아는 것이 아니었다. 집요한 학습과 발품을 파는 노력이 필요하다는 사실을 나는 그때서야 인식하게 되었다.

생각해보면, 예술을 접하는 일은 다른 행위보다 자의식이 크게 작용하는 것 같다. 예술을 보고, 듣고, 느끼는 '그 자체'보다 미술관이나 공연장을 찾아 예술을 감상하고 있는 나의 모습을 스스로 보는 것에 즐거움을 느낄 수 있다는 것이다. 내가 그랬었다. 나는 예술을 찾을 때, 마치 예술 애호가가 된 것 같은 내 모습을 좋아했다. 물론 공부나 연구에 급히 필요한 자료를 찾아 공연장이나 미술관으로 발걸음을 재촉해야 하는 상황이라면 내가 보는 나의 모습 따위가 안중에 있을 리 없다. 그러나 여유를 만끽하고 싶은 날 곱게 차려입고 대문을 나설 때, 예컨대 웅장하고 호화로운 공연장 입구에 도착했을 때, 그런 내 모습을 타인의 시선으로 목격하며 뿌듯해한 적이 분명히 있었다. 솔직히 꽤 많이 그랬다. 그런 마음으로 나는 가끔 볼쇼이 극장을 찾았고, 차이콥스키 홀과 트레티야코프 미술관을 찾았다. 이게 바로 내가 예술을 대하는 방식이었다.

반면 러시아에서 만난 사람들은 나와는 사뭇 다른 모습이었다. 레나타와 함께한 여행 일화를 제외하더라도, 시간과 장소를 가리지 않고 독서를 즐기는 사람들, 아르바트 거리의 예술가들과 그 주변에 머무는 수많은 행인, 대부분의 경우 객석이 만석으로 채워지는 공연장 풍경. 언제나 예술의 주변에 함께하는 러시아인들의 모습은 문화적 욕망을 채우기 위한 특별한 이벤트가 아닌 일상 속에 녹아든 그들 문화의 풍경이었고, 그래서인지 예술로 향하는 그들의 발걸음은 경쾌하나 진중했다. 그때부터 나는 시간을 내어 러시아 예술을 열심히 보고, 듣고, 궁금해했다. 이전에는 발레 무대에서 무용수들의 아름다운 몸과 현란한 동작을 감상했다면, 이제는 음악을 들었고, 의상을 보았고, 스토리를 읽었다. 춤이 아닌 극을 보고 싶어졌기 때문이다. 그러던 어느 날 당일치기로 페름에 갔다. 발레 뤼스Ballets Russes를 창립한 진정한 예술 애호가 세르게이 댜길레프의 생가가 있는 곳이기 때문이다. 그곳은 박물관처럼 운영되고 있었고, 댜길레프의 육필 원고와 초상화, 작곡가 이고리 스트라빈스키의 악보, 화가 레오니트 박스트와 알렉산드르 베누아의 무대의상 스케치 등 발레 뤼스 예술가들의 흔적이 고스란히 보존되어 있었다. 시간을 거슬러 20세기 초반으로 와 있는 듯했다.

생가 2층을 둘러보고 있을 무렵, 그곳 관장님이 나를 찾아왔다. 사실 댜길레프 생가는 다른 저명 예술가들의 생가보다 관람객 수가 적은 곳이어서 동양 어느 작은 나라의 이방인이 비행기를 타고 그곳까지 찾아왔다는 사실에 꽤 놀란 눈치였다. 우리는 잠시 대화했고, 기념사진도 찍었다. 그곳을 떠날 때는 러시아 발레에 대한 애정에 감사하다는 인사와 함께 댜길레프에 관한 책을 선물 받기도 했다. 매우 고된 하루였던 그날은 지금 나에게 발레라는 예술을 진정으로 마주하게 된 의미 있는 날로 추억되고 있다. 그리고 관장님으로부터 선물 받은 그 책은 종종 내 연구의 유용한 자료로, 뜻깊은 기념품으로 지금까지 내 책장 한쪽에 놓여 있다.

러시아 발레의 전성기에 관하여

나는 30대 중반이 되어 학업을 마치고 귀국했다. 수년간 학위 취득을 궁극의 목적으로 여겼던 나는 손바닥 크기보다 조금 더 큰 학위증을 감상하며 나의 유일한 가족 어머니와 함께 기쁨을 만끽했다. 그러나 기쁨은 그리 오래가지 않았다. 곧 학생이라는 신분의 울타리로부터 강풍이 몰아치는 엄중한 세상으로 나와 다시금 눈을 떠야만 했기 때문이다. 그러나 사회인이 된 나는 무엇을 어떻게 해야 할지 몰랐고, 사회와 마주하는 것에 그다지 자신도 없었다. 학위만 있을 뿐, 한 분야의 전문가라고 말하기에는 지식도 경험도 미천했고, 그런 자신이 부끄러워 누군가에게 조언을 구하는 것조차 조심스러웠다. 그때의 나는 '누구에게나 한 번쯤은 인생의 전성기가 찾아온다는데, 언젠가는 나에게도 그런 날이 오기는 할까'라고 생각하며 불안한 미래를 한없이 걱정했던 것 같다. 그러던 어느 날 프랑스 화가 폴 세잔이 남긴 '각자의 전성기 시계는 다르다'는 명언을 어디에선가 읽게 되었다. 그리고 하룻밤을 꼬박 지새우며 어렴풋한 희망을 생각했다.

생각해보면, 세잔의 말대로, 사람마다 전성기는 다르게 찾아온다. 러시아 예술가들을 보더라도, 예술가 집안에서 나고 자라 이른바 엘리트 코스를 거쳐 젊은 시절부터 완성된 창작 세계를 보여준 이들이 있는 하면, 뒤늦게 예술가적 기질과 재능을 깨닫고 열정과 도전 정신으로 예술가의 길을 걸어온 이들도 있다. 이 두 가지 유형 중 후자의 경우가 바로 뒤늦은 전성기를 맞이한 대기만성형 예술가들일 것이다. 대표적인 예로는 학창 시절 전공이 음악과는 무관했던 차이콥스키, 러시아 5인조와 같은 음악가들이 있다. 차이콥스키는 법학도로서 학창 시절을 보냈고, 졸업 후에는 몇 년간 법무부 관리로 재직한 경험이 있다. 19세기 러시아 국민악파를 형성하며 국민주의 음악 시대를 열었던 러시아 5인조의 이력 역시 특이하다. 직업 군인, 수학자, 과학자였던 그들은 성인이 되어 음악가로 전직해 기존 예술계에서 엄격하게 분리되어 있던 아마추어리즘과 프로 페셔널리즘의 경계를 허물어뜨린 장본인들이다. 이러한 사례는 발레 분야에서도 찾아볼 수 있다. 이다 루빈시테인은 연극배우로 활동하던 중 20대 중반이 되어서야 발레계에 데뷔했으나, 동양적인 아름다움을 뿜어내며 이국주의를 표방했던 발레 뤼스를 세계 무대의 정점에 올려놓는 데 일조했다. 이러한 후발 주자들의 찬란한 성공 사례는 반드시 이른 출발만이 미래의 성공을 보장하는 것은 아니라는 근거 미약한 희망을 품게도 한다.

한편 이처럼 이례적인 일은 비단 특정 예술가들의 삶에만 해당하는 이야기는 아니었다. 러시아 예술 천 년의 역사 역시 대기만성의 길을 쉼 없이 걸어왔다고 볼 수 있다. 특히 러시아 발레가 걸어온 길이 그러하다. 발레는 ballo(춤)라는 어원에서 알 수 있듯이, 이탈리아에서 출발했다. 막간극의 형태로 15세기 이탈리아에서 시작된 발레는 16세기경 메디치가의 여인 카트린이 앙리 2세와 혼인하면서 프랑스에 소개되었다. 그 후 약한 세기에 걸쳐 공연예술의 형태를 갖추며 발전해온 발레는 17세기 중엽에 이르러 러시아로 유입되었다. 러시아에서 발레는 알렉세이 미하일로비치 황제가 사망하기 전 대략 3년간 황제를 위한 궁정예술로서 존재했고, 얼마간의 공백기를 지나 표트르 대제 시기에는 유럽식 예절 교육을 위한 서구화 정책의 구체적인 방법론으로 부활했다. 그러나 이 시기에는 발레가 귀족들이 연회에서 즐기는 사교춤의 형태였으니, 오늘날 우리가 알고 있는 공연예술로서의 발레였다고 볼 수는 없다. 공연예술로서 발레가 성장하기 시작한 것은 꽤 늦은 시기인 18세기 중반에 안나 이바노브나 황후가 유럽 안무가들을 초빙해 발레 전문학교와 발레 단체를 설립하면서부터다. 그 시기 러시아는 유럽 전문가들에게서 극장 발레에 대한 지식과 경험을 전수받기 시작했고, 당시 이탈리아나 프랑스에서 쇠퇴의 길을 걷고 있던 발레는 러시아에 정착해 새로운 역사를 써나가게 된다.

그렇게 한 세기가 흘러 19세기 중반이 되자 세계 발레는 러시아가 주도하는 양상을 보이기 시작했다. 이 시기는 고전발레의 아버지 페티파가 활동했던 때로, 그의 손을 거쳐 무용수의 연기력을 근간으로 하는 발레 마임, 관객의 흥미 유발을 위한 발레 형식, 고난도 테크닉, 군무 대형 등이 완성되었다. 그렇게 러시아 발레는 페티파의 주도 아래 발레 원칙들을 확립해나갔고, 급기야 고전주의라는 영광스러운 타이틀도 부여받게 되었다. 19세기 러시아 발레가 고전일 수 있는 이유는 발레라는 장르가 마땅히 지녀야 할 모든 법칙과 규칙이 이 시기 러시아에서 확립되었기 때문이며, 고전이라는 이름 자체는 발레가 온전한 하나의 예술 장르로서 완성 단계에 도달했음을 의미했다. 이처럼 페티파라는 거장이 존재했던 19세기 중후반은 러시아 발레의 전성기이자 세계 발레의 전성기였다.

위와 같은 연유로, 세계 발레 역사에서 발레가 정점에 다다른 시기는 주로 고전 시대로 언급되고 있다. 그러나 러시아 발레 자체의 본격적인 도약은 20세기 초반에 이르러 시작되었다고 볼 수 있다. 1909년 예술 흥행가 댜길레프의 기획력과 안무가 미하일 포킨의 개혁 정신이 결합하여 발레 뤼스라는 단체가 탄생했고, 그때까지 페티파의 레퍼토리를 무한 반복하고 있던 유럽 발레계는 대변혁의 시대를 맞이했다. 새로운 발레를 표방하며 전통과의 단절을 궁극의 과제로 삼았던 발레 뤼스 예술가들은 전에 없던 '다채로운 발레'들을 제작했다. 이들의 무대는 기존의 것보다 더욱 화려하고 역동적인 색채를 발산했고, 무용수들은 고전주의의 틀에서 벗어나서 더욱더 자유로운 몸짓으로 다채로움을 형상화했다. 고전발레가 유럽 안무가들의 활약에 힘입어 러시아에서 완성된 예술이었다면,

20세기 초 발레 뤼스의 작품들은 러시아인들에 의해 러시아식으로 꾸며진 진정한 의미의 '러시아 발레'였다. 즉, 이 시기 발레는 이전 30여 년간 무대 위를 우아하게 거닐던 백조의 시대에서 벗어나 폭발적 에너지를 발산하는 불새의 시대로 이행했다고 볼 수 있으며, 발레 뤼스의 의미는 세계 문화사에서 괄목할 만한 현상으로 자리 잡는 탈근대적 현대 발레의 형성에 크게 이바지했다는 데 있다.

러시아 발레의 도약은 여기에서 끝이 아니다. 70여 년의 역사를 지나온 소련 발레의 업적 역시 간과할 수 없다. 볼셰비키 혁명기, 전체주의 문화의 상징으로 규정되어 철폐 위기를 맞게 된 러시아 발레는 소비에트만의 새로운 양식을 모색하면서 이전과 전혀 다른 방향으로 나아갔다. 이 시기에 바실리 티호미로프, 표도르 로푸호프 같은 발레계 인사들은 환상적 발레라는 허구의 세계에서 벗어나 현실 세계 속으로 진입해 유미주의 발레의 대대적인 변신을 위한 행동에 참여했다. 당시 대중성과 이념성을 모두 인정받으려고 이들이 했던 시도들은 아름다움을 지고의 가치로 여겼던 과거의 발레에서 강렬하고 호기로운 소비에트식 발레로의 이행을 위한 발걸음이었으며, 이러한 소비에트 전통은 20세기 후반에 이르러 유리 그리고로비치라는 거장의 무대를 통해 빛을 발했다.

이처럼 고전의 시대와 모던의 시대, 소비에트 시대를 관통하며, '슬라브적 강렬함, 고전적 우아함, 현대적 역동성이 어우러진 무대'라는 독자적 특색을 형성하게 된 러시아 발레 무대는 과거와 현재가 공존하는 공간이다. 이곳에는 과거의 틀과 형식을 간직하려는 '전통'과 진부함을 거부하고 새로운 창조의 방향을 끊임없이 모색했던 러시아 예술가들의 '개혁 정신'이 살아 숨 쉰다. 물론 러시아 발레의 진보를 고무했던 것은 러시아인들의 예술 정신과 러시아적 예술성일 것이다. 유럽에서 출발한 발레가 러시아에 들어와 우여곡절을 겪고 황금기를 맞이하기까지, 또 철폐의 위기를 극복하고 진보를 거듭하기까지 러시아 발레는 수많은 예술적 창조성을 발휘하며 꿋꿋하게 독자적인 뜻을 펼쳐나갔다. 그렇게 러시아 발레는 아름답고 숙련된 기술을 끊임없이 탄생시켰고, 울창한 나뭇잎을 틔우고 꽃을 피우며 경건하고 참된 나이테를 품게 되었다. 그렇게 지난 이백 년간 러시아 발레는 세계 최강의 자리를 단 한 번도 내어준 적이 없으며, 오늘날까지도 세계 발레 역사에서 거대한 중심축으로 굳건히 자리매김하고 있다. 이런 의미에서 러시아 발레의 전성기는 아직 끝나지 않았다고 볼 수 있다. 그리고 이렇게 볼 때, 한계를 스스로 극복하고 변화하며 매 순간 새로운 기록을 경신하고 있는 러시아 발레는 조금 특별한 전성기의 시계를 갖고 있다고 볼 수 있을 것이다.

사실 누구나 그렇겠지만, '찬란한 시절'의 의미로 전성기는 내 인생에서 언제 찾아올지 미지수다. 이미 흘려보냈는지, 바로 오늘일지, 가까운 혹은 먼 미래에 찾아올지 좀처럼 알 수 없다. 어쩌면 영영 오지 않을 수도 있다. 그러나 부딪히고 도전하고 실천해온 러시아 발레의 전성기가 지금까지도 현재 진행형이듯이, 내가 내 삶의 한 걸음 움직임 속 땀의 가치를 소중히 여긴다면 인생의 모든 순간이 전성기일 수 있지 않을까 생각한다. 나는 러시아에서 울었고 넘어졌으나, 러시아를 딛고 다시 일어나 지금을 살아가고 있다. 어느덧 40대가 된 지금 러시아와 인연을 맺은 지난 27년의 세월을 되돌아보면, 그토록 추웠던 러시아와 함께한 나의 젊음은 언제나 따뜻한 봄날이었고, 그때부터 지금까지 나는 매 순간 전성기를 누리며 살아가고 있다. 그렇기에 스펙터클한 삶의 스토리를 만들어준 러시아, 내게 살고 싶은 이유가 되어준 러시아, 나를 오늘의 나로 성장시켜준 러시아에 무한히 감사할 따름이다.

내가 사랑한 러시아

페테르부르크에는 언제나 나에게 설렘과 즐거움을 가득 안겨주는 곳, 아름다운 공간과 무대 경관이 나를 황홀경으로 이끄는 매혹의 장소가 있다. 넵스키 대로에서 강변도로를 지나 작은 도로로 진입하면 러시아 예술의 중심지 테아트랄나야 광장이 모습을 드러낸다. 바로 이 길 1번지에는 러시아 예술이 전성기를 맞았던 영광의 시기를 고스란히 함께한 마린스키 극장이 에메랄드빛 화려한 외관을 자랑하며 자리 잡고 있다. 공연장 안으로 들어가 보면, 금빛 크리스털 벽장식과 샹들리에, 벨벳 객석 의자가 호화로운 장관을 완성한다. 제정 러시아 시대 황실극장의 풍경을 상상케 하는 이 아름다운 극장에서 발레 공연 한 편을 관람하는 일은 나에게 러시아 예술의 찬란했던 역사와 마주하는 체험이었다. 그러한 이유로 마린스키 극장은 언제나 내게 설렘 가득한 곳으로 기억되고 있다.

마린스키 극장의 객석

신혜조

건국대학교 러시아어문학과를 졸업했고, 러시아국립인문대학교에서 문화학 박사 학위를 취득했다. 현재 중앙대학교 외국학연구소 HK교수로 강의와 연구를 이어가고 있다. 주요 논문으로는 「레온 박스트의 고대 지향적 미의식과 색채 심미성: '나르시스와 에코'를 중심으로」(2016), 「혁명과 발레: 소비에트 혁명 발레 유산의 재조명」(2016), 「문학 텍스트의 회화적 재현: 샤갈의 '죽은 혼' 읽기」(2018), 「문학과 발레의 상호 텍스트성: '롤리타'와 '잠자는 미녀'의 경우」(2019) 등이 있다.

소비에트 러시아 영화의 살아 있는 역사

홍상우

1987년은 내게 좌절의 시기였다. 한국외국어대학교 통역대학원에 재학 중이던 나는 통역 교육 과정에 좀처럼 적응하지 못하고 있었다. 이따금 통역대학원 입학이 잘못된 선택이었다는 생각도 하면서 무기력한 시간을 보내고 있을 무렵 외국인 선생님께서 단편 소설집을 한 권 읽어보자고 제안하셨다. 작가는 1970년대 소련에서 인기 있었던 이른바 '시베리아 문학'의 대표자인 바실리 슉신이었다. 시베리아 방언을 사용한 그의 단편은 읽어내기가 쉽지 않았지만, 짧은 텍스트에는 삶에 대한 예리한 통찰과 통렬한 유머가 깃들어 있었다.

이때부터 나는 이 작가의 작품에 매료되었는데, 슉신은 1970년대를 대표한 작가이면서 동시에 영화감독이자 영화배우로도 활동한 인물이었다. 게다가 그는 한국에서 작가주의 예술영화의 대명사로 알려진 안드레이 타르콥스키 감독과 함께 미하일 롬 감독의 지도를 받으며 러시아국립영화대학(VGIK)에서 수학했다. 러시아의 저명한 시인 아르세니 타르콥스키의 아들인 안드레이 타르콥스키 감독은 입학 때부터 모두의 주목을 받은 '금수저' 출신 학생이었지만, 시베리아 알타이 출신의 이른바 '촌놈'이었던 슉신을 주목한 사람은 아무도 없었다. 단 한 사람, 지도교수였던 소비에트 러시아 영화사의 걸출한 감독 미하일 롬만이 그의 재능을 알아보았다. 훗날 미하일 롬 감독은 "당시 신입생 중에 타르콥스키와 슉신이 가장 재능 있는 학생으로 보였다"고 회고하곤 했다.

2000년대로 접어들면서 한국에서는 이른바 영상 시대가 시작되었다. 당초 소설가로 접했던 슉신을 통해서 러시아 영화에 관심을 두게 되었지만, 내가 소비에트 러시아 영화를 본격적으로 공부하겠다고 결심한 이유는 시류에 영합하려는 얕은 생각 때문이었다. 또한, 기존 연구가 이미 축적된 도스토옙스키나 톨스토이와 같은 러시아 문학의 거장들을 공부하기엔 내가 가진 역량이 너무 부족하다는 생각도 했다. 무엇보다 당시 구소련 지역 영화와 동유럽 영화를 본격적으로 연구하는 학자가 국내에 거의 없었기 때문에 심한 경쟁을 하지 않아도 된다는 소심한 짐작도 있었다.

당시 국내에서 독학으로 소비에트 러시아 영화를 공부하기는 어려웠다. 그야말로 취미 수준을 조금 넘어서거나 문학 연구자가 부수적인 작업으로 영화를 연구한다는 한계를 벗어나기 어려웠다. 이런저런 사정과 사연, 핑계를 대며 2002년에 안식년을 맞이하여 나는 늦었지만 러시아 국립영화대학에서 공부하기로 결심했다. 당시 박사 과정 지도교수인 마라트 블라소프는 내가 애초 전공한 슉신과 타르콥스키와 함께 학교에 다녔던 살아 있는 전설이자 영향력 있는 원로 교수였다. 블라소프 교수의 지원 덕택에 나는 안식년 기간에 정규 과정과 통신 과정의 박사 과정 수업을 주야간에 걸쳐서 모두 들을 수 있었다.

나는 당시만 하더라도 고가이던 디지털 녹음기를 모스크바에서 사서 거의 모든 강의를 녹음해 집에서 다시 텍스트로 옮겼다. 통역대학원 재학 시에 수없이 했던 작업이었기에 녹음된 강의를 비교적 수월하게 텍스트로 풀어 쓸 수 있었다. 고통스러웠던 통역대학원에서의 학업이 이런 식으로 도움이 될 줄은 꿈에도 생각하지 못했다. 내게 냉담한 태도를 취하던 러시아 박사 과정 학생들은 종합시험이 다가올 무렵 환한 미소를 지으며 다가와 녹음 텍스트를 보여달라고 내게 부탁하곤 했다.

러시아국립영화대학 수학은 학문적인 측면 외에도 많은 러시아 영화인과 교류할 수 있는 계기가 되었다. 지도교수 본인이 소비에트 러시아 영화사의 살아 있는 역사였으며, 그의 갑작스러운 사망으로 인해 만나게 된 또 다른 지도교수인 리디야 자이체바 역시 소비에트 러시아 영화계의 살아 있는 역사이다.

러시아 영화인들과 교류하게 되면서 나는 연구와 현장 활동을 병행하게 되었다. 사실 그런 상황을 의도한 것은 아니었지만, 러시아에서 열리는 영화제나 기타 학술대회 등에서 러시아 영화인들은 자국 영화를 연구하고자 하는 낯선 한국인에게 일종의 호기심과 호의를 동시에 보여주었다.

소심하고 사교성이 적은 내가 러시아 영화인들과 학술적 혹은 업무적 친교를 맺고 러시아 영화계에 더 가까워진 것은 아무래도 어느 정도 러시아어로 소통할 수 있다는 점이 크게 작용했을 것이다. 러시아어를 구사하는 유럽과 미국의 소비에트 러시아 영화 연구자들은 많지만, 아시아계 출신 학자들은 거의 없었다. 세계 최대 규모라는 러시아의 유서 깊은 필름 아카이브 '고스필모폰드'에서 매년 3월경에 열리는 아카이브영화제에 구소련 국가 출신을 제외한 외국인 참가자는 극소수이다. 이 중에서도 아시아 출신 참가자는 일본과 한국뿐이다. 일본 연구자는 이미 지도교수에 이어서 제자가 참가하고 있다. 이런 경우에 나는 소련과 러시아 연구에서 일본의 선도적 활동에 놀라움과 부러움을 함께 느끼곤 했다.

마침 외국에서 인정받기 시작한 한국의 국제영화제도 내게 많은 도움을 주었다. 이제는 아시아에서 가장 권위 있는 국제영화제 중 하나가 된 부산국제영화제는 초창기부터 소비에트 러시아 영화에 큰 관심을 두고 각종 특별전을 열었다. 특히 내가 중앙아시아 영화에 관심을 기울이기 시작할 무렵 부산국제영화제 개막작으로 상영된 〈스탈린의 선물〉은 큰 자극을 주었다. 물론 당시 필자의 개인적인 인터뷰 요청과 기타 연구를 위한 번거로운 부탁을 흔쾌히 들어준 중앙아시아 영화인들의 도움도 잊을 수 없다. 중앙아시아 영화 전문가인 카자흐스탄 출신의 평론가 굴나라 아비케예바의 지원은 나의 중앙아시아 영화 연구에 큰 밑거름이 되었다. 소비에트 중앙아시아 영화에 대한 학술행사와 자신이 집행위원장을 맡았던 유라시아국제영화제에 기꺼이 초청해준 그녀의 도움이 없었다면 당시 국내에서는 좀처럼 접하기 어려웠던 중앙아시아 영화 관련 자료들을 구할 수 없었을 것이다.

한스 슐레겔, 나움 클레이만, 그리고 '예이젠시테인 동맹'

러시아인은 아니지만, 내게 소비에트 러시아 영화의 생생한 역사를 접하게 해준 인물 중 한 사람은 독일의 한스 슐레겔 박사였다. 그는 베를린국제영화제와 베니스국제영화제 프로그래머를 역임했으며, 현대 러시아와 동유럽 영화의 주요 작가들을 서구에 알리는 데 결정적인 역할을 한 사람이다. 오늘날 이미 거장으로 대접받고 있는 알렉산드르 소쿠로프와 안드레이 즈뱌긴체프 감독은 그가 없었더라면 작품들이 서방에 소개되는 시기가 많이 늦어졌거나 아니면 제대로 된 평가를 받지 못했을 수도 있다.

발칸 지역 영화를 집중적으로 소개하는 불가리아의 소피아국제영화제에서 처음 만난 슐레겔 박사는 동양에 대한 일종의 환상을 가지고 있었지만, 동시대 누구보다도 소비에트 러시아 영화를 많이 보았으며, 러시아 국내에서도 인정하는 대표적인 소비에트 러시아 영화사학자였다. 그는 생전 안드레이 타르콥스키가 신뢰했던 동료이기도 하다. 베를린국제영화제 프로그래머로 한창 활동하던 시절 러시아 영화계에 대한 그의 영향력은 절대적이었다. 세계에서 가장 권위 있는 영화제 중의 하나인 베를린국제영화제 진출 여부를 결정하는 그의 권력에 러시아 유명 감독들은 모두 머리를 조아렸다. 한때 러시아의 한 신문이 "러시아 감독들은 러시아 관객을 위해 영화를 만들지 않는다. 그들은 단지 두 사람만을 염두에 두고 영화를 찍는다. 다름 아닌 한스 슐레겔 베를린국제영화제 프로그래머와 조엘 샤프론 칸영화제 어드바이저이다"라고 쓸 정도로 슐레겔 박사의 위세는 대단했다.

한국에서도 번역된 타르콥스키의 저서 『봉인된 시간』과 『순교일기』는 타르콥스키의 요청에 따라 슐레겔 박사가 처음으로 독일어로 번역했다. 한국에서 출간된 한국어 번역본은 바로 그의 독일어 번역본을 옮긴 것으로 알고 있다. 슐레겔 박사는 안드레이 타르콥스키의 원고 일부와 관련하여 민감한 이야기를 내게 전해주기도 했다. 타르콥스키의 사생활에 관련된 부분이므로 상세한 내용을 밝히긴 어렵지만, 그가 생전에 자신의 심정을 그대로 담아낸 원고를 누군가 수정하려던 시도가 있었음은 분명하다. 슐레겔 박사는 누군가가 수정을 위해 가필한 원고를 그대로 소장하고 있었다. 이 사실은 타르콥스키의 삶의 일부가 알려진 것과 다를 수도 있다는 것을 의미한다.

망명 시절 이탈리아에서 학술대회가 끝나고 타르콥스키와 함께 강변을 거닐던 일, 그와 가정 문제 고민 등에 관해 상의하던 일과 같은 일화를 슐레겔 박사는 내게 전해주었다. 그중 지금 밝힐 수 있는 것은 타르콥스키가 생전에 알렉산드르 소쿠로프 감독의 재능을 일찍이 알아보고 슐레겔 박사에게 그의 작품을 서방에 소개해달라고 부탁했다는 사실이다. 소쿠로프의 재능에 대해 타르콥스키와 의견을 같이한 슐레겔 박사는 결국 그의 초기작들을 서구에 소개하여 그가 오늘날 세계적인 거장이 되는 데 결정적인 역할을 담당했다. 슐레겔 박사의 말에 따르면, 그가 처음에 러시아와 동유럽 국가들의 영화를 베를린국제영화제에 본격적으로 소개하려 했을 때 동료들은 그를 비웃었다. 그러나 소쿠로프 감독 외에도 안드레이 즈뱌긴체프 감독이 이미 세계적인 거장이 되었고, 루마니아를 비롯한 동유럽 각국의 영화가 칸과 베니스, 베를린을 비롯한 권위 있는 국제영화제에서 주목받게 된 것은 어제오늘의 일이 아니다.

세월이 흘러 한스 슐레겔 박사가 16년 동안 재직한 베를린국제영화제 프로그래머직에서 물러나고 곧이어 맡게 된 베니스국제영화제 프로그래머도 2년 만에 그만두게 되자 러시아 영화계에서 그를 대접하는 태도는 달라졌다. 모두가 지나치게 호들갑을 떨며 그와 포옹과 입맞춤을 하면서 인사하던 사람들은 냉랭한 태도를 보였으며, 그의 주위에서 환한 웃음을 짓던 여인들도 자취를 감췄다. 어느 날 특강을 위해 한국을 방문했던 그와 통영의 바닷가 허름한 횟집에서 술잔을 기울일 때, 그는 내게 단 두 사람만이 자신의 은혜를 잊지 않고 있다고 말했다. 다름 아닌 알렉산드르 소쿠로프와 안드레이 즈뱌긴체프 감독이 바로 그들이었다. 소쿠로프 감독은 슐레겔 박사에게 헌정하는 다큐멘터리를 따로 만들어서 그에 대한 존경을 공식적으로 밝혔다. 그런데 특별대담을 진행하기 위해 부산국제영화제에서 나와 시간을 함께했던 즈뱌긴체프 감독은 슐레겔 박사와의 인연에 대한 나의 질문에 침묵으로 응답했다. 아마 그런 질문에 답변하기엔 그가 이미 너무 거물이 되었는지도 모르겠다.

생전에 슐레겔 박사는 자신이 보유하고 있던 타르콥스키의 원고를 포함한 소비에트 러시아 영화에 관한 귀한 자료들을 내가 재직하고 있는 대학의 연구소에 기증할 의사를 몇 번 밝혔지만, 게으른 나는 그의 생전에 자료를 이전받기 위해 필요한 법적 절차를 밟지 못했다. 그가 선뜻 기증 의사를 밝혔을 때만 하더라도 나는 그가 그렇게 갑자기 세상을 뜰 것으로 생각하지 못하고 안일한 태도를 취했다. 영화사 연구자로서 두고두고 후회할 수밖에 없는 일이었다.

세르게이 예이젠시테인 감독의 학문적 계승자이자 그의 몽타주 이론과 관련한 각종 저작, 학술 자료를 평생에 걸쳐 정리하고 출간하고 있는 전前 러시아영화박물관장 나움 클레이만 박사는 바로 그 자신이 살아 있는 영화 백과사전이자 살아 있는 영화 박물관이다. 오늘날 그만큼 세계영화사 초기작부터 동시대까지의 영화를 많이 본 사람은 이제 거의 남아 있지 않다. 클레이만 박사는 예이젠시테인이 사망한 후 당국에서 예이젠시테인에게 제공한 모스크바 시내의 한 허름한 아파트로 그의 유고를 직접 옮긴 당시 국립영화대학 재학생 중 한 사람이다. 그는 예이젠시테인의 단편적인 메모와 흩어진 원고들을 마치 조립하듯이(나움 클레이만 박사 자신의 표현에 따르자면, 그야말로 원고 '몽타주'였다) 모아서 훗날 예이젠시테인 전집이 출간되는 데 온 힘을 기울였다.

내가 그와 친교를 맺게 된 것은 의외로 한국에서 열리는 전주국제영화제 덕택이었다. '소련의 금지된 영화들'이란 특별전이 전주국제영화제에서 열렸을 때, 우연히 카탈로그를 보고 있던 나는 눈을 의심하지 않을 수 없었다. 클레이만 당시 러시아영화박물관장이 직접 전주국제영화제를 방문하여 특강과 관객과의 대화를 한다는 일정이 적혀 있었다. 뒤에 알고 보니 당시 임안자 전주국제영화제 부집행위원장은 유럽에서 오래전부터 클레이만과 친분을 맺고 있었다. 이런 배경 덕에 그가 전주를 방문한 것이었다. 나는 당시 '몽타주'에 관한 글을 비롯한 예이젠시테인의 저작물 번역을 위한 저작권 문제로 클레이만 박사를 러시아에서 만나려고 마음먹고 있었다. 그런데 그를 한국에서 직접 볼 수 있게 된 것이다. 나는 염치 불고하고 생면부지의 임안자 부위원장님께 클레이만 박사를 소개해 달라고 부탁했고, 임 부위원장께서는 클레이만 박사가 시간을 내서 나를 만나도록 도와주었다(몇 년 전 부산국제영화제에서 열린 파티에서 임안자 부위원장님께 이런 사연을 이야기하면서 정말 많은 도움을 받았다고 감사드렸더니, 워낙 오래된 일이어서인지 당시 일을 잘 기억하지 못하셨다).

전주국제영화제에서 나움 클레이만 박사를 처음 만나고 이런저런 대화를 나누다가 한국에 온 김에 대학에서 학생들에게 직접 특강을 해보면 어떻겠느냐고 나는 갑작스러운 제안을 했다. 그는 전주국제영화제 측의 동의만 있다면 기꺼이 특강을 하겠다고 했고, 임안자 부위원장님 역시 흔쾌하게 영화제 비용으로 초청한 귀한 손님을 타지역 대학에서 특강을 할 수 있도록 배려해주었다. 그때는 몰랐지만, 국제영화제의 관례를 어느 정도 알게 된 지금 나는 그러한 요청이 얼마나 결례이며, 또 그처럼 무리한 요구를 들어준다는 것이 보통 일이 아니라는 것을 안다. 대강당에 약 300여 명의 학생이 참석한 특강은 대성공이었다. 클레이만 박사는 이렇게 젊은이들로 가득 찬 곳에서 강의했던 적이 언제인지 모르겠다고 감격 어린 목소리로 내게 이야기했다. 그날의 소비에트 러시아 영화사 특강은 지금까지도 잊지 못할 명강의였다. 1920년대와 60년대, 30년대와 70년대를 교차하는 소비에트 러시아 영화를 쉬운 언어로 명쾌하게 열정적으로 설명하던 그의 모습을 아직도 잊을 수 없다.

클레이만 박사와의 만남은 이후 모스크바에서 이어졌는데, 당시 재직 중인 대학에서 인문학연구소장을 맡고 있던 나는 클레이만 박사가 관장인 러시아영화박물관과 교류 협정을 맺기도 했다. 그리고 2010년 어느 날 한스 슐레겔 박사의 제안으로 그와 클레이만 박사, 그리고 나는 이른바 '예이젠시테인 동맹'을 맺었다. 그러나 이제 그 동맹은 존재하지 않는다. 슐레겔 박사가 세상을 떠났기 때문이다. 매년 3월이면 러시아 고스필모폰드에서 열리는 아카이브영화제에서 반가운 얼굴로 마주하던 동맹원 중 한 사람이 이제는 세상에 없는 것이다. 그저 이제는 클레이만 박사가 건강하게 좀 더 오래 활동해주셨으면 하는 마음뿐이다.

세계 영화인들의 존경을 한 몸에 받고 있으며, 평생 예이젠시테인의 이론과 업적을 정리하고 출간한 클레이만 박사에게도 고충이 있었다. 그것은 모스크바국제영화제 이사장이자 러시아영화인협회 이사장인 니키타 미할코프 감독과의 불화이다. 이 점은 이미 언론을 통해서도 잘 알려져 있다. 클레이만 박사는 나를 만나면 이따금 미할코프는 배우로서는 훌륭하지만, 감독으로서의 재능은 없는 사람이라고 혹평했다. 평소 그의 화법으로 볼 때 그런 표현은 매우 드문 경우여서 나는 적잖게 놀랐다. 그런데 2010년대 초반 미할코프는 클레이만 박사가 관장인 러시아영화박물관이 입주해 있는 건물을 상업용 건물로 매각하기로 결정해버렸다. 클레이만 관장은 분노했고, 이후 그는 관장직에서 물러나야 했다. 내가 보기에 클레이만과 미할코프의 갈등은 순수한 영화 원리주의자와 시대의 흐름에 적응한 현실주의자 간의 불화이다. 영화를 매개로 어느 정도 권력과 부를 축적한 미할코프의 삶과 평생 돈과 권력과는 상관없는 학자의 인생을 살아온 클레이만의 삶을 비교해보면 알 수 있다(클레이만 박사는 한국에서 대학 특강료도 한사코 받지 않으려 했다). 베를린국제영화제는 클레이만 박사에게 헌정하는 특별 다큐멘터리를 영화제 기간에 상영했고, 그에게 평생 공로상을 수여했다.

영원한 현역, 알렉산드르 미타 감독과의 만남

알렉산드르 미타 감독은 안드레이 타르콥스키, 바실리 슉신, 오타르 이오셀리아니 등 소비에트 러시아 영화의 거장들과 함께 러시아국립영화대학에서 공부했다. 그 역시 1960~70년대에 걸쳐 베니스를 비롯한 권위 있는 영화제에서 수상하면서 소비에트 러시아 영화사의 한자리를 차지하고 있는 감독이다. 한국에서는 부산국제영화제에서 그의 후기작 〈샤갈과 말레비치〉가 상영되었다.

2011년 카자흐스탄 알마티에서 열린 알마티국제영화제에서 나는 미타 감독을 처음 만났다. 당시 나는 국제경쟁 부문 심사위원으로 초청받았고, 미타 감독은 심사위원장을 맡았다. 나를 비롯한 국제경쟁 부문 심사위원단은 일반 관객들과 함께 극장에서 출품작들을 관람하지 않고 알마티 근교 톈산 계곡에 있는 리조트에서 외부와 격리된 채 부문별 출품작들을 평가했다. 장·단편 극영화, 애니메이션, 그리고 다큐멘터리를 모두 봐야 하는 강행군이었는데, 미타 감독은 중간 중간 졸기도 했지만, 우수한 작품들은 귀신처럼 선별해냈다. 나는 그에게 "알렉산드르 나우모비치, 당신은 꿈속에서 영화를 보는지요?"라고 농담을 건네기도 했다.

3박 4일 내내 심사를 같이 하면서 우리는 많은 대화를 나누었는데, 그가 말한 내용 대부분은 1960~70년대 소비에트 영화사의 알려지지 않은 일화였다. 예를 들자면, 러시아국립영화대학 재학 시절 미타 감독은 오타르 이오셀리아니와 기숙사에서 같은 방을 썼다. 그런데 또 다른 룸

메이트와 사이가 좋지 않았던 이오셀리아니는 맘에 들지 않는 그 친구가 방에 들어오면 침대에 누워서 천장을 향해 사각의 격자를 들고 쳐다보고 있었다는 것이다. 이오셀리아니는 마주하기 불편한 친구와 교제하기보다는 텅 빈 격자를 보면서 사색하는 방법을 선택한 것이다. 조지아(그루지야) 출신의 이오셀리아니 감독은 현재 파리에서 작품 활동 중이다.

미타 감독은 모스크바국제영화제의 위대한 역사이기도 한 페데리코 펠리니 감독의 〈8과 1/2〉이 1963년에 대상을 받은 일화에 관해서도 이야기해주었다. 한 중년 감독의 환상으로 가득 찬 실험적인 이 영화는 사회주의 리얼리즘과는 거리가 멀어도 한참 먼 작품이었다. 이 작품이 모스크바국제영화제에서 대상을 수상한다는 것을 소비에트 당국은 용인할 수 없었다. 그러나 당시 심사위원장이던 그리고리 추흐라이 감독(그는 '해빙기' 소련의 3대 걸작 전쟁영화 중 하나인 〈병사의 발라드〉를 연출했다)은 펠리니의 〈8과 1/2〉이 세계영화사에 남을 명작이며, 모스크바국제영화제의 성과가 될 것이라고 당국을 설득했다. 결국 모스크바국제영화제 대상작은 일반 관중들에게 다시 상영한다는 관례를 깨고 〈8과 1/2〉에 대상을 수여하되, 수상 후 관계자만 입장이 허용되는 비공개 상영 형식을 취하기로 추흐라이 감독과 당국은 타협했다. 하지만 이 일이 있고 난 후 추흐라이 감독은 사망할 때까지 더는 모스크바국제영화제 심사위원을 맡지 못했다.

미타 감독과 알마티에서 만났을 당시 그는 영화 〈샤갈과 말레비치〉 촬영을 앞두고 있었다. 그는 이 작품의 한국 상영을 무척 원했으며, 결국 부산국제영화제에서 상영되었다. 그는 개봉 후 각종 인터뷰에서 〈샤갈과 말레비치〉가 은퇴작이라고 공언했다. 그런데 2017년 고스필모폰드에서 다시 만나 근황을 물었더니 그는 신작을 찍고 있다고 약간 흥분된 목소리로 대답했다. 〈샤갈과 말레비치〉가 은퇴작이 아니었느냐고 내가 반문하자 그는 "데뷔작은 하나일 수밖에 없지만, 은퇴작은 여러 개일 수밖에 없다"는 명언을 남겼다. 한국의 서울아트시네마에서 마스터클래스를 한 후 삼천포 바닷가 음식점에서 회에 소주를 곁들이며 그는 1970년대 소비에트 영화계의 풍경을 너무나 생생하게 내게 전해 주었다. 아쉽게도 그의 또 다른 은퇴작을 볼 수 있을지는 불투명하다. 현재 건강이 좋지 않기 때문이다. 하지만 항상 영화와 시대에 대한 예리한 시선을 놓지 않았던 그는 내겐 영원한 현역 감독이다.

'스무 살의 영혼' 마를렌 후치예프 감독, 고스필모폰드, 그리고 아카이브영화제

2012년 초, 여느 때처럼 고스필모폰드에서 열리는 아카이브영화제에 참가하고 있던 나는 산책 중 우연히 상영관 앞에서 낯익은 사람을 보았다. 어디서 많이 본 원로 영화인과 마주쳤지만, 그는 나를 전혀 모르고 있었다. 좀처럼 그가 누군지 기억하지 못하던 나는 당시 같이 있었던 한스 슐레겔 박사에게 그가 누구인지 물었더니 마를렌 후치예프 감독도 모르냐고 깜짝 놀라는 눈치였다. 책에서만 보았지 직접 만나본 적은 없다고 했더니 슐레겔 박사는 그 자리에서 나를 후치예프 감독에게 소개해주었다. 풋풋한 청년 시절의 니키타 미할코프가 주연을 맡고, 안드레이 타르콥스키도 출연했던 '해빙기'의 걸작 〈나는 스무 살〉의 감독인 그를 현실에서 보게 되리라고는 꿈에도 생각하지 못했던 나는 감격했다. 역사를 실제로 마주한다는 느낌이 바로 그것이었다. 알고 보니 후치예프 감독은 아카이브영화제 명예 이사장을 맡고 있었다.

그는 90세의 나이에도 불구하고 항상 "전 세계 여성들, 러이사 여성들을 위하여!"를 외치며 건배를 제안했고, 노익장을 과시했다. 후치예프 감독은 내게 '해빙기' 시절의 소련 상황에 관해 이야기해주면서, 당시 인기 있던 러시아 TV 드라마 〈해빙기〉가 '해빙기'의 실제 모습을 너무 왜곡하고 있다고 불만을 표시했다. 일본에서는 일찌감치 그의 특별전이 열렸었기에 그는 일본인 참가자에게 친근감을 표시했다. 나는 그의 탄생 90주년을 맞아 한국에서 특별전을 성사시키려 했지만, 고령의 그가 장기 비행을 견딜 수 있을지 걱정되었다. 결국 그를 한국에 초청하지는 못하고 그의 작품 일부만을 상영하는 것으로 만족해야 했다. 아카이브영화제에서 영화학자들은 마이크를 들고 그가 하는 모든 말을 녹음했다. 그의 말 한마디 한마디가 소비에트 영화사였기 때문이다. 나는 매년 마지막이라는 심정으로 그를 만났고 그와의 대화를 기억에 남겨놓았다. 그는 체호프를 주제로 한 마지막 작품 제작에 10년이 넘도록 전념하고 있었다. 작품이 언제 완성될지는 아무도 몰랐으며, 내가 질문하면 그는 항상 "지금도 찍고 있다"고 대답했었다.

그러나 체호프라는 거인과 왜소한 자신을 비교하는 그의 마지막 작품은 결국 완성되지 못했다. 이제 세상을 떠난 그로부터 소중한 역사적 기록을 들을 기회도 없다. 언젠가 내가 만난, 러시아 소비에트 영화사를 장식한 인물들과의 대화를 기록으로 남겨야겠다고 생각한다. 러시아 영화 아카이브인 고스필모폰드에서 열린 아카이브영화제 기간에 나는 마를렌 후치예프 감독과 함께 고스필모폰드 명예위원으로 위촉되는 영광도 누렸다. 고스필모폰드는 자국 영화를 연구하는 해외 연구자를 이런 식으로 예우해준 것이다.

책과 영화를 통해서만 알고 있던 영화인들을 실제로 마주하니 영화 역사가 짧다는 것이 이따금 연구자에게 의외의 기쁨을 준다는 사실도 깨달았다. 러시아 문학의 황금기 작가들이나 그의 동료 혹은 직계 자손들을 직접 만나는 것은 불가능하다. 그러나 아직은 신생 예술인 영화에서는 황금기인 1960~70년대에 활동했던 감독을 일부지만 실제로 만나거나 그의 동료나 후배, 직계 가족들과의 만남을 통해 작가의 삶의 흔적을 상당히 현실감 있게 추적해볼 수 있다. 이제는 그러한 기쁨을 누릴 수 있는 날도 얼마 남지 않았다. 역사를 풍미했던 영화계 거인들이 세상을 떠나고 있기 때문이다.

영화사의 실제 인물들을 떠나보낸다는 것은 다른 말로 하자면 작품으로만 그들을 연구할 때가 되었다는 것이기도 하다. 지금도 한국의 국제영화제에 소개될 수 있는 러시아와 구소련 국가들의 영화를 찾아보고 있는 나의 작은 희망은 외부인의 입장에서 바라본 소비에트 러시아 영화사를 짧게나마 기술하는 것이다. 소비에트 러시아 영화의 과거와 현재, 미래를 연결해야 하는 이 작업이 언제 완수될지 나는 모른다. 하지만 오늘도 나는 소비에트 러시아 영화에 대한 지극히 개인적인 역사를 틈나는 대로 기록하고 있으며, 무수히 많은 작품 중에서 소비에트 러시아 영화 역사상 의미가 있는 작품들을 나만의 관점에서 선별하고 있다. 끝이 보이지 않는 작업을 하고 있는 것이다. 끝이 없는 일이기에 오히려 나는 종결의 강박감이 없이 작업하고 있는지도 모르겠다. 지금까지 여기에 기술한 소비에트 러시아 영화인들에 대한 나의 사적인 기억은 오류가 있을 수도 있다. 하지만 이 자리에 기술한 내용은 나 자신이 듣고 기억하거나 기록한 것을 그대로 옮겼음을 밝혀둔다.

내가 사랑한 러시아

러시아에 여러 차례 다녀왔지만 유명 관광지나 역사적 명소, 박물관 등을 열심히 찾아다니는 편은 아니다. 오히려 갑자기 시야에 들어오는 어떤 공간의 분위기나 정서를 즐기는 편이다. 특히 사건이 일어나기 직전, 혹은 직후의 정적인 분위기를 느끼는 순간을 즐긴다. 이런 순간을 사진으로 포착하기는 어렵다. 2015년 키노타브르영화제에 참가했을 때, 개막식이 열리기 직전 아무도 없는 행사장에 혼자 들어간 적이 있다. 무에서 유를 창조하는 예술의 역사, 즉 새로운 영화의 역사가 시작되기 직전의 텅 빈 고요함을 보고 느낀 순간이 인상적인 기억으로 남아 있다.

2015년
키노타브르
영화제
개막식장

홍상우

한국외국어대학교 노어과와 통역대학원 한·노과를 졸업하고, 같은 대학 일반대학원에서 박사 학위를 받았다. 이후 러시아국립영화대학(VGIK)에서 수학했다. 모스크바국제영화제, 카잔국제영화제, 알마티국제영화제 등에 심사위원으로 참여했다. 체복사리국제영화제에서 심사위원장을 맡았으며 영화예술 발전 공헌상을 수상했다. 러시아국립영화아카이브 고스필모폰드 명예위원, 우즈베키스탄 국영영화사 우즈벡키노 전문위원회 위원, 부산국제영화제·카잔국제영화제·체복사리국제영화제 등의 프로그램 어드바이저, 경상대학교 러시아학과 교수로 활동하고 있다.

나는 왜 발다이 구릉을 찾아갔나

김현택

볼가강 상류를 따라서

주변은 고요하고 바람 한 점 없었다. 비가 내린 후 언덕의 초록빛은 더없이 싱그러웠다. 오후 서너 시경이었다. 자갈밭 주차장에 차를 세운 다음 완만한 내리막길을 따라 걸었다. 저 앞 자그마한 정자가 눈에 들어오자 가슴이 뛰었다. 이십여 미터 정도의 나무판자 길 마지막 부분을 가는 동안 시선은 줄곧 정자에 걸린 흰색 글씨 '볼가 발원지'에 고정되어 있었다. 목적지에 도착했다.

모스크바에서 필요할 때마다 많은 도움을 주던 서종현 사장이 승용차에 운전기사를 대동하고 나서지 않았으면 엄두가 나지 않을 여행이었다. 서울을 떠나면서, 이번에 볼가강 발원지를 가보고 싶다는 연락은 해두었지만, 특히 여름철이 바쁜 모스크바 거주 사업가가 내리기 쉬운 결정은 아니었을 것이다. 때는 러시아 여러 도시에서 월드컵 경기가 열리고, 문재인 대통령이 모스크바를 국빈 방문하던 2018년 6월 하순 무렵이었다.

지나가는 말처럼 했지만, 실은 오래전부터 벼르던 계획이었다. 이태 전 모스크바 크루즈 터미널에서 이반 쿨리빈호에 올라 일주일 동안 볼가강을 따라 내려가다가 아스트라한에 도착하는 긴 여정을 완주했던 터여서, 이제는 강 상류 지역을 둘러볼 차례가 되었다는 생각도 내심 있었다. 볼가강 상류의 트베리, 스타리차, 르제프 등 고도를 둘러보는 목적도 있지만, 실은 '어머니 볼가'라고 불리는 길고 거대한 물줄기의 시원에 가보고 싶었다.

물웅덩이 가운데 세워진 작은 예배당 모양의 목조 건물에 들어서니 소나무 향이 가득했다. 동그란 철제 난간으로 둘러싸인 바닥에 구멍이 뚫려 있고 그 아래로 수면이 보였다. 바로 여기가 강의 발원지였다. 벽에 걸린 명패에는 1995년 7월 정교회 총대주교 알렉시 2세가 이 물을 축성했다는 문구가 쓰여 있었다. 창밖을 보니 먼 길을 떠나는 실개천, 그 오른쪽에 자작나무 두세 그루, 뒤로는 적벽돌로 지은 정교회 사원이 한가로운 풍경을 이루고 있었다.

이번 발다이 구릉 여행에 나는 특별한 의미를 부여하고 있었다. 이를테면 낯선 언어를 배우기 시작한 1974년부터 인연을 맺어 러시아를 사랑하는 연구자로 걸어온 길을 돌아보고 앞일을 구상한다는 계획이었다. 그런다고 생각이 정리될 리 없지만, 이따금 그런 시간은 필요하지 않을까. 대학 재학 중 러시아인의 육성을 들어본 적이 없었고, 몇 시간을 달려도 끝없이 밀밭과 옥수수밭이 이어지는 미국 중북부에서 대학원 공부를 했던 터라, 내 마음 한구석에는 묘한 갈증이 자리 잡고 있었다. 책으로만 상상하고 느끼던 러시아 땅 여러 곳을 밟아보고, 그 사람들 속으로 들어가야 한다는 일종의 강박관념이었을 수도 있다. 제법 많은 경험이 쌓였고, 현지 체험에 필요한 혼자만의 노하우도 생겼다. 특별한 비법은 아니고, 러시아 출장을 가면 일을 마친 후 기차로 하룻밤 사이에 도착할 수 있는 도시로 떠나는 것이었다. 무작정 열차에 몸을 싣기보다는 지인을 통해 미리 소개받은 현지인이 다음 날 아침 도착역에서 나를 맞는 식이었다.

니즈니노브고로드, 노보시비르스크 같은 지방 도시 출장 때는 일정을 마치고 거기서 다섯 시간 정도 걸리는 더 외진 도시로 향했다. 자잘한 사고와 해프닝도 있었으나 대체로 큰 탈 없이 서울로 귀환하곤 했다. 그런 세월이 상당히 흘렀고, 언제부턴가 출장 방식이 바뀌기 시작했다. 또 다른 행선지로 떠나지 않고 투숙한 호텔 인근을 산책하거나 아예 방에서 죽치는 스타일로 변한 것이다. 무슨 엄청난 결심 때문은 아니고, 슬며시 생각이 바뀐 탓이다. 게을러지기도 했지만, 영토가 한반도의 80여 배에 달하는 러시아를 더 이리저리 누빈다는 게 무망한 일이거니와, 또 감당하기가 버거운 걸 뒤늦게 깨달았기 때문이다.

그래서 여러 지역을 여행하는 대신 러시아의 자연, 문화예술, 그리고 삶이 살아 숨 쉬는 볼가강 여행을 계획했었고, 그 종착점으로 정한 장소가 발다이 구릉에 있는 볼가강 발원지였다. 러시아어판 위키디피아에 따르면 "발다이 구릉은 러시아 북서부 평원에 위치한 고지대로 트베리, 노브고로드, 스몰렌스크주와 경계가 닿아 있는 총연장 600km의 공간으로, 대부분 지역이 해발 150~250m 정도이고 가장 높은 지점은 해발 346.9m다." 또한 "이 구릉은 카스피해로 흘러드는 볼가, 키예프를 거쳐 흑해로 연결되는 드네프르, 벨라루스를 거쳐 라트비아 리가에서 발트해로 유입되는 서드비나 등 우랄산맥 이동 지역에 위치한 대표적 수로들의 출발 지점"이라는 설명도 나온다. 이쯤 되면 러시아를 오래 다닌 사람의 최종 여행 코스가 될 법하지 않은가.

해 질 무렵 우리 일행은 주차장으로 향했다. 오른쪽 나지막한 언덕에서 있는 큼지막한 자연석 기념비에는 "여행자여, 그대 시선을 들어 볼가강 발원지를 바라볼지어다! 러시아 땅의 순수함과 위대함이 바로 여기 깃들어 있도다"라는 문구가 새겨져 있었다. 1989년에 세웠다는데, 최근 블라디미르 푸틴 대통령이 서구를 향해 외치는 목소리와 비슷한 느낌도 들었다. 고개를 돌려 외롭게 서 있는 짙은 갈색의 정자와 작별했다. 그리고 모스크바로 향하는 차 안에서 나는 지난 시절 러시아 여행의 몇몇 추억을 회상하고 있었다.

가브리노에서 만난 러시아 농촌

모스크바 외곽 어느 지하철 출구로 나오면 차에서 기다리겠다고 했다. 모스크바국립국제관계대학교(MGIMO)에서 강의하며 연구년을 보내던 때였으니 2002년 여름이었나 보다. 노트북과 여름옷 몇 벌이 든 가방을 들고 지하철을 탈 때부터 나는 들떠 있었다. 가까이 지내는 소설가가 그토록 자랑하던 다차로 떠나는 날이었기 때문이다. 그것도 모스크바 근교의 흔한 다차가 아니라 시내 남쪽에서 출발하여 자동차로 다섯 시간이나 가야 나오는 랴잔의 청정 지대 메쇼라 호숫가에 있는 멋진 곳이라고 했다. 꽤 까다로운 번역 과제가 우리 앞에 있었으나, 휴대전화 연결이 불가능한 시골에서 한 달이면 이 과제를 거뜬히 해치우고 덤으로 진짜 러시아 농촌을 경험할 수 있다는 기대에 마음이 설렌 건 당연했다. 숲에 가면 버섯이 널려 있다는 얘기도 나를 솔깃하게 했다.

지하철 출구를 빠져나가니 낡은 승용차 몇 대가 서 있고, 운동모자를 쓴 아나톨리 김이 내게 손을 흔들었다. 짐을 실은 후 우리는 군데군데 구멍이 난 넓은 도로를 달리기 시작했다. 우리가 타고 있는 러시아산 SUV는 승차감을 말할 계제가 아니었고, 이 차로 과연 목적지에 도착할 수 있으려나 싶었다. 운전대를 붙들고 노래를 흥얼거리는 아나톨리에게 차종을 물으니 '니바'란다. 평지 도로에서는 별로지만, 간선도로를 벗어나 소나무 숲을 한참 통과해서 다차에 이르려면 니바 이상 가는 차가 없다고 했다. 믿는 수밖에 없었다. 가는 도중 구스, 그젤 같은 모스크바 남부의 오래된 정겨운 도시들을 통과했는데, 어느 면 소재지 같은 곳에서는 파손이 심한 시인 세르게이 예세닌의 시멘트 동상 앞에 잠시 멈추어 서기도 했다. 대학생 때 번역시화전에 이 시인의 작품을 번역해서 출품한 적이 있는 나로서는 예세닌을 이렇게 대접해도 되나 싶었다.

비포장도로로 접어들어 또 한참을 달리다가 갓길에 차를 세우고 약수터 물을 한 모금 마셨다. 청정 지역이라더니 과연 물맛이 달랐다. 그건 그렇고 아나톨리의 니바 예찬론은 과장이 아니었다. 제대로 된 도로가 없는 소나무 숲에 접어들자 건조한 모래 토양에 푹 파인 구덩이들이 수도 없이 나왔다. SUV 실전 성능 시험장 같았고, 파도에 출렁이는 배에 탄 기분이었다. 그러기를 30여 분, 멀리 호수가 보이는가 싶더니 멋진 이층 목조 주택 문 앞에 차가 멈췄다.

그렇게 가브리노 마을에서 한 달 살기가 시작되었다. 두 남자의 공동 생활은 퍽 단조로웠다. 일어나 호수를 바라보며 한바탕 맨손 체조를 하고 아침 식사를 한 후 초벌 번역 원고를 예술 텍스트로 다듬는 작업을 시작해서 오후 5시경까지 이어갔다. 그다음은 자유 시간. 주변 숲을 산책하거나 마당 샛문을 열면 코앞에 있는 호숫가에 앉아 시시각각 변하는 신비로운 호수의 물결을 하릴없이 바라보곤 했다. 모스크바와 다른 것 중 하나는 책상 앞에 오래 앉아 있다가 피곤해서 침대에 누우면 곧바로 잠이 들고 잠시 쪽잠을 자고 일어나면 몸이 날아갈 듯 가벼운 느낌이 든다는 점이었다. 신체 리듬에 변화가 온 셈인데, 여기는 산소 과잉 상태여서 그렇다는 다차 주인의 설명은 사실 여부를 떠나 믿고 싶었다.

번역 작업이 제법 마무리되자 아나톨리 선생을 따라서 마을 사람들을 방문하기 시작했다. 호수 바로 옆에 자리 잡은 이 작가의 집은 마을에서 유일한 다차였고, 나머지는 모두 농가 주택이었다. 매년 여름 몇 달씩 다차에 머물면서 창작에 몰두하는 소설가를 대하는 마을 사람들의 태도는 깍듯했다. 성이 같은 김 씨라고 하니 마을 사람들은 나를 그의 친척 정도 되는 사람으로 생각하는 것 같았다. 가브리노에서 나는 처음으로 러시아 농가 주택의 내부, 가축을 기르는 사라이(헛간) 등 실제 살림 모습을 관찰할 수 있었다. 나이 많은 할머니가 홀로 사는 집이 단정하게 정돈된 상태였던 것은 퍽 인상적이었다. 2차 세계대전 중에 남편을 잃었다는 안나 예피모브나 할머니 집 외벽은 빨간색으로 예쁘게 칠해져 있었고, 실내는 단출하면서도 품격이 있었다. 모스크바에서 자주 듣던 오염된 러시아어와 달리 마을 할머니들이 사용하는 언어는 맑고 투명했다. 사모바르 앞에서 안나 예피모브나와 나누던 여러 이야기는 잊었지만, 내 가족 사항의 이모저모와 앞으로도 가브리노에 올 것인지에 대해 그분이 궁금해했던 기억은 난다.

아침부터 날씨가 덥던 어느 날 아주 가벼운 옷차림으로 다차 마당에서 기상 운동을 하고 있는데, 대문 쪽에서 인기척이 들렸다. 불러도 대꾸가 없었는데, 집 안으로 들어가려다 보니 대문 밑에 바구니가 놓여 있었다. 노란 달걀 대여섯 개가 담겨 있었다. 달걀 바구니를 받아든 아나톨리는 안나 예피모브나가 왔던 게 분명한데, 외지 사람이 웃통 벗고 운동하는 걸 보고 말없이 두고 간 것 같다고 했다. 그때까지 내가 알고 있던 러시아 사람들과 달리 옛날 우리 시골의 할머니와 흡사하다는 생각이 들었다.

가브리노 생활이 끝나갈 무렵 아나톨리 선생은 나를 차에 태우고 오늘은 읍 소재지에 간다고 했다. 무선전화가 연결되는 큰길로 나와 잠시 차를 세우고 이반 이바니치라는 친구와 통화한 후 다시 차에 올랐다. 가브리노를 떠나기 전 그 사람을 꼭 만나야 한다기에, 이렇게 불쑥 전화만 하고 찾아가도 되느냐고 했더니 돌아온 대답이 아리송했다. 미리 약속해도 만난다는 보장이 없고, 오히려 불시에 연락하는 편이 확률이 높다는 거였다. 얼마쯤 가니 오카강을 알리는 찌그러진 표지판이 눈에 들어왔다. 솔제니친이 두세 쪽 분량의 짧은 소품으로 나지막한 강변과 교회 건물들이 함께 어우러진 풍경을 기막힌 필력으로 그려낸 바로 그 강이다. 오카강의 긴 다리를 절반 정도 건넜을 때, 맞은편에서 오던 검은 세단 한 대가 우리의 자랑스러운 니바 옆을 휙 지나쳐 갔다. "이반 이바니치다!"라고 아나톨리가 외쳤다. 우리 차는 급정거했고, 잠시 후 전화벨이 울리더니 몇 마디 말이 오가다 통화가 끝났다. 그 친구가 차를 돌려 우리가 있는 곳으로 온다는 얘기였다. 세단은 미끄러지듯 굴러와 니바 뒤에 정지했다. 거구의 사내가 운전석에서 내려 뚜벅뚜벅 걸어왔고, 아나톨리와 러시아 방식으로 격렬하게 포옹했다. 옆에 있는 나는 아랑곳하지 않고 둘이 한참 떠들다가 아나톨리 선생이 나를 소개하자 그때야 나를 위아래로 훑어보았다. 서울에서 온 김 교수라고 먼저 인사를 하자, 그는 한국이 어떤 나라인지, 서울은 어디에 붙어 있는지, 점퍼를 걸친 김 교수가 왜 오카강 다리 위에 서 있는지 도무지 알 수 없다는 표정이었다.

두 사람의 대화를 들어보니 이반 이바니치를 만나야 하는 이유가 분명해졌다. 이 지역 유지인 이반 이바니치는 아나톨리의 오랜 친구이자 후견인이었다. 여름을 보내고 주인이 떠난 다차는 늘 절도나 방화의 위험에 노출되어 있었다. 잠금장치를 제아무리 단단하게 해도 문짝을 뜯어가거나 살림 전체를 걷어가는 일이 그 무렵에는 다반사였던 것이다. 모스크바에서 대다수 식당과 가게 주인이 영업장의 안전을 보장하는 후견인 크리샤('지붕'이라는 뜻의 러시아어 단어로 이들을 보호해주는 마피아 세력을 가리킨다)를 두었듯이, 수도에서 수백 킬로미터 떨어진 가브리노 마을의 이층집 다차가 온전할 수 있었던 것도 순전히 이반 이바니치의 '관리' 덕분이었다. "하여튼 걱정일랑 접어두라니까. 작년에도 우리 애들에게 단단히 일러놨더니 전혀 문제가 없었잖아. 걱정 말라니까. 그건 됐고 내년 여름에 옆에 있는 김 교수랑 다시 오면 읍내에서 내가 한잔 사지. 남자는 술을 같이 마셔봐야 어떤 사람인지 알거든." 작별 인사로 이반 이바니치와 아나톨리는 다시 서로 껴안았고, 그가 나를 와락 자기 몸 쪽으로 당기며 두 손으로 등을 두드렸는데 힘이 정말 장사였다. 조금 전 차에서 내려 걸어오는 모습을 보며 빅토르 바스네초프의 그림 〈세 명의 보가티리〉에 나오는 도브리냐 니키티치 같다고 생각했었다.

얼마 후 가브리노를 떠나야 할 때가 왔다. 전날 아나톨리는 다차 일층의 창문이란 창문마다 판자를 대고 못질을 했고, 열쇠 꾸러미를 들고 위층과 아래층을 오르내렸다. 밤에는 마당에 모닥불을 피우고 가브리노의 한 달을 결산했다. 나뭇가지를 불 속으로 던지던 아나톨리가 밑도 끝도 없이 안나 예피모브나의 빨간색 집이 마음에 드는지를 물었다. 왜 그러냐고 했더니, 내가 원하면 안나가 나를 양자로 맞아 자기 집을 양도하고 싶다는 얘기를 했다는 거다. 잠시 머리가 멍해졌다. 모스크바에서 비행기로 아홉 시간을 가야 하는 머나먼 동방의 작은 나라에서 태어난 나로서는 상상하기도 힘든 제안이었다. 2002년 여름 가브리노 마을에서 한 달 살기는 러시아를 향한 내 시선과 마음을 활짝 열어준 빛나는 체험이었다. 가브리노에 다시 갈 기회는 없었고, 호수 위로 뭉게구름이 두둥실 떠 있던 그 마을의 한가로운 풍경과 빨간색 집은 가끔 떠오른다.

호랑이 잡은 소설가의 고향 디브노고르스크

김 교수, 안에 있나요? 하는 소리와 함께 문이 열리고 큰 키에 체구가 호리호리한 사람이 내 방으로 들어왔다. 오른쪽 옆구리에는 두툼한 종이를 한 뭉치 들고 있었다. 어제저녁 행사 때 옆자리에 앉아 얘기를 나누던 아나톨리 라리오노비치 부일로프였다. 다짜고짜 종이 뭉치를 내려놓은 그는 넓은 도화지 크기의 천연색 사진들을 한 장씩 넘기기 시작했다. 여기가 예니세이, 또 여기는 우리 집, 바로 옆으로 흐르는 우스치-마나 강. 내 두 눈이 휘둥그레졌다.

2003년 아니면 2004년 8월 말 모스크바 남쪽 툴라주에 있는 야스나야 폴랴나 게스트 하우스에서 있었던 일이다. 매년 이 무렵 여기서는 러시아와 외국 작가들이 함께하는 레프 톨스토이 문학제가 열렸다. 진지한 학술행사는 아니고 작가들끼리 모여 '톨스토이와 나', '우리 시대의 톨스토이' 등의 주제를 놓고 톨스토이가 살던 집 앞뜰에 둥그렇게 둘러앉아 진행하는 야외 집담회였다. 여유로운 공간에 며칠 머물면서 러시아 문단의 인사들과 사귀기에는 더없이 좋은 기회다. 톨스토이 집안사람들의 융숭한 손님 접대, 집시 가무단이 흥을 돋우던 부에라 마셔라 저녁 파티, 장애물이 설치된 넓은 벌판을 말을 타고 바람처럼 달리던 톨스토이 후손들의 호방한 기질 등이 기억난다.

아나톨리 라리오노비치 부일로프는 크라스노야르스크 인근 디브노고르스크에 사는 소설가였다. 한국에서 온 교수가 자기 고향에 흐르는 강 이름을 알고 있을 뿐 아니라 그 지방이 배출한 대표 작가 빅토르 아스타피예프의 『물고기 대왕』을 읽었다니 무척 반가웠던 모양이다. 웬 사진들이냐고 물으니, 자기가 사진작가이기도 한데 크라스노야르스크의 어느 은행가가 후원해서 고향의 산천을 주제로 사진전을 열었다고 한다. 쓸 만한 작품은 후원자가 전부 가져갔고, 남은 것을 들고 왔는데 원하면 다 가져도 좋다는 거였다. 그중 세 점을 골라서 서울로 가져왔다. 나중에 연구실 같은 층에 있는 동료 교수 몇 명에게 보여줬더니 바로 집어갔다.

풍경 사진이 전부가 아니었다. 부일로프는 재킷 안주머니에서 사진 한 장을 꺼냈다. 한 남자가 호랑이 뒤에 앉아 '동물의 왕자'님 두 귀를 꽉 붙들고 있는 사진이었다. 사람 앉은키 정도의 호랑이였다. 호랑이의 표정은 좋지 않았다. 설마 하며 사진 속 얼굴을 다시 들여다보니 내 옆에 앉은 사람의 젊을 때 모습이 확실했다. 사진과 실물을 번갈아 보는 나를 향해 그는 빙그레 웃었다. 그렇게 야스나야 폴랴나에서 살아 있는 호랑이를 다섯 마리나 잡은 사진작가이자 소설가인 시베리아 카자크인 부일로프와 친구가 되었다.

사진으로 본 예니세이와 지류 우스치-마나강을 내 눈으로 직접 확인할 기회는 일 년 후쯤 찾아왔다. 초겨울 기운이 뚜렷한 11월 초 국제교류재단 주관 한국학 관련 회의가 노보시비르스크국립대학교에서 열렸다. 그때만 해도 이 도시와 크라스노야르스크를 연결하는 항공편이 많지 않아서 노보시비르스크 시내 오비 호텔에서 하루를 더 묵어야 했다. 프로펠러 비행기에서 내려다보는 초겨울 시베리아 평원의 풍경은 실로 장관이었다. 비행기 좌석 등받이가 자꾸 뒤로 넘어가고 일부 승객이 담배를 피워대는 등 기내 상황은 열악했지만, 낮은 고도로 운항하는 비행기 창밖으로 모습을 드러낸 누런 황토색 시베리아 평원은 내 눈을 온통 사로잡았다.

2019년 이 도시에서 동계 유니버시아드가 개최되었다니 크라스노야르스크의 현재 모습은 많이 달라졌겠지만, 내가 도착한 당시 공항 국내선 터미널은 작은 시골 도시의 시외버스 터미널 비슷했다. 짐표와 트렁크를 일일이 대조하는 무서운 표정의 제복 차림 여직원 앞으로 길게 늘어선 줄을 한참 만에 빠져나가니 양쪽 귀를 덮는 털모자 우샨카를 뒤집어쓴 부일로프가 반가운 얼굴로 맞아주었다. 아나톨리 김이 몰던 니바는 커녕 우리의 액센트급에 해당하는 러시아제 라도도 보이지 않았다. 부일로프는 대중교통을 이용하는 서민이었다. 어쩐지 이번 여행이 순탄치 않을 것 같은 느낌이 들었지만, 그렇다고 돌아갈 수도 없었다.

시내에 있는 이곳 출신 저명 화가 바실리 수리코프 박물관을 둘러본 후 예니세이강변에 있는 옵샨카로 향했다. 작가 아스타피예프의 박물관이 있는 작은 마을로 소설 『물고기 대왕』의 탄생 공간이다. 아스타피예프 부부가 벤치에 앉아 있는 청동 조각 앞에서 기념사진을 찍고 꾸불꾸불한 언덕길을 한참 올라가니 『물고기 대왕』 조형물이 있는 전망대가 나왔다. 커다란 철갑상어가 그물에 걸린 모습을 형상화한 기념비 뒤로 굽이굽이 흐르는 예니세이강이 시야에 들어왔다. 전망대 끝으로 가 아래를 내려다보니, 깊은 계곡 사이를 무섭게 소용돌이치는 예니세이가 아스라이 흐르고 있다. 오래전에 읽은 "시베리아의 철광석 깊은 곳에 간직한 그대의 꿋꿋한 인내심"으로 시작되는 알렉산드르 푸시킨의 시구절이 떠올랐다. 그길로 크라스노야르스크를 떠나도 아쉬움이 없을 것 같았다. 예니세이는 그런 강이었다.

마지막 행선지는 디브노고르스크의 부일로프 집. 우스치-마나강 바로 옆에 자리 잡은 제법 규모 있는 주택인데, 철제 담장이 강과 경계를 이루고 있었다. 담장을 친 것은 이따금 곰이 출몰하기 때문이란다. 집 안의 공간 배치와 분위기가 좀 낯설었다. 모스크바 남부 메쇼라에서 러시아 농촌 생활을 속성 과정으로 이수한 나였지만, 시베리아에서는 완전 초짜였다. 잘 정돈된 메쇼라의 농가 주택과는 정반대로 여기는 정리되지 않은 무질서가 특징이었다. 집 안에는 닭들도 마구 돌아다녔다. 어디를 둘러봐도 오늘 밤 내가 누울 잠자리는 안 보였다.

멀리서 귀한 손님이 왔다고 저녁에는 시베리아식 '검은 바냐'를 준비했다는 말에는 번쩍 귀가 뜨였다. 눈송이가 하나둘 내리는 초겨울 날 시베리아에서 체험하는 러시아식 사우나라니 제격이 아닌가. 천장이 낮은 목조 목욕탕을 통나무 땔감으로 한껏 달군 다음에 연기가 가라앉으면 들어가는 사우나였는데, 굴뚝이 없는 게 특징이었다. 건물 내부가 검댕으로 온통 시커멓다고 해서 '검은 바냐'라고 했다. '검은'이라는 러시아어 형용사가 농민과 서민을 의미하기도 하니 '장삼이사들의 사우나'라고 불러도 될는지.

나를 포함한 바냐 친구 네 명이 입장하는 목조 건물 출입구는 아주 낮았다. 내가 고개를 푹 숙여야 할 지경이니 키가 큰 러시아 사람들은 기어 들어가는 자세였다. 조명이라곤 깜빡이는 낡은 전구 하나가 전부였다. 내가 가본 러시아 사우나 중 시쳇말로 인프라가 최악이었다. 바냐라고 부르기도 민망했다. 그래도 달궈진 바냐 안에서 벽에 등을 기대니 뜨끈뜨끈 몸이 풀리는 것 같았다. 자작나무 가지 묶음으로 몸을 두드리는 마사지 세례를 몇 차례 받은 나는 일찍 쉴 요량으로 샤워할 장소를 물었다. 부일로프의 설명은 간단했다. 대기실에 있는 수건 한 장 들고 나가 바냐 뒤에 있는 드럼통 물을 바가지로 뒤집어쓰면 된다는 거였다. 수건인지 걸레인지 알 수 없는 누더기 한 장을 들고 맨발로 밖에 나오니 몸이 오싹했다. 눈발도 제법 강했다. 검댕 소굴에서 나왔으니 그래도 물로 한 번은 헹궈야 했다. 드럼통 속 찬물을 머리 위로 끼얹으니 외마디 소리가 절로 나왔다. 본능적으로 바냐 입구로 뛰었다. 얼마나 급했는지 낮은 입구에서 머리를 찧었다. 황급히 들어오는 나를 보고 사우나 동지들은 껄껄 웃었다. 그럴 줄 알았다는 투였다. 나의 믿음직한 친구 부일로프는 씩 웃으면서 본채 건물에 가벼운 식사와 보드카가 마련되어 있으니 먼저 가서 쉬라고 했다. 보드카는 꼭 50g 한 잔을 마셔야 한다는 당부도 했다.

다음 날 크라스노야르스크 공항으로 전송 나온 부일로프는 자신의 책 『호랑이 잡는 사람들』을 내게 내밀었다. 표지를 넘겨보니 나한테 전하는 저자 서명과 사진 한 장이 들어 있었다. 철제 담장 너머 우스치-마나 강을 배경으로 바냐 앞 탁자에 꽃병이 놓여 있는 사진이었다. 보라, 빨강, 노랑의 탐스러운 꽃들이 유리병 안에 가득했다. 부일로프는 내 눈에도 범상치 않은 사진작가였다. 그로부터 한참 후 시베리아 친구로부터 편지 한 통이 왔는데, 시간이 될 때 자기 책 번역을 부탁한다는 문장이 맨 끝에 적혀 있었다. 시베리아 한복판 디브노고르스크에서 받은 환대에 나는 언제나 보답할 수 있을까.

1973년 서울에 도착한 모스크바의 자작나무

러시아 땅을 직접 밟은 것은 1991년 여름이지만, 이 나라를 생각하고, 상상하고, 느껴본 것은 상당히 오래되었다. 직접 손으로 쓴 텍스트를 등

사 인쇄한 『초급 러시아어』 교재로 문자와 발음을 배우는 것에서 시작하여 많은 세월이 흘렀다. 왜 이 언어를 선택했고, 무슨 연유로 내 마음이 러시아로 향하게 되었는지 나는 모른다. 설명은 더더욱 힘들다. 분명한 것은 무슨 이유에선지 그것에 끌렸고, 매력을 느꼈으며, 또 시야를 조금씩 넓혀가는 과정에서 함께했던 친구, 동료, 선생님들로부터 많은 깨달음과 너그러운 은혜를 입었다는 사실이다. 러시아를 공부하지 않았다면, 지금 나는 분명히 많이 달랐을 것이다.

많은 대학생이 탈출구 없는 답답한 상황에 좌절하거나 현실과 타협하는 두 가지 길 중 하나를 선택해야 했던 1970년대 초반, 갈 수 없는 나라 소련의 언어를 배우고 이 나라에 관심을 두는 일은 허망한 꿈 아니면 무모한 도전이었다. 나는 도전하는 성격은 아니었고, 그저 막연한 무엇을 꿈꾸었을 것이다. 그 척박하던 시절에도 러시아를 상상하고 꿈꾸는 사람들에게 적어도 숨 쉴 틈은 있었다. 시원찮은 문법 실력을 쥐어짜며 러시아 시구절들을 번역하던 긴 시간이 그랬다. 지금은 본관 건물이 들어서 자취가 사라진 이문동 미네르바 동산에서는 매년 가을 러시아 시화전이 열렸다. 그때 내게 주어진, 대학 2, 3학년 학생 수준에서 번역 가능한 시 작품들을 미리 선정하고 번역을 원하는 학과 학생들에게 나누어주던 일은 내 생애 최고의 러시아어 수업이었다. 시 해석을 목표로 문법 지식을 쌓기 위해 러시아어 문법 편람인가 하는 제목이 붙은 중고 일본어 서적을 방학 중에 몇 차례 독파하기도 했다. 시 번역에 필요한 러시아어 기초 다지기, 그리고 시를 번역하면서 경험한 러시아어 연마와 텍스트 음미 과정은 나중에 러시아를 향해 다가가고, 그 안으로 들어가는 문을 여는 소중한 열쇠가 되었다.

대학 2학년 때 처음으로 강의실에서 만난 동완 교수님한테서는 뭔가 러시아 분위기 같은 것이 느껴졌다. 이 교수님이 시베리아에서 몇 년을 지냈고, 1973년 유니버시아드 대회 한국 대표단 일원으로 모스크바에도 다녀왔다는 얘기는 나중에 선배들을 통해 들었다. 대학 졸업을 앞두고 명륜동 성균관대학교 담장 길을 따라 교수님 댁을 찾아간 적이 있다. 진로 상담차 찾아간 제자를 이층 서재에서 맞아주셨는데 서가에 가득한 러시아어 도서들을 보고 마치 다른 세상에 온 기분이 들었던 생각이 난다. 그날 선생님께 들은 얘기는 이제 가물가물하지만, 두 단어는 기억에 뚜렷하다. 보드카와 자작나무.

유니버시아드 대회 후 귀국 길에 러시아 보드카 한 병과 자작나무 묘목 한 그루를 가져왔다는 말씀이었다. 책장 뒤에 숨겨둔 소중한 보드카는 귀한 손님이 오면 딱 한 모금씩 따라주었는데 누가 몰래 꿀꺽해버렸다고 몹시 서운해하셨다. 그래도 나는 빈 보드카 병은 구경하는 행운을 누렸다. 보드카 얘기에 정신이 팔려 그때는 건성으로 들었는데, 1997년 어느 날 선생님의 부음을 듣고 나서 갑자기 자작나무가 떠올랐다. 묘목이라면 해외 반출이 엄격히 금지된 품목인데 선생님은 왜, 어떻게 서울까지 그걸 들고 오신 걸까. 그 자작나무 묘목이 어디서 자라고 있는지 나는 모른다. 하지만 그때 선생님이 모스크바에서 한국까지 가져와 심은 자작나무는 꿈같은 막연한 길을 가는 제자들에게 거는 간절한 기대와 희망이었을 거라고 나는 믿고 있다. 2018년 여름 내가 볼가강 시원에서 하얀 줄기에 잎이 짙푸른 자작나무를 보게 된 인연의 뿌리는 깊었다. 그날 발다이 구릉의 하늘은 푸르렀다.

내가 사랑한 러시아

러시아를 대표하는 나무로는 가지를 사방으로 뻗은 우람한 참나무, 반듯하게 하늘로 솟은 당당한 소나무, 넓은 들판에 옹기종기 모여 바람에 흔들리는 여린 자작나무가 있다. 하지만 전통 목조 가옥과 가장 잘 어울리는 나무는 누가 뭐라 해도 마가목(랴비나)이다. 오카강변에 있는 시인 세르게이 예세닌의 고향을 방문했을 때, 뿌연 하늘색의 시골집 창가에 서 있는 마가목을 한참 바라보다가 카메라에 담았다. 내가 좋아하는 러시아 모습이다. "빨간 마가목 열매, 새하얀 꽃송이, 마가목 나무야, 너는 뭐가 그리도 슬프니"라는 후렴구가 반복되는 민요 〈랴비누쉬까〉를 우랄 여성 중창단 목소리로 들으면 그 애잔한 분위기가 떠오른다.

시인 예세닌 고향 마을의
목조 가옥과 마가목 나무

김현택

한국외국어대학교 노어과를 졸업했고 미국 캔자스주립대학교 슬라브어문학과에서 박사 학위를 받았다. 한국외국어대학교에서 부총장과 통번역대학원 원장, 러시아연구소 소장을 역임했고 현재 노어과 교수다. 『붉은 광장의 아이스링크: 문화로 보는 오늘의 러시아』(공저), 『사바틴에서 푸시킨까지: 한국 속 러시아 문화 150년』(공저), 『포시에트에서 아르바트까지: 러시아 속 한국 문화 150년』(공저) 등 여러 저서와 논문이 있다. 한국계 러시아 소설가 아나톨리 김과 함께 『춘향전』을 러시아어로 번역하여 출판했으며, 2010년 러시아 정부가 수여하는 푸시킨 메달을 받았다.

2부

멀고도 가까운 상상의 공간

내 사랑 레닌그라드

김진영

레닌그라드에서 온 편지

이 글을 쓰기 위해 다시 읽었다. 1990년 4월에 나온 소련 여행기 『레닌그라드에서 온 편지』로 내가 쓴 책이다. 자신이 쓴 글이 대개 그러하듯, 창피하게만 여겨져 30년 가까이 한구석에 밀어두었는데, 지금 보니 그리 나쁘지 않아 다행이다. 책 제목 옆에 '한국인 최초의 소련 유학기'라는 설명이 붙어 있다. 다분히 과장된 면이 있으나, 또 완전히 거짓말도 아니다.

한국은 1990년대보다 훨씬 이전인 20세기 전반의 일제 강점기에 이미 소련 붐을 경험했다. 나라 잃은 조선 청년들에게 러시아는 자유와 방랑의 유토피아였으며, 일본·미국·유럽을 대체할 서구 선진 학문의 본향과도 같이 여겨졌기에 너도나도 러시아행을 꿈꾸던 시절이었다. 특히 1917년 10월 혁명 후에는 "러시아만 가면 돈 없이 공부한다"라는 풍문 속에 러시아 유학 희망자가 많았다고 한다. 박헌영, 주세죽, 김단야 같은 조선 공산당원들은 1920년대 말 소련으로 도피해 모스크바 동방노력자 공산대학에서 수학했다. '이빈손'이라는 필명의 고학생이 『개벽』 잡지에 러시아 유학 정보를 게재하면서 무작정 오지는 말라 당부한 것으로 미루어, 1920년대 소련 유학 물결이 꽤 거세기는 했던 것 같다.

군이 유학을 계획하지 않았더라도, 또 사상적 경향성에 물들지 않았더라도, 식민지 조선인은 위대한 휴머니즘 문학의 원천이자 혁명 이론의 실현지인 러시아를 궁금해하며 동경했다. 혁명 이전에 발 디뎠던 이광수, 이극로, 한용운, 진학문 등을 시초로 혁명 후에 이뤄진 수많은 러시아(시베리아) 방랑의 의미가 거기에 있다. 그들은 빼앗긴 조국의 현실을 '러시아'라는 개념의 이상향으로 대체했고, 그곳을 향한 방랑의 꿈을 통과의례 삼아 성장했다. 그런 의미에서 20세기 전반의 모든 지식인 방랑자는 일종의 '러시아 유학생'이었다. 그리고 그들은 다만 '유학기'라는 이름이 붙지 않고 한 권 책 분량만 아니었을 뿐, 저마다 길고 짧은 러시아 인상기(방랑기)를 남겼다.

플레하노프가 6번지 게르첸사범대학

나는 1989년 9월부터 12월까지 레닌그라드에 있었다. 한·러 수교 전이었다. 당시 예일대학교에서 박사 학위 논문을 준비 중이었는데, 미국 교육기관(American Council of Teachers of Russian)의 교환학생 프로그램에 신청해 게르첸사범대학으로 파견되는 25명 그룹에 선정되었던 것이다. 문제는 비자였다. 당시 소련 공산당 서기장 미하일 고르바초프의 개방 정책에 힘입어 몇몇 학자, 사업가, 언론인이 소련을 방문하고, 한국 상사들도 모스크바 진출을 현지에서 준비하던 때였지만, 민간인 신분의 학생에게 장기 체류 비자가 나올지는 확신하지 못했다. 비자 발급 여부

를 이틀 전까지 알 수 없어서 정 안 되면 워싱턴 구경이나 하고 오겠다
는 마음으로 대강 짐을 싸 주최 측의 연수생 오리엔테이션에 참석한 것
이 9월 3일이다. 거기서 내 이름 앞으로 나온 한 장의 푸른빛 종이를 감
격 속에 발견한 후에야 나는 한국 영사관에 공산권 국가 여행 허가신청
서를 제출하랴, 마지막 쇼핑 하랴, 부랴부랴 뛰어다닐 수 있었다.

그때 내 여행 가방은 왕년의 미군부대 보따리장수 가방을 방불케 했
다. 겨울옷, 장화, 몇 권의 책을 제외한 나머지는 소화제, 감기약, 진통제,
종합 비타민, 콘택트렌즈 약, 기본 식기, 음식물, 넉 달 치 비누, 세탁제,
샴푸, 화장실용 휴지, 크리넥스, 빨랫줄, 넉 달 치 여성 필수품, 배터리, 그
리고 선물용으로 마련한 볼펜, 스타킹, 담배, 껌, 화장품, 전자계산기가 자
리를 차지했다. 말보로 담배, 위스키, 스타킹, 스카프와 더불어 피임 용
품이 당시에는 가장 위력적인 선물이었고, 가장 큰 위력은 물론 달러 지
폐에 있었다. 1달러당 공정 환율이 65코페이카던 시절 암거래 환율은
10~15루블, 즉 15배 차이가 났다.

9월 5일 핀란드 항공에 올라 헬싱키에서 1박 후, 그때 눈으로도 시골
간이 공항 정도밖에 안 돼 보이던 레닌그라드 국제공항(풀코보)에 도착
했다. 사진으로만 봐왔던 쑥색 군복 입은 병정들이 지키고 서 있었다. 화
려한 맛도, 웅장한 맛도 없이 단지 삭막하고 허름했다. 넵스키 대로의 카
잔 성당 뒤편에 있는 플레하노프가街 6번지 게르첸사범대학 기숙사로
향하며 생각했다. 누가 레닌그라드를 아름다운 도시라 했던가.

공항에서 차로 달려 허허벌판(지금은 아파트와 쇼핑몰로 화려하게 개발되
었지만)을 지나 스탈린식 회색 건물들이 줄지어 서 있는 모스크바 대로
에 이어 넵스키 대로 중심가에 접어들기까지의 30분. 그때는 불빛도 어
두웠고, 해군성의 황금 첨탑도 지금처럼 반짝이지 않았다. 야경이라는 것

이 없었다. 눈에 띄는 것은 건물 위에 새겨진 혁명의 단어들 —— 레닌, 승리, 영광, 영웅, 노동자 계급……. 요즘도 공항에 도착해 시내로 이동할 때면 그때 그 건물, 그 글자를 어김없이 확인해보고는 한다. 길은 변함이 없다.

여전히 창피하게 느껴지지만, 고작 4개월 체류 후 한 달 만에 책 한 권을 써낼 만큼 나의 레닌그라드 시절은 순정의 하루하루였다. 그토록 많은 것을 그만큼 밀도 깊게 흡수하여 분출한 적은 내 인생에 다시 없다. 하긴 1896년 2개월 좀 넘게 '피득보'(페테르부르크)에 머물렀던 민영환도 『해천추범』을 쓰고, 1946년 9주간 소련을 방문했던 이태준도 당당히 『소련기행』을 출간했었다. 반세기 만에 러시아 여행이 가능해진 1990년대 초반에도 각종 여행기가 쏟아져 나왔다. 시대와 상황을 막론하고 러시아 여행자들은 하나같이 열광했으며, 모두가 마치 수수께끼 왕국의 최초 목격자라도 된 것만 같았다. 러시아 여행기는 하나의 현상으로서 분석할 필요가 있다. 말하자면 19세기 말부터 20세기 말까지의 기록을 관통하는 '마스터 플롯'의 형태학이 분명히 존재한다. 그곳에서 보낸 "황홀한 수개월"(이태준의 표현으로, 개념적 황홀경을 말한다)은 한결같은 역사의식과 사적 감상의 흥분감 속에 서술되기 마련인데, 그 저변에는 언제나 '한국·한국인'으로서의 자의식이 묵직하게 자리한다. 그만큼 러시아와 한국의 근현대사가 운명의 사슬로 얽혀 있는 까닭에서다.

페레스트로이카, 1989년

내가 레닌그라드를 처음 활보했던 1989년 하반부는 아마 소련 현대사에서 가장 흥미진진한 시기였을 것이다. 오늘의 젊은 러시아인들은 상상조차 못 하겠지만, 모든 것이 결핍이었다. 상점 진열대는 텅 비었고, 가는 곳마다 줄을 섰고, 학생인 나도 극소의 생활비와 함께 차, 설탕, 비누, 공책은 배급표를 받았다. 근처 우체국에 가서 바꾸는 식이었다. 물론 외국인인 나는 베료즈카(국영외환상점)에서 달러로 물건을 구할 수 있었는데, 그때 그곳에서 가장 자주 구매한 것이 화장지와 선물용 술(친자노)이다. 러시아 젊은이들의 꿈이었던 리바이스 청바지도 부탁을 받아 두어 벌 사서 넘겼다. 대신에 큰 유리병 가득한 캐비아와 박스째 배달된 코카콜라, 팔레흐Palekh 공예품, 염소 털로 짠 오렌부르크 숄, 극장표와 같은 '결핍물자'(데피치트, defitsit)를 선물 받았다.

'데피치트'는 코오페라티프kooperativ, 파르촙시크fartsovshchik, 스페쿨랴치야spekuliatsiia와 함께 페레스트로이카 시대를 대표했던 용어다. 새 아파트를 구했는데 양변기가 데피치트라서 아직 이사할 수 없다는 식이었다. '인맥을 통해'(po znakomstvu), '연줄을 통해'(po blatu)도 생활 러시아어였다. 모든 러시아인에게는 각자 열 명의 '친구'가 필요하다는 얘기도 공공연했다. 그만큼 개방기 러시아의 정치·경제는 혼란스러웠으며, 사적이고 공적인 '줄 서기'는 일상의 생존 방식이었다. 소련은 결코 최대 다수의 최대 행복을 위한 유토피아가 아니었다. 민중은 지쳐 있었고, '자기 사람'과 '남'을 철저히 구분했으며, 더 나은 내일 따위는 아예 기대하지도 않았다. 그럼에도 불구하고 그들은 열렬하게 논쟁하며 변화의 필요성을 역설했다. 어디 가나 정치 이야기, 소련 사회주의의 미래 이야기로 가득 찼고, 소련 최고회의가 열리던 동안에는 텔레비전 중계방송에 귀 기울이느라 밤거리가 조용할 정도였다. 카잔 성당 앞 광장에서는 매일 저녁 수많은 사람이 여기저기 모여 서서 정치·사회 문제를 토론

했다. 모두 도스토옙스키의 지하생활자 같았다. 소설에서 튀어나온 듯한 가난한 역설주의자들이 저마다의 '사상'을 피력하는 그 뒤숭숭하고도 열 띤 광경을 나는 매일 저녁 목격했다.

하루 5~6시간의 학교 수업 외에는 도시의 유령처럼 여기저기 기웃 거리며 배회했던 것 같다. 사람도 많이 만났는데, 레스토랑과 카페가 극 히 드물던 시절이라 집으로 초대받았다. 공동주택 방 하나의 침대에 모 여 앉아 '만찬'을 즐기기도 했고, 아흐마토바·만델슈탐 시대를 연상케 하 는 지식인의 부엌에도 가보았다. 가장 인상적인 것은 이오시프 브로드스 키의 '절친' 블라디미르 우플랸드의 집이었는데 여전히 『사미즈다트』 문 예지가 돌고 있었다. 고려인들의 한국 음식인 혜, 징편, 국시, 개장국도 여 러 번 맛보았다. 그때의 만남과 체험은 『레닌그라드에서 온 편지』에 기록 되어 있다.

러시아인과의 친교는 대개 누군가의 소개로 이루어졌다. 가령 지도교 수인 토마스 벤츨로바는 레닌그라드로 떠나는 내게 전화번호 두 개를 적어주었고, 내가 전화하면 그쪽에서 즉각 나를 초대하면서, 자신의 다 른 친구까지 또 소개해주었다. 그렇게 해서 나는 아흐마토바로 거슬러 올라가는 레닌그라드 지식인 서클의 아름다운 공간에 잠시나마 얼굴을 내밀 수 있었다. 그때 우플랸드가 한국 시를 들려달라고 하여 김소월의 「진달래꽃」을 엉터리로 읊었던 기억이 난다.

고려 사람과 북한 사람

고려인과 북한인은 다른 방식으로 만났다. 한국인으로서 내 진정한 역사 인식은 그들과의 만남에서 시작되었다 해도 과언이 아니다. 나는 레닌그라드에서 처음으로 그들을 만났고, 그들의 존재를 알게 되었다. 스탈린의 강제이주 정책에 대해서도 그때 들었고, 남한을 향한 고려인들의 관심과 동경도 그때 접했다. 더불어 '민족의 비극'이라는 것을 그때 비로소 실감했다.

페레스트로이카는 고려인의 정체성을 일깨워준 대사건이었다. 88올림픽을 통해 한국의 발전상을 알게 된 그들은 자신에게도 자랑스러워할 '조국'이 있음에 흥분해 있었고, 소련 내에서 오랜 세월 차별받던 '2등 민족'의 열등감 대신 독립적 민족으로서의 긍지와 주체성을 찾고자 했다. 그렇게 해서 조직된 것이 '고려문화센터'였다. 고려문화센터는 바실리예프섬 키로프 문화궁전에서 매주 금요일 저녁 모였는데, 나는 기숙사에서 만난 불가리아 출신 고려인(원래 하바롭스크 출신인데 불가리아로 이주한 러시아어 교사였다)을 따라 그곳에 갔다가 졸지에 '스타'가 되어버렸다.

박물관의 별종 전시품처럼 빙 둘러싸여 온갖 관심과 호기심의 대상이 되었다는 말이다. 그때까지 북한 사람들만 봐왔던 그들에게 본토박이 남한 사람의 출현은 처음이었다. 센터 모임에 나오던 북한 유학생 총책임자에게도, 레닌그라드 한국학과 학생들에게도 남한 사람은 처음이었다. 그리하여 러시아 땅에서 생전 처음 만난 남한인, 북한인, 고려인이 모두 서로 신기해하며 반가움과 경계심의 쌍곡선을 왕래하는 진풍경이 벌어졌다. 마침 한국에서는 대학생 임수경이 북한 방문으로 재판 중이었고, 북한 유학생 지도부는 임수경이 나오는 평양축전 다큐멘터리 영화를 고려문화센터에서 상영했다. '통일의 꽃'(임수경)에 대한 북한인들의 반응은 대부분 열렬했다. 멋있다, 대단하다며 박수했고, 내게도 임수경 닮았다면서(!) "조국 통일을 위한 게로이냐(여주인공)가 되어야 한다"는 당부를 잊지 않았다. 전대협이 최고(molodets)라며, 왜 자유의 나라인 남한 정부가 한 개인의 북한 방문을 금지하는지 따져 묻기도 했다.

아무튼 그때 난 생전 처음 극장을 가득 채운 1백여 명의 북한 사람을 실제로 보았던 것이다. 당시 레닌그라드에는 6백 명 가까운 북한 사람이 있다고 들었다. 대부분 학생·연구자였는데, 개방 후 소환되었다 한다. 유학생 지도원 같은 공식 인사를 제외하고는 남한 사람과 개별적으로 접촉하는 것이 허용되지 않았지만, 그래도 그들 중 세 사람은 나와 비밀스럽게 만나며 속마음을 털어놓았다.

민, 철진, 명철. 이제는 그들의 이름을 불러도 될 것 같다. 특권층 출신의 최고 엘리트였던 그들은 북한 현실에 비판적이었다. 그리고 철진과 명철은 결국 한국으로 망명했다. 1990년 초에 넘어온 소련 유학생 중 두 사람이 그들이다. 미국으로 돌아온 지 얼마 되지 않아 망명 결심이 적힌 그들의 편지를 받고는 즉시 가슴 두근거리며 뉴욕 영사관에 달려갔던 일이 생생하다. 과연 나의 움직임이 그들의 행보에 도움이 되었는지는 모르겠지만, 1년쯤 지나 내가 연세대학교에 갓 부임했을 때 우리는 대학 건물 복도에서 정말이지 영화 속 한 장면 같은 해후를 했다. 그들은 강연도 다니고 기업에도 취직해 자리를 잡아갔다. 그러나 썩 행복해 보이지는 않았다. 마지막으로 만났던 때에는 자신들의 결행을 깊이 후회하고 있었다. 왠지 내 책임인 것 같아 미안했다. 30년이 지난 지금은 어떻게 적응하고 있는지 다시 만나 확인하고 싶다.

그리고 꼭 막내동생만 같던 민. 온건한 비판주의자였다. 공부가 잘 안된다며 하루빨리 북한에 돌아가 사람들을 깨우치고 싶다던 사람이다. 부디 무사해서 이제는 자신의 아버지처럼 평양의 대학교원이나 연구원이 되어 있기를 바란다. 얌전한 귀공자형이었는데, 나를 만날 때면 꼭 카네이션 꽃을 들고 서 있었다. 당시 넵스키 대로의 유일무이한 레스토랑이었던 '카잔'에서 저녁도 사주었다. 내가 내겠다는데도 막무가내였다. 헤어질 때는 개성 수삼주와 금강산 그림을 선물로 주었다. 그의 용돈이 되거나 달리 쓰였어야 할 귀한 물건들인데, 그때를 생각하면 가슴이 아련하다. 꼭 한 번 다시 만나고 싶다.

소련을 보고 돌아온 이태준의 일성은 "무엇보다도 인간들이 부러웠습니다"였다. 소련은 "인간의 낡고 악한 모든 것은 사라져졌고 새 사람들의 새 생활, 새 관습 새 문화의 새 세계였다"라고 자신의 기행문에 쓰고 있다. 전후 소련의 외적 초라함과 궁핍 속에서도 "인간성의 최고의 것"을 보았다고 믿었기에, 그리고 그것이 새 조선의 나아갈 길이라고 확신했기에, 그는 월북을 확정 짓게 되는 것이다.

반면 1989년 레닌그라드 체류 후의 내 감상은 '그저 인간들이 가엾다'는 것이었다. 마침내 러시아 땅을 밟았다는 격한 흥분감에도 불구하고, 무거운 발걸음의 둔탁한 러시아인, 영원한 방랑객 신세의 고려인, '의식의 충격' 속에 '게토'화하고 있던 북한인 집단, 그리고 바람처럼 스쳐 지나가던 나마저도 어둡고 쓸쓸하게만 느껴졌다. 소련의 교육·문화·의식 수준은 높았지만, 현실적인 삶의 환경은 그렇지 못했다. 이태준은 소련에서 '신흥'의 기운을 느꼈다지만, 내가 느낀 것은 끝없는 유배의 기운이었다.

페테르부르크 일기

1996년 가을, 교수가 되어 맞이한 첫 연구년에 나는 다시 레닌그라드를 찾았다. 그때는 이미 상트페테르부르크로 개명된 때였으나, 삶은 여전히 녹록지 않았다. 무식한 졸부 내지는 마피아로 치부되던 '신러시아인'(novyi russkii)들이 황금 목걸이와 무전기 사이즈의 핸드폰을 들고 대로를 활보하던 황금만능주의 시기였다. 루블의 가치는 페레스트로이카 시기보다 천 배 이상 평가절하되어 있었고(89년 당시의 $1=6루블 환율에서 $1=6,000루블로), 실업자가 속출했으며, 루블이 불안정해서 고가의 상품(집, 자동차, 사치품)은 으레 달러를 기준으로 거래되었다. 당연히 일반 시민의 삶은 궁핍했다. 청바지 한 벌이 300달러일 때, 대학 정교수 월급은 200달러 미만이었던 것으로 기억한다. 상트페테르부르크대학교 교환교수 신분이었던 나에게는 월 120달러의 급여와 방 2개짜리 아파트가 제공되었다.

바로 쵸르니 레치카에 있는 흐루숍카Khrushchyovka 아파트였다. 시내에서 멀지 않고 생태적 환경이 좋은 동네였지만, 아파트는 정말 형편없었다. 네바강변의 귀족 저택을 꿈꿨던 나로서는 다만 푸시킨의 결투지 근처라는 사실만을 위안 삼아 그 어두컴컴한 아파트에서, 꼬박 1년을, 진짜 현지인처럼 살았다. 한국에서 방문 왔다가 내 아파트에 들러 화장실을 본 동료 교수는 뭔가 서글프다고 평했고, 역시 여행 오셨던 아버지는 "넌 너무 돈을 쓰지 않는 것 같다"며 애처로워하셨다.

겉으로 보기에는 분명 결핍으로 채워진 '미니멀리즘의 삶'이었다. 그러나 그것은 겉모습뿐이었고, 실제는 '맥시멀리즘의 삶'이었음을 나는 고백해야만 한다. 꽃 사치, 공연 관람 사치, 책 사치는 부족함이 없었고, 갖고 싶은 기념품과 예술품도 큰 어려움 없이 손에 넣을 수 있었다. 지금은 도저히 불가능한 일이 되어버렸지만, 그때는 '레닌그라드 본차이나'(Leningradskii farfor)를 식기로 사용하는 것이 충분히 가능했다. 러시아 친구들을 방문할 때면 아무렇지 않게 예브로파 호텔의 고급 케이크를 사갈 수도 있었다. 러시아문학연구소 푸시킨 연구실을 들락거리며 차도 많이 마셨다. 맨날 모여 차 마시며 잡담하면서 대체 연구는 언제들 하는 걸까 많이 궁금했다.

그렇게 한 해 내내 살았다. 러시아적인 것을 한껏 흉내 내며 즐기는 풍족한 이방인의 삶이었다. 체제 전환기의 혼란스러운 사회 상황이 내게는 물심양면의 상대적 여유를 허락해주었던 것인데, 바로 그래서 그해 말 러시아와 한국 모두 IMF(국제통화기금) 관리에 들어갔을 때 충격과 수치심이 무척이나 컸던 것도 사실이다.

유배의 공간, 유배의 기억

그 시기의 기록은 「페테르부르그」라는 칼럼으로 월간 잡지 『삶과 꿈』에 1년간 연재되었다. 그때 쓴 에세이 중 이런 대목이 있다.

개방이 되었음에도 불구하고 러시아에 대한 우리의 신화적 관념은 여전하다. 내가 러시아에 간다고 했을 때, 주위에서는 대부분 어떻게 그 무서운, 그 힘든 곳에 가느냐고, 마치 유배 가는 사람 보내듯 했었다. 나 역시 초기에는 러시아 체류를 '자발적 유배'라고 농담 삼아 일컫기도 했었는데, 그것은 '러시아-시베리아-유형'이라는 연상적 등식이 우리 모두에게 아직도 지워지지 않고 있는 데다가, 실은 내가 받은 해외연구지원금이 1년간 우리 땅에 문자 그대로 발을 들이지 말아야 한다는, 말하자면 일종의 유배식 연구 조건이었기 때문이다.

하긴 러시아 문학이라는 전공을 택한 것부터가 내 자발적 유배의 시초라 할 수 있다. 지금이야 노문학과가 '전망 있는' 학과 중 하나로 여겨지기도 하나 본데, 당시에는 '스파이가 되려느냐'는 질문을 받을 정도로 생경하고 적대적이기까지 한 전공 분야였고, 그래서 나의 선택은 진보적인 우리 집안 식구를 제외한 그 누구에게서도 별로 인정을 받지 못했다. 왜 노문학을 택했느냐는 수 없이 들어온 질문에 뭔가 멋있는 대답을 해야 할 것만 같지만, 사실 고등학교 시절의 나로 말하면, 아관파천과 혁명이라는 단어 외에는 러시아 역사에 대한 지식이 전무했고, 그다지 감명 깊게 읽은 러시아 소설도 별로 없었고(당시 즐겨 읽고 좋아한 것은 오히려 프랑스 문학이었다), 단지 집에서 듣던 러시아 음악, 특히 무반주 합창곡의 음울한 멜로디와 '쥬, 츄, 슈츄'하는 가사 소리가 흡사 바람 센 황야에서의 삶을 노래하는 것만 같아 그저 사춘기적 감상으로 막연히 끌렸던 것뿐이다. 전공을 선택할 때 남 안 하는 것을 해야 한다는 '전망'에 대한 은밀한 계산이 전혀 없었다고 한다면 거짓말이겠지만, 아마도 나를 정말로 움직였던 것은 '러시아'라는 그 황량하고 닫힌 세계에서 외톨박이로 떠돌겠다는 일종의 낭만적 영웅심이었으니, 돌이켜보면 그것은 그야말로 유배를 향한 충동이었다.

유배, 즉 고립은 사람을 생각하게 한다. 낯선 곳, 외로움, 기다림, 절망의 울타리가 오히려 꿈과 상상력의 공간을 확보해주는 것이다. 낯선 곳은 저절로 관찰적 사고를 자극하고, 극도의 외로움은 어쩔 수 없이 내적 독백을 불러일으키며(유배 간 윤선도가 시냇물, 소나무, 돌, 달, 대나무를 다섯 친구라 부르며 노래하지 않았던가), 기다림이 만남을 생각하게 하는가 하면, 절망은 희망으로의 불가피한 우회를 독촉한다. 결핍 덩어리의 몸이 살아 있는 정신으로 메꾸어지고, 현재가 미래와 과거에 대한 염두로써 지탱된다. 유배는 곧 꿈꾸는 자유이고, 모든 유배자와 수감자의 창문은 자유의 꿈을 향한 통로가 아닐 수 없다.

이것이 내가 러시아를 규정해온 방식이다. 아흐마토바가 『예브게니 오네긴』을 '구름처럼 떠 있는 거대한 부유물'에 비유했듯이 러시아, 그중에서도 특히 첫사랑 레닌그라드(상트페테르부르크)는 내게 하나의 거대한 공기 덩어리와도 같은 존재이다. 커다랗게 떠 있는, 그래서 매우 느리고도 무겁게 부유하는 유배의 공간, 그리고 그곳을 감싸고 도는 고독의 기운 —— 이것이 어렸을 적 직감했고, 또 아직껏 체감하고 있는 나의 러시아다. 러시아에 대한 수수께끼가 생길 때면 언제나 그 막연하고도 본능적인 '유배의 기氣'를 돛대 삼아 길을 찾고는 했다.

지금도 상트페테르부르크에 도착하면 예전의 그 공기를 확인하며 숨쉰다. 풍선처럼 꼬리를 흔들며 날아가던 한없이 가벼운 내가 30년 전 레닌그라드의 거대한 구름에 걸려 가까스로 무게 중심을 잡았나 보다.

내가 사랑한 러시아

모스크바 이즈마일롭스키 벼룩시장에서 구한 러시아 전통 물레. 그동안 러시아를 오가며 그림, 조각, 공예품, 생활용품을 모을 수 있었다. 은퇴하면 '러시안 카페'를 열겠다고 농담 삼아 말해왔는데, 그것을 어떤 형태로건 실현해나가는 것이 앞으로의 꿈이다. 말하자면 푸시긴의 '녹색 램프'(zelenaia lampa) 또는 뱌체슬라프 이바노프의 '탑'(bashnia)과 같은 격식 없고 자유로운, 그러면서 창조적인 동인들의 사랑방을 꿈꾼다. 러시아 책, 예술품, 음악으로 채워진 문화 공간에서 러시아를 사랑하는 사람들과 함께 모여 우의를 나누고 싶다. 그렇게만 할 수 있다면, 내 삶의 가장 행복한 시기가 될 것이다. 그때를 위해 요즘은 집에서 러시아 보르시borshchi와 버섯 수프를 끓여보기도 한다. 2010년 연세대학교 노어노문학과 창설 20주년을 기념하여 동료, 제자들과 함께 수집품을 모아 러시아전을 열었다. 현대 회화, 각종 민속품과 지역 특산품, 사진 등으로 채워진, 관련 분야에서는 아마 가장 크고 내용 있는 전시였을 것이다.

모스크바
이즈마일롭스키
벼룩시장에서
구한 19세기경
러시아 전통 물레.

김진영

미국 매사추세츠주 휘튼Wheaton칼리지에서 러시아어문학을 전공하고, 예일대학교 슬라브어문학과에서 석·박사 학위를 받았다. 1991년부터 연세대학교 노어노문학과 교수다. 전공 분야는 푸시킨이지만 다양한 분야에서 수업과 연구를 진행해왔고, 근래에는 한국 근현대사와 러시아 문학의 관계를 역사적으로 되짚는 작업에 몰두하고 있다. 저서로 『푸슈킨: 러시아 낭만주의를 읽는 열 가지 방법』, 『시베리아의 향수: 근대 한국과 러시아 문학, 1896-1946』등이 있고, 『땅 위의 돌들(러시아 현대시선)』, *Tak malo vremeni dlia liubvi*(정현종 시선집), 『예브게니 오네긴』등을 번역했다. 푸시킨 연구서는 2016년에 러시아어로 번역되었다(*Pushkin: desiat' ocherkov o russkom romantizme*. Sankt-Peterburg: Petropolis).

카마강 유수지와 모스크바의 은사들

강봉구

카마강 유수지의 추억

내가 간직하고 있는 러시아의 추억을 더듬어보니, 러시아의 광막한 대자연과 관련해서는 카마강江에서 보낸 사나흘의 여름 휴가, 매일 산책하던 모스크바 남서쪽의 툐플리스탄 숲과 우스코예 숲, 그리고 러시아어 선생님과 지도교수님에 대한 감사함이 먼저 떠오른다.

모스크바에서 6년을 보내는 동안 많은 여행을 하지는 못했다. 한 나라를 연구의 주된 대상으로 하는 연구자가 그 나라의 곳곳을 두루 다녀보아야 한다는 것을 모르는 바는 아니다. 하물며 러시아는 영토가 광대하고 지방마다 기후와 지리적 조건이 판이하며, 소수민족들이 집중적으로 거주하는 곳은 말과 풍습마저 생소한 곳이 많다.

러시아의 대지는 자연의 아름다움에 탐닉하는 높고 깊은 눈의 여행자를 그저 지나칠 수 없게 만든다. 우랄산맥 동쪽으로는 광대한 침엽수림이 가을 색조로 물드는 10월이 가장 아름답다는 캄차카, 험준한 산악지대를 굽이굽이 끼고 돌아 북빙양의 랍테프해로 흘러드는, 최후까지 인간의 발길이 미치기를 거부했던 모험가들의 강 레나, 중앙시베리아의 드넓은 초지草地와 동시베리아를 나누는 예니세이강. 옛사람들은 "방랑의 길을 떠난 그대, 지상의 모든 것을 두 눈으로 본 그대여, 그러나 아직 예니세이를 보지 못했거든 아름다움에 대해 말하지 말라!"고 읊었다. 예니세이강 상류에서 북으로 내려가면 왼편은 초지이며, 오른편은 험준한 산악의 끝자락이 깎인 절벽으로 되어 있어 평탄한 지형을 흐르는 오비강이나 볼가강과는 비교할 수 없이 아름다운 풍광을 볼 수 있다. 그리고 서시베리아의 저습지를 수만 갈래의 지류로 통과하는 오비강과 그 상류 지역을 형성하는 정령들의 땅, 알타이 산악 지역.

우랄산맥 서편으로는 중류 지대를 지나면 강폭이 십 리가 넘는 곳이 많아 건너편이 아스라이 보이는 거대한 볼가강이 도도하게 흐른다. 1,000년이 넘는 세월 동안 러시아인들이 그 언저리에서 일하고 사랑해온 어머니의 젖줄과 같은 강이다. 볼가강 언저리 구석구석 작은 촌락들이 있고 무수한 장삼이사들이 여유 있고 질박하며 고즈넉한, 오래도록 변함없는 삶을 이어가고 있다. 볼가강과 돈강이 드넓은 유역을 적셔주는 유럽 쪽 러시아의 대부분은 평지거나 구릉지다. 두 강의 하구에서 남으로 내려가면 다양한 소수민족이 독특한 삶의 모습을 엮어가는 북캅카스 산록, 항구 도시 소치로 대표되는 흑해 연안의 풍경들, 여름이면 백야가 계속되는 아르한겔스크와 최북단의 도시 무르만스크.

이렇게도 볼 만한 곳이 많고, 걷고 싶고 드넓은 길도 또 수만 리건만, 어쩌랴! 내 일이란 것이 이니온INION('노동조합' 지하철역 근처의 사회과학정보도서관)의 정기간행물실이나 열람실을 지키고 앉았어야 하니. 그런 일상 속에서도 운이 좋아 서너 차례 러시아의 지방 여행을 할 기회가 있었는데, 이 여행은 모두 의도적인 계획 없이 우연히 이루어진 것이었다.

당시 여행지 중 한 곳은 볼가강의 지류인 카마강이었다. 카마강은 중부 우랄의 서편을 흐르는데, 볼가의 왼편 지류 가운데 약 1,800km로 가장 길고 유량도 제일 많다. 카마강의 세 수력발전소 가운데 최하류에 위치한 니즈네캄스크 수력발전소의 댐은 거대한 니즈네캄스크 유수지를 만들었다. 이 유수지 주변에 위치한 자동차 공업 도시가 타타르스탄의 나베레즈니예첼니다. 자동차에 관심 있는 사람이라면 이 도시의 이름은 몰라도 여기서 생산된 '카마즈KAMAZ'라는 브랜드의 트럭은 알 것이다. 여기서 카마강을 따라 북으로 올라가면 그 지류인 추소바야강에 이른다. 이 강의 연안에 돈강 유역 카자크 출신의 예르마크 티모페예비치가 시베리아 원정을 위해 우랄산맥을 넘을 때 출발지였던 도시 페름이 있다. 때는 이반 4세(뇌제) 통치 말기인 1582년(어떤 기록에는 1581년) 9월 1일이었다.

나베레즈니예첼니는 타타르스탄공화국에서 수도 카잔 다음으로 큰 도시로 인구는 50만이 넘지만, 특별한 관광지도 아니고 역사적인 명승고적이나 유적지도 없다. 러시아의 지방에서 흔히 보이는 대로 공장과 도시가 결합된 인간 활동의 한 형태를 보여주는 곳일 뿐이다. 그래서 이 글은 그 지역을 여행하도록 추천하는 것도 아니요, 이 도시나 지역을 여행하는 사람들을 위한 여행 안내문도 아니다. 그러나 만일 눈요기 관광이 아니고, 여행 안내서에 소개되지 않는 러시아의 지방, 현지인들의 삶의 모습을 직접 호흡하고 체험하는 데 관심이 있는 경우라면, 특히 트레킹이나 편안하고 고즈넉한 휴양 여행을 선호하는 사람이라면 조금은 관련이 있다.

우리 일행은 모스크바에서 기차에 몸을 싣고 34시간을 달렸다. 시베리아 횡단 열차를 타면 블라디보스토크에서 모스크바까지 오는 데 약 7

일이 걸리기에 러시아 사람들에겐 별스러울 게 없지만, 나로서는 처음 해 보는 긴 기차 여행이었다. 낮에는 창밖을 내다보거나 러시아어로 '삐바 Pivo'라고 불리는 맥주를 마시며 담소하고 밤에는 잤다. 쿠페로 불리는 4 인 1실의 객실은 안락할 정도는 아니지만 불편하지도 않다. 러시아의 철 도 여행은 지루하지가 않다. 주위에 만나는 사람들과 허물없이 이야기할 수 있고 그들은 대체로 이야기하기를 좋아한다. 문제는 러시아어를 구사 할 수 없는 사람들로서는 지방에서 영어가 잘 통하지 않으니 그것이 불 편하다. 유럽 쪽 러시아의 원시와 문명이 교차하는 차창 밖 풍경은 자연 을 사랑하는 사람에게는 그런대로 볼 만하거나 아주 마음에 들 수도 있 다. 그것은 풍광을 바라보는 개인의 취향에 달린 문제다.

볼가강변의 아름답고 깨끗한 고도 니즈니노브고로드와 카잔을 지나 목적지 나베레즈니예첼니에 도착했다. 우리 일행은 기다리던 지인의 집 에 가서 약 이틀 만에 샐러드와 따로 파를 곁들인 식사를 하고는 바로 지인이 일하는 회사가 관장하는 휴양지로 갔다. 러시아의 공장이나 기업 들은 직원 복지 차원에서 모두 자신들이 관리하고 운영하는 휴양 시설 들이 있다. 무슨 대단한 시설이 있는 것은 아니지만, 직원들은 공짜나 아 주 싼 가격에 시설을 이용한다. 거기다가 우리처럼 모스크바에서 온 자 신의 지인들과 함께 휴식하는 여유를 누릴 수 있다.

우리가 쉬러 간 휴양지는 카마강 물이 쉬어가는 니즈네캄스크 유수지 주변에 있었다. 시설이라야 우리가 자고 쉴 수 있는 방갈로, 몇 가지 운 동 기구와 운동장, 낚시터, 거친 판재로 만든 조촐하나 친자연적인 선착 장, 노 젓는 보트, '바냐Bania'로 불리는 러시아식 사우나 등이 전부였다. 이 중 특기할 만한 것은 러시아식 사우나인데, 몸의 피로를 풀거나 오래 도록 보드카를 마시는 데는 꼭 필요한 매력적인 휴식처다.

짧은 여름밤에 늦게까지 마신 술이 아직 깨지 않은 채 선착장으로 나가면, 햇살은 이미 수면 위로 다 퍼져 내몰듯이 아침 안개를 걷어낸다. 나뭇잎에 달린 이슬들이 반짝일 뿐 사방은 너무나 조용하다. 모든 것이 살아 움직이기 시작하는 따뜻한 평정을 느낄 수 있다. 체격이 좋은 남자들은 아침 운동으로 건너편까지 수영하고 오자고 제안한다. 나도 같이 뛰어들지만, 아침 물은 아직 차가워 멀리까지 갈 수 없다. 건너편 갈대밭에 도착한 이들이 손을 흔든다.

러시아의 자연 속에 서면 그저 모두 조그마한 사람들일 뿐, 다른 문명 세계와 비교하여 재력과 지위에 따른 차별과 구별, 소외가 없다. 심지어 러시아의 수도인 모스크바의 동네 숲에서도 그렇다. 겨울이면 집 주변 툐플리스탄 숲과 우스코예 숲 언덕들이, 성탄절 엽서 풍경인 양, 바로 자연 스키장이 되고, 여름이면 숲속 작은 호수들이 수영장이 된다. 그 속에서 개들조차 사람과 평등하게 헤엄을 즐긴다. 어디에도 입장료는 없다. 누구도 스키 타러 가거나 수영하러 갈 계획을 잡지 않는다. 집 근처 숲에 가면, 겨울이면 스키요 여름이면 수영이다. 휴가와 휴식을 위해 저축할 필요가 없다. 러시아가 스포츠 강국인 이유가 여기에 있다. 필자는 스포츠 강국이라는 것이 조금도 자랑할 만한 일이라고는 생각하지 않지만, 다만 그런 사회·문화적인 배경이 있음을 지적하고 싶을 뿐이다.

몸을 닦고 강가의 풀밭을 거닐다가 먹는 아침밥 맛은 색다른 것이다. 빈약한 정신과 상상력으로 오전 내내 무위 속에 명상할 수 없으니 운동도 하고 나무 밑에 앉아 담소도 나눈다. 아무런 놀이 시설도 없다. 놀이도 일로 보일 정도로 일상사에 지친 사람들에게는 천국이다. 러시아 남자들은 산보하러 다니거나 이야기한다. 그들은 매일 만나는 친구 간에도 그렇게 이야기가 많다. 그들은 일하지 않고 나쁜 짓 하지 않고 시간 보내는 데 선수들이다. 카드놀이보다 운동을 포함하여 몸을 움직이는 일을 훨씬 더 좋아한다. 어쩌다 말이 통하는 친구를 만나면, 오전부터 맥주를 마시기도 한다. 어쨌거나 무료할 틈이 없는 그들의 시간은 빨리 간다.

오전 시간의 술잔과 러시아어 수다에 대한 집중력은 오래가지 못하고 곧 흐트러진다. 시큼하고 미지근한 야츠멘니 콜로스(한화 2~3백 원 정도의 서민용 맥주) 한 병을 들고 조용히 자리를 빠져나와도 누구 하나 물어보지 않는다. 문명의 흔적이 드문 이처럼 넓고 깨끗한 카마강변의 작은 그늘 아래서 모든 사람은 격식 없는 개인이며 자유인이다.

유수지 주변의 넓은 흙길을 따라 카마강 상류를 보며 북쪽으로 걸어가본다. 얼마 안 가서 나무 사이마다 10m 정도의 간격을 두고 일렬로 늘어서 있는 거대한 적송 숲을 만날 수 있다. 스탈린 시대에 조림한 숲이다. 50년 이상 자라 두 아름이 넘는 거대한 소나무 군락이 이룬 붉은 숲은 카마강의 유수지를 따라 세월의 위용을 침묵으로 과시한다. 홀로 발길 가는 대로 강물을 따라 소나무 사이사이 하늘을 보며 솔향의 미로 속을 한참 걷는다. 자동차가 없이는 도저히 다 둘러보지 못할 규모로 여겨진다. 반세기, 한 세기를 내다보며 충분한 간격을 두고 나무를 심고 잘 관리한 것은 멀리 내다보는 원대한 시선을 보여주는 것이다. 소련 해체와 함께 체제 전환의 광풍이 몰고온 소용돌이, 그것이 국가와 사회, 개인에게 가져온 불안정과 경제적 어려움에도 불구하고, 이 값진 임산 자원을 잘 보존하고 있다는 것이 참으로 놀랍다. 그것은 목재 외에도 석유와 가스, 광물 등 다른 수출 자원이 많아서일 것이며, 또 부분적으로는 숲과 강, 호수를 사랑하는 러시아인들의 자연에 대한 경외심 때문일 것이리라.

소나무 한 그루에 기대고 서서 잠시 위를 보면, 이런 광막한 대자연을 누리는 현지인들, 반세기도 전에 과학적 조림으로 적송을 심은 조상님을 둔 러시아인들에 대한 부러움이 참으로 크게 다가온다. 그렇지만 이런 부러움도 일순간이다. 의식에 집요하게 남는 것은 뜻대로 사는 시간이 반세기도 되기 어려운 인간의 미약함과 유한함이며, 그래서 더욱 견지해야 할 인간에 대한 관대함과 사랑이다. 그것 없이 이 위대한 대자연은 그저 적막함과 외로움의 동의어가 되고 마는 것 아닌가.

호밀 흑빵에 치즈, 콜바사(러시아식 전통 소시지), 페트루시카(파슬리), 긴자, 토마토 등 채소를 얹고 보드카 한두 잔을 곁들인다. 이렇게 간단하지만 참 먹음직한 점심을 먹고 나면, 몸은 나른해지고 햇살은 더 뜨거워진다. 그러나 살을 태우듯이 이글거리는 우리네 남도의 햇살처럼 강렬하지 않고 따뜻한 정도일 뿐이다.

물가로 나가면, 근처 소도시나 인근 촌락에 사는 아가씨들이 선착장 위에 누워 햇볕을 쬐고 있다. 일부는 나무 난간에 기대어 친구나 연인과 이야기하고 때로는 웃음을 터뜨린다. 주변은 너무나 조용하여 그 웃음이 물결을 만들어 멀리 퍼져나가는 것 같다. 숲과 호수를 배경으로 서 있는 그들의 그을린 갈색 몸매는 계절처럼 탄력 있고 풍만하다. 흔히들 루스카야(러시아 민족의 여성을 일컫는 말)는 다른 서양인들과 비교하여 더 예쁘다고 말한다. 근거 없는 말은 아니라는 생각을 하게 된다. 다만 예쁘다는 표현보다는 '풍만하고 건강한 생명력'에다 자유로움으로 가득 차 있다고 말하면 과장이 될까? 그들은 짧은 여름 햇볕을 몽땅 에너지로 저장하나 보다. 또 그것이 여름날처럼 사라질까 두려워 바로바로 발산하나 보다.

그녀들의 열린 성격은 강하고 거침이 없다. 표정 어디에도 왜곡되고 부정적인 영혼의 흔적을 찾을 수 없다. 억눌림, 열등감, 소외감, 경계심 등은 이 카마강 유역의 유전인자와는 거리가 먼 것으로 느껴진다. 아마도 대도시의 여성들조차 이 여름, 이곳에서만은 삶의 우울한 그늘에서 벗어나 있나 보다. 선착장 회갈색 나무 갑판이 뜨거워지면, 길게 뻗었던 몸을 일으키며 그녀들은 호기심 어린 친절함으로 나를 유혹한다. "같이 수영하지 않으시겠어요?" 햇빛은 호수, 숲, 선착장, 우리들에게로 쏟아져 내리고 그녀들의 피부는 점점 더 갈색으로 변해간다. "오늘 저녁 선착장 뒤에서 베체린카(저녁 파티) 있어요. 춤추러 오시겠지요?"

거대한 유라시아 대륙, 우랄산맥 서편 카마강 유수지에 밤이 오면 세상은 가라앉은 듯 정적에 잠기지만, 눈을 감으면, 온 숲의 풀벌레 울음소리들이 다 들려오고 바스락거리는 산짐승들의 밤마실 소리며, 미풍이 아주 느리게 갈대밭을 지나가는 소리도 느껴진다. 밤길을 나서면, 아직 낮의 열기가 남아 있는 숲의 비릿한 냄새가 현기증을 부른다. 하늘에는 또렷하지 않은 별자리들이 여기저기서 웅성거리고 발아래 없는 듯이 누워 있는 러시아의 대지가 곤한 여름밤을 준비하고 있다. 외로운 영혼들은 어디에 있거나 다 나그네이고, 별빛을 덮을 조그마한 쉴 자리 하나 있다면 편하게 몸을 누인다. 더구나 젊은 영혼들에게는 쉴 짬조차 주지 않는 북국의 짧은 여름밤에야.

러시아에서 맺은 소중한 인연들

이제는 필자와 긴 시간 직접 소통한 러시아 사람에 대해 조금 이야기하고 싶다. 러시아 체류 중에 장기간에 걸쳐 대화를 나누고 정서와 견해를 소통한 사람은 그렇게 많지 않다. 그중 가장 기억나는 사람들은 러시아과학아카데미 러시아어 강좌의 마리안느 류보브나와 리자 이바노브나 선생님, 필자의 지도교수 올레크 니콜라예비치 비코프 교수였다.

마리안느 류보브나 선생님은 대학원 과정의 학생들에게 수업 이해와 논문 작성에 필요한 수준의 러시아어를 가르쳤다. 이 수업은 통상 학생들이 러시아어 자격시험을 치르기 위해 수강하는 통과의례적인 성격도 있는 러시아어 강좌였다. 그런데 나는 선생님의 수업이 재미있고 러시아어 실력 향상에 도움이 되는 것 같아 4년간이나 마리안느 선생님과 함께 공부했다. 본의 아니게 수제자가 된 셈이었다. 첫 2년은 주로 신문, 논문 등을 읽고 정리하여 말하기, 다음 2년은 읽거나 듣고 정리한 다음 그 내용으로 선생님과 토론하기 등에 초점을 두었다. 이런 방식의 러시아어 수업은 내가 연구 자료를 읽고 요약하는 능력은 물론, 뉴스와 수업의 이해도를 높이는 데 도움이 많이 되었던 것 같다.

마리안느 선생님은 젊은 날에는 파견 교사로 프랑스에서 러시아어를 가르치기도 하셨다. 매사에 깐깐하신 성격으로 러시아에서는 예외적일 만큼 유럽적 개인주의가 몸에 익은 분이셨다. 동시에 모스크바 생활에 서투른 유학생에게 일상의 지침을 소상히 되풀이할 만큼 자상함이 돋보였던 따뜻한 마음의 소유자였다. 러시아 시사 현안과 인물들에 대한 선생님의 지성과 통찰이 드러나는 논평을 통해, 신문과 잡지에 굳이 번다하게 설명되지 않는 (러시아인 다수가 인식하고 있으나 외국인은 잘 알지 못하는) 러시아인들의 정서와 정향, 의식의 저변에 대해 감을 쌓아갈 수 있었다고 본다. 내가 러시아인과 그들의 세계관에 대해 조금이나마 독자적인 시선을 갖게 된 것은 마리안느 선생님과 나눈 현기증 날 정도의 긴 대화와 토론의 산물일 것이다. 물론 스승과 제자는 토론 중 감정이 격해져 때로는 다투기도 했다. 그러나 두 사람 모두 충돌 후유증은 그때뿐이었다. 그것마저도 세월이 가면서 상대의 사고방식과 논증 과정에 익숙해지니 충돌 횟수는 더욱 줄게 되었다.

마리안느 선생님이 휴가나 병가로 자리를 비우실 때는 리자 이바노브나 선생님 반에 가서 공부했다. 리자 선생님과는 주로 러시아어 중/고급 문법의 적용 연습을 했고, 때로는 '모스크바의 메아리' 방송의 뉴스를 듣고 요약하기도 했다. 리자 선생님은 불성실한 학생에게 엄격하고 가식을 싫어하며 원칙에 대해 강직하셨다. 필자의 시각으로는, 리자 선생님은 1990년대에 급속도로 그 숫자가 줄어들고 있었던 러시아 인텔리겐치아 중 한 분이셨다. 페레스트로이카 이후의 개혁·개방 과정에서 모순되고 형해화된 현실 사회주의 이데올로기를 벗어던진 후 러시아인들이 부딪히게 된 자유자본주의의 현실은 약육강식의 야수적 자본주의와 크게 다르지 않았다. 선생님은 벗어던진 집단적 허위의 질곡과 외형상 모습은 판이하지만, 인간 삶의 조건으로 볼 때는 어쩌면 그보다 더 참혹한 무법적 자본주의의 질곡을 마주한 데 대해 당혹하고 조금은 좌절하셨다. 또 사회주의의 사해동포주의가 사라진 자리에 체첸전쟁 등 러시아 국내의 민족 간 갈등이 초래한 불행과 재앙에 대해서도 고통스러워하셨다. 그러나 이러한 사회적 문제에 대한 고뇌, 과학아카데미 소속 지식인들의 경제적 어려움 등에도 불구하고 선생님은 러시아 인텔리겐치아의 품격을 지키신 분이었다. 내 생각으로는 당시 새로운 현실에 적응하기 힘들었던 50~60대의 같은 세대 소수 지식인이 러시아 인텔리겐치아 전통의 조종을 울린 것으로 보인다.

네 시면 해가 떨어지는 동절기의 오후 내내 마리안느 선생님 교실에서 필터로 석회분을 걸러낸 수돗물로 티백이 아닌 러시아산 엽(홍)차를 참 많이도 마셨다. 흑빵을 작은 주사위 크기로 잘라서 바싹 말린 수하리(단단하고 건조한 빵)의 짭조름한 맛에 기대어 듣고 마시고 말하고 화장실

들락거리다 거리로 나서면 어느새 아카데미체스카야 지하철역 인근의 거리엔 어둠이 내려 있었다. 지금도 이른 아침에는 영국산이든 인도산이든 얼그레이 홍차를 마셔야 하니 차담茶談의 습관은 오래도 가는 것 같다. 필자가 일인용 작은 홍차 다관에 찻물을 부을 때, 그 작은 교실에 늘 비치되어 있던, 갈색 찻물 짙게 배고 테두리가 두세 군데 이상 깨어져 나간 큰 다관과 찻잔들이 생각난다. 또 상상하기 어려운 필자의 러시아어 실수나 기발한 한마디에 소녀처럼 웃음을 터뜨리던 마리안느 선생님의 주름진 맑은 얼굴이 그리워진다.

모스크바에서 학술적으로 필자와 가장 많은 시간을 함께한 분은 논문을 지도하신 올레크 비코프 교수이다. 그의 학자로서의 객관성 추구 자세와 고결한 인품은, 러시아인들의 시각에서는 어폐가 있을 수도 있겠지만, 유럽적 '노학자'의 기준에 버금가는 것으로 보였다. 비코프 교수는 소련과 서방 간 안보·외교 정책 분야의 인정받는 전문가였다. 소련 말기 미하일 고르바초프 대통령과 조지 부시 미국 대통령의 스위스 제네바 군축 정상회담에도 고문역으로 참석하셨다고 한다.

러시아과학아카데미 부회원이었으며, 여든이 가까운 연세에도 계속해서 저술 작업을 하셨던 열정적이며 역량 있는 학자였다. 필자는 학위논문 작성 작업의 논리적 전개가 막혀 또다시 보완할 자료를 읽고 고민해야 하던 일이 적지 않았다. 그런 시간은 고통스러웠고 그런 시간이 지속될 때는 좌절감마저 엄습하기도 한다. 출구가 보이지 않은 채 답답한 정체 상태에 있을 때 지도교수님을 찾아뵈면, 차분하며 논리적인 토론을 통해 때로는 큰 출구를, 때로는 조그마하나마 희망의 숨통을 틔워주셨다.

모스크바 유학 시절이었던 1990년대 옐친 시대 러시아의 국가/국민

정체성 형성 시기에 러시아 대외정책은 국내외의 단기적 정황에 따라 진자처럼 양쪽을 왕복하거나 방향 없이 표류하는 때가 적지 않았다. 당시 서방에서는 프랜시스 후쿠야마의 '역사의 종언'론이 대표하는, 서방이 소련과의 경쟁에서 승리하였다는 '냉전 승리주의'의 분위기가 압도적이었다. 옐친 정부는 서방의 재정적·기술적 원조를 받을 목적으로 서방 주도의 국제 금융 기구와 전문가들의 신자유주의적 체제 전환 처방을 대부분 수용했다. 그러면서도 동서 냉전기 초강대국으로서 세계정치에서 누렸던 전략적 자율성을 최소한이나마 유지하고자 노력했다.

그러나 이 상충하는 목표를 추구하려 했던 러시아의 외교·안보적 실천은 대비되는 견해들의 충돌로 인해 정연하고 안정적이기보다는 외견상으로 늘 혼란스러웠다. 현대 러시아의 대외정책 형성을 주제로 논문을 쓰고 있던 필자가 대립하는 견해와 노선들 속에서 현실 분석의 균형을 잡지 못하고 어느 한 방향으로 지나치게 경사하면, 선생님께서는 이렇게 비유하셨다: "러시아 대외정책의 현실을 호랑이와 사자가 서로 싸우는 싸움이라고 생각하라. 어느 한 편이 옳다고 성급히 판단하지 마라. 충분히 신중하게 관찰하고 고민한 후에 판단하고 글을 쓰도록 하라." 그러나 고국과 가족의 품으로 하루빨리 돌아가고 싶은 유학생의 마음은 선생님의 학자로서의 자세와 접근법을 본받기가 어려웠다. 아니 도리어 그 반대인 경우가 더 많았으리라고 생각된다.

은발을 날리며, '지식과 학문적 내공이 무수한 나이테를 이룬 듯한' 큰 나무 책상에 앉아 제자를 미소로 맞이하시던 모습이 눈에 선하다. 선생님께서는 최근의 논문 작업은 어떤 쟁점을 어떤 시각과 접근법으로 다루고 있는지를 확인하시고, 논쟁적인 부분에 대해서는 늘 먼저 제자의 의견을 물어 토론을 유도하셨다. 개방적이고 논리적이며 언제나 결론을 열어두는 유연함을 견지하셨던 선생님과의 토론이 필자의 학위 논문을 대하는 태도는 물론 훗날 한국에서 학생들과의 토론식 수업 진행에도 큰 영향을 미쳤을 것이다. 여러 요인으로 인해 때로는 러시아 사회과학계의 연구 분위기가 20년 전보다 더 경직되어가는 것이 아닌지 우려되기도 한다. 비코프 선생님과 같은 학자들이 더 많아지기를 기대해본다.

내가 사랑한 러시아

러시아는 여행자들의 흥미를 자극하는 많은 요소를 갖고 있다. 다양한 대자연도 모두 제각각의 매력을 갖고 있지만, 유럽 러시아의 경우, 도시의 거리마다 문학과 예술의 흔적이 남아 여행객과 더불어 숨 쉬며 대화를 나눈다. 버스 안에서, 선술집에서, 배편을 기다리는 선착장에서 러시아 보통 사람들과 대화하며 술잔을 나누는 재미도 쏠쏠하다. 대체로 그들은 말하기를 좋아하며, 진지하며, 유머 감각도 있는 편이다. 어쩌면 이런 체험의 상당 부분은 퇴락한 소비에트 사회주의의 분위기가 강하게 남아 있던 1990년대를 모스크바에서 보냈기에 가졌던 한때의 축복인지도 모른다. 혹 바이칼을 방문하면, 호수변을 천천히 달리는 꼬마열차를 오전 시간에 타볼 만하다. 선풍기가 돌아가는 객실 창가에 앉아 여전히 평등이 실현된 시큼한 대중 맥주를 마시며 호반에 부서지는 맑은 햇살과 뜨거운 바람을 느끼는 것은 오래 잊히지 않는 추억이 된다.

바이칼 연안을
왕복하는 열차

강봉구

한양대학교 정치외교학과를 졸업하고, 러시아과학아카데미 산하 세계경제·국제관계연구원(IMEMO, 이메모)에서 박사 학위를 받았다. 현재 한양대학교 아태지역연구센터에서 HK교수로 일하고 있다. 저서로는 『현대러시아 대외정책의 이해』(1999), 논문으로는 "Facelift of the Shanghai Cooperation Organization: Does Softer Balancing Continue?"(2016), 「모디 총리 시기 인도-러시아 전략적 파트너십의 진로」(2017), 「중국-파키스탄 경제회랑의 국제정치」(2018/2019), 「자유주의 국제질서의 균열과 러시아의 주권적 국제주의」(2019) 등이 있다.

1993년 러시아와 '사랑'에 빠지다

구자정

지금은 근현대 러시아·동유럽 역사를 중심으로 서양사를 전공으로 하는 전문 역사 연구자가 되었지만, 연세대학교 사학과에 신입생으로 입학한 1990년만 해도 내가 공부하고 싶었던 분야는 중앙아시아 유목 민족의 역사였다. 특히 대학 1, 2학년 시절까지 관심을 둔 분야는, 필자의 대학 시절 친한 친구들만 아는 사실이지만, 이슬람화하기 전 대략 7세기 무렵 돌궐(튀르크)제국의 역사였다. 아직 역사에 무지하고 의욕만 넘치던 그 시절 나는 유목민족사를 주로 '동양사'의 시점에서 바라보았기에 대학 입학 직후 중점적으로 공부한 언어는 러시아어가 아니라 한문과 일본어였다.

그런 내 관심사가 러시아사로 바뀐 것은 바로 이 무렵 해체로 치달으며 격동하던 소련의 급박한 정세 때문이었다. 그 무렵 또래 대학생들이 그랬듯이 사회 변혁운동에 큰 관심을 기울인 내게 소련 해체라는 세계사적 대격변은 크나큰 충격으로 다가왔고, 이로 인해 소련이라는 나라의 역사에도 자연스럽게 시선이 가기 시작했다. '소련'에 대한 관심이 '러시아'에 대한 관심으로 바뀌는 데는 오랜 시간이 걸리지 않았다. 그 시점에서 나는 유목민족사 연구자가 되겠다는 꿈을 아직 버리진 않은 상태였지만, 전혀 동떨어진 분야인 러시아혁명사라는 주제 역시 막연하나마 향후 공부해 보고픈 전공의 하나로 내 머릿속에 자리 잡기 시작했다. 때마침 필자는 러시아가 유목민족사를 포함한 중앙아시아사 관련 연구가 가장 발달한 나라 중 하나이며 바실리 바르톨드 같은 중앙아시아사의 거장을 배출한 나라라는 사실도 알게 됐으니, 향후 진로에서 어느 분야를 택하게 되든지 두 분야 모두에 필요한 러시아어 공부를 해야겠다는 생각이 자연스럽게 머리에 떠오른 것도 바로 이 때문이었다.

이렇게 공부를 시작한 러시아어는 재미있지만 무척 난해한 언어였다. 학교에서 틈틈이 러시아어 교과목을 수강하기 시작했지만, 전공도 아니며 동시에 여러 언어 공부를 병행하던 처지라 나의 러시아어 실력은 쉽게 늘지 않았다. 지지부진한 러시아어 진도에 고민하던 내게 1992년 여름, 눈에 번쩍 띄는 우연한 기회가 찾아왔다. 내가 연세대학교에서 파견하는 상트페테르부르크 교환학생 제2기로 선발된 것이 그것이었다. 돌이켜보면 사실 큰 뜻을 품고 깊은 생각 끝에 교환학생에 지원한 것은 아니었다. 소련에 대한 호기심과 더불어 1917년 혁명의 발원지이자 제정 러시아의 수도였던 상트페테르부르크에 대한 막연한 환상 같은 것이 있었지만, 노어노문학 전공도 아니고 그 당시에는 러시아어 실력조차 일천한 수준이어서 내가 설마 교환학생으로 선발되리라고는 전혀 기대하지 않았다. 나중에 가서야 알게 된 사실이지만, 사실 내 전공이 노어노문학이 아니란 것이 연세대학교 국제교육부에서 나를 선발한 가장 큰 이유였다고 한다. 다양한 전공에서 지원하던 영미권 파견 교환학생과 달리 러시아로 가는 교환학생은 노어노문과 출신 지원자들이 독점하던 상황이었다. 이런 상황에서 사학과 학생이 뜬금없이 러시아 교환학생 파견에 지원한 것이 학교로서는 교환학생 프로그램의 '다양성'을 보여줄 좋은 사례로 여겨졌을 것이다.

　그렇게 별생각 없이 지원했다가 얼떨결에 덜컥 선발되어버린 러시아 교환학생 파견이야말로 지금 돌이켜보면 내 인생에서 가장 중요하고 가장 의미 있는 분기점이었다. 왜냐하면 바로 이 경험 덕분에 내 진로가, 더 나아가 인생 자체가 바뀌게 되었기 때문이다. 지금도 생각해본다. 그때 교환학생에 선발되지 않았다면 지금은 무엇을 하고 있었을까. 아마도 여전히 역사학 전공자의 길을 걸었을 것임에는 틀림이 없지만, 전공은 러시아가 아니었을 가능성도 적지 않았을 것 같다. 아마 원래 꿈꾸던 중앙아시아 유목민족사나 이때까지 같이 한학을 공부하던 동기생들처럼 중국사 연구자가 되었을지도 모르겠다. 그만큼 1993년 교환학생 경험은 내 인생에서 미래를 완전히 바꾸어버린 가장 중요한 순간이었다. 나는 이 선택에 추호의 후회도 없으며 오히려 이 선택을 지금까지 인생에서 내린 최고의 결정으로 생각한다. 이 경험으로 내가 러시아라고 하는 나라와의 사랑에 푹 빠지게 되었고, 더 나아가 러시아 역사의 역동성에 매료되기에 이르렀으며 러시아 근현대사를 전문적으로 파헤치는 지금의 역사 전공자가 될 수 있었기 때문이다.

　하지만 당시 그 선택은 어떤 관점으로 봐도 상당히 무모한 도전이었다. 그 무렵 내 러시아어 실력은 당연히 신통치 않았고, 러시아 연고도 전혀 없었다. 러시아 현지 물정도 몰랐고, 현지에 아는 사람 하나 없었으며, 러시아어 회화조차 여의치 않았던 필자의 첫 러시아행은 사실 김포발 모스크바행 비행기에서 우연히 만난 '누군가'의 도움이 없었더라면 시작부터 된통 꼬일 대로 꼬였을 가능성이 컸다. 지금은 기억나지 않는 모종의 이유로 내가 탄 모스크바행 아에로플로트사 비행기는 원래 도착하기로 한 셰레메티예보 국제공항 대신 도보데도보 국제공항에 도착했다. 게다가 공항 사정으로 예정보다 훨씬 더 지체되어 새벽이 되어서야 공항에서 빠져나올 수 있었다.

역시 나중에 알게 된 사실이지만, 설사 연착 없이 제시간에 약속된 공항 출구로 나왔다고 해도 국제 미아가 될 위험에 처해 있었다. 시차를 고려하지 않은 상트페테르부르크대학교 외국인 학부와 연세대학교 국제교육부 간 팩스 소통 착오로 인해, 그 당시에는 몰랐지만, 예정보다 하루 일찍 모스크바에 도착했기 때문이다. 따라서 제때 왔다고 해도 공항에서 필자를 마중해 데리고 갈 사람은 아무도 없었다. 이런 상황에서 현지 상황을 전혀 모르고 러시아어도 서툴렀던 어린 나이의 내가 무슨 수로 공항을 빠져나가 페테르부르크행 기차를 탔을 것이며 그동안 어디서 무엇을 하며 머무를 수 있었을까? 생각해보면 참 아찔한 순간이었다.

위기에는 항상 은인이 나타난다는 속담이 있던가? 시작부터 꼬여 국제 미아가 될 뻔한 나를 구해준 것은 바로 필자의 고등학교 선배인 상명대학교 한만춘 교수님과의 지극히 '우연한' 기내 만남이었다. 그때부터 이미 소문난 골초였던 나는 비행기 맨 뒤편의 흡연 구역에서(그 당시에는 기내 흡연이 가능했다) 담배를 피우고 있었는데 거기서 우연히 만난 분들이 바로 한 선배님을 포함한 필자의 고등학교 선배들이었다. 한겨울 새벽 도모데도보 공항에서 오갈 데 없는 신세가 될 수도 있던 나를 즉석에서 구조해준 분이 바로 내가 고등학교 후배인 것을 알아챈 한만춘 선배님이었다. 당시 러시아에서 대학원 유학 중이던 선배님은 상트페테르부르크까지 함께 가는 일행의 일원으로 나를 데리고 가주었고, 심지어 거기서 교환학생 기간 내내 머무를 숙소까지 찾아 구해주면서 나의 러시아 체류 기간 내내 한결같은 도움을 주셨다. 한만춘 선배님의 도움이 없었다면 내가 어떻게 무사히 러시아 생활에 적응하고 정착할 수 있었을까? 거의 30년이 지난 지금도 그 시절 한 선배님께 받은 도움은 영원히 잊을 수 없는 감사한 기억으로 남아 있다.

러시아와의 첫 만남은 이처럼 시작부터 우여곡절이 많았다. 더구나 러시아의 첫인상은 썩 좋지 않았던 것으로 기억한다. 친숙한 대한항공과 달리 기내식을 '서빙'하는 것이 아니라 '투척'하는 것에 가깝던 아에로플로트 여자 승무원의 투박한 소비에트식 서비스부터 상당한 문화충격이었고, 아무런 예고 없이 예정된 공항이 아니라 엉뚱한 공항에 도착하고, 비행기에서 내리지도 못한 채 아무런 설명 없이 몇 시간 이상 좌석에서 대기해야 하는(지금도 그 이유는 모른다) 등 러시아에서 맞이한 첫날은 불쾌한 경험의 연속이었다. 게다가 상트페테르부르크대학교에 도착하자마자 학교에서 배정한 기숙사는 어찌나 지저분했는지 모른다. 내게 배정된 방은 기억이 맞는다면 아프리카·동남아시아 유학생들과 공유하는 방이었는데, 쓰레기가 산처럼 쌓여 있는 이 방을 보고 기겁한 나는 거기서 도저히 머무를 엄두가 나지 않아 바로 거절하고 나왔던 기억이 생생하다. 다행스럽게도 갈 곳이 있었다. 이때도 고등학교 선배님들이 도움을 주신 덕분에 현지인 하숙집으로 직행할 수 있었기 때문이다.

이렇듯 시작부터 곡절이 많았고 호감이 가지 않았던 러시아의 첫인상은 내가 러시아 생활에 적응함에 따라 점차 바뀌기 시작했다. 러시아를 공부하는 사람은 누구나 알듯이 상트페테르부르크는 정말로 보고 느낄 것이 많은 도시였다. 아니, 더 정확히 말하면 역사가 살아 숨 쉬는 도시였다는 것이 당시 내가 받은 인상이다. 평소 역사적 의미나 가치가 있는 사적지만 보면 열광하고 감격하던 그 무렵 필자에게 이 도시는 꿈만 같은 장소였다. 이는 이 도시 전체가 살아 있는 역사박물관에 다름없었기 때문이다. 〈박물관이 살아 있다〉에서 묘사되는 것 같은 영화 속 현실이

내 눈에 실시간으로 상영되기 시작한 것이다. 넵스키 대로를 비롯하여 도처에 널린 제정 러시아 시절의 수많은 웅장한 건축물, 에르미타시라는 엄청난 세계적 박물관의 존재는 필자의 호고심好古心을 매료시키기에 모자람이 없었고, 1917년 혁명과 독소전쟁 당시 레닌그라드 포위전이라는 역동적 역사가 담긴 이 도시의 장엄한 세기말적 분위기는 나를 매 순간 이 도시의 역사와 분위기에 취한 '페테르부르크 중독자'로 만들었다. 당연히 이 시절 나는 집에 거의 붙어 있지 않았다. 그때 나는 계획 없이 혼자 다니면서 보고 싶은 곳을 아무 제약 없이 느끼고 관람하는 '무계획 배낭여행'을 무척 즐겼는데, 페테르부르크 생활은 거의 매일매일 그런 배낭여행의 연속이었다고 할 수 있다. 워낙 많은 곳을 다녀 일일이 거론하기도 힘들지만, 특별히 기억나는 방문지는 페테르부르크 도시 전체에 퍼진 1917년 혁명의 사적지였다. 지금도 필자는 스몰니 학원에 있던 레닌의 옛 집무실에 가서 '한때나마' 숭앙했던 이 영웅(?)의 의자에 그곳 직원 할머니의 특별한 배려로 직접 앉아보는 영광을 자주 누린 기억이 생생하며, 틈만 나면 겨울궁전을 방문해서 박물관 전시실을 구석구석 구경했던 추억이 주마등처럼 머릿속을 지금도 지나간다. 이처럼 딱히 어딜 가야 할지를 모를 때 시간만 나면 달려간 곳은 두말할 필요 없이 에르미타시였다. 워낙 자주 가다 보니 관람실을 지키는 러시아 할머니 몇 명과는 상당한 친분을 쌓게 될 정도였다. 정확히 어떤 방이었는지는 기억나지 않지만, 그중 한 분의 안내로 '특별한 장소'라면서 제정 러시아의 유물과 고대 헬레니즘 문명의 유물이 가득 쌓인 비공개 수장고를 구경한 기억도 있다. 비록 그때는 그 유물이 정확히 무엇인지, 어떤 역사적 가치를 가진 것인지 알아볼 안목조차 없었지만.

이처럼 페테르부르크란 도시는 필자를 완벽하게 매료시키고 사로잡았다. 생활 자체도 포함해서 말이다. 초봄까지 길고 긴 밤이 이어지는 우중충한 날씨도, 구멍이 파인 도로를 지나가는 자동차가 마구 튀겨대는 눈녹은 흙탕물까지도, 이삭 대성당 앞에서 소매치기를 당할 뻔한 경험도, 그때 소리치며 필자를 도와준 이름 모를 러시아인 할머니도, 이 모든 것이 지금 필자에게는 아련한 추억으로 남아 있다. 문득 20년 전 미국 유학 시절에 만난 미국인 대학원 동료가 농담 삼아 필자에게 한 말이 떠오른다. 러시아를 공부하는 사람에게는 "중간이 없다"고. 선택은 러시아를 '사랑'하거나 또는 '증오'하거나 둘 중 하나일 뿐이라고. 지금도 그렇지만 나는 확실히 전자에 속했다. 페테르부르크 체류 단 한 달 만에 일어난 변화였다. 그리고 이 매력적인 도시에 대한 나의 사랑이 러시아라는 나라 '전체'에 대한 애정으로 바뀌는 데에는 오랜 시간이 걸리지 않았다. 매일매일 일상 속에서 페테르부르크라는 도시를 대상으로 반복되던 무계획적인 일일 배낭여행이 어느 순간에 가서는 유럽 쪽 러시아 '전체'를 대상으로 한 대규모 대륙 종단 여행으로 확장되었기 때문이다.

수업이 끝난 1993년 5월 말로 기억한다. 나는 카메라와 옷 그리고 돈이 든 전대만 든 채 무작정 여행을 떠났다. 결과적으로는 유럽 쪽 러시아 전역을 남북으로 종단하는 5주에 걸친 대규모 여정이 되었지만, 사실 출발 당시에는 아무런 계획이 없었다. 그냥 기차가 가는 대로, 버스가 가는 대로, 배가 가는 대로, 비행기가 가는 대로 움직인다는 것이 유일한 계획이었으며, 언제 여행을 끝내고 돌아올지도 미리 생각하지 않았다. 결과적으로는 페테르부르크에서 출발하여 야로슬라블, 블라디미르, 수즈달, 니즈니노브고로드, 카잔, 울랴놉스크, 볼고그라드, 아스트라한, 민스크, 키예프, 모스크바 등 여러 지역과 도시를 거치는 매우 큰 규모의 배낭여행이 되어버렸다. 사실 수천 달러가 든 전대를 몸에 두른 채 혼자 떠난 이 여행은 매우 무모하고 위험한 시도였다. 소련 해체 직후로 극심한 사회·경제적 격변기에 있던 그 무렵 러시아의 치안을 생각하면 말이다. 20대 초반이라는 어린 나이에 경험이 부족해 겁이 없어서였는지, 지천명을 마주하고 아내와 자식까지 있는 지금의 필자라면 이런 여행은 엄두조차 못 낼 것 같다.

이 여행에는 물론 엄청나게 많은 사연과 일화가 있었다. 지면의 한계로 모두 소개하지 못하는 것이 안타까울 뿐이다. 먼저 기억나는 사람은 블라디미르 시내에서 만난 한 러시아인 할아버지였다. 블라디미르에는 2차 세계대전 당시 스탈린그라드에서 포로가 된 독일군 원수 프리드리히 파울루스가 포로 시절 감금되어 생활했던 한 수도원이 있었다. 물론 그 수도원 자체도 중세 러시아의 문물을 고스란히 간직한 유명한 사적지였다. 나는 이 수도원을 방문하기 위해 페테르부르크에서 늘 했듯이 이른바 '나라시 택시'를 블라디미르 시내 한 박물관 앞 거리에서 잡았는데, 여기서 매우 뜻밖의 경험을 했다. 나를 태운 사람은 나이 지긋한 러시아인 할아버지였는데, 이분은 알고 보니 '택시' 영업을 하려고 나를 태운 것이 아니었다. 그날은 비가 무척 많이 온 날이었다. 할아버지는 딱 봐도 어리고 외국인 티가 팍팍 나는 한 동양 젊은이가 비를 쫄딱 맞으며 거리에 혼자 서 있는 것이 걱정되어 차를 세운 것이었다. 그것도 모르고 무턱대고 차 문을 열자마자 목적지와 더불어 "스콜리코skol'ko"(얼마예요)라고 외친 나를 그분이 어떻게 보셨을지는 독자의 상상에 맡기겠다. 지금 생각해도 얼굴이 후끈거리는 행동이었지만. 할아버지는 내가 타자마자 훈계하기 시작했다. 큰 배낭을 메고 전대를 두른 동양 젊은이(할아버지는 처음에 나를 일본인으로 오해했다)가 비를 쫄딱 맞으면서 블라디미르 시내에서 혼자 택시를 잡으며 돌아다니는 것이 현재의 러시아 치안 상황에서 얼마나 위험한지를 설명했다. 얼마나 따끔하게 훈계했는지 거의 30여 년이 지난 지금도 할아버지의 속사포 같은 일장 연설이 잊히지 않는다.

할아버지는 요금을 한 푼도 받지 않고 나를 수도원까지 태워다줬고, 내릴 때는 사람이 많은 곳만 다니고 이런 소도시에서는 위험할 수도 있는 '나라시 택시' 말고 트람바이(전차) 같은 대중 교통수단을 이용하라며 자세한 이용 방법을 그림까지 그려가며 알려줬다. 그 무렵 필자가 이걸 모를 리 없었지만, 그 친절함과 세심한 배려가 너무나 신기하고 감사해서 할아버지의 긴 설명을 조용히 듣고만 있었던 기억이 난다.

다음 행선지는 수즈달이었는데, 일부러 블라디미르 버스터미널에서 택시를 대절했다. 요금은 거리가 거리인 데다가 편도 여행임에도 택시기사가 돌아오는 왕복 요금까지 지불해야 해서 현지 물가로는 상당한 가격이었다. 하지만 당시 격심했던 러시아의 인플레 탓에 그리 큰 비용은 아니었던 것으로 기억한다. 지금도 생생히 기억하는 것은 그때 택시를 타고 가며 본 바다처럼 끝없는 지평선이었다. 수즈달로 가는 길은 산 하나 언덕 하나 보이지 않는 거대한 평원을 가로지르고 있었는데, 이 도로는 마치 미국 LA에서 라스베이거스로 이어지는 끝없는 고속도로를 연상케 했다. 하지만 포장 상태는 그리 좋지 않았다. 그리고 장시간에 걸친 운행 후 마침내 도착한 수즈달에서 필자는 정말로 감격해버렸다. 마치 그림 속에서 튀어나온 듯한 동화 같은 풍경이 아름다운 교회와 수도원들과 함께 펼쳐졌기 때문이다. 마치 14, 15세기 중세 러시아를 방문한 듯한 착각에 빠졌는데, 지금도 그렇겠지만 수즈달은 중세 러시아의 모습이 살아있는 화석처럼 잘 보존된 도시였다. 더구나 지금도 믿기지 않지만, 당시 나 외에는 관광객이 단 한 명도 없었다. 단 한 명도 말이다. 왜 그랬는지는 지금도 모르겠다. 지금 생각해보면 당시는 극심한 격변기였기 때문이었으리라. 심지어 호텔을 잡았을 때도 투숙객은 나 한 사람뿐이었다. 이따금 보이는 현지 주민을 제외하면 거리에는 인적을 보기 어려웠다. 덕분에 아름답고 고즈넉한 중세 도시를 1박 2일에 걸쳐 정적 속에서 조용히 산책하듯이 생생히, 그리고 꼼꼼히 아무런 방해도 받지 않고 고스란히 관람할 수 있었다. 이와 함께 호텔 방에서 물이 제대로 나오지 않았고, 그나마 졸졸 흐르는 물마저 녹물이라 씻는 데 무척 고생한 기억도 생생하다.

수즈달 이후 행선지는 니즈니노브고로드와 카잔이었다. 이상하게 이두 도시는 별다른 사진도 특별한 기억도 남아 있지 않다. 카잔에서는 이반 4세의 정복 이후 세워진 크렘린에서 찍은 사진이 사진첩에 남아 있고 도시 전체에 걸려 있던 타타르스탄 국기를 보고 신기해한 기억도 머릿속에 남아 있다. 볼가강을 따라 배를 타고 내려간 이 여정에서 기억에 가장 많이 남는 일 하나를 꼽자면 레닌의 고향인 울랴놉스크로 가는 배 위에서 만난 한 소련 공군 출신 아저씨였다. 연인인지 부인인지 알다 모를 나이 차 많은 젊은 여성을 동반한 이 중년 아저씨는 소련-아프가니스탄 전쟁에 자칭 하인드 헬기를 모는 조종사로 참전했다고 한다. 이 아저씨와는 어떻게 친해졌을까? 일단 내가 탄 배에 승무원을 제외한 승객이란 나와 아저씨 커플을 포함한 단 3명밖에 없었다. 이러니 나 못지않게 골초였던 이 커플과 친해지지 않았으면 더 이상할 것이다. 볼고그라드로 가고 있었던 아저씨는 외국인이면서 혼자 여행하는 내가 신기하면서도 외롭고 가엾게 보였는지 자신의 선실로 나를 자주 초대했다. 이 아저씨에게서 쿠바 파견 복무담에서부터 아프가니스탄 침공에 이르는, 지금 생각해보면 다소 허풍이 섞인 무용담을 들었던 기억이 생생하다.

아저씨는 해외 파병 경험 덕분인지 영어와 스페인어가 제법 유창했다.

따라서 영어와 러시아어를 섞어가며 그와 오랜 시간 대화를 나누었다. 덕분에 그때 들은 이야기는 상당 부분 세목까지 자세히 기억한다. 그때는 어려서 깨닫지 못했지만, 아저씨는 사실——이분의 말이 사실이었다면——'역사의 산증인'이었다. 당시 아저씨의 이야기를 되새겨보면 이 전직 군인은 소련-아프간 전쟁의 도화선이 되는 역사적 사건에 헬기 조종사로 참여한 것으로 추정되기 때문이다. 아저씨 말이 허언이 아니라 진짜일 가능성이 높다는 사실을 알게 된 것은 이 만남으로부터 10여 년 후 미국에서였다. 아프가니스탄 전쟁 역사에도 조예가 깊으셨던 필자의 스승 슐료즈킨 선생님은 내가 우연히 만나 인상 깊게 기억하고 있던 이 조종사의 이야기가 자세한 내용을 담고 있어 사실일 가능성이 크다고 말씀하셨다. 특히 아저씨가 묘사한 사건은 단순히 허풍이 아니라 1979년 12월 소련군 특수부대의 아프간 대통령궁 기습사건일 것이라고 확인해주셨다. 이 전직 헬기 조종사는 적이었던 소련군 포로를 석방하기도 하는 기사도를 보여주며 소련군의 존경을 받던 한 아프간 무자헤딘 반군의 이야기를 많이 했다. 지금 생각하면 그가 묘사하던 아프가니스탄의 영웅은 '판지시르의 사자', 아흐메드 샤 마수드였던 것 같다. 비록 그때는 누구 이야기를 하는지도 몰랐지만. 그 밖에 아프간의 역사 이야기, 자신이 자란 발트 지역 이야기, 하인드 헬기의 성능과 무자헤딘 반군에 관한 이야기, 소련군 군사 고문관으로 쿠바에 파견되어 일하던 이야기와 피델 카스트로를 만난 일화 등등 실로 많은 이야기를 오랜 시간 전해 들었던 것이 아저씨 커플과 함께 찍은 많은 앨범 속 사진과 더불어 아주 자세하게 기억에 남아 있다.

블라디미르에서 만난 할아버지처럼 전직 공군 조종사 아저씨도 나에게 경고했다. 아저씨는 러시아를 배낭여행하는 사람은 난생처음 본다고 말했다. 또 그는 자기 여자친구의 집이 볼고그라드여서 거기 가는 것이지 여행하는 것이 아니라고도 말했다. 사실 당연했다. 불과 몇 년 전인 소련 시절만 해도 소련 국민에게는 이러한 여행의 자유가 없었기 때문이다. 그는 내게 진심으로 걱정하는 말을 건넸다. 지금 시국이 얼마나 위험한지 아느냐면서 조심하라고 당부했다. 그 순간에는 흘려들었지만, 그의 경고가 실현되기까지는 오래 걸리지 않았다.

불행 중 다행인지 몰라도 위험은 노상강도가 아니라 경찰에게서 나왔다. 다음 목적지였던 울랴놉스크 선착장에서 내리자마자 나는 덩치가 산더미만 한 대머리 경찰관에게 체포되었다. 체포 이유는 이렇다. 당시 울랴놉스크는 여전히 소련의 법에 따라 외국인 방문 시 허가가 필요했는데, 당연히 나는 울랴놉스크 방문 허가증이 없었다. 도시 간, 지역 간 여행이 통제되던 국가인 소련은 1993년 방문 당시에 이미 존재하지 않았고 소련 법도 소련 붕괴와 함께 소멸한 것에 다름 아니었지만, 적어도 몇몇 지역은 그렇지 않았다. 내 패스포트 어디에서도 방문 허가를 발견하지 못한 경찰관은 나를 선착장 인근의 '구치소' 비슷한 장소로 보냈다.

이렇게 해서 나는 백열등이 꺼졌다 켜졌다 하고 쿰쿰한 냄새가 나는 지하실 창고 같은 이상한 방에서 울랴놉스크의 첫날 밤을 12시간 이상 감금당한 채 보내야 했다. 어떻게 풀려났는지는 기억나지 않는다. 당시에도 이해하지 못했다. 상당액의 벌금인지 뇌물인지를 달러로 납부한 것만은 기억한다. 필자는 결국 석방되었지만, 그때 구치소에서 보낸 하룻밤의 기억은 이후에도 그 대머리 경찰관이 한동안 꿈속에 나타날 정도로 당시 어린 나이의 나에게는 상당히 큰 충격이었다.

이런 시련이 있었음에도 나의 여정은 중단되지 않았다. 마음을 추스른 필자는 울랴놉스크의 한 호텔에 여장을 풀고 도시 구경에 나섰다. 기억이 매우 희미하지만, 울랴놉스크는 그 시절 러시아에 비추어 상당히 깨끗하고 잘 관리된 도시였다. 여느 러시아 도시와 달리 도로도 파인 곳이 별로 없었으며 볼가강변의 산책로가 무척 아름다웠다. 무엇보다도 거리가 무척 깨끗하고 단정해서 지금 돌아보면 중산층이 거주하는 미국의 한적한 베드타운 교외 도시를 방문한 느낌이었던 것 같다. 아마도 레닌의 탄생지라는 소련 정권 차원의 배려 덕분이었을까? 레닌의 생가라는 장소와 근처에 세워진 거대한 박물관을 방문한 뒤에 다시 배편으로 다음 여정인 스탈린그라드 전투의 현장 볼고그라드를 방문했다. 마마예프 언덕에 자리 잡은 전쟁기념관을 방문하여 '대조국전쟁' 기록을 감상한 기억은 있지만, 전쟁으로 완전히 파괴된 후 재건된 볼고그라드시에서는 볼 것이 그렇게 많지 않았던 것 같다.

다음 방문지였던 아스트라한에 대해서도 별다른 기억이 없다. 사실 이 도시는 '아스트라한 한국'의 유적지를 보기 위해 선택한 방문지였지만, 완전히 러시아화한 전형적인 소비에트 스타일의 이 지방 소도시에서 과거 타타르나 노가이인들의 분위기나 역사를 느끼긴 어려웠다. 단지 러시아를 남북으로 종단하는 여행을 마쳤다는 만족감만 느꼈을 뿐이다.

사실 나는 그 시점에서 여행을 끝낼 생각이었다. 그래서 페테르부르크나 모스크바로 돌아가려고 공항에 갔지만, 막상 가보니 당일은 비행기 표가 없었다. 결국 다음 행선지는 여전히 표가 있어 기다리지 않고 바로 비행기를 탈 수 있는 벨라루스 민스크로 바뀌고 말았다. 제트기도 아니라 소음과 진동이 아주 심한 쌍발 프로펠러기를 한참 타고 불안에 떨며 비행한 후 도착한 민스크에서도 역시 도시 전경을 찍은 사진 몇 장과 잘 정비되어 깨끗한 거리의 기억밖에는 없다. 그때는 잘 몰랐지만, 현재의 민스크는 독소전 당시 후퇴하는 독일군에 의해 '벨라루스 초토화작전'

으로 모든 것이 파괴된 이후 완전히 새롭게 재건된 신도시였으니, '역사' 를 느껴보려고 온 내게 이곳은 당연히 볼 것이 많지 않았다.

이렇게 민스크에서도 실망하고 나서 비행기 표가 있었던 우크라이나 키예프로 향했는데, 여기서도 입국 과정에서 큰 문제가 발생했다. 그때까지만 해도 국내선 취급을 받던 민스크발 키예프행 비행기를 탄 나는 우크라이나 입국 비자가 없었다. 그 무렵 이제 막 독립한 우크라이나는 제법 철저한 비자 정책을 시행하기 시작했지만, 이 정책이 구소련권 도시 사이의 여행에는 아직 적용되지 않고 있었다. 이런 상황에서 국내선 취급을 받는 민스크발 비행기에서 한국 국적의 낯선 동양인이 나타났으니 내 존재는 즉시 공항 경찰의 이목을 끌었고, 나는 또다시 구금되었다. 나는 아마도 우크라이나가 독립한 후 일종의 밀입국으로 구금된 최초의 한국인으로 기록에 남아 있을 것 같다.

이 사건이 어떻게 해결되었는지는 지금도 기억이 가물가물하다. 입국 심사관으로 보이는 관리와 영어와 러시아어가 섞인 고성이 오간 언쟁을 반복해서 벌인 기억만이 희미하게 남아 있다. 나는 이 관리가 내 여권을 집어 던지는 등 우여곡절 끝에 석방되었는데, 지금도 내가 어떻게 우크라이나 입국이 허가되었는지 의아할 따름이다. 심지어 나는 어떤 추가 비용도 지불하지 않고 공항을 떠났다. 어떻게 이런 일이 있을 수 있었는지, 다시 말해 왜 나를 그냥 내보내줬는지 알 길이 없다. 아무튼, 나는 키예프 시내의 한 호텔에 여장을 푼 채 도심을 마음 놓고 돌아다닐 수 있어서 공항에서 받은 스트레스가 풀리는 데 오랜 시간이 걸리지 않았다. 언덕이 많았던 도시로 기억이 남는 키예프는 정말 볼 것이 많고 페테르부르크처럼 여전히 역사가 살아 숨 쉬는 정말 아름다운 도시였다. 키예프는 2차 세계대전 당시 부분적으로 파괴되었지만, 제정 러시아 시절의 분위기를 담은 건물들은 부분적으로 잘 보존되고 관리되어 있었다. 전체적으로 유럽 느낌이 나는 고풍스러운 건물들이 많았으며, 거리는 울랴놉스크만큼이나 무척 깨끗했다.

키예프 구석구석 여러 곳을 돌아다녔지만, 도시 전체에서 가장 인상 깊은 방문지는 동굴수도원이었던 것 같다. 동굴수도원을 방문하여 이곳에 묻힌 수 세기 전 중세 수도사들의 미라를 봤던 기억이 지금도 생생하다. 현재도 그런 모습인지는 모르겠다. 28년 전인 1993년 6월의 시점에서 키예프 동굴수도원은 방문객이 '크리스천'임을 입증하지 않으면 내부에 입장할 수 없었다. 입구의 할머니 안내원이 내가 기독교인인지 확인하려고 성호를 그어보게 했던 장면도, 내가 성호를 동방정교회 방식과는 반대로 거꾸로 그어서 그 자리에서 면박을 당한 기억도 뇌리에 남아 있다. 할머니는 내가 한국에서 교회 열심히 가는 크리스천이라는 주장을 믿고 결국 입장을 허락해주었다.

키예프에서 또 다른 인상적인 방문지는 시내에서 약간 떨어진 교외 지역에 있던, 우리의 '민속촌' 같은 곳이었던 것 같다. 우크라이나 농민의 가옥이라든가 의복, 농기구, 교회, 생활상을 전시한 거대한 공원 같았던 이곳은 하도 오래전 일이라 그런지 지금은 그 시설 이름조차 기억나지 않는다. 내가 방문한 날은 마침 휴관일이었다. 하지만 나는 입구 경비원에게 오늘 못 보면 다시 올 수 없는 먼 동양에서 온 외국인임을 호소하여 그곳에 혼자 들어갈 수 있는 혜택을 입었다. 그 넓은 공원을 혼자 전세 낸 것처럼 돌아다닌 것은 분명히 흔치 않은 경험이었다.

키예프를 끝으로 여정은 끝났다. 키예프에서 기차로 모스크바를 거쳐 상트페테르부르크의 집으로 돌아왔다. 발이 가는 대로 떠나고 표가 있는 대로 일정과 행선지가 즉흥적으로 정해진 5주간의 배낭여행은 여기에 미처 쓰지 못한 수많은 우연한 만남과 인연, 일화와 더불어 대단원의 막을 내렸지만, 사실 이 여행이야말로 내게는 또 다른 새로운 여정의 출발점으로 기억되고 있다. 러시아사를 전공하는 전문 연구자의 길을 걷기로 최종적인 결심을 한 것이 바로 이 여행 직후였기 때문이다. 즉 역사학자로서 나의 새로운 여정은 바로 5주에 걸친 배낭여행의 끝과 더불어 시작되었다.

이유는 독자 모두가 짐작할 것이다. 내가 러시아와 '일방적인 짝사랑'에 빠졌기 때문이었다. 기내식을 투척하던 아에로플로트 항공기 승무원 아주머니도, 러시아의 살 떨리는 추운 날씨도, 질퍽질퍽한 진창길도, 언제나 쓰레기가 가득 찬 러시아 아파트 뒤뜰도, 내 배낭을 칼로 오려내려던 이삭 대성당 앞의 소매치기 미수범도, 군데군데 파여 보행자에게 흙탕물을 튀기기 일쑤인 러시아 도로도, 나를 체포해서 유치장에 집어넣고 여권을 압류한 후 거액의 벌금을 강요했던 울랴놉스크 선착장의 대머리 경찰관도, 내 여권을 앞으로 내던지며 나가라고 고성을 지르던 키예프 공항의 우크라이나 관리도, 허풍과 진실이 반반씩 뒤섞인 아프간 무용담을 들려주던 전직 하인드 헬기 조종사도 내게는 모두 가슴이 아련해지는 그리운 옛 추억으로 남아 있다. 러시아사 전공자로서 내 긴 여정은 1993년에 바로 이렇게 시작되었다.

내가 사랑한 러시아

러시아를 상징하는 문장은 바로 쌍두독수리다. 러시아는 언제나 고대 로마제국의 정통성을 이어가는 보편 국가로서의 '제국'을 자처해왔다. 고대 헬레니즘 시대의 로마제국(제1로마)으로부터 동로마제국(제2로마)을 거치는 보편 제국의 계보를 계승한다는 것이 '제3로마'를 자처하던 러시아제국의 핵심 정체성이었으며, 이 정체성을 상징하는 것이 바로 고대 로마에서 유래한 쌍두독수리 문장이라고 할 수 있다. 보편 국가로서 러시아의 제국적 정체성은 1917년 혁명 이후 소비에트 시기에도 바뀌지 않았다. 러시아제국이 전 세계 '동방정교인들의 조국'을 자처했다면 그 후 수립된 소비에트연방 역시 사회주의적 보편성을 추구하던 '세계 노동자의 조국'이었으니까.

상트페테르부르크
겨울궁전 앞
쌍두독수리 문장

구자정

연세대학교 사학과 졸업 후 미국 UC 버클리 사학과에서 역사학 박사 학위를 받았다. 현재 대전대학교 역사문화학과 교수이며, 주된 연구 관심사는 러시아, 동유럽, 우크라이나를 중심으로 한 근현대 민족 문제이다. 주요 연구로는 「소비에트 연방은 왜 해체되었는가? 소련의 '이중 체제'와 '민족 창조 정책'을 통해서 본 소련 해체 문제의 재고」, "Universalising Cossack Particularism: The Cossack Revolution in Early 20th Century Kuban", 「'맑스(Marx)'에서 '스탈린(Stalin)'으로: 맑시즘 민족론을 통해 본 소비에트 민족 정책의 역사적 계보」, "From an Estate to a Cossack Nation: Kuban' *Samostiinost*', 1917", 「악마와의 계약? 우크라이나의 파시즘 운동, 1929~1945」 등이 있다.

내가 본 러시아, 30년의 격동기

유철종

    한·러 수교 30주년 기념 에세이집 원고 청탁을 받고 불현듯 헤아려 보았다. 러시아에서 내가 살아온 햇수를. 1990년 말에서 91년 초에 걸친 한 달 동안의 모스크바 어학연수, 1993년부터 무려 9년 동안 계속됐던 석·박사 과정 유학 생활, 잠깐의 한국 생활 뒤에 또다시 돌아온 모스크바에서 3년에 걸친 〈중앙일보〉 특파원 근무, 그리고 2010년부터 지금까지 10년째 계속되고 있는 연합뉴스 특파원 근무. 꼬박 22년이 넘었다. 한창때인 20대 후반에 시작된 모스크바 생활이 반백의 50대 중반에 이른 지금까지 이어지고 있다. 서울대학교 노어노문과 1회 입학생으로 러시아를 전공한 것이 '원죄'였지만, 솔직히 러시아 생활이 이렇게 길어질 줄은 꿈에도 몰랐다. 거창한 말로 '운명'이라고 할 수밖에 없을 것 같다. 거의 사반세기를 모스크바에 살며 변해가는 러시아의 모습을 눈으로 지켜보고 몸으로 체험했다. 한마디로 격동의 세월이었다.

    요즘 러시아에 처음 오거나 오랜 공백기 뒤에 다시 모스크바를 찾는 사람들은 놀라움을 감추지 못한다. 머릿속으로 상상했거나 예상했던 모습과 너무나 다른 도시와 대면하기 때문이다. 많은 사람은 소련 붕괴 후 여전히 가난에서 벗어나지 못하고 있는 유럽의 변방 국가나 가끔 방송

165

에 비치는 북한 평양 거리의 모습 정도를 생각하고 모스크바에 온다. 심지어 20년 전쯤에나 러시아를 다녀간 누군가의 얘기를 듣고 스타킹과 청바지 같은 것들을 선물로 준비해 오는 사람들도 있다. "아직 공산주의가 그대로 유지되고 있죠?"라고 물어보는 여행객까지 있다. 그런 질문을 받을 때면 어디서부터 어떻게 설명해야 할지 참으로 난감하다. 가깝게는 우리나라에서 비행기로 두 시간 정도 거리에 있는 러시아가 여전히 많은 한국인에게는 먼 나라로 남아 있음을 실감하는 순간들이다.

겉모습만 놓고 보면 러시아 수도 모스크바는 이미 유럽의 웬만한 대도시보다 훨씬 더 현대적으로 바뀌었다. 2014년 소치 동계올림픽, 2018년 월드컵 등 굵직굵직한 국제 스포츠 행사를 개최하면서 러시아 정부가 대대적으로 투자한 영향이 크다. 고층 아파트와 빌딩이 우후죽순처럼 세워졌고, 음울한 분위기를 풍기던 소련 시절의 콘크리트 패널식 아파트 '흐루숍카'는 대거 리모델링되었다. 도심 거리는 몰라보게 깨끗해졌고 쓰레기 한 조각도 보이지 않을 만큼 잘 정돈돼 있다. 사람들이 다니는 인도는 대부분 석재 블록으로 재포장돼 비가 와도 물이 튀지 않는다. 도시 조경은 세련되고 야경은 온갖 조명으로 환상적인 분위기를 연출한다.

시내 구역마다 자리 잡은 공원들은 깔끔하게 단장돼 시민과 관광객들에게 편안한 휴식과 문화의 공간을 제공하고 있다. 시내 거리를 따라 곳곳에 스타벅스 커피 전문점, '쉑쉑 버거'나 '블랙 버거' 등의 햄버거 전문점, 영국·독일식 펍, 와인 전문점, 프랑스·이탈리아·태국식 레스토랑과 서구적 분위기의 카페 등이 수없이 문을 열었다. 러시아의 대형 요식업 그룹인 '노비코프 그룹'과 '긴자 프로젝트'에 속한 여러 레스토랑과 색다른 스타일의 러시아식 카페도 독특한 메뉴와 인테리어로 방문객들을 끌고 있다. 유명 요식업자 안드레이 델로스가 소유한 '카페 푸시킨', '투란

도트' 등의 고급 식당은 제정 러시아 시절 궁전이나 대귀족의 저택을 연상시키는 웅장함과 화려함으로 방문객의 입을 벌어지게 한다. 당연히 음식값도 서민들에게는 부담스러운 수준이다.

시내 곳곳에 와인 매장과 와인 전문 주점도 많이 생겨났다. 시장경제가 정착하고 러시아인들의 생활 패턴도 변하면서 전반적으로 술 소비가 줄고 음주 문화가 바뀐 결과다. 세계보건기구(WHO)의 지난해 보고서에 따르면 2003년부터 2016년까지 러시아인 1인당 술 소비량은 무려 43%나 줄어든 것으로 조사되었다. 러시아 정부가 술 광고를 제한하고 주류세를 인상하는 한편 과거에는 '음료'로 분류되던 맥주를 공식적으로 '술' 범주에 포함하는 등 강력한 규제를 도입한 데 따른 것이다. 슈퍼 등에서의 주류 판매 시간도 오전 8시부터 오후 11시까지로 제한됐다. 팍팍해지는 생활 패턴과 정부의 강력한 규제 등으로 보드카를 곤드레만드레 마시던 음주 문화는 점차 사라지고, 젊은 층은 맥주, 여유가 있는 중장년층은 와인으로 적당히 마시는 경향이 정착돼가고 있다.

일이 없는 주말이면 나는 가족과 함께 시내 벨로루스키 기차역 근처에 있는 대형 푸드코트 '데포'를 찾아 외식을 즐기곤 한다. 거대한 체육관 같은 실내에 베트남식, 일식, 중식, 한식까지 수십 개의 식당이 한꺼번에 들어와 있어 각국의 요리를 다양하게 맛볼 수 있는 매력적인 요리 명소다. 가격도 '착한' 편이다. 때론 유럽 최대 규모로 알려진 대형 쇼핑몰 '아비아파르크', '메트로폴리스' 등으로 쇼핑을 하러 가기도 한다. 여러 층에 걸쳐 들어선 매장에 없는 물건이 없고, 푸드코트까지 갖추고 있어 가족과 함께하는 주말 나들이 공간으로 안성맞춤인 곳이다. 필요한 쇼핑을 한 뒤에 푸드코트를 찾아 구미가 당기는 메뉴로 허기진 배를 채우며 소박한 행복을 즐기기에 이만한 데가 없다.

물론 모스크바의 화려한 변신을 보여주는 풍경도 적지 않다. 소련 시절부터 운영돼온 붉은광장 옆의 굼GUM 백화점과 볼쇼이 극장 건너편의 춤TsUM 백화점은 샤넬, 막스마라, 루이뷔통, 구찌 등의 내로라하는 명품 브랜드들로 들어찼다. 시내 여러 곳에 명품 전문 매장들이 생겨났다. 모스크바 시내 도로를 달리는 자동차들을 보면 눈이 돌아갈 정도다. 러시아 자동차 메이커인 '라다'(혹은 '지굴리')나 '볼가'는 이미 거의 찾아볼 수 없게 됐고, 메르세데스 벤츠·BMW·아우디 같은 고급 수입차는 너무 흔한 자동차가 돼버렸다. 대당 가격이 수십만 달러나 하는 마이바흐, 페라리, 람보르기니 등의 최고급 외제 자동차가 흔하게 눈에 띈다.

러시아의 변화가 가장 크게 느껴지는 또 다른 분야는 서비스업종이다. 러시아 사회의 디지털화 속도는 놀라울 정도로 빠르다. 어떤 분야에선 세계적 디지털 강국 한국을 앞서가는 느낌이 들 정도다. 와이파이가 연결되지 않는 식당이나 카페는 거의 없다. 속도가 한국만큼 빠르지는 않지만, 인터넷과 사회관계망서비스(SNS) 등을 이용하기에는 충분하다. 택시 호출도 대부분 핸드폰 앱으로 한다. 우리나라에서처럼 길에서 손을 들어 택시를 잡는 모습은 모스크바에선 거의 사라졌다. 러시아 최대 검색 포털로 모바일 콜택시 서비스까지 제공하는 얀덱스Yandex의 택시 앱을 이용하면 보통 5~10분 이내에 지정한 곳으로 정확히 택시가 달려온다. 앱 프로그램에 목적지까지의 요금이 미리 찍혀 이른바 '나라시' 택시를 이용할 때처럼 요금을 놓고 흥정하거나 시비를 벌일 필요도 없어졌다. 또 예전엔 시내 나들이 때 주차가 골칫거리였지만, 이젠 훨씬 수월해졌다. 대형 쇼핑몰의 지하 주차장 외에 주거지 주변의 이면도로나 골목길 양옆으로 공용 유료 주차 코너들이 만들어졌다. 주차비도 핸드폰 앱으로 손쉽게 결제할 수 있다.

물론 아직 모스크바는 '러시아의 섬'이라고 볼 수 있다. 경제적 부와 사회·문화 시설이 대부분 모스크바에 집중돼 있고, 지방 도시들은 여전히 낙후해 있다. 일부 도시는 아직도 소련 시절의 낡은 모습을 벗지 못하고 있다. 이처럼 모스크바와 지방 도시들의 격차는 아직 크지만, 모스크바의 풍요가 서서히 지방 도시들로도 번져가고 있다. 최근 몇 년 동안은 우크라이나 사태로 인한 서방 제재와 국제 저유가 등에 따른 경제난으로 대다수 도시가 생기를 잃었고, 올해엔 코로나바이러스 감염증까지 겹치면서 어려움이 가중됐지만 말이다.

현재 러시아와 모스크바 모습을 1990년대와 비교하면 상전벽해라고 할 수밖에 없을 것이다. 불과 20여 년 만에 일어난 눈부신 변화상에 나 자신도 놀랄 때가 많다. 내가 처음 러시아 땅에 발을 디딘 건 아직 소련이 살아 있던 1990년 12월이었다. 한국이 소련과 외교 관계를 수립 (1990년 9월 30일)한 지 몇 달 뒤였다. 대학 졸업을 앞두고 러시아 말을 제대로 배워보겠다며 다른 학생 30여 명과 함께 한 달간 모스크바로 단체 어학연수를 왔었다. 모스크바 남서쪽 미클루호-마클라야 거리에 있는 러시아민족우호대학교(RUDN) 기숙사에서 숙식하며 보낸 연수 시절은 지금도 어제 일처럼 눈에 선하다.

당시는 미하일 고르바초프 대통령의 파격적인 페레스트로이카(개혁) 정책에도 소련이 소생의 계기를 찾지 못하고 마지막 붕괴의 길을 향해 달리던 혼란기였다. 자취방 보증금을 빼서 200만 원 정도의 연수비 외에 50만 원 정도를 달러로 바꿔 생활비로 챙겨왔던 나는 뜻밖에 귀족같은 '호화 생활'을 즐길 수 있었다. 달러 가치가 대단하고 현지 물가는 상대적으로 턱없이 싼 덕분이었다. 자본주의 타도를 목표로 서방과 수십 년간 냉전을 벌이던 사회주의 종주국 소련에서 자본주의를 대표하는 화폐인 미국 달러화가 그렇게 위력을 발휘하는 현상이 아이러니했다.

1달러면 몇 시간씩 택시를 대절해 다닐 수 있었고, 고급 레스토랑에서 아무리 배불리 먹어도 1인당 10달러를 넘지 않았던 것으로 기억한다. 원래 정해진 노선만을 운행하는 트롤리버스 기사는 10달러 정도만 주면, 버스 지붕의 전력유입장치인 '트롤리 폴Trolley pole'을 다른 노선 전력선으로 갈아 끼워 자신이 다니지 않는 곳까지 우리들을 태워다주기까지 했다.

사회주의 경제 체제가 무너져가던 시절이라 일반 상점에는 물건이 거의 바닥나고 주민들이 빵을 사기 위해 긴 줄을 서야 하는 상황이었지만, 돈 있는 부유층들이 찾는 상점과 고급 레스토랑은 여전히 성업 중이었다. 우리는 점심은 호텔 식당, 저녁은 '프라가', '아라그비' 같은 시내 최고급 레스토랑을 찾아다니며 코냑·와인·보드카 등 각종 술과 사슴고기·곰고기 요리 등 이색 요리까지 곁들여진 온갖 산해진미를 즐겼다.

볼쇼이 극장이나 크렘린 궁 대궁전 등의 공연장을 찾아 발레와 오페라 유명 레퍼토리를 좋은 좌석에서 한 번에 10달러 정도의 싼값에 감상했다. 고서점들을 찾아가선 서가에 꽂혀 있는 전공 관련 서적을 수십 권씩 통째로 사면서 고작 10~20달러의 터무니없이 싼 값을 지불하며 미안해했던 기억도 있다.

현지인들을 위한 선물로 준비해간 여성용 스타킹과 '말보로' 담배는 최고의 인기 품목이었다. 여성들에겐 스타킹 한 장, 남자들에겐 말보로 한 갑만 주면 웬만한 부탁은 다 들어줬다. 청바지나 청재킷을 선물 받은 사람들은 눈물을 흘릴 만큼 고마워했다. 생필품이 턱없이 부족하던 소련 말기의 경제난이 달러를 가진 이방인에게 안겨준 뜻밖의 '행운'이었다. 당시 찾았던 굼 백화점의 썰렁한 진열대에 놓여 있던 투박한 신발과 허름한 옷가지, 영하 20도의 혹한에 지하철역 앞에서 손으로 직접 뜬 털실 양말과 장갑 등을 펼쳐놓고 팔던 할머니들의 모습은 지금도 흑백사진처럼 머릿속에 남아 있다.

우리가 어학연수를 다녀온 이듬해 12월 약 70년 동안 존속한 소련은 붕괴하고, 소련에 속한 러시아를 비롯한 각 공화국은 모두 독립국으로 재탄생했다. 그 후 내가 다시 러시아로 돌아온 때는 1993년 9월이었다. 어렵사리 입사한 〈중앙일보〉 기자직을 호기롭게 내던지고 제대로 러시아를 공부해보겠다며 모스크바로 유학하러 온 것이다.

개방 초기 러시아는 여전히 혼란 속에 있었다. 내가 다니던 모스크바 국립대학교 기숙사 주변에선 밤에도 수시로 총소리가 들렸다. 세력 다툼을 하는 마피아들끼리 총격전을 벌이는 것이라고 했다. 모스크바 시내 남쪽에서 크렘린 궁이 있는 도심으로 이어지는 레닌 대로를 따라 탱크가 달려가는 모습도 봤다. 당시엔 무슨 일인지 몰랐지만, 나중에 알고 보니 시장주의 개혁을 밀어붙이던 보리스 옐친 대통령이 급진 개혁에 반대하며 의회 건물에서 농성 중이던 보수파 의원들을 몰아내기 위해 군대를 동원한 것이었다. 당시 군대의 의회 건물 포격으로 수백, 수천 명이 숨진 것으로 전해진다.

생각보다 길어진 9년간의 유학 시절은 러시아의 최대 격동기였다. 사회주의 체제를 버리고 시장경제로 이행하던 러시아는 심한 성장통을 앓고 있었다. 보드카에 절어 있는 옐친 대통령이 이끌던 정치는 정쟁과 혼란의 연속이었고 장관과 총리가 수시로 바뀌었다. 물자는 부족했고 물가는 하루가 다르게 치솟았으며 월급은 몇 달씩 밀리는 게 다반사였다. 한때 잘나갔던 연구소 박사, 대학교수 등이 월급을 못 받아 택시 영업을 하며 가족을 부양해야 했고, 그마저도 어려우면 집에 있던 쓸 만한 물건들을 야시장에 갖고 나와 팔아 생계를 꾸려가야 했다.

마피아들은 큰 기업부터 소규모 자영업자들에게까지 기생하며 돈을 갈취하고 경제 질서를 교란했다. 정치·경제 혼란에 편승해 외국인 혐오증을 부추기는, 소위 스킨헤드로 불리던 극우 민족주의자들이 활개를 쳤다. 러시아가 겪는 경제난과 범죄·마약 등 사회 문제의 근본 원인을 현지에 진출한 외국인들에게 돌리며 '그들', 특히 아시아·아프리카계 외국인을 상대로 무차별 폭력을 행사하는 자들이었다. 내가 다니던 모스크바대와 기숙사 주변에서도 머리를 빡빡 깎고 가죽점퍼에 군화를 신은 스킨헤드족이 10~20명씩 떼로 몰려다니며 외국인 유학생들을 무차별 폭행하거나 흉기로 공격하는 일이 수시로 일어났다. 함께 공부하던 한국 유학생들도 여러 명이 피해를 봤다. 나를 포함해 일부 한국 유학생은 호신용으로 가스총을 가방에 넣고 다니기까지 했다.

2000년 들어 옐친으로부터 권력을 넘겨받은 블라디미르 푸틴이 대통령이 되면서 러시아 사회는 조금씩 안정을 찾아갔다. 때마침 찾아온 고유가로 경제도 살아나기 시작했다. 크렘린에 입성한 푸틴은 특유의 카리스마로 극심한 경제난과 정치적 혼란에 빠진 러시아를 안정시키며 국민의 신뢰를 얻어갔다. 러시아연방과 두 차례나 전쟁을 치르며 독립을 시도하던 남부 캅카스 지역의 체첸자치공화국을 무력으로 굴복시켜 러시아인의 자존심을 살렸다. 옐친 시절 온갖 편법과 불법을 동원해 막대한 부를 축적한 뒤 정치적 영향력까지 행사하던 올리가르흐(신흥재벌)에 대한 대대적 사정을 단행해 '원숭이도 대통령으로 만들 수 있다'며 기고만장하던 그들의 오만을 꺾어놓았다.

유학 생활을 끝내고 한국으로 돌아왔던 나는 한동안 여러 대학을 돌며 시간강사를 하다 2003년 〈중앙일보〉에 재입사해 특파원으로 모스크바에 부임했다. 3년 특파원으로 근무하면서 푸틴이 다시 세워가는 러시아의 변화상을 생생하게 접할 수 있었다. 푸틴 대통령이 무엇보다 국민의 마음을 사로잡을 수 있었던 건 경제 성장 덕분이었다. 그는 집권 이후 때마침 찾아온 국제 고유가 상황을 활용하여 1998년 디폴트(채무불이행)까지 내몰렸던 러시아 경제를 성장 기조로 돌려놓았다. 푸틴 집권 이후 국제 금융 위기가 터진 2008년 이전까지 러시아 경제는 연 7%대의 고속 성장을 계속했고 국민 생활은 눈에 띄게 나아졌다. 그 결과 푸틴에 대한 지지율이 70%대로 치솟고 그를 러시아를 위기에서 구한 '구세주'로 칭송하는 여론이 번져갔다. 자유 언론과 야당 인사 탄압, 체첸 주둔 러시아군의 인권 유린, 관료들의 부정부패 등을 규탄하는 야권의 목소리는 푸틴의 공적에 가려 별다른 호응을 얻지 못했다.

　절정의 인기를 누리던 푸틴은 2008년 5월 3기 연임을 금지한 헌법 조항에 밀려 크렘린 궁을 떠나 4년간 실세 총리로 군림하다 2012년 3월 대선을 통해 임기가 6년으로 늘어난 대통령직에 복귀했다. 나는 그사이 〈중앙일보〉에서 연합뉴스로 직장을 옮겨 2010년 다시 모스크바 특파원으로 부임했다. 푸틴이 후계자인 드미트리 메드베데프에게 대통령직을 물려주고 총리로 물러나 있던 시기와 겹쳤다. 하지만 외국 특파원의 눈에 푸틴은 여전히 최고 권력자로 남아 있음이 확실했다. 실세 총리직에 뒤이은 3기 집권 초기, 장기 집권에 대한 비판 여론과 경제 성장 둔화로 한동안 불안정해졌던 푸틴 대통령의 입지는 우크라이나 사태와 시리아 내전 등 국제 분쟁에 대한 강경 대응으로 다시 공고해졌다. 푸틴은 2014년 정권 교체 혁명을 통해 친서방 노선을 채택한 우크라이나를 억제하려는 방편으로 우크라이나에 속했던 크림반도를 전격 병합했다. 뒤이어

173

우크라이나에서 분리·독립을 선포하고 정부군과 무장 투쟁을 시작한 우크라이나 동부 지역의 친러시아 반군들을 지원하며 친서방 정책을 추진하는 우크라이나를 압박했다. 우크라이나 사태 개입을 응징하는 서방의 대러 경제 제재에는 강력한 맞제재로 응수했다. 푸틴 대통령은 또 '아랍의 봄' 여파로 촉발된 시리아 내전에도 무력 개입해 중동권에 대한 러시아의 영향력을 확대했다. 2015년 9월 시리아에 공군 전력을 파견해 반군에 밀리던 바샤르 알아사드 시리아 대통령의 정부군 지원을 시작한 러시아는 2년여 만에 전세를 역전시켜 시리아 내전을 사실상 정부군 승리로 마무리 지어가고 있다.

환갑을 훌쩍 넘긴 나이(현재 68세)에도 젊은이 못지않은 건강을 자랑하는 푸틴은 국제 저유가와 서방 제재 등에 따른 심각한 경제난 와중에도 높은 지지율을 유지해왔다. 대외 강경 노선으로 '강한 러시아' 재건을 바라는 러시아 국민의 열망에 부응한 효과가 컸다. 러시아가 옛 소련 시절의 강대국 지위를 되찾아가고 있다는 자부심은 정치·경제적 안정과 함께 푸틴의 지지율을 떠받치는 주요 기둥이 되고 있다. 푸틴은 식지 않는 국내 지지도를 기반으로 국제 현안에서 더욱더 목소리를 높여왔다. '푸틴의 개입 없이는 어떤 국제 문제도 제대로 해결될 수 없다'라는 말이 나올 정도다.

이러한 여세를 몰아 푸틴은 2018년 대선에서 또다시 당선돼 4기 임기를 이어가고 있다. 올 7월엔 개헌 국민투표를 성사시켜 30년 이상 초장기 집권의 기반도 마련했다. 그의 기존 임기를 백지화하는 개헌안이 통과되면서 '세차례 이상 중임 금지' 헌법 조항을 피해 72세가 되는 2024년 5기 집권을 위한 대선에 재출마할 수 있게 되었다. 당선되면 84세가 되는 2036년까지 6년 임기의 대통령직을 두 차례 더 역임할 수 있다. 4

년간의 실세 총리 재직 기간(2008~2012년)을 뺀다고 하더라도 2000년에 집권한 그가 30년 넘게 크렘린 궁에 머무는 초장기 집권이 가능해진 것이다.

푸틴 대통령에겐 소련 붕괴 후 혼란에 빠진 러시아를 수렁에서 구해낸 구세주라는 찬사와 함께, 장기집권을 통해 민주주의를 후퇴시키고 서방과의 대결을 격화시킨 독재자라는 비판이 함께 붙어 다닌다. 하지만 푸틴 통치기에 러시아 사회가 크게 변모하고 안정된 것만은 부인할 수 없는 사실로 보인다. 최근 들어 코로나19 사태로 경제난이 더욱더 가중되면서 푸틴의 인기가 떨어지긴 했지만, 아직 그의 위상이 흔들릴 정도는 아니다. 1991년 소련 붕괴 후 약 30년이 흐르는 동안 독립 러시아는 몰라보게 바뀌었다. 정치적으로 안정됐으며 경제적으로도 선진국으로 도약하기 위한 기반을 마련했다. 사회 시스템도 많이 선진화했고, 국민 의식 수준도 높아졌다.

그렇지만 변화의 수준이 전반적으로 균일한 것은 아니다. 공공 부문은 아직도 민간 부문과 비교하여 크게 뒤처져 있고, 국영 기업은 민영기업보다 비효율적인 경영 시스템에 머물고 있다. 서비스업을 비롯한 일부 산업 분야 발전은 눈부실 정도지만, 오랫동안 국가가 관리해온 의료·교육 분야 개혁은 지지부진하다. 경제 구조도 석유·가스 등 천연자원 수출 의존형에서 크게 벗어나지 못하고 있고, 첨단 산업 분야 발전 속도는 다른 나라들과 비교하면 상당히 느리다. 수도 모스크바와 지방 도시 간, 대도시와 소도시·농촌 간 격차도 심각한 수준이다. 국민의 시민의식도 아직은 선진국 수준에 도달하려면 갈 길이 멀어 보인다. 국가와 사회 전체의 발전이 폭넓고 균일하게 이루어지기보다 일부 분야는 빠르게 성장하고, 일부 분야는 여전히 정체된 '울퉁불퉁한' 불균형 양상이 나타나고 있다. 권위주의적 정치 체제가 계속 유지되는 상황에서 창의적이고 효율적인 사회·경제 시스템이 마련될 수 있을지도 의문이다. 러시아의 개방 30년을 뒤돌아보면서 내겐 '제2의 조국'과도 같은 이 나라가 경제적으로 더 발전하고 정치적으로 더 민주화된 사회로 나아가길 간절히 소망해본다.

내가 사랑한 러시아 ⛪

20년 이상 모스크바에 살면서 뒤늦게 발견한 '보물'은 시내 공원들이다. 50대에 들어선 몇 년 전부터 건강 유지를 위해 속보성 산책을 운동 겸 취미로 시작하면서 이 보물을 찾았다. 그렇게 가까운 곳에 있는 너무나 좋은 공원들을 예전에는 왜 제대로 이용하지 못했을까 후회될 정도다. 모스크바 시내 곳곳에는 구역마다 크고 작은 공원들이 수없이 많다. 저녁 식사 후 가족들이 가벼운 산책을 위해 자주 찾는 집 근처 소공원부터 우리나라에선 수목원에서나 볼 법한 우람하고 다양한 수종의 나무가 들어찬 대형 공원도 있다. 나는 주말이면 모스크바 북쪽 베데엔하(VDNKh, 인민경제성과박람회장) 지하철역 근처의 과학아카데미 식물원 공원이나 시내 중심 파르크 쿨투리 지하철역 근처의 고리키 공원, 시내 북서쪽에 있는 파크롭스코예-스트레시네보 공원 같은 큰 공원을 찾아 산책을 즐긴다. 시간에 쫓기는 업무, 복잡한 사람들과의 관계로 심한 스트레스를 받거나 머리가 아플 때도 바로 밖으로 나가 집 근처의 공원을 걷는다. 그러면 터질 듯했던 스트레스와 잡념들이 눈 녹듯이 스르르 사라진다. 공원은 내게 힘든 러시아 생활을 버티게 하는 육체와 영혼의 안식처다.

과학아카데미 식물원 공원

유철종

서울대학교 노어노문학과를 졸업했고 1991년 〈중앙일보〉에 입사해 사회부, 체육부, 국제부 등에서 일했다. 1993년 유학길에 올라 모스크바국립대에서 러시아어학으로 석·박사 학위를 받았다. 국내 대학에서 강의하다 〈중앙일보〉에 재입사해 2003년부터 3년간 모스크바 특파원을 지냈다. 2010년 연합뉴스로 옮겨 다시 모스크바로 부임한 뒤 지금까지 특파원으로 활동하고 있다. 러시아는 물론 옛 소련권인 독립국가연합(CIS) 국가들에서 일어나는 일을 가장 먼저 국내에 전하는 역할을 하고 있다. 2011년 한·러대화 언론인상을 수상했다. 저서로 『두 개의 권력, 러시아의 미래』(공저, 2008)가 있다.

멀고도 가까운 모스크바

임현주

2001년 여름, 삼성전자 이건희 회장이 IOC(국제올림픽위원회) 총회 참석차 러시아 모스크바를 방문했다. 그해 봄 삼성은 한 달여 동안 모스크바 유학생들을 대상으로 이건희 회장 수행 요원 면접을 봤는데, 나는 크렘린 궁 담당으로 발탁되었다. 일명 'A 프로젝트'의 일원이 된 것이다. 나는 두꺼운 역사책을 들고 크렘린부터 노보데비치 수도원까지 모스크바 곳곳을 다니면서 러시아 전문가들에게 교육을 받았다. 'A 프로젝트'의 미술관 담당이었던 이진숙 선배(『러시아 미술사』 저자)는 학위를 마치고 귀국을 앞두고 있었다. 미술을 전혀 몰랐던 내가 트레티야코프 미술관의 작품 수업까지 받게 됐으니 지금 생각해보면 내겐 황금 같은 기회였다.

삼성 직원들은 이건희 회장의 숙소로 크렘린과 붉은광장의 바실리 성당이 건너다보이는 발추크 호텔을 정하고 호텔 내부의 가전제품을 모두 삼성 제품으로 바꿨다. 어떤 직원은 객실 내 옷걸이까지 교체한 얘길 하면서 디테일을 자랑했다. 유학생인 내 눈엔 마치 삼성이 하나의 '공화국'처럼 비쳤다.

'A 프로젝트'가 끝나고 삼성전자와 삼성그룹 계열사의 많은 임원이 모스크바를 다녀갔다. 한번은 이재용 상무와 윤종용 부회장이 함께 방문했는데 윤 부회장이 크렘린 무기고 입구에서 내게 부탁을 했다. "저는 여러 번 모스크바에 왔는데 이 상무는 처음이니 이 상무가 잘 들을 수 있게 설명해주세요." 윤 부회장의 뜻은 알겠지만, 내가 삼성 직원도 아니고 시간당 돈을 받는 유학생인데 굳이 그래야 하나 싶었다. 이 부회장은 무기고를 나올 때쯤 내게 모스크바의 어원을 물었다. 1147년 유리 돌고루키가 크렘린을 목조 성채로 지었을 때 옆에 흐르던 강의 이름을 따와서 모스크바가 됐다는 설이 있었고, 크렘린 옆으로 흐르는 강 위로 걸려 있는 모스트most(다리)에서 변형이 됐다는 설도 있었는데 모두 정확하지는 않다. 나는 고유명사라고 짧게 답했다. 그랬더니 당시 모스크바 법인장이 다급한 목소리로 직원들을 호출했다. "모스크바 어원을 찾아봐!"(고유명사를 고유명사라고 하지 뭐라 한단 말인가?)

삼성 임원들을 만날 때면 빠지지 않고 등장하는 질문이 있었다.

"왜 하필 러시아?"

처음엔 "어떻게 러시아에서 공부할 생각을 하셨어요?"라고 운을 떼지만 뉘앙스를 보면 하나같이 '왜 하필'이 붙는다. 아니, 러시아가 어디가 어때서?

러시아는 세계 지도를 펼치면 한가운데 유라시아를 독차지하고 있는 나라다. 한반도 면적의 77배나 되는 거대한 땅덩어리에 인구는 1억 5천만 명밖에 되지 않고, 천연 지하자원은 얼마나 많은가. 무궁무진한 기회가 살아 숨 쉬는 곳! 보석으로 따지면 원석 그 자체다.

볼쇼이 극장에서 발레 공연을 보더라도 러시아 관객들의 평가는 냉정하다. 프리마돈나라고 해서 앙코르가 나오지 않는다. 그날 발레리나의 손짓, 발짓을 보며 정확하게 박수로 평가한다. 나는 러시아에 살면서 경제적 가난함이 절대적 가난함은 아니라는 것을 배울 수 있었다.

'왜 하필 러시아'냐는 질문을 수십 번 받다 보면 답도 자동으로 나온다.

"『갈매기의 꿈』이라는 책에서 주인공 갈매기를 보며 멀리 많은 것을 보기 위해 높이 나는 새처럼 저도 멀리, 많은 것을 보고 싶었어요. 유학하러 가려고 여러 나라를 알아봤는데 미국은 이미 한국인 포화 상태였고, 남들 다하는 언어보단 희소가치가 있는 언어를 배우는 게 낫다고 생각했어요. 또 하나는 제가 모태신앙인데 부모의 신앙이 아닌 저의 신앙으로 하나님을 믿게 되면서부터 기도를 했어요. 내가 믿는 하나님이 이 땅을 만들었으니 세계 어디를 가도 내 아버지의 땅이고, 바벨탑 사건 때 언어를 가르신 분도 하나님이시니 하나님의 자녀에겐 언어의 지혜를 주지 않으실까 하는 믿음으로 기도하고 왔습니다."

사실 초등학교 고학년 때부터 교회에서 피아노, 바이올린으로 반주 봉사를 했다. 바이올린은 개인 레슨을 받았는데 당시 선생님께서 캐나다, 러시아 등 다른 나라 이야기를 많이 해주셨다. 유학하러 간다면 예술 문화가 살아 숨 쉬는 러시아가 잠재력이 훨씬 더 많다고 하셨고, 언어의 희소성도 강조하셨다. 나는 그분을 통해 산 스트라디바리우스 모델품 바이올린을 들고 혈혈단신 러시아에 첫발을 내디뎠다.

러시아 전문 기자를 꿈꾸다

음악과 외국어를 잘하는 사람들은 공통점이 있다. 잘 듣는다는 것이다. 정확히 들어야 잘 연주하고 제대로 발음할 수 있다. 처음엔 악기를 통해 유학하러 갔지만, 얼마 지나지 않아 전공을 포기했다. 시창·청음, 화성학을 초등학교 때부터 배우는 아이들과의 실력 차를 극복하는 것은 노력으로 될 수 있는 게 아니었다. 그때 처음 알았다. 좋아하는 일과 잘하는 일은 엄연히 다를 수 있다는 것을.

러시아는 11학년제다. 초등학교 1학년부터 11학년까지 한 학교 (Shkola, 슈콜라)에서 공부하고, 유급을 해 12년을 다니지 않는 한 보통 18살에 대학에 진학한다. 슈콜라를 마치고 대입을 준비할 때쯤 전공 분야를 놓고 고민했다. 문학은 박사 과정까지 공부해야 할 텐데 할머니가 될 때까지 공부할 자신이 없었다. 정치, 경제, 사회와 최신 시사까지 두루 배우는 언론학부에 진학한 이후에 진로를 찾기로 했다. 워낙 성격이 활달하다 보니 대학 졸업 후 무역업에 종사하거나 기업에 문을 두드려보는 것도 방법이라고 생각했다.

그러던 어느 날 갑자기 인터넷 세상이 펼쳐졌고, 전화선을 연결해 인터넷으로 메일을 주고받으면서 저음질의 인터넷 국제전화도 가능해졌다. 2000년대 초반쯤 다음이나 야후 등을 통해 한국 뉴스를 접하게 됐고, 〈중앙일보〉의 인터넷 사이트 joins.com과 인연이 닿아 '멀고도 가까운 모스크바'라는 제목으로 러시아 소식을 전하게 됐다.

대부분 러시아 하면 빵 사려고 줄 서 있는 나라쯤으로 생각하는데, 모스크바는 물가가 비싸서 '도시락' 컵라면 하나에 1천 원 가까이 된다는 이야기부터 한국 식당에서 파는 된장찌개 한 그릇이 우리 돈 1만 원쯤 하고, '나라시' 택시도 기본 1만 원 이하로는 잘 안 간다는 얘길 썼더니 댓글엔 '모스크바의 살인적인 물가를 믿기 어렵다'는 반응이 줄을 이었다. 나는 모스크바의 오늘을 얘기하고 있는데, 국내 네티즌들은 마치 외국인들이 88올림픽 때 서울 풍경을 이야기하는 것 같은 반응을 보였다. 이 간극을 좁히려면 어떻게 하지?

그때부터다. 한·러 관계에서 언론의 역할이 얼마나 중요한지 고민했다.

사람들은 보도를 통해 전달되는 제한된 정보를 통해 러시아에 대한 이미지 또는 선입견을 품고 있다는 것을 알게 됐고, 그때부터 언론 분야에 관심을 두게 됐다.

모스크바 교민 신문 〈대한매일〉이라는 곳에 글도 쓰고, 문화방송(MBC) 러시아 통신원을 맡아 '손석희의 시선집중' 라디오에 전화 출연도 했다. 모스크바에 뮤지컬 열풍이 한창 불던 때 노르드오스트 극장에서 체첸 사람들이 3백 명이 넘는 관객을 가두고 인질극을 벌인 그날도 러시아 방송의 속보 자막을 보며 MBC 시선집중을 통해 현지 상황을 전했다.

얼마 후, 러시아 친구의 초대를 받아 다른 학부 축제에 갔는데, 한 친구가 다가오더니 국적을 묻는다. "Korea? North Korea? South Korea?" 이 친구는 한국 사람을 처음 봤다면서 대뜸 한다는 소리가 "우와, 신기해"였다. 이 친구 기억 속의 한국은 학생들이 공부는 안 하고 매일 데모만 하고, 논밭이 넓게 펼쳐진 농촌에서 농사짓는 모습만 자리 잡고 있었다. 사람 사는 게 그렇고 인간관계가 그렇듯 외교도 언론도 모든 게 상대적일 수밖에 없구나 싶었다. 우리 언론에 비친 러시아의 모습이 과거 어느 한 사건, 어느 한 시점에 멈춰 있듯 러시아 언론도 우리나라를 바라보는 시선이 크게 다르지 않으리라는 것을 짐작하게 했다.

두 나라 사이에 외교도 비즈니스도 모두 중요하지만, 언론 보도 한 줄에 모든 게 얼어붙을 수 있고, 때론 시간과 관계를 과거로 돌릴 수 있다는 것도 그 무렵 알게 됐다.

비광의 비애

꿈이 생겼다. 러시아 전문 기자가 되는 것이다. 통역을 쓰지 않고, 현지 코디를 쓰지 않아도 취재가 가능한 기자, 러시아에 대한 애정을 듬뿍 담아 취재할 수 있는 기자, 러시아에서도 발로 뛰는 기자, 그런 기자를 꿈꾸었다. 귀국 직전 프레지던트 호텔 인근에 있는 연합뉴스 모스크바 지사에서 몇 달간 통·번역 일을 했다. 특파원 선배가 출근하기 전 타스통신 기사를 찾아 한국과 러시아, 북한 관련 기사를 스크랩해 번역하고, 본사에서 임무가 내려오면 러시아 전문가를 찾아 전화 인터뷰해 정리하여 보고했다. 바이라인은 항상 특파원의 바이라인이었지만, 나는 언젠가 내 바이라인으로 기사 쓸 그 날을 꿈꾸었다.

귀국 후 서울 안암동의 한 스터디에 들어갔다. 논술 작문 스터디 첫날, 국문과 학생이 말했다. "논작의 기본적인 개념도 없으시네요. 당신이 살던 나라로 가세요. 안 그래도 우리나라 취업률이 안 좋고 힘든데 당신은 이 길 아니어도 길이 많잖아요." 그 학생에게 답했다. "좋은 말씀 감사한데요. 이제 막 공부를 시작해서요. 저도 생각하는 마지노선이 있습니다. 그 안에 결과가 없으면 그때 고민해보겠습니다."

매일 새벽 5시에 버스를 타고 참살이길에 내리면 중앙도서관으로 걸어 올라가 메뚜기처럼 책상을 옮겨 다니며 공부했다. 한번은 같은 스터디원이 학생증을 건네며 말했다. "난 아르바이트해야 해서 중도를 이용할 시간이 별로 없어. 책값도 비싼데 이걸로 책도 빌려서 보고, 자리도 편하게 맡아서 공부해." 내게 학생증을 빌려줬던 친구는 이후 광고회사에 들어갔다. 지금도 그 친구에게 "고마웠다"고 말하면 그 친구는 "필요한 사람에게 필요한 것을 줬을 뿐"이라고 답한다.

그렇게 2년을 공부했다. 하루는 작문 시간에 '비'라는 주제로 글을 쓰는데 나는 '비광의 비애'를 썼다. 우리나라 취업 시장을 화투판에 비유했다. 영어는 '똥광', 중국어는 '국진', 한국어는 '일광'으로 내가 쥔 화투패는 '비광'인 러시아어인데, 비광을 들고 광 두 개를 모아도 2점밖에 되지 않는 현실의 쓸쓸함을 적었다. "비광을 든 소녀, 현실이 마음에 안 든다고 여기에서 화투판을 엎을 수도 없고……."

한번은 연합뉴스에서 신입 기자 모집을 하는데, 스페인어, 이탈리아어, 아랍어 등 전 세계 모든 언어에 가산점을 부여하지만, 러시아어는 없었다. 연합뉴스 측에 문의했다. "러시아어만 가산점이 없는데, 특별한 이유라도 있나요?" 인사 담당자의 답변이 왔다. "죄송하지만, 러시아어는 우리 회사 관심 언어가 아닙니다." 그랬다. 러시아어는 기자 지망생에게 화투판의 비광이나 다름없었다.

가치를 보는 눈

2년 가까이 백수로 언론사 시험을 준비할 때쯤 MBC '100분 토론' 시민논객에 지원했다. 이슈를 가까이서 접해보는 것도 나름대로 공부가 될 것 같았다. 어느 날 방송을 마치고 뒤풀이 때 손석희 진행자가 참석했다.

"그때, 러시아 노르드오스트 극장 인질극 때 현지 통신원이 접니다."

손석희 진행자는 왜 갑자기 한국에 와서 기자 시험을 준비하느냐고 물었다.

"특파원분들이 하도 러시아 관련 기사를 막 써요. 특파원이 우리나라에서는 발로 뛰는 기자일지 몰라도, 러시아에서는 발로 뛰는 기자가 많지 않더라고요. 언어란 게 뉘앙스가 중요한데 통역을 거치다 보면 오해를 살 수도 있고, 또 기자가 가진 선입견이나 편견이 기사에 반영될 수도 있잖아요. 저는 러시아를 사랑하는 사람으로 러시아 전문 기자가 되어보고 싶어서 왔어요."

시민논객을 마치고 '시선집중' 막내 작가 자리를 제안받았다. 논객 출신 중에 사람을 뽑기로 했는데, 운 좋게 내게 기회가 온 것이다. 막내 작가 생활을 하면서 틈틈이 시사상식을 공부했고, 2006년 9월 언론사 공채 시험에 당당히 합격했다.

100분 토론 시민논객 가운데 처음으로 기자가 된 것이다(한 명이 6개월 먼저 YTN에 입사했다가 보름 만에 퇴사해 공식적으로 기자가 된 것은 내가 처음이었다). 임원 면접 질문은 모스크바에서 삼성 임원들에게 받았던 질문들과 크게 다르지 않았다. 단지 갑자기 왜 한국에서 기자가 되려는지, 그 질문이 추가되었을 뿐이다.

"언론의 시각에는 다양성이 존재한다고 생각합니다. 하지만 국내 언론은 외신 뉴스를 다룰 때 하나의 시각만 그대로 전달합니다. CNN이나 〈뉴욕타임스〉의 보도가 절대 선이고 옳다고 생각하진 않습니다. 러시아를 사랑하는 사람으로서, 러시아의 시각은 어떠한지 기사를 다뤄보고 싶었습니다."

사회부 기자가 만난 러시아

어느덧 나는 15년 차 기자가 됐다. 신문기자로 출발해 방송기자가 됐고, 직급도 평기자에서 차장이 됐다. 현장에 나가면 가끔 석기 시대 사람

만난 듯 신기하게 바라보는 후배들도 있다. 15년 동안 다양한 부서를 경험했지만, 경찰과 검찰에 가장 오래 출입했다. MBC가 엄혹했던 시절, 짧게 석 달 정도 경찰청에 출입했는데, MBC에서 여기자가 경찰청을 출입한 건 처음이었다. 보통 서울지방경찰청 출입 기자를 '시경 캡'이라 부르고, 경찰청 출입 기자를 '바이스 캡'이라 부른다. 바이스 캡을 하면서 연극영화계의 러시아 학위 비리를 기획 취재하고 연속 보도해 경찰 수사로 이어졌던 것도 기억에 남는다.

검찰청은 내겐 특별한 의미가 있는 출입처다. 2010년 가을 김준규 검찰총장 시절, 유리 차이카 러시아 검찰총장이 방한했을 때 출입 기자 중 러시아어를 구사할 수 있다고 해서 통역을 맡았다. 이후 학연, 지연 없이 살아남기 힘들다는 법조계에서 검찰 출입 기자로 연착륙할 수 있었다. 신문 1면의 취재 경쟁이 치열하게 붙는 곳이고, 당시엔 대검찰청 중앙수사부가 움직이면 사건이 크게 굴러갔기 때문에 나름대로 손에 땀을 쥐며 일할 수 있었다. 물 먹고(낙종), 물 먹이고(특종) 다람쥐 쳇바퀴 돌듯 그렇게 살다 보니 타사에서 여러 번 스카우트 제의를 받았던 것도 법조 출입 기자 시절이었다.

그래도 가장 기억에 남는 취재는 지난 2008년 4월 바이코누르 우주기지에서 이소연 씨가 한국인 최초로 우주에 가던 날, 세계 최초 여성 우주인 발렌티나 테레시코바와 세계 최초로 우주에서 유영했던 알렉세이 레오노프 할아버지를 인터뷰했던 순간이다. 훗날 알게 됐지만 레오노프 할아버지는 유리 가가린이 최초의 우주인으로 선발되기 전 20명의 우주인 후보에도 올랐던 분이었다.

당시 주관 방송사였던 서울방송(SBS)도 실패했던 테레시코바 인터뷰를 성공한 비결은 단순히 러시아어를 구사해서라고 생각하진 않는다. 그분과 마주할 짧은 순간을 기다리며 그분의 인생을 연구했고, 그분의 가치를 이해하기 위해 오랜 시간 공들여 인터뷰 질문들을 준비했다. 러시아 사이트에서 최근 기사를 검색해봤고, 테레시코바의 앞모습과 뒷모습, 옆모습 등 '찰나'를 놓치지 않기 위해 안간힘을 썼다. 그날 테레시코바를 둘러싼 수많은 경호원을 제치고 그녀 앞에 섰을 때, 그녀는 아주 차가운 목소리로 인터뷰를 거절했다. 나는 그녀 목에 걸린 정교회 십자가를 보며 입을 열었다.

"정교회 신자입니까. 저는 개신교인이에요. 당신이 믿는 하나님이, 당신이 처음 우주에 갔을 때 당신을 지켜주셨듯이, 지금 이 순간 이소연 씨를 지켜달라고 기도해주시겠어요? 그때 당신이 이소연 씨처럼 저 자리에 있었을 때 심경은 어떠했나요. 지구로 돌아올 수 있다는 확신이 있었어요?"

테레시코바와의 인터뷰는 40분 넘게 이어졌고, "오, 사, 삼, 이, 일, 발사!" 광경을 그녀 옆에서 지켜봤다. 테레시코바는 우주선이 성공적으로 발사된 것을 보고 3층 관람대에서 2층으로 내려갔다. 러시아 사람들과 샴페인을 터뜨리며 초콜릿을 입에 물고 건배사를 했다.

"우리에겐 화성 탐사 프로젝트가 중요합니다. 한국 같은 나라가 있어서 우리가 화성 프로젝트를 잘 준비할 수 있게 됐어요. 우리의 화성 탐사 프로젝트를 위하여!"

마치 연극이 끝나고 난 뒤 무대 뒤에서 배우들의 모습을 보는 것 같았다. 테레시코바의 건배사는 한국이라는 나라 최초의 우주인에 대해서보다는 한국이 지불한 비용을 통해 러시아 우주 산업이 더 발전할 수 있다는 데 방점이 찍혀 있었다. 취재 후기나 기자 수첩으로 글을 써야 하나 고민됐지만, 온 국민이 축제 분위기인데 재를 뿌리는 것 같아 차마 그렇게 하진 못했다.

국내 언론 보도의 한계

러시아는 한반도의 평화 통일을 어느 나라보다 더 바란다. 러시아제국 문장의 쌍두독수리처럼 러시아가 유럽과 아시아의 중심에 우뚝 서려면 한반도의 통일이 필요하다고 생각하는 러시아 전문가들이 많다. 언젠가 부산에서 출발한 열차가 서울과 평양을 지나 블라디보스토크, 시베리아를 거쳐 모스크바로 가는 그날까지 러시아의 한반도 전문가들은 우리나라의 통일을 바랄 것으로 생각한다. 하지만 국내 언론의 현실은 여전히 로이터와 AP, CNN 보도만 인용할 뿐 타스통신 등 러시아 언론 보도에 대해서는 큰 의미를 부여하지 않는다. 한반도를 둘러싼 4대 강대국 중에 우리 언론이 러시아만큼 귀 기울이지 않는 나라가 또 있을까. 러시아 전문기자를 꿈꾸고, 러시아 특파원이 되고 싶어서 한국으로 역유학 오다시피 해 기자가 됐지만, 매년 인사 때마다 출입처가 바뀌는 국내 언론 환경에선 전문기자를 배출하기도, 또 전문기자가 되겠다며 독자적인 행보를 이어가기도 쉽지 않다.

기자 시험을 준비할 때 다짐했던 게 있다. '딱 마흔 살까지만 기자 생활해야지'였다. 그때쯤엔 한·러 관계도 더 돈독해지고, 기자로서 양국 관계에 의미 있는 일을 했을 것으로 생각했다. 그런데 막상 마흔이 되고 보니, 여느 기자와 다르지 않은 길을 걸어온 것 같다. '러시아'라는 전문성은 어디로 갔는지 흔적도 없고, 오히려 사회부, 법조 기자 타이틀만 남았다. 바이라인도 mosqueen@mbc.co.kr인데…… 유학 시절에 모스크바에서 실력으로 '넘버원'이 되겠다며 고심 끝에 만든 Moscow+Queen을 쓰고 있는데 초심을 잃은 것일까. 이제라도 언론인으로서 한·러 관계 발전에 어떤 역할을 담당해야 할지 고민해야 할 것 같다.

내가 사랑한 러시아

2008년 4월 8일. 바이코누르 우주기지에서 그녀를 처음 만났던 순간을 저는 잊지 못합니다. 소유스호 발사대에서 1.5km 떨어진 관람대 가장 높은 자리는 그녀의 지정석이었습니다. 세계 최초 여성 우주인 발렌티나 테레시코바는 그날, 대한민국 1호 우주인의 탄생을 지켜보며 이소연의 무사 귀환을 기도하고 있었습니다. "내려가세요. 인터뷰 안 합니다." 처음엔 단호하게 거절했지만, 러시아어 한두 마디에 그녀는 무장 해제됐습니다. "기념으로 사진 한 장 찍어도 될까요?" 기자의 말에 옆에 있던 할아버지가 수줍게 "나도 같이 찍자"며 다가오셨는데 그분은 유리 가가린과 최종 우주인 후보 20명에 이름을 올리고, 세계 최초로 우주에서 유영했던 알렉세이 레오노프였습니다. 나에게 러시아란 테레시코바와 레오노프의 만남처럼 '아낌없이 주는 나무'입니다.

2008년 4월 8일
카자흐스탄 바이코누르 우주기지에서
발렌티나 테레시코바,
알렉세이 레오노프와 함께한 필자.
사진: 경향신문

임현주

모스크바국립대학교 언론학부와 그곳 대학원(석사)을 졸업했다. 2006년 경향신문 기자가 되어 사회부(경찰)와 산업부 등을 출입했고 한국일보와 중앙일보의 법조팀을 거쳐 2011년 MBC로 자리를 옮겼다. 현재 MBC 보도국 법조팀(인권사법팀)에서 검찰청과 법무부를 출입하고 있다. 가장 기억에 남는 취재는 2008년 4월 우리나라 최초의 우주인 탄생이다. 2011년 4월 동일본 대지진이 발생했을 때는 체르노빌 원전 사고 현장에 갔고, 같은 해 8월에는 북·러 정상회담을 취재했다. 2014년 2월 소치 동계올림픽 때는 한 달 가까이 현지에서 소식을 전했다.

나만의 시베리아를 찾아서

강인욱

미라가 맺어준 인연

"선생님은 어쩌다가 시베리아로 유학하러 가시게 되었죠?" 내가 강의
나 인터뷰를 할 때 가장 많이 접하는 질문이다. 고고학이라는 전공도 참
드문데, 그중에서도 시베리아라는 너무나 생소한 지역에서 유학했으니
그런 질문이 나오는 것도 그렇게 이상한 일은 아니다. 물론, 나 자신도 시
베리아 유학은 예상치 못했다.

나는 초등학교 때부터 역사, 특히 고대사를 좋아해서 우리 민족의 기
원을 밝히고 싶다는 생각으로 고고학과에 입학했다. 물론, 수업에서 바
이칼이나 알타이 같은 지역의 고대 문화와 한민족의 관련성을 주장하는
설들도 배웠다. 하지만 워낙 냉전 시절의 뜬구름 잡는 듯한 소리여서 큰
관심을 끌지 못했다.

다행히 1990년을 기점으로 러시아와 본격적인 교류가 시작되었고, 학
부 시절인 1991년에는 국립중앙박물관에서 '스키타이의 황금'이라는, 지
금 생각해도 참 귀한 전시회를 접하기도 했다. 하지만 국내 고고학계에
관련 전공자나 수업이 없었으니 나의 관심은 체계적으로 이어지지 못했

다. 그래도 막연하게나마 한반도의 북방 지역을 공부하겠다는 생각은 이어졌고, 학부의 졸업 논문으로 북한의 낙랑문화를 주제로 잡았다. 그리고 1993년에 대학원 석사 과정에 입학하고 나서 만주 지역의 고조선을 연구하겠다는 마음으로 비파형동검을 연구 주제로 잡았다. 또 막연하게나마 박사 과정은 중국으로 유학 가서 고조선과 관련된 청동기를 연구하고 싶었다.

당시는 러시아가 막 개방되어 러시아 학자들의 왕래가 시작되고 시베리아에 대한 관심이 조금씩 일어나던 시점이었다. 때마침 한국에서 지도교수 최몽룡 선생님과 나보다 먼저 유학을 가 있던 이헌종(현재 목포대학교 교수) 선생님을 통해서 시베리아 고고학 정보를 꽤 많이 접할 수 있었다. 그러던 중 1995년 여름에 나의 인생을 결정지은 중요한 전시회가 한국에서 열렸다. 바로 '알타이 문명전'으로 당시 발견된 다양한 시베리아 고대 유물을 모아놓은 전시회였는데, 그 백미는 파지릭 고분에서 발견된 미라였다. 이때 알타이의 미라를 발굴한 교수님이 그 전시회를 기념하여 한국을 방문했고, 바쁜 일정 중에도 따로 시간을 내 시청 앞의 호텔에서 나와 차를 마시며 박사 과정 유학을 올 것을 권유하셨다. 내가 만주 지역을 전공한다고 하니 오히려 반가워하시면서 '한국의 고고학자가 중국을 모른 채 시베리아를 연구한다면 관계없는 변방을 연구하는 것밖에 되지 않는다. 중국을 기반으로 시야를 더 넓게 볼 수 있다면 한국에 꼭 필요한 연구를 할 수 있을 것이다'라는 요지로 말씀하셨다.

사실, 그때까지 너무나 막연했던 시베리아였다. '수용소'나 '유형지'와 같은 척박한 땅의 이미지가 워낙 강하기도 했다. 하지만 시베리아에서 차디찬 북극권은 극히 일부이다. 시베리아의 주요한 역사는 초원과 초원 삼림 지역을 따라 수천 년간 유라시아를 매개로 동서의 문화가 왕래하던 문명의 교차로에서 이루어졌다. 이처럼 중요한 시베리아의 고대를 제대로 전공한 사람이 한국에 없었다. 기껏해야 일본어로 된 자료들을 어설프게 엮어서 이해하는 정도였다. 나의 지도교수 뱌체슬라프 몰로딘 선생님과의 만남은 내 일생의 연구 목표가 만주를 탈피하여 북방으로 나아가서 한국과 유라시아를 잇는 시베리아로 향하는 계기가 되었다. 그렇게 시베리아를 향한 내 평생의 열정은 2,500년 전 알타이의 고원 지대 차가운 얼음 속에 묻혀 있었던 미라가 인연을 맺어주면서 시작되었다.

러시아어를 독학하다

1996년 2월 22일, 나는 하바롭스크를 거쳐서 러시아과학아카데미 시베리아 지부가 있는 노보시비르스크에 도착했다. 공항 한쪽에 있는 온도계는 영하 24도를 가리키고 있었다. 마중 나온 연구소 직원은 날이 많이 풀려서 다행이라며 나를 격려해주었다.

곧이어 고고민족학연구소에서 연구원 생활이 시작되었다. 내 전공 분야의 연구팀은 때마침 새롭게 유치원 건물을 불하받아 개조한 2층짜리 박물관에서 근무하게 되었다. 1995년에 2,500년 전 알타이의 얼음공주 미라와 관련 유물들의 특별전으로 한국 국립중앙박물관을 찾았던 미라와 수많은 유물도 있었다. 2층짜리 유치원 건물에서 그렇게 미라와의 동거가 시작되었다.

연구소에서 유학 생활을 하면서 가장 먼저 부딪힌 문제는 언어였다. 고고학을 전공하고 석사까지 중국을 공부했기 때문에 나는 러시아어를 모르는 채로 러시아에 왔다. 학원에 등록해보긴 했지만, 며칠 다니다 그만뒀다. 막연하게 영어로 통할 줄 알았건만 지도교수님은 매정(?)하게도 우리 연구팀 연구원들에게 나와 영어로 대화하는 것을 금지했다. 시베리아를 제대로 공부하려면 어쨌든 러시아어를 하라는 뜻이었다. 물론 지금은 감사하게 생각하지만, 당시로서는 앞이 캄캄했다. 러시아과학아카데미에는 언어 과정이 따로 없었기 때문이다.

러시아과학아카데미는 우리가 생각하는 것과 같은 대학이 아니다. 근대 유럽에서 시작된 아카데미 시스템으로 과학 연구소 업무가 주를 이루고 대학원생들을 도제로 받는다. 그러니 유학생들을 위한 복지나 제반 시설은 없었다. 실제로 소련 시절부터 구소련과 위성 국가들 출신으로 이미 러시아어를 능통하게 구사할 수 있는 유학생들이 대부분이었으니, 굳이 어학 과정 같은 것이 있을 필요가 없었다. 다행히 내 연구실 옆방에는 중국 고고학 연구실이 있어서 그 방에서 나와 절친했던 세르게이 알킨 교수님과 중국어로 급한 일을 처리할 수밖에 없었다. 나중에 들었지만, 지도교수님은 우리 둘이 한국어로 말하는 줄 알고 그냥 내버려 뒀다고 한다. 하여튼 이때의 인연으로 세르게이 알킨 교수님은 이후 한국에 대한 관심이 높아져서 노보시비르스크국립대학교에 한국학 전공을 개설하는 등 한국 연구에 힘쓰시고 있다.

그래도 많이 불편한지라 주변 지인이 경제연구소에 근무하는 고려인 교수님을 소개해줬는데 카자흐스탄 고향을 오래전에 떠나온 탓에 한국어는 전혀 못 하는 분이었다. 대신에 영어를 잘하셔서 수업을 영어로 받아보았다. 생활이나 문화를 이해하는 데에는 꽤 도움이 되었지만, 경제학 전공이시고 어학 전공자가 아니니 그 까다로운 러시아의 본질을 어떻게 설명할지 몰랐다. 결국 러시아어를 독학하기로 마음먹었다.

먼저 전공 서적을 이해하기 위해서 중국어로 번역된 러시아어 책을 이용했다. 때마침 같이 근무하는, 말갈 연구의 대가인 여성 고고학자 예브게니야 데레비얀코 선생님의 말갈족 연구서가 중국어로 번역된 것을 알았다. 원본과 번역본을 빌려와 대조하여 읽으면서 전문용어와 표현을 익혀나갔다. 한문으로 된 용어가 많은 고고학이니 의외로 효과가 좋았던 기억이 난다. 게다가 이해가 잘 안 되는 부분을 직접 여쭤보면 손수 스케치하거나 유물을 보여주며 설명하시곤 했다. 게다가 고학하는 내 사정을 알고 가끔 집으로 불러 푸짐하게 점심을 내곤 하셨다. 그러면서 고조선을 연구했던 러시아 학자 유리 부틴이나 당신이 직접 북한에 가서 만난 북한 고고학자 등에 관한, 정말 세상 어디에서도 들을 수 없었던 여러 이야기를 들을 수 있었다.

데레비얀코 선생님뿐 아니라 연구원 전체가 나에게 아낌없이 유물을 보여주고 기꺼이 토론을 벌여주곤 했다. 시베리아 과학아카데미는 태평양에서 우랄산맥까지 거대한 시베리아는 물론이고 중앙아시아 여러 나라까지 관장하던 조직이었다. 그러니 연구실에 있으면 오늘은 카자흐스탄, 내일은 사할린, 이런 식으로 수많은 자료와 연구가 내 눈앞을 지나갔다. 그렇게 평생의 자산이 보이지 않게 쌓여갔다. 만약 내가 유학하러 간 시점이 요즘이거나 아니면 강대국 시절 소련이었다면 좀 달랐을 것이다. 러시아가 가장 힘든 시간에 유학하러 가서 고생한 것도 사실이다. 하지만 그런 시절이어서 오히려 시베리아 고고학의 핵심을 정말 손쉽게 얻어올 수 있었던 것 같아 지금도 감사할 따름이다.

연구소에서 전공과 관련된 일은 그럭저럭 해결했지만, 사실 전공보다 더 큰 문제는 생활 언어였다. 러시아어를 잘하지 못하면 당장 필요한 음식도 제대로 살 수 없을 정도였다. 말이 통하지 않아도 마트에서 그냥 물건을 담으면 된다고 생각할지 모른다. 하지만 1990년대 중반 아카뎀고로도크(과학단지)는 내가 필요한 물건들을 일일이 주문하면 점원이 쇼윈도 뒤에서 그 물건들을 찾고, 그사이에 나는 문 앞 계산대에서 다시 그 물건들을 말하고 돈을 지불하는 식이었다. 아마 소련 시절 배급표로 물자를 통제하던 시절의 전통인 것 같았다. 친구들의 도움을 받는 것도 한두 번이었다. 심지어 소시지를 잘라서 달라는 말을 못해 큰 덩어리를 통째로 사서 몇 주일을 먹었던 적도 있었다.

하지만 언어에 왕도가 있을 리 없다. 살기 위해서라도 하나씩 직접 이야기하고 읽고, 또 주변 사람들에게서 피드백을 받으면서 익혀나갔기 때문이다. 돌이켜보면 나에게 러시아어는 거대한 과거 문명을 연구하는 고고학 탐사와 같았다. 고고학자들은 몇 가지 단편적인 조각의 유물을 이렇게 저렇게 맞춰보면서 과거를 복원한다. 그렇게 해서 과거에 대한 법칙도 발견한다. 러시아인들의 역사와 문화가 녹아 있는 그들만의 러시아어는 생활과 공부를 하는 동안 나에겐 새로 발견되는 역사처럼 매일 새롭게 다가왔다. 하루하루 수많은 해프닝과 경험의 전리품으로 획득된 러시아의 편린들은 그렇게 내 머릿속의 박물관을 채워갔다.

평생의 경험이 된 시베리아에서의 첫 발굴

유학 간 지 4개월도 되지 않아서 나는 지도교수님의 팀과 함께 서부 시베리아의 늪지대로 유물을 발굴하러 나갔다. 덜컹거리는 66식 군용 트럭에 발굴장비와 함께 짐짝처럼 끼어 이틀을 달려간 곳은 허허벌판의 자작나무 숲과 늪이 어우러진 삼림 스텝 지역인 크시토프카라는 곳이었다. 이 동네는 러시아인들도 고개를 절레절레 흔들 정도로 엄청나게 모기들이 많았고, 습기 찬 호숫가 근처에 텐트를 친 우리는 3개월간 오로지 삽자루와 양동이만으로 발굴하고 흙을 퍼날라야 했다. 당시 과학자들의 상황은 최악이어서 지도교수님은 오리 사냥을 나가 저녁거리를 마련했고, 우리는 쉬는 날에 근처 농가에서 감자를 캘 정도였다. 하지만 사람이 참 신기한 게, 나 혼자 힘든 게 아니라 다 함께 고통을 분담하는 생활을 하니 금방 적응되는 것 같았다. 좀 지나니 삽질이나 도끼질도 익숙해져서 식사 당번이라도 하는 날이면 숲에 가서 장작도 거뜬히 패고 모닥불가에서 술도 마시고 기타도 치면서 생활을 나름대로 즐기게 되었다. 물론, 당시 발굴장에서 이런 얘기를 쓴 편지를 보내니 정작 부모님은 '어쩌다 우리 아들은 남들 다 가는 곳은 안 가고 엉뚱하게 시베리아로 유학을 가서 벌목공 생활을 하는가'라며 마음을 졸이셨다고 한다.

평생 매년 수많은 발굴 현장을 다니지만, 유독 시베리아에서 있었던 첫 번째 발굴은 지금도 어제처럼 생생하다. 그만큼 고생도 많았지만, 또 그렇게 시베리아의 매력에 빠지는 시간이었기 때문이다. 아마 따로 책을 써도 될 정도의 이야기가 나올 것 같다. 그런데 나의 경험에서 더욱 놀라웠던 점은 1996년이 나에게만이 아니라 러시아 사람들에게도 전무후무한 시간이었다는 것이다. 소련에서 러시아로 바뀐 뒤에 가장 힘든 시간이었고, 더욱이 시베리아 시골에서 그런 생활을 경험한 사람은 거의 없었을 것이다.

숲속에서 살던 우리 발굴팀이 세상의 문명과 유일하게 접하는 길은 3~4일에 한 번씩 빵을 구하러 읍내로 들어가는 트럭을 얻어 타는 것이었다. 우리 발굴단원들은 트럭이 읍내에 들어가는 날이면 조수석에 교대로 2명씩 타고 같이 가서 개인 기호품들을 살 수 있었다. 그러면 남아 있는 사람들은 우리에게 보드카며 담배를 부탁했고, 그런 날 저녁은 모닥불가에서 흥겨운 파티가 벌어지기도 했다. 트럭을 얻어 타면 저녁 6시 가까이 되어 벤게로보라는 마을에 도착할 수 있었고, 우리는 가장 먼저 생맥주를 파는 키오스크로 달려갔다. 뚱뚱한 판매원 아주머니가 집에 갈 시간에 오면 어쩌느냐고 투덜댔지만, 우리는 맥주를 짜내는 호스 앞에 빈 페트병들을 줄줄이 세워놓았다. 페트병이 하나 가득 차기가 무섭게 교대로 시원한 맥주를 들이켰다. 거품을 내려고 세탁 세제를 탔는지 맥주를 마시면 입술이 미끈거렸지만, 아무려면 어떤가. 그때 마신 맥주는 내 생애 최고의 맛이었고, 지금도 잊을 수가 없다. 그렇게 맥주를 마시다 보면 신기한 외국인을 보러 주변에 촌로들이 모였고, 같이 담배를 나눠 피우기도 했다.

사실 지금은 이렇게 낭만 어린 추억으로 보이지만, 숲속 텐트 생활은 정말이지 힘들었다. 게다가 1996년부터는 러시아과학아카데미 재정이 크게 악화해서 모든 게 힘들었는데, 나중에 동료들은 자신의 삶에서 이때가 가장 힘든 시기였다고 털어놓을 정도였다. 그런 힘든 시간을 함께한 동료들도 이제 50대를 훌쩍 넘어 러시아 학계의 중진이 되었고, 소련에서 러시아로 바뀐 뒤 혼란기의 시베리아를 기억하는 사람들도 갈수록 적어지고 있다. 어느덧 나의 경험도 점차 역사로 박제되어가고 있다. 하지만 세계적으로 우수한 과학 수준을 자랑했던 소련의 학문적 전통을 20대에 배우고 그들의 생활과 함께한 것은 내 인생의 가장 큰 행운이었을 것이다.

시베리아, 이어지는 인연

1999년 박사 학위 논문을 작성하던 중에 국립문화재연구소에서 한·

러 공동 발굴을 위해 연락이 왔다. 나와 내 선배이기도 한 국립문화재연구소 홍형우 학예사(현재 강릉원주대학교 교수)는 중간에서 메신저 역할을 수행했다. 하바롭스크에서 사할린 앞바다로 이어지는 아무르강 하류 언저리에 있는 작은 섬에서 발굴이 결정되었고, 2000~2002년간 발굴을 진행했다. 당시 거의 1년 가까이 우리는 수십 통의 메일을 주고받으며 힘든 조율 과정을 거쳤다. 여러 우여곡절 끝에 3년 사업이 잘 마무리되었고, 지금은 러시아는 물론 몽골, 카자흐스탄, 우즈베키스탄, 한국에서도 수많은 연구자가 매년 발굴에 나서고 있고, 많은 후학이 시베리아와 북방 지역 고고학을 전공하고 있다.

나는 2001년 8월 한국에 돌아와서 러시아 극동 지역과 몽골, 카자흐스탄 등으로 관심 분야와 연구 주제를 확대해나가고 있다. 광활한 시베리아만큼이나 연구 주제도 무궁무진하다. 지난 100년은 태평양 연안에서 폴란드 근처까지, 북극해에서 아프가니스탄 북쪽까지 러시아어로 통일되었던 시절이었다. 지금도 러시아어는 이들 지역에서 마치 라틴어나 한자와 같은 공용어 역할을 담당하고 있다. 이 유라시아의 중심에 시베리아가 있으니, 시베리아가 없는 유라시아 역사는 상상할 수 없다. 한국에서 유라시아에 대한 관심이 최근 들어 꽤 증가하고 있는 현상은 너무나 고무적이다. 하지만 유라시아의 핵심에 바로 시베리아가 있다는 점도 기억해야 할 것이다. 시베리아의 진정한 가치를 찾지 못한다면 유라시아에 관한 어떤 담론도 결국 공염불에 그칠 수밖에 없기 때문이다.

내가 처음 시베리아에 발을 디딘 때나 지금이나 시베리아라고 하면 사람들은 척박하고 거친 땅으로만 기억한다. 시베리아는 유럽에서 바라본다면 미지의 땅일 것이다. 하지만 동북아시아에 위치한 우리에게 그들은 반드시 함께해야 할 이웃이다. 다른 나라의 의견을 빌리지 않고 바로 우리의 관점에서 시베리아를 바라봐야 한다. 그래서 각 지역의 전문가도 많이 필요할 것이다. 더 많은 후학이 나의 뒤를 이어서 우리만의 시베리아를 만들 때가 되었다.

시베리아, 또 다른 오리엔탈리즘

시베리아만큼 우리에게 저평가되어 있는 지역도 없을 것이다. 사람들은 시베리아라면 북극권의 동토 지대만을 떠올리기 마련이다. 시베리아에 관한 고정된 이미지는 유럽에서 시작되었다. 러시아는 유럽의 변방으로 무시되었다. 그리고 이런 러시아의 일부였던 시베리아는 유형지나 불모지로만 각인되었다. 시베리아라는 말에서 수용소나 북극권의 동토 지대만 떠올리는 습관도 어찌 보면 수백 년간 유럽에서 이어져온 동방에 대한 편견인 오리엔탈리즘과 뿌리가 다르지 않을 것이다. 사실, 위도상으로 보면 시베리아는 캐나다와 미국 동북부 지역의 자연환경과 큰 차이가 없다. 그런데도 시베리아 전체는 마치 근대 이후의 아시아를 바라보는 왜곡된 시선에서처럼 의미 없는 변방으로만 간주된다. 하지만 동아시아가 이웃하는 러시아는 바로 시베리아이다. 시베리아와 극동에 대한 무지는 오리엔탈리즘의 발로일 뿐이다.

시베리아는 그런 편견에 가두어두기에는 우리에게 너무나 중요한 지역이다. 과연 우리 안에 시베리아 각 지역에 대한 전문가는 있는지, 우리의 인식 속에 그들에 대한 편견은 과연 없는지 진지하게 생각할 때가 되었다. 러시아가 동아시아에서 다른 유럽 지역과 구별되는 이유는 바로 시베리아에 있다. 러시아가 수많은 슬라브계 국가나 유럽과 다른 점은 바로 동아시아와 인접했다는 지리적인 특성에 있다. 다른 나라의 편견을 빌려 시베리아를 대하는 시각에서 벗어나지 못한다면 우리에겐 어떤 북방정책도 의미가 없을 것이다.

나만의 시베리아를 찾아서

제자들과 상담할 때 내가 자주 하는 조언은 '자신만의 시베리아를 찾아가라'는 것이다. 자기의 삶을 개척하는 사람들에는 크게 두 부류가 있는 것 같다. 수많은 사람이 먼저 간 길 속에서 자신의 길을 찾는 사람이 대부분이지만 남들이 가지 않는 곳을 개척하고 자신만의 전문성을 만들어 혼자만의 길을 개척하는 사람도 적지 않다. 만약 후자가 자신의 적성에 맞는다면, 자신만의 시베리아를 찾아보라고 권하곤 한다. 꼭 시베리아를 연구하라는 뜻은 아니다. 광활한 유라시아의 어느 지역, 어떤 전공이라도 상관없다. 중요한데도 아무도 쉽게 접하지 못하는 지역으로 과감히 뛰어들어 자신만의 영역을 개척하는 패기가 필요할 것이다. 시베리아 같은 거대한 잠재력이 있는 지역을 찾아내서 독자적인 길을 만들어가는 과정은 그 자체만으로도 큰 보람이 있을 것 같다. 자신만의 시베리아를 찾아 운명을 개척하여 평생의 업으로 삼는 젊은이가 많이 나오길 바라 마지 않는다.

시베리아와 인연을 맺은 지 어느덧 25년이 흘렀다. 나에게 언제나 시베리아는 엄청난 도전과 가능성이었다. 지금도 매년 수없이 시베리아와 유라시아 일대를 다니면서 새로운 자료와 유물을 찾아가고 있다. 이제는 그동안 모아놓은 자료를 기반으로 좀 더 적극적으로 한국과 시베리아를 잇는 고대 역사의 고리를 찾아가는 작업을 진행할 계획이다. 이 작업은 내가 어릴 적 꿈꾼 대로 우리 역사를 밝히는 큰 그림을 그려가는 작업이기도 하다. 시베리아가 있었기에 한국에서 실크로드, 그리고 중국 북방을 이어서 한국과 유라시아의 고대 역사를 밝힌다는 내 인생의 목표를 구체화할 수 있는 것 같다. 앞으로 얼마나 더 많은 시베리아 자료로 우리의 고대 역사를 새로 쓸 수 있을지 상상만 해도 마음이 설렌다.

내가 사랑한 러시아

러시아의 자연은 두말할 것 없이 아름답다. 하지만 나를 언제나 흥분시키는 것은 그 땅속에 감추어진 수천 년 역사와 유물이다. 한국과 달리 사방에 사람이 아무도 살지 않는 벌판, 그리고 제대로 된 길도 없이 잡초만 우거진 그 땅속에는 무궁무진한 유적과 유물이 숨어 있다. 한 삽 한 삽 끝도 없는 흙 속에서 조금씩 드러나는 과거의 유물과 사람들의 흔적, 그 흙먼지의 즐거움은 직접 느껴본 사람만이 오롯이 가지는 세상에 둘도 없는 행복이다.

2,500년 전
유목민의 무덤과
기념 석인상이 놓여진
알타이의 초원

강인욱

서울대학교 고고미술사학과에서 학부와 석사를 마치고 러시아과학아카데미 시베리아 지부 고고민족학 연구소에서 박사 학위를 취득했다. 초등학교 때부터 고고학자를 꿈꾸며 살아왔고, 지금도 경희대학교 사학과 교수로 고고학을 강의하고 있다. 시베리아를 중심으로 매년 러시아, 몽골, 중앙아시아 등을 다니며 새로운 자료를 조사하고 있다. JTBC '차이나는 클라스'에 출연하고 〈서울신문〉, 〈조선일보〉, 〈한겨레〉 등에 칼럼을 연재하는 등 고고학의 진짜 매력을 우리 사회에 널리 알리고자 힘쓰고 있다. 주요 저서로 『시베리아의 선사고고학』, 『유라시아 역사 기행』, 『강인욱의 고고학 여행』, 『북방 고고학 개론』 등이 있다.

상상의 지리에서 현실의 지역으로

라승도

러시아의 재발견

나는 지금으로부터 11년 전인 2009년 여름에 10일 일정으로 모스크바를 방문하면서 러시아 땅을 처음 밟았다. 1987년 대학에 들어가서 러시아 어문학을 공부하기 시작한 이후 22년 만이었다. 1990년 9월 30일 한국과 러시아(당시 소련) 사이에 역사적인 외교 관계가 수립되기 직전에도 이미 '금단의 땅' 러시아를 다녀온 사람들이 주변에 더러 있었다. 그중에는 나의 학과 친구와 선배도 있었다. 이야기로만 읽거나 전해 듣던 러시아를 직접 방문하고 왔다니, 그것도 국교 수립 이전인 소련 시절에 다녀왔다니 그때까지 가고 싶어도 갈 수 없었던 사람들은 그들이 마냥 부럽기만 했을 것이다. 이처럼 1990년 한·러 수교 전후부터 러시아를 방문하고 경험해본 사람들과 비교하면 나의 러시아 첫 방문과 경험은 꽤 늦은 편이다. 수교 이후 1990년대를 거쳐 2000년대 말까지 한·러 관계가 다방면으로 발전을 거듭하는 가운데 여러 분야에 걸쳐 수많은 사람이 러시아를 직접 경험했고, 특히 2000년대 말에는 원로 학자든 신진 교수든 국내의 많은 러시아 연구자 중에 모스크바나 상트페테르부르크쯤은 이미 한두 번 다녀오지 않은 사람이 거의 없었다. 이유야 어찌 됐든 2009년 당시 내가 22년째 러시아를 공부하면서 오래전부터 자유롭게 드나들 수 있었던 러시아 땅을 그동안 한 번도 밟아본 적이 없다는 것은 분명히 흔치 않은 일이었다.

그러나 나의 러시아 첫 방문이 다른 많은 사람과 비교하여 꽤 늦긴 했어도 나는 2009년 처음 러시아 땅을 밟은 이래 지금까지 10여 년간 러시아의 많은 지역을 잇달아 직접 방문했고, 이 과정에서 각종 자료나 언론 보도만으로는 쉽게 드러나지 않는 러시아 사회의 다양한 현상과 양상, 당면한 문제를 피부로 느끼고 파악할 수 있었다. 특히 최근 5년간 집중적으로 이뤄진 '우랄 고리'(페름-예카테린부르크-우파-첼랴빈스크)와 캅카스와 크림반도(소치-얄타-세바스토폴) 답사, 볼가강 연안 지역(니즈니노브고로드-카잔-울랴놉스크-사마라-사라토프-볼고그라드) 일주, 콜리마 대로大路(야쿠츠크-마가단) 탐사, 러시아 북극권 지역(무르만스크-아르한겔스크-보르쿠타-나리얀마르-살레하르트)과 크라스노야르스크, 노보시비르스크, 이르쿠츠크 등 시베리아 지역과 극동 11개 지역 조사 여행은 민족적, 종교적, 언어적으로 다채로운 러시아의 문화적 면모를 제대로 이해하는 데 필요한 현장 경험을 풍부하게 쌓을 수 있게 했다.

예를 들면, 2018년 7월 말 8월 초 사이 1주일간 2,000km 이상을 자동차로 달리며 답사한 콜리마 대로에서 마주친 레나강과 오호츠크해 사이 러시아 극동 오지의 현실에서는 소비에트 시절부터 현재까지 이어지고 있는 현대화 담론에 담긴 모순과 역설, 아이러니를 적나라하게 확인할 수 있었다. 특히 2019년 8월 무르만스크 바렌츠해 연안의 작은 북극 어촌 마을 테리베르카 방문은 이곳이 2014년 안드레이 즈뱌긴체프 감독의 영화 〈리바이어던〉에서 주요 배경으로 설정된 이후 그전까지 아무도 찾지 않던 북극 오지 마을이 일약 세계적 관광지로 발돋움한 과정을 직접 확인하고 러시아 북극권 개발의 과거와 현재 상황을 파악하며 미래 전망을 가늠해볼 좋은 계기로 작용했다.

이와 함께, 무르만스크에서 기차를 타고 남쪽을 향해 출발하여 러시아 북극권의 대표적인 '모노타운' 중 하나인 아파티티-키롭스크를 방문한 다음 카렐리야공화국 수도 페트로자보츠크를 거쳐 상트페테르부르크까지 이어지는 러시아 영토 '등뼈 라인' 일부 답사도 러시아 사회에 대한 다채로운 경험과 인식의 기회를 새롭게 제공해주었다. 이때 카렐리야 항구 도시 켐에서 악천후에도 배를 타고 3박 4일 일정으로 방문한 솔롭키 제도는 콜리마 대로와 함께 '나의 러시아 문화유산 답사'에서 가장 중요한 경험적 인식 공간 가운데 하나로 남았다. 요컨대, 이처럼 뒤늦게 이뤄진 러시아 방문과 경험은 그동안 책으로 읽고 영화로 보며 간접적으로만 알던 '상상의 러시아'를 현실 속에서 오감으로 확인하고 집중적으로 '재발견'하는 과정이었다.

푸시킨과 '상상의 러시아'

2009년 러시아 땅을 처음으로 직접 밟아 보기 전까지 러시아는 내가 관련 자료를 아무리 많이 읽었더라도 여전히 '미지의 영토'이자 '상상의 지리'로 남아 있었다. 다시 말해 대학 입학과 함께 전공으로 처음 접하기 시작한 러시아를 20여 년간 현실 세계의 한 지역으로서 구체적으로 경험할 수 없었다. 그 대신 러시아는 내가 대학 신입생 때부터 무척 좋아했고 지금까지 나의 전공 분야로 연구하고 있는 러시아 문학 작품들 속에서 다채로운 모습으로 내 앞에 나타났다. 러시아가 이처럼 '상상의 지리'로서나마 내게 다가오기 시작한 것은 대학 입학 직후 최초로 읽은 러시아 문학 작품들, 그중에서도 특히 알렉산드르 푸시킨의 장편 소설 『대위의 딸』을 통해서였다. 시와 소설, 희곡 등 여러 장르에 걸친 푸시킨의 작품에서 러시아는 '북방의 수도' 상트페테르부르크에서 저 멀리 남쪽 캅카스 산악 지대에 이르기까지 굉장히 광범하고 다양하게 나타난다. 그중에서 내가 『대위의 딸』을 통해 처음 접한 러시아는 볼가강 연안의 심비르스크(현재 울라놉스크)와 우랄산맥 최남단 지역으로 카자흐스탄과 국경을 이루고 있는 오렌부르크였다. 물론 소설 첫 부분과 마지막 부분에 상트페테르부르크도 나오지만, 이곳은 두 세기 이상 러시아 제국의 수도였고 소련 시절에도 제2의 수도로 잘 알려졌던 탓인지 심비르스크와 오렌부르크만큼 궁금증을 불러일으키지는 않았다.

『대위의 딸』에서 심비르스크는 소설의 주인공 표트르 그리뇨프가 "철부지 귀족"으로 열여섯 살 때까지 살았던 곳으로 나온다. 즉 심비르스크는 소설 초반부와 후반부에서 주요 행위와 사건의 배경으로 등장한다. 하지만 이곳을 둘러싼 흥미로운 이야기나 장소들은 자세히 소개되지 않는다. 그래서 나에게 심비르스크는 그 이후로 오랫동안 어떤 곳인지 구체적으로 가늠하기 어려운 '상상의 지리'로만 남을 수밖에 없었다.

한편, 오렌부르크는 표트르 그리뇨프가 심비르스크의 고향 마을을 떠나 군에 입대하여 장교로 부임하는 곳으로 나온다. 이곳은 특히 18세기 러시아 역사에서 최대 사건 중 하나로 기록되는 예멜리얀 푸가초프의 농민반란이 일어난 곳으로, 푸시킨의 허구 세계에서도 그리뇨프와 푸가초프의 운명적인 만남이 펼쳐지는 주요 배경 공간이다. 이런 점에서 오렌부르크는 벨로고르스크 요새나 야이크강 등을 중심으로 심비르스크보다 훨씬 더 자세하고 구체적인 모습으로 제시된다고 할 수 있다. 그러나 내가 대학에 갓 들어와 읽은 소설에서 느낀 오렌부르크는 심비르스크만큼 가늠할 수 없을 정도로 낯설기만 했을 뿐이다. 실제로 푸시킨의 소설을 통해서 처음 접한 심비르스크와 오렌부르크는 당시 나에게 매우 생경하고 추상적이었다. 하지만 이 두 지역의 기억은 러시아에 역사적, 인종적, 언어적으로 서로 다른 지역이 너무 많아서 이 모든 지역을 망라하여 전체적으로 접근할 때라야 크고 작은 수많은 조각으로 이뤄진 거대한 모자이크 같은 러시아의 본질에 조금이나마 더 가까이 다가갈 수 있음을 깨닫게 해준 최초의 계기로 작용했다.

볼가강 대장정

대학 신입생 때 푸시킨의 『대위의 딸』을 처음 읽고 접한 심비르스크와 오렌부르크는 그로부터 30년 후인 2017년 8월 한국외국어대학교 러시아연구소 인문한국(HK) 연구사업의 일부로 '볼가강 대장정'이란 이름 아래 개인적으로 진행한 러시아 현지 조사를 통해서 마침내 '상상의 지리'에서 벗어나 '현실의 지역'으로 나에게 다가왔다. 2017년은 내가 러시아 문학을 통해 이 두 지역을 처음으로 접하고 기억 속 깊이 간직하게 된 지 30년이 되는 해였으니 현지 조사 일정과 동선이 다소 복잡해지더라도 바로 이런 때 두 곳 모두 방문하면 여러모로 의미 있을 것으로 생각했다.

'볼가강 대장정'은 그해 8월 모스크바 셰레메티예보 국제공항에서 렌터카를 직접 운전하고 출발하여 블라디미르와 수즈달을 거쳐 무롬, 니즈니노브고로드, 카잔, 울랴놉스크(심비르스크), 사마라, 사라토프, 볼고그라드까지 방문한 뒤에 여기서 렌터카를 반납하고 비행기를 타고 모스크바로 돌아오는 굉장히 빠듯한 답사 행군이었다. 이때 모스크바에서 볼고그라드까지 자동차로 매일 밤낮 가리지 않고 달린 거리만 해도 거의 3,000km에 달했다. 애초에는 니즈니노브고로드와 카잔 사이에 있는 볼가강 연안 주요 도시인 체복사리도 방문할 계획이었지만, 일정이 너무 빠듯하여 이곳은 부득이하게 생략할 수밖에 없었다. 또 카스피해로 흘러 들어가는 볼가강 하구의 주요 도시인 아스트라한 방문도 아쉽지만 다음 기회에 모색하기로 했다. 이렇게 촉박한 일정과 긴 거리로 다소 험난했던 '볼가강 대장정'은 여러모로 특별한 의미가 있었다.

무엇보다도 러시아 역사·문화의 도도한 물결이 흐르는 볼가강 연안의 주요 지역들을 자동차를 손수 운전해서 방문하여 소련 붕괴 이후 사반세기 동안 이들 지역이 어떻게 변하고 있는지, 또는 변하지 않고 있는지를 직접 경험하고 고찰했다는 점에서 큰 의미를 찾을 수 있었다. 이와 관련하여 볼가강 연안 지역을 관통하는 러시아 도로에서 겪은 인상적인 사건 한 가지가 있다. "러시아에는 두 가지 불행이 있다. 그것은 바로 바보들과 길이다"라는 속담이 18세기부터 전해 내려온다. 이 속담은 러시아의 도로 사정이 예로부터 매우 열악하여 악명 높았다는 사실을 반영한다. '볼가강 대장정'에서 분명하게 목격할 수 있었던 오늘날 러시아 현실의 부정적 민낯 중 일부도 바로 굉장히 열악한 도로 상황이 보여준다. 이러한 상황은 2017년 8월 23일 M7 연방도로를 타고 니즈니노브고로드에서 카잔으로 달려가던 중에 목격한 끔찍한 교통사고의 여파를 통해 적나라하게 드러났다. 니즈니노브고로드에서 출발하여 45km쯤 달렸을 때 차량 흐름이 갑자기 막히기 시작하더니 곧이어 완전히 멈춰 섰다. 이후 어떤 상황이 벌어졌는지 전혀 모른 채 4시간 이상 그 자리에 꼼짝없이 멈춰 있어야만 했다.

막힌 차량 흐름이 나중에 풀리면서 알게 된 사실은 연방도로에서 4시간 이상 오도 가지도 못하게 된 원인이 바로 교통사고였다는 것이다. 하지만 이보다 더 중요한 사실은 M7 연방도로가 소련 붕괴 이후 새롭게 바뀐 교통 상황을 전혀 반영하지 못한 채 소련 시절 건설된 상태로 운용된다는 데 있었다. 소련 시절에는 일반 국민 사이에 자가용 승용차 소유자가 많지 않아 오늘날과 같은 자동차 여행이 흔하지 않았고 지역 간 소비재 수송도 많지 않아서 자동차 물류도 발달하지 않았다. 따라서 중간중간에 추월선을 덧붙여놓은 왕복 2차선 도로면 충분했을 것이다. 게다가 여행도 화물 수송도 상당 부분을 철도가 대신 도맡았다. 그러나 소련 붕괴 직후 도입된 서구식 시장 자본주의와 소비·여가문화가 러시아에서도 지난 사반세기 동안 고도로 발달하고 그에 따라 사람과 물자의 이동도 폭발적으로 증가하면서 인프라 확충 등 도로 현대화가 절실해졌다.

유감스럽게도, 이렇게 절박한 상황이건만 현대 러시아에서는 많은 도로가 아직도 소련 시절에 건설된 상태 그대로 유지되고 있다. 그래서 교통사고가 빈발하는데, 특히 교통 수요가 많은 연방도로에서 교통사고가 나면 왕복 2차선이다 보니 사고 처리 과정이 매우 더디고 그로 인해 양방향 소통이 길게는 네다섯 시간 이상 꽉 막힌다. 이로부터 나오는 비용 손실도 어마어마할 것으로 보인다. 예를 들어 양방향으로 수십 킬로미터씩 막혀 있는 차량 행렬 사이에서 물류 차량이 눈에 많이 띄었는데, 화물이 제시간에 도착하지 못함으로써 발생하는 손해비용이 만만찮았을 것이다. 니즈니노브고로드와 카잔 사이를 잇는 M7 연방도로, 카잔과 울랴놉스크 사이를 잇는 R241 연방도로 등 러시아 지방의 주요 도시를 잇는 도로를 수백 킬로미터에 걸쳐 달리다 보면 고장으로 인해 길가에 서 있는 대형 화물차와 그 아래 드러누워 뭔가를 고치는 운전사의 모습을 심심찮게 볼 수 있다. 또 대형 타이어들이 심하게 찢어진 채로 길가에 버려져 있는 보기 흉한 풍경도 눈에 자주 띈다. 이 모든 것은 러시아 도로 상황이 그만큼 열악하다는 것을 방증한다.

'볼가강 대장정' 과정에서 길 양옆으로 끝없이 펼쳐지는 대평원은 목가적 풍경을 연출하며 낭만적 기분에 흠뻑 젖어 들게 했다. 하지만 다른 한편으로 이 대평원 사이를 달릴 때 차가 고장이라도 난다면 그야말로 고립무원과 속수무책의 상황에 빠질 수밖에 없을 것 같았다. 우리나라는 어디서든 자동차가 고장으로 멈춰 섰을 때 보험사에 전화 한 통 걸면 견인차가 곧바로 달려오니 패닉 상태에 빠지는 일이 없다고 해도 과언은 아닐 것이다. 그러나 러시아에서는 상황이 많이 다르다. 볼가강 연안 지역들을 따라 달리면서 목격한 도로 주변의 열악한 인프라 상태는 한적한 시골에서 차가 고장이라도 나면 서비스를 받기가 매우 어렵겠다는 생각이 들게 했다. 첫째로 자동차 보험사나 서비스센터로 전화 연결 자체가 불가능할 것 같았다. 다행히 전화 연결이 되어 견인차가 온다 하더라도 실제로 현장에 도착하기까지는 허허벌판에서 몇 시간씩 하염없이 기다려야만 할 것 같았다. 러시아 지방의 열악한 도로 상황은 2018년 8월 블라디보스토크에서 자동차를 운전하고 출발하여 라즈돌리노예, 크라스키노를 거쳐 북한-러시아 국경도시 하산을 방문하고 나서 우수리스크에 들렀다가 다시 블라디보스토크로 돌아오는 여정에서도 경험할 수 있었다. 요컨대, 러시아 지방의 한적한 길을 달리다가 차가 고장으로 멈춰 서기라도 하는 상황은 상상조차 하기 싫은 끔찍한 악몽이 될 수도 있다는 생각이 들었다.

심비르스크-울랴놉스크

내가 푸시킨의 소설을 통해 처음 알게 된 심비르스크는 1917년 러시아혁명의 지도자이자 소련 건국의 아버지로 불리는 블라디미르 레닌이 1924년 1월 사망하고 나서부터 공식 명칭에서 사라졌고, 그 대신 울랴놉스크라는 이름이 새로 만들어져 현재까지 이어지고 있다. 울랴놉스크라는 새로운 지명은 심비르스크 출신인 레닌을 기념하기 위해 그의 원래성인 울랴노프에서 따서 만들어졌다. 이와 관련하여 아주 흥미로운 사실은, 상트페테르부르크가 1914~24년 혁명기에 페트로그라드로 개명됐고 1924년 레닌 사후 그를 기념하여 다시 레닌그라드로 바뀌어 1991년까지 이어졌다가 소련 붕괴 이후 본래의 이름을 회복했던 것과는 다르게, 울랴놉스크는 바로 레닌의 고향 도시여서 그런지 소련 붕괴 이후에도 본래의 이름인 심비르스크로 돌아가지 않았다는 점이다. 이는 볼가강 연안 도시인 니즈니노브고로드가 소련 시절 '고리키'로 불리다가 소련 붕괴 이후에 본래 이름을 회복했고 사마라가 '쿠이비셰프'에서 본래이름을 되찾은 것과 비교해도 주목할 만한 사실이다. 하지만 그렇다고해서 심비르스크라는 지명이 오늘날 러시아 사람들의 의식 속에서 완전히 사라진 것은 아니다. 심비르스크라는 말은 현재도 공공장소나 일상생활 속에서 흔히 보이는 심비르스크-울랴놉스크라는 비공식 표기를 통해 자주 접할 수 있다.

내가 방문한 2017년은 이곳에서 태어난 레닌이 1917년 10월 러시아혁명을 성공시킨 지 100주년이 되는 해였다는 점에서 특별한 의미가 있었다. 영국 옥스퍼드대학교에서 러시아 역사를 연구하고 가르치는 로버트 서비스 교수는 2000년에 출판한 전기 『레닌』에서 18~19세기 당시 심비르스크가 "사회 엘리트들의 전통주의로 유명한 곳으로 이른바 귀족들의 보금자리 중 하나였다"고 쓰고 있다. 이런 심비르스크에서 러시아의 위대한 역사가 니콜라이 카람진이 배출됐고, 19세기 러시아 사실주의 문학의 대표 작가 중 한 사람이었던 이반 곤차로프도 탄생했지만, 오늘날 공식 지명에서 알 수 있듯이 이곳은 단연 레닌의 고향으로 가장 유명하다.

레닌 사망 이후 심비르스크에서 울랴놉스크로 바뀌고 나서 이곳에서는 볼가강이 가장 잘 보이는 높은 언덕에 레닌 광장이 조성됐고 그 끝에 전형적인 소비에트 건축 양식으로 거대한 규모의 레닌 기념관이 설립됐다. 특히 레닌 기념관은 광장 옆 거리에 떡하니 버티고 서 있는 베네츠(화관) 호텔의 고층 건물과 함께 광장 주변 풍경을 압도한다. 이곳을 직접 방문하기 전에는 책이나 지도를 통해서만 봐서 실감하지 못했는데, 실제로 가서 보니 레닌 광장 주변이 소련 시절에는 레닌 테마 공원이나 다름없지 않았을까 하는 생각이 들 정도로 온통 레닌 일색이었다. 물론 곤차로프 박물관도 가까운 곳에 있었지만, 소련 시절에 곤차로프는 레닌의 그늘에 가려 빛을 보지 못했을 터였다. 레닌 숭배가 최고조에 이른 스탈린 시대와 그 이후 소련 해체 전까지 울랴놉스크 레닌 광장과 기념관은 해마다 소련 각지에서 위대한 혁명 지도자의 발자취를 찾아서 오는 방문객들의 발길이 끊이지 않았을 것이다. 그러나 2017년 러시아혁명 100주년을 맞는 시점에 찾아간 레닌의 고향은 전반적으로 매우 차분했고 레닌 광장과 기념관 주변도 방문객들의 발길을 거의 찾아보기 어려웠다.

레닌의 고향이므로 혁명 100주년을 맞아 다른 어떤 지역보다 더 들뜨고 역동적인 분위기를 보여줄 것으로 기대했는데, 이런 기대는 보기 좋게 빗나가고 말았다. 당시 울랴놉스크는 러시아 지방 도시들에서 흔히 보이는 것처럼 정적인 분위기였고 혁명 100주년을 맞은 레닌의 이미지는 오히려 퇴색하는 듯한 느낌이 들었다. 웅장한 레닌 기념관 앞으로 드넓게 펼쳐진 광장은 예닐곱 명의 노인으로 이뤄진 관광객만 겨우 눈에 띌 뿐 텅 비어 있었다. 이처럼 사람들의 발길이 거의 없는 광장에서 아이스크림을 파는 앳된 얼굴의 아가씨가 있어 눈길을 끌었는데, 때마침 8월 한여름이어서 아이스크림으로나마 더위를 식혀볼 요량으로 그녀에게 다가가서 주문했다. 놀랍게도 그녀는 아이스크림을 건네주면서 내게 한국 사람이냐고 물었고 그렇다고 대답하자 자기가 지금 케이팝에 빠져 인터넷으로 한국어를 독학하고 있다고 말했다. 내가 그녀의 이름과 여기서 무슨 일을 하는지를 묻자 이름은 마리야 라브렌티예바, 대학에서 체육학을 전공한다고 밝혔다. 그러면서 나중에 한국에 꼭 가보고 싶다고 덧붙였다. 푸시킨의 소설을 통해 처음 접한 지 30년 만에 이뤄진 나의 심비르스크-울랴놉스크 방문에서 대미는 이처럼 레닌 광장에서 아이스크림을 파는 '알바생' 마리야와의 우연한 만남이 장식했다. 울랴놉스크에서 마주친 뜻밖의 현상은 케이팝 등 한류 문화가 레닌의 고향 같은 러시아 지방 도시에도 널리 퍼져 있다는 사실이었다.

오렌부르크

2017년 8월 '볼가강 대장정'에 오르기 전에 나는 모스크바에서 비행기를 타고 러시아 우랄 지역 남부 자락에서 카자흐스탄과 인접한 오렌부르크를 다녀왔다. 내가 푸시킨의 소설에서 오렌부르크를 처음 접하고 '상상의 지리' 속에 러시아 지방의 낯선 존재를 느끼기 시작한 지 30년이 되기도 했고 그에 앞서 2016년 10월 블라디미르 푸틴 대통령의 오렌부르크 방문 뉴스에서 인상 깊게 본 러시아 변방의 이국적 풍경이 내 오래된 기억 속에서 오렌부르크를 끄집어내기도 했다. 이렇게 해서 마침내 방문한 오렌부르크는 푸시킨 시대나 지금이나 변방 도시의 위상에서 크게 달라지지 않았다는 생각이 가장 먼저 들었다. 공항에서 택시를 타고 예약한 시내 호텔로 이동할 때 내 눈에 들어온 도시 이미지는 변두리나 중심지나 전반적으로 어수선하다는 인상이 짙었다.

실제로 오렌부르크는 산뜻하고 세련된 현대적 도시 이미지와는 거리가 멀었다. 그렇다고 19세기 러시아 문화유산이 잘 보존돼 있지도 않은 것 같았다. 특히 시내 여기저기에 있는 오래된 목조 건축물의 보존 상태가 몹시 열악해 보였다. 이는 소비에트 시절에 조성된 대표적인 시내 명소에서도 확인됐다. 우랄 지역 최남단에서 유럽과 아시아의 경계를 이루는 우랄강의 유럽-아시아 다리 주변 시설이 많이 망가져 방치돼 있었다. 다행히도 이곳은 2년 뒤 확인해 본 결과 러시아연방 정부가 대대적으로 진행 중인 도시 환경 정비 프로그램을 통해 깔끔하게 재단장했다. 하지만 이곳도 겉으로만 번지르르하게 정비하고 속으로는 부실하여 몇 년 후면 전과 똑같은 모습을 드러낼지도 모른다.

소련 붕괴 이후 사반세기가 흘렀는데도 오렌부르크는 대체로 소비에트 색채에서 크게 벗어나지 못한 것 같았다. 시내 중심가를 형성하는 소베츠카야 거리를 따라 서 있는 건물과 각종 시설도 소련 시절 조성된 상태에서 거의 달라지지 않았다. 이처럼 낙후한 지방 도시 오렌부르크에서 그나마 눈길을 끄는 곳이 있다면, 바로 중심부에 자리 잡고 있는 전쟁 기념 공원이다. 이 공원은 드넓은 담장 전체를 '게오르기 리본'으로 화려하게 장식하고 있어 특히 이채롭게 보이고 요즘 러시아 사회를 지배하고 있는 애국주의 분위기를 물씬 풍긴다. 오렌부르크는 우랄강을 끼고 유럽과 아시아 사이에 걸쳐 있고 남쪽으로는 카자흐스탄과 인접한 변경 지역으로서 독특한 지역 정체성을 띠고 있다. 이러한 특성은 이미 푸시킨의 『대위의 딸』에 잘 나타나 있다. 푸시킨의 소설에서 오렌부르크는 러시아인과 카자크인, 타타르인 등 여러 인종과 종교, 문화가 교차하고 갈등하고 충돌하는 곳이다. 이러한 양상은 푸시킨 동상이 그 앞에 커다란 모습으로 서 있는 오렌부르크 역사박물관에 가서 확인해 볼 수 있다. 끝으로, 오렌부르크에 가면 이곳의 특산품으로 러시아 안팎에 명성이 자자한 '오렌부르크 숄' 하나쯤은 꼭 사서 가까운 사람에게 선물하면 아주 좋을 것 같다.

내가 사랑한 러시아

러시아 여행에 나설 때마다 단순히 명승지나 자연경관을 구경하고 휴식을 취하기보다는 항상 뭔가를 새롭게 관찰하고 발견하고 싶은 마음이 앞선다. 그렇게 새로운 장소나 대상에 한번 빠지면 물불 가리지 않고 찾아 나서다가 위험한 상황을 맞기도 한다. 유서 깊은 정교회 수도원과 악명 높은 굴라크(강제노동수용소) 박물관을 찾아 악천후를 뚫고 백해 솔롭키 제도를 다녀올 때도 위험천만했다. 섬에 들어갈 때나 나올 때나 날씨가 좋지 않아 강한 비바람과 높은 파도로 심하게 출렁이던 작은 배 안에서 겪은 극심한 뱃멀미와 침몰 공포감은 평생 잊지 못할 것 같다. 하지만 솔롭키에서 경험한 러시아 역사와 문화, 대자연은 그동안 겪은 불편과 고통, 공포를 죄다 상쇄하고도 남았다.

솔롭키 수도원 전경

라승도

한국외국어대학교 노어과를 졸업하고 미국 텍사스주립대학교 슬라브어문학과에서 박사 학위를 받았다. 현재 한국외국어대학교 러시아연구소 HK연구교수. 저서로는 『붉은 광장의 아이스링크: 문화로 보는 오늘의 러시아』(공저, 2008), 『시네마트료시카: 영화로 보는 오늘의 러시아』(2015), 『사바틴에서 푸시킨까지: 한국 속 러시아 문화 150년』(공저, 2015), 『포시에트에서 아르바트까지: 러시아 속 한국 문화 150년』(공저, 2018), 『극동의 부상과 러시아의 미래』(공저, 2019)가 있고 역서로는 『러시아 영화: 문화적 기억과 미학적 전통』(2015)이 있다.

3부

상처, 기다림, 희망의 비즈니스

러시아는 넓고 할 일은 많다

박종호

러시아 선택의 우연과 필연

1967년 늦가을 부산 시골 한 작은 마을에서 태어나 자라면서 러시아란 나라를 알게 되기까지는 오랜 시간이 걸렸다. 흔히 386세대로 불리는 시간대를 살아왔고, 어릴 적엔 반공·방첩 교육을 철저히 받았기에 당시 소련이란 나라는 북한에 공산주의 이념을 전파하여 남과 북을 갈라놓은 장본인에다 6·25전쟁 당시 북한을 도왔던, 온통 붉은색 바탕의 적성 국가로만 각인된 시절이었다.

가난한 무명 화가이자 노동을 하셨던 아버지의 아들로 태어났기에 어렸을 때부터 가난한 삶이 몸에 배어 있었고, 가난이 싫어 일찌감치 사회생활을 시작했다. 농촌 마을에서 도시로 이사했던 초등학교 5학년 때부터 부모님 허락 없이 방과 후에 신문 배달을 시작했다. 학교 수업을 마치고 곧장 신문사 지국에 달려가 150여 부를 옆구리에 단단히 조여 매고 두세 시간 달동네 언덕을 쉼 없이 내달렸다. 한 달 꼬박 땀 흘려 받은 그당시 급료는 1만 3천 원 정도였는데, 첫 월급을 받아 가난한 예술가의 아내로 평생 고생하시던 어머니의 생신 선물로 속옷 한 벌을 사고 한여름 수박 한 통을 사서 온 가족이 나눠 먹으며 행복해하던 그 순간, 돈의 소중한 가치를 처음 깨달았다. 중·고등학교를 다녔지만 공부에는 신통찮았고, 오히려 어른들 곁에 끼어 사회생활을 하는 것이 더 재미있었다.

고등학교를 졸업할 당시 1986~87년 부산에서는 민주화운동이 절정에 달한 시점이었다. 대학을 다니던 친구들은 호헌철폐, 독재타도를 외치며 민주주의 운동에 앞장섰지만, 나는 당시 신발공장, 철공소, 노동 현장을 다니며 사회생활을 이어 나갔다. 고민 많던 청춘 시절, 민주주의를 외치며 데모에 앞장서는 대학생 친구들을 한편으로는 이해했으나, 그 당시 노동 현장에서는 폭력과 무지, 인권침해, 안전사고 등 부조리가 만연한 가운데 정치적 시위 구호도 없었고, 약자의 편을 대변하는 목소리도 없이 다들 침묵 속에서 먹고사는 문제에 직면해 있었다.

부조리한 사회적 현실에 대한 설익은 시선과 해답 없는 고뇌를 뒤로하고 해병대에 지원해 입대했다. 1988년 서울올림픽이 열릴 무렵 포항 해병 1사단 졸병 시절, 올림픽 성화 봉송 지역 인근 산악 지대에서 매복 훈련을 하면서 소련 대표단이 올림픽 우승을 차지했다는 소식을 느지막이 전해 들었다.

군 전역 후 무엇을 할 것인지 고민 중에 형님의 권유와 도움으로 대학 진학의 꿈을 안고 상경했다. 무궁화호를 타고 한강철교를 건너 서울역으로 진입할 때, 딱 5년 안에 대학 졸업과 동시에 고시에 합격하여 멋진 모습으로 내 고향 부산에 돌아가겠다는 순진한 희망을 가슴속에 다짐했다. 수도권 모 대학 법학부에 입학 원서를 제출했지만 보기 좋게 낙방했다. 고향으로 내려가 장사를 할까 고민하던 중에 형님의 권유로 얼떨결에 후기 전형이 있는 한국외국어대 노어과에 입시 서류를 접수하게 됐다.

스물일곱 살 늦깎이로 대학 신입생이 되었다는 설렘보다는 낯선 외국어를 하나 더 공부해야 한다는 게 마음에 썩 내키지 않았다. 그러나 주위에 좋은 동료들을 만나면서, 그리고 열정적인 몇몇 교수님의 흥미 있는 강의 덕분에 공부에 재미를 붙이게 되었다. 특히, 미국 일리노이주립대학교에서 박사 학위를 마치고 외대에서 첫 강의를 맡으셨던 이상룡 교수님의 '러시아 사상사' 강의는 책 읽기에 재미를 붙이게 하는 동기가 되었고, 이후 러시아 문학과 예술, 역사에 대한 독서에 탐닉하는 즐거움을 맛보게 되었다.

러시아에 대한 깊은 사랑 체험

대학 2학년 과정을 마치고, 러시아를 직접 체험하고픈 마음에 어학연수 기회를 얻었다. 당시만 해도 러시아 어학연수는 요즘과 같이 유학 프로그램이 체계화되지 않아 각자 알아서 알음알음 갈 시기였다. 러시아 항공기 실내에서 흡연이 자유로웠던 1995년 2월, 김포공항을 출발한 지열두 시간 만에 내 생애 처음 모스크바 셰레메티예보 공항에 내렸다. 어두침침한 조명과 매캐한 먼지 냄새, 기다랗게 선 줄을 지나 무표정한 출입국 관리국 직원의 스탬프를 받고 나서 공항을 나서자 나를 맞이한 2월의 함박눈…… 그동안 어렴풋이 상상해왔던 러시아 겨울 풍경을 처음 접하는 가슴 짜릿한 순간이었다.

도착하자마자 다음 날 곧바로 언어 교육 전문대학으로 유명한 러시아 민족우호대학교(RUDN)에 수강등록을 했고, 러시아에서의 삶이 시작되었다. 당시만 해도 모스크바에는 상점이 그리 많지 않았고, 상점에 진열된 제품도 신선하지 않거나 제품 종류가 다양하지 않았다. 거리의 가로 등은 희미했고 치안도 불안한 시절이었다.

부산 사투리에 혀짤배기인 나는 언어 공부에는 소질도 없을뿐더러 애초부터 관심도 적었다. 따라서 말하기나 문법 공부보다는 문학 텍스트를 읽고 러시아어로 토론하는 방식의 강의에 흥미를 느꼈다. 푸시킨, 투르게네프, 체호프, 유리 카자코프 등 서정적 자연 묘사, 아름다운 서술 구조, 문학적 깊이 속에 비교적 평이한 문체와 어휘를 담고 있는 단편 작품들의 텍스트를 선별해 분석하고, 다시 자신의 쉬운 언어로 재구성하여 서술하거나 구술하는 방식은 매우 흥미 있는 학습 방식이었다. 이러한 수업 방식은 그 후 대학원에서 접한 김현택 교수님의 '문학 텍스트 분석 방법론' 강의를 개인적으로 매우 좋아하는 이유가 되었다. 문학 작품이든 신문 사설이든 해당 텍스트를 심층 분석하는 습관과 훈련은 상대방의 비즈니스 담화 스타일과 각종 사업 보고서 텍스트를 논리적으로 분석하는 능력을 배양하는 데 큰 도움을 주었다. 결국 비즈니스도 말과 글을 통해 자신의 의견을 피력하는 방식이고, 자신의 언어적 습관과 어휘, 지식을 바탕으로 상대방을 설득하고 타협하는 기술이 바로 비즈니스 성공의 중요한 요소이기 때문이다.

내가 방 한 칸을 임대해서 살던 곳은 모스크바 남쪽 지역, 지하철로는 야스네보역 인근이었다. 홀로 살고 계셨던 알렉산드라 티하노바 할머니와의 만남 역시 잊지 못할 고마운 추억이다. 젊었을 때 도서관 사서를 하셔서 문학책 읽기를 좋아하셨고, 집 거실 책장에는 문학, 역사, 철학 관련 도서가 촘촘히 꽂혀 있었다. 할머니는 아들을 사고로 일찍 하늘나라에 보낸 탓에 수업 마치고 귀가하는 나를 늘 당신의 아들처럼 따뜻하게 맞이해주셨다.

백야가 한창이던 6월 학교 동료들과 상트페테르부르크로 여행을 떠났다. 쿠페로 불리는 침대칸 야간열차를 타고 밤새 달려간 러시아 서쪽 끝 지방, 위대한 예술 공간 속 아름다운 문화 도시, 몽롱한 백야의 나라. 도스토옙스키 작품의 주인공처럼, 밤낮의 기온 차가 심하고 잦은 비가 내리는 궂은 날씨에도 불구하고, 연분홍빛 저녁노을이 기다랗게 펼쳐졌다 백야의 밤하늘 아래 흐릿하게 사라지는 도시 골목골목을 신들린 듯 며칠 동안 헤매고 다녔다.

모스크바에 돌아온 후 페테르부르크에서 얻은 여름감기 탓에 심한 몸살을 앓게 되었다. 언어연수를 받으러 온 학생 처지에서 한국식당은 엄두도 못 내고, 허름한 식료품 가게에서 저렴한 냉동 닭고기나 쇠고기, 양파, 당근 등을 사서 고추장을 넣고 대충 볶아 먹는 정도였다. 영양을 제대로 보충할 만한 여건이 아니었고, 한국에서 가져온 감기약을 먹어봐도 소용이 없었다. 기침과 고열, 몸살 기운은 하루가 다르게 더욱 심해졌다. 학교 수업은 아예 참석하기가 힘들어졌고, 아파트 한쪽의 삐거덕거리는 침대에서 기침과 고열, 오한으로 하얀 밤을 새워야만 했다. 한두 달 사이에 몸무게가 10kg 이상 빠지고 현기증이 나서 걷는 것조차 힘들었다. 도저히 참다못해 모스크바 시립병원을 찾았다. 외국인에게는 참 불편했던 시립병원에서 어렵사리 진단받은 병은 폐결핵이었다. 병 상태가 위독하고, 여긴 약을 처방해줄 수 없으니 한국으로 돌아가는 것이 좋겠다는 퉁명스러운 의사의 진단을 뒤로하고 집으로 돌아오는 길, 여름철 뙤약볕 아래 강한 현기증을 느꼈을 때 이반 부닌의 단편 소설 한 장면이 생각났다. 그러나 어렵사리 오게 된 러시아를 두고 이대로 한국으로 돌아갈 수는 없었다.

한국에서 연수하러 오는 인편을 통해 치료약을 고맙게 받고, 하루 세 끼 식사를 꼬박 챙겨 먹기 시작했다. 입맛이 없었지만, 단백질 섭취를 위해 억지로라도 고기를 삶아서 케첩을 발라 꾸역꾸역 목에 넣었다. 몸살과 오한 때문에 한여름에 겨울옷을 입고 다녀야 했고, 학교 수업 대신 개인 교습, 할머니와 함께하는 문학책 읽기에서 위안을 얻었다. 그 당시 아픈 나를 위로해주고 도움을 준 사람들은 다름 아닌 집주인 할머니를 비롯한 이웃집 러시아인들이었다. 야생 꿀에 따뜻한 홍차, 찐만두, 그리고 야채수프 등 정성이 담긴 음식과 그들이 건네는 따뜻한 위로의 말들은 내가 다시 기운을 차리는 데 더할 나위 없는 힘이 되었다. 투르게네프와 체호프, 카자코프, 콘스탄틴 파우스톱스키, 바를람 살라모프 등 내가 좋아하는 작가들의 문학 작품 속 자연, 사랑, 운명, 애수, 추억, 러시아인의 애잔한 삶의 주제에서 위로와 평안을 얻었다. 늦가을 저녁 딱딱한 바통 빵에 소시지, 절인 오이를 곁들인 샌드위치 한 조각과 홍차 한 잔으로 차가운 몸을 녹이며 차이콥스키 홀에서 작은 음악회가 시작하기를 기다릴 때, 헌책방을 다니며 내가 좋아하는 작가의 때 묻은 고서를 발견했을 때, 그리고 집으로 돌아오는 길의 어두침침한 지하철 객실이나 전동차에서 고단한 모습의 러시아인들을 마주칠 때, 아픈 몸을 이끌고 혼자 배낭을 메고 수즈달, 블라디미르, 트베리 같은 작은 도시들을 여행하며 러시아 자연의 아름다움과 위대함을 목격했을 때, 고단한 삶이어도 순박하게 열심히 살아가는 러시아인들을 마음으로 체험했을 때……. 내가 살아 있어서 하루하루를 그들과 함께 보낼 수 있다는 것이 정말 감사한 시간이었다.

러시아 문학과 비즈니스

아픈 몸이었지만, 약 10개월간의 언어연수를 무사히 마치고 귀국할 때 내 마음속에 들어선 것은 러시아 문학과 역사, 사상과 문화를 공부하는 참된 연구자가 되겠다는 꿈이었다. 귀국 후 약 6개월 동안 폐 질환 치료를 집중적으로 받았고 허약해진 체력을 보강하기 위한 노력 끝에 다행히도 완치 판정을 받았다.

대학 3학년, 나이 30살, 문학 공부에 뜻을 두었으나 한두 살 나이가 드는 만큼 현실적인 문제도 고민이었다. 현장 경험도 할 겸 아르바이트 자리도 필요해 한국외국어대 학생통번역협회에서 러시아 통역원으로 일하기 시작했다. 수업 마치면 밤을 새워가며 번역 일을 했고, 간간이 통역 일도 하면서 현장 경험을 쌓아갔다. 러시아 연수를 다녀왔다곤 해도 통역을 제대로 할 수준은 아니었고, 눈치 백단의 공감 능력과 순발력, 현장에는 나밖에 없다는 절박함으로 매 순간 최선을 다할 뿐이었다. 그 결과 러시아인들과 친밀한 인간관계를 형성할 기회가 많았고, 이것은 내성적인 성격에 말주변이 변변찮던 나를 변화시키는 중요한 계기가 되었다. 당시 대한축구협회와 한국 프로축구팀들의 러시아어 통역원으로 가끔 활동하면서 러시아 용병들의 향수병을 달래는 도우미로도 활약했다. 시베리아 촌놈 출신으로 러시아 청소년 축구대표팀 선수였던 데니스(나중에 성남일화에서 뛰면서 아예 '이성남'이라는 한국 이름으로 개명했다), 유고 출신 스카첸코, 우크라이나 디나모 공격수 비탈리, 88올림픽 소련 국가대표팀 골키퍼였던 알렉산드르 등등 수많은 용병의 말동무가 되었고, 한국 축구단 감독님들의 고민 상담사 역할도 맡았다.

그 당시 한국과학기술연구원(KIST), 삼성 등 국내 기술연구소들에는 러시아 엔지니어, 학자들이 참 많았다. 한국에 파견 나온 러시아 기술자들의 통역원으로도 활동하면서 좋은 기술을 기업들에 소개하고 또 매니지먼트를 제공해주는 자문 활동을 했다. 이런 경험들은 지금까지도 러시아 기초과학 기술을 도입하여 국내 상품화를 꾀하거나 국내 제조 기술과 결합하는 비즈니스 모델을 사업으로 연결할 기반이 되고 있다. 하지만 이렇게 짭짤한 푼돈 수입의 즐거움을 탐닉할 무렵, 대학원 문학 수업에는 점차 흥미를 잃어가고 있었다.

사업 실패와 성공, 다시 러시아로

내 인생에서 투잡(겸업)과 중간 매개자 역할은 언제나 따라다니는 생활 방식이었다. 대학원에 다녔지만 통·번역 아르바이트에다 조교 생활, 게다가 한 중소기업의 재택 근무도 거절하지 않았다. 초등학교 때 학업과 신문 배달을 병행한 데 이어서 중·고등학교 때도 나는 언제나 돈 버는 일과 학업을 한꺼번에 했고, 졸업 후에도 다양한 산업 현장을 동시에 여럿 경험했다. 마음 한구석에 품고 있던, 미국이나 러시아로 유학을 떠나겠다는 계획이 물거품이 된 것은 내 생애 처음으로 사업을 본격적으로 시작하면서부터이다.

대학원 2학기를 마치고 났을 때 나에게 매우 솔깃한 사업 구상이 실현될 기회가 마련되었다. 그동안 형님의 뒷바라지에 고마움을 표시할 기회라 여겨지는 참에 우호적인 투자자도 만났다. 그러나 러시아에 관한 사업은 아니었고, 형님의 평생 꿈이었던 온라인 영어 교육 사업이었다. 그러나 시작하자마자 1년 반 만에 완전한 실패를 맛보게 되었다. 2000년대 닷컴 투자 버블이 꺼지는 시점에 투자금 마련이 쉽지 않았고, 온라인 영어 교육 시장이 아직 형성되지 않은 시대 흐름을 잘못 읽은 것이 주된 실패 요인이었다. 장기적인 투자가 필요한 사업에 근시안적으로 자금

계획을 수립한 것 역시 문제였다. 벤처사업 첫 실패 경험은 내 생애 가장 쓰라린 시간을 보내게 했고, 실패로 인한 부채를 모두 정리하는 데에만 수년의 긴 세월이 걸렸다.

그러나 실패에서 재기할 힘의 원천은 다시 러시아였다. 물론 그 이후 러시아 비즈니스 역시 성공과 실패를 몇 번 거듭했다. 자기 밑천을 충분하게 갖추지 않은 상태에서 러시아 비즈니스 콘텐츠와 사업 모델을 성공적으로 만들어가기란 쉬운 일이 아니었다. 대기업처럼 지속적인 투자 여력이나 조직력 없이, 그리고 정부나 은행의 지원 없이 중소기업 형태의 사업 영역을 외국에서 개척하는 것은 힘에 벅찬 과업이었다. 그러나 열심과 성실은 나의 최대 무기였고, 실패의 쓰라린 경험은 미래의 성공을 위한 자양분이었다. 성공적인 비즈니스는 하루아침에 승부가 나지 않는 만큼 기나긴 인내와 분투의 시간이 필요하다.

KRBC의 민간 외교 역할, 비전은 선한 영향력과 봉사 정신

2010년 한·러 수교 20주년을 기념하여 당시 드미트리 메드베데프 대통령이 방한했다. 수교 20주년을 맞이한 해였지만, 양국 간 민간 교류 채널은 극히 희소했다. 양국 정상 간 합의로 한·러 대화 채널 정도가 구축되는 시점이었고, 민간 경제, 비즈니스 채널은 정부 산하기관인 무역협회, 대한무역투자진흥공사(KOTRA)가 1년에 한 번 정도 비즈니스 다이얼로그 행사를 여는 수준이었다. 한·러 친선협회라는 비상설기구가 있었지만, 노후화되어 제대로 활동하지 못하고 있었다.

당시 민간 비즈니스 플랫폼을 만들기로 작심했던 데에는 여러 사유가 있었다. 내 주위에 있던 고마운 분들의 도움으로 의기투합하여 만들게 되었지만, 아마 처음부터 비영리 민간단체를 설립하고 운영하는 일이 참으로 녹록지 않다는 것을 알았다면 시작도 하지 않았을 것이다. 정말 무모할 정도의 긍정적인 마인드로 첫발을 내디딘 것뿐이었다. 협의회를 운영하면서 수많은 보람의 순간도 있었지만, 왜 이런 민간단체를 내가 운영하는지를 두고 주변에서 의구심과 방해도 많았다. 대기업 회장님 정도의 신분에 특별한 뜻이 있어서 협회를 구성하거나, 아니면 고위급 공무원 전관예우를 위해 산하단체 설립이 필요하거나, 그것도 아니면 정치를 하거나 특정 단체의 이익을 달성하기 위해 이런 조직을 만드는 경우는 주변에서 어렵지 않게 볼 수 있다. 그렇다면 이도 저도 아닌 나는 왜 러시아를 대상으로 한 비영리 법인을 만들고 운영하는 걸까?

과거 사업 자금 빚을 약 3년에 걸쳐 다 갚은 날, 나에게 따뜻한 차 한 잔을 따르며 격려를 해주신 모 기업인이 있었다. 그분도 어릴 적 생활 형편상 중학교 졸업 후 장갑 만드는 공장을 다녔고, 열심히 기술을 배워 훗날 자수성가한 분이셨다. "박 사장, 당신은 때론 무모해 보이지만, 신념 하나는 대단한 친구일세. 그리고 약속을 지키는 모습에서 성실함을 보았네. 그러나 물고기를 잡으려고 너무 바삐 쫓아다니지 말게나. 성급히 쫓아다닐수록 물고기들은 자네 손에서 더 멀리 빠져나가기 십상일 걸세. 비록 오랜 시간과 노력이 필요하겠지만, 물고기 떼가 몰려올 때까지 큰 그물을 촘촘히 만들어보게나. 언젠가 당신이 만든 튼튼한 그물 속으로 물고기 떼가 몰려오는 풍성한 결실이 있을 걸세."

주변 뜻있는 분들의 도움과 참여 속에 민간 주도의 경제·비즈니스 단체를 만들어보자는 취지로 2011년 2월 지식경제부(지금의 산업통상자원부)에 한·러비즈니스협의회(KRBC)라는 비영리 사단법인을 설립했다.

설립 후 한·러 수교 30주년이 되는 올해 KRBC 활동은 꼭 10년째를 맞이하고 있다. 그동안 우여곡절이 많았지만, 최근까지도 중단 없이 꾸준한 민간 교류 활동을 펼치고 있는 셈이다. 아직 회원들이 많지 않지만, KRBC의 활동에 꾸준히 동참하는 양국 정치·경제인, 기업인, 분야별 전문가 간 인적 네트워크가 매우 긴밀하게 연계되어 있다. 연례 조찬 세미나를 비롯하여, 다양한 비즈니스 세미나를 통해 러시아를 공부하는 프로그램도 운영하고 있다. 연말이면 러시아 대사관과 함께 '서울 러시아인의 밤' 송년회도 개최하고 있고, 올해 5회째 예정인 '한·러 비즈니스 어워드' 행사도 양국 간 중요 비즈니스 행사로 자리 잡고 있다. 작년에는 '한·러 ICT 투자 포럼'도 개최하고 양국의 미래 디지털 경제 분야 협력 플랫폼도 차근히 만들고 있다.

민간 기구로서 정부의 재정적 지원을 받지 않은 상태에서 오로지 자생적인 비즈니스 모델, 소수의 개인 후원과 선한 봉사 정신으로 점진적인 발전을 도모하고 있다. 처음에는 민간의 활동에 경계심과 의구심을 보여왔던 정부 기관들이나 러시아 전문가 그룹, 러시아 진출 기업들도 점차 KRBC의 활동에 신뢰와 격려를 보내고 있다.

러시아는 넓고 할 일은 많다

러시아 비즈니스는 한마디로 쉽지 않다. 러시아 비즈니스를 하다 보면 언어적인 소통부터 비즈니스 마인드, 사업 관행 등 여러 면에서 만만치 않은 어려움과 도전에 직면하게 된다. 게다가 미국을 비롯한 서방의 대러시아 경제 제재 지속과 지정학적인 분쟁 및 갈등은 러시아 시장 진출을 도모하는 기업들에게 늘 혹 같은 존재이다.

러시아 비즈니스에 종사한 지 20년째, 러시아 출장 횟수만 대략 120회 이상, 대한항공 마일리지는 꼬박꼬박 쌓여 작년에 밀리언 마일러 멤버가 되었다. 조그만 무역회사를 꾸리고 있고, 최근에는 러시아 우수 기술을 도입해서 국내 상용화 개발 후 글로벌 시장에 진출하는 사업 모델의 스타트업 도전에도 열중하고 있다. 내년에 창립 10주년을 앞둔 KRBC는 코로나19 사태에도 불구하고 꾸준히 자기 속도와 보폭을 유지하면서 새로운 도전을 꿈꾸고 있다. 최근 코로나 사태로 모스크바 출장을 가지 못하는 갑갑함이 많지만, 비대면 온라인 플랫폼 구축에 필요한 기술적 대응 방안에 대해서도 우리 직원들과 열심히 공부하고 있다.

한·러 수교 30주년을 맞이하는 오늘날 러시아 현지에는 200여 개의 한국 기업이 진출해 있다. 현지 투자 30억 달러, 교역 규모 약 250억 달러로 양국 간 경제·통상 협력이 점차 확대·발전하고 있는 것은 사실이다. 한국은 소비재를 수출하고 러시아의 원자재를 수입하는 상호 보완적 교역 구조로 되어 있으며, 향후 양국 간 경제, 산업, 투자 협력의 성장 잠재력이 매우 크다. 그러나 러시아는 여전히 우리에게 가깝고도 먼 나라로 여겨진다. 우리나라는 전체 해외 투자 총액의 1%만을 러시아에 투자했고, 러시아가 한국에 투자한 사례는 거의 없다. 한·러 수교 30주년이 되는 지금도 한국과 러시아 사이에는 살을 맞대는(스킨십) 수준의 긴밀하고 적극적인 정치·외교, 경제 협력이 제대로 이루어지지 못하고 있다. 그나마 다행인 것은 양국 간 문화예술이나 인적 교류 분야에서 뭔가 해보려는 의지가 매우 높다는 것이다.

러시아에서 한국인의 이미지는 매우 긍정적이다. 젊은이들은 케이팝을 즐기고, 케이뷰티K-Beauty에 열광한다. 현대기아차는 러시아에서 '국민 차로 통한다. 롯데호텔은 진정한 호텔 서비스가 뭔지 보여주고 있다. 삼성 스마트폰과 LG 가전제품은 갖고 싶은 브랜드 1위다. 팔도 도시락과 오리온 초코파이는 러시아 국민의 영원한 기호식품이다.

최근 러시아는 우크라이나 사태 이후 미국을 비롯한 서방의 경제 제재가 지속되고 있고, 저유가, 경기 침체 속 코로나19 사태로 사회적 진통을 겪고 있다. 지구 온난화와 기후변화로 시베리아와 북극 지역에 자연재해가 빈번히 발생하는 환경 문제에도 직면해 있다. 블라디미르 푸틴 대통령의 장기 집권으로 정치·사회적 피로도도 높고, 빈부격차와 사회계층 간 갈등도 심하다.

그러나 러시아는 대국이다. 광활한 영토에 무한한 자원 부국, 연간 500조 원의 공공 조달 시장과 500조 원의 소비 시장이 기다리고 있다. 연간 50조 원의 온라인 쇼핑 시장이 매년 급성장하고 있다. 세계 최고의 창의적 소프트웨어 개발 역량을 보유하고 있고, 우수한 기초과학 인프라와 학문적 전통, 예술적 안목과 문화가 융합하고 있는 거대한 러시아 시장을 우리 기업뿐만 아니라 러시아를 공부하는 젊은 세대가 다시 한 번 눈여겨볼 때이다. 정말 러시아는 넓고 우리에게 할 일은 참으로 많다.

내가 사랑한 러시아

대학원을 중퇴하고 곧바로 러시아 비즈니스를 시작한 지 20년이라는 세월이 지나고 있다. 러시아 동쪽 끝 캄차카반도에서 서쪽 끝 크림반도 얄타까지, 무한한 자원 매장지와 물류 인프라가 연결되는 시베리아 도시 곳곳을 누비고 다녔다. 치열한 비즈니스 현장에서 출장은 늘 긴장과 부담감을 요구했지만, 러시아의 위대한 자연과 그 속에 사는 순박한 러시아인들은 언제나 나에게 커다란 위로와 평안을 주었다. 알타이 고산 지대에 핀 이름 모를 들꽃, 하카시아의 끝없이 펼쳐진 해바라기 초원, 검푸른 슬픔을 간직한 예니세이강, 흑해 얄타의 허름한 선술집, 하바롭스크주 변방 '소베츠카야 가반'의 한 작은 시골 어항에서 만난 청년들의 해맑은 웃음소리, 케메로보주 지하 500m가 넘는 시커먼 갱도에서 마주친 하얀 눈망울들……. 내가 러시아를 사랑한 이유이자 가슴속에 간직한 소중한 추억들이다.

화가 이삭 레비탄 등
예술계 인사들이 즐겨 찾던
불가강 상류
휴양도시 플료스의 석양

박종호

한국외국어대학교 러시아어과를 졸업했다. 러시아 지역을 대상으로 20년째 비즈니스를 하고 있으며, 2011년 한·러 양국 경제 협력, 비즈니스 교류 활성화를 위해 한·러비즈니스협의회(KRBC)를 공동으로 설립하여 대표를 맡고 있다. 러시아 파워 엘리트를 인터뷰한 책 『러시아, 러시아인의 길』(공저, 2013), 『러시아 소프트웨어 산업경쟁력』(공저, 2015) 외 다수의 비즈니스 용역 보고서를 냈으며, 정부 기관, 지방자치단체, 기업을 대상으로 러시아 비즈니스 관련 경영 자문을 하고 있다.

러시아가 우리 기업에 준 기회

이상준

직장 생활로 맺은 러시아 인연

대학과 대학원 시절을 통틀어 러시아와 관련한 기억이라고는 학부 시절 같은 과 친구가 자기 여자 친구의 공연에 같이 가면 막걸리 사준다고 해서 따라가 막심 고리키의 연극 〈어머니〉를 본 것이 전부였다. 그러던 내가 러시아를 연구하고 가르치는 일을 업으로 삼게 된 계기는 직장 생활에서 비롯되었다.

한국과학기술원(KAIST)에서 석사 이상의 학위를 취득하면 병역특례가 주어졌고 3년간 국내 제조업체에서 의무적으로 복무해야 했다. 졸업을 앞두고 동기 여럿과 같이 몇 군데 기업을 찾아가 그곳에서 근무하는 대학원 선배들의 조언을 들을 기회가 있었다. 크게 기대하지 않고 찾아간 대우전자에서, 당시 김용원 사장의 비서로 근무하던 선배가 입사하면 새로운 프로젝트를 준비하는 일을 하면서 자유로우면서도 재미있게 일할 수 있다고 설득했다. 그 '자유로우면서도 재미있게' 일할 수 있다는 말에 대우전자에 입사하게 되었다. 그때가 1990년 1월이었다.

그런데 입사하고 난 뒤 기대와 달리 전혀 자유롭지 않은 경영관리부에 배치되었다. 경영관리부 혹은 기획실에서 일하는 것이 TV 드라마에서나 멋있어 보이지 실상은 달랐다. 가장 중요한 업무는 경영 성과를 최대한 잘 드러나게 해서 김우중 회장에게 보고하는 것이었다. 회장에게 보고하려면 당연히 우리 사장이 관련 보고서를 미리 준비해야 하고 이를 준비하는 조직이 우리 부서였으니 업무 부담이 매우 컸다. 회장이 주재하는 사장단 회의는 자주 열리지 않았지만, 가난한 집 제사 돌아오는 것처럼 우리 부서는 쉴 겨를 없이 자료를 준비하고 보고서를 작성했다.

부서에서 처음 맡은 일은 수출 부서, 국내 영업본부, A/S센터, 기술연구소 등의 실무 담당자에게 전화해서 보고 일정에 차질이 생기지 않도록 자료를 요청하는 것이었다. 이 일은 쉽게 보일 수도 있지만, 어려운 일이었다. 사장이 회장에게 보고하는 자료이니 늦게 내면 안 된다는 식으로 으름장을 놓을 수 있어 자료 수집이 쉬울 듯하지만, 실은 협박 반 애걸복걸 반이 되어야 자료를 얻을 수 있었다. 회장에게 잘못되거나 불리한 자료가 보고될까 봐 임원 중에는 실적이 가장 좋은 모양새로 보일 때까지 자료를 주지 말라고 담당자에게 신신당부하여 최대한 늦게 자료를 주는 일이 다반사였다. 보고 날짜는 코앞에 닥쳤는데 회사 전체의 실적을 제대로 집계하지 못하고 있으면, 보고서 준비로 한창 바쁜 선배 사원들을 제외하고 아직 일을 잘 몰라 한가한 신입사원인 나에게 자료 줄 때까지 그 부서에 가서 오지 말라고 차장이 지시한 적도 여러 번 있었다. 자료를 받기 가장 어려운 부서는 수출부였다. 브랜드파워가 삼성전자나 LG전자에 비해 약한 대우전자는 국내 판매 실적이 많지 않아 수출 실적이 회사 매출의 상당 부분을 차지하고 있었다. 자료를 늦게 받게 되면 이유라도 차장에게 보고해야 하니 수출 실적 집계가 늦은 원인을 파악하기 시작했다.

당시 대우전자는 수출을 ㈜대우를 통해 진행하고 있었다. 그런데 그룹 전체의 수출이 ㈜대우의 해외지사를 통해 진행되고 있어 ㈜대우의 수출에서 계열사별 실적이 구분되어야 하는데 이를 처리하는 것이 늦어지면 대우전자 수출 부서의 실적 집계도 늦어지게 되었다. 그런 가운데 알게 된 흥미로운 사실은 현지 시장 규모와 비교하여 실적이 좋은 해외지사에 관한 것이었다. 홍콩, 빈, 헬싱키가 그랬다. 이들 지역 지사에서 수출하는 물량의 상당 부분은 현지에서 중국, 동유럽, 소련으로 재수출되고 있었기 때문에 주재국 국가의 시장 규모와 비교하여 더 많은 수출이 가능했다.

대만을 중국이라고 생각하고 소련 하면 공산주의 중심 국가라는 냉전적 사고에 익숙한 나에게 이러한 정보는 낯설고 익숙하지 않은 것이었다. 하지만 이러한 상황을 수출 부서에 근무한 경험이 있는 상사원들은 이미 다 알고 있었다. 수출 실적을 집계하는 담당자가 그런 것도 모르냐는 듯 묘한 웃음을 보이면서, 이미 소련과 동구 시장은 열려 있으며 현지 지사에서는 업무 관련으로 소련과 중국 기업인을 접촉하기도 한다고 설명해주었다.

1월에 입사한 뒤 그룹 연수 등에 참가하여 부서 배치는 2월 중순 이후에 이루어졌다. 부서에 배치되고 3~4개월간 뭐가 뭔지 모르고 정신없이 뛰어다니다 5월 회장 보고 일정이 나와 준비하던 중, 우리 팀 핵심이었던 선배 사원이 공교롭게도 동원예비군 훈련을 들어가게 되는 난감한 상황이 발생했다. 결국 우리 부서 실무를 책임지고 있었던 고참 대리는 차장과 협의하여 예비군 훈련 가는 선배의 일을 나에게 맡기기로 했다. 당시 내가 소속된 과의 책임자였던 차장은 두 가지 부문의 일을 동시에 책임지고 있었다. 한 부문은 경영 실적 분석 및 보고서 작성이었고 이는 우리 회사 임원회의와 그룹 사장단 회의에 보고되었다. 나는 이 부문에 속해 있었다. 다른 부문은 미국과 유럽연합(EU)이 대우전자에 부과한 반덤핑 관세에 대응하여 대우전자 제품의 국내 판매 가격과 해외 수출 가격이 다른 이유를 자료로 만들어 미국과 EU에 제출했다. 이 부문이 존재한 덕분에 우리 기업이 처한 통상 환경을 잘 이해할 수 있게 되었다. 하지만, 두 부문 모두 회계경리 자료를 다루기는 해도 전혀 다른 목적을 위해 일을 하고 있어 업무상 교류는 어려웠다. 경영 부문을 책임지고 있던 고참 대리는 회장 보고 자료를 만드는 것은 아무나 하는 일이 아니니 영광으로 생각하고 잘 준비해보자고 했다.

그런데 그 사건은 내 생각과 인식을 완전히 바꾸는 중요한 계기가 되었다. 보고서를 작성하는 과정에서 김우중 회장이 하고자 하는 일과 우리 회사를 포함한 각 계열사의 반응이 무엇인지를 알 수 있었기 때문이다. 김우중 회장은 소련, 중국, 동유럽이 대우에게는 새로운 기회가 되니 각 계열사는 진출 방안들을 마련하라고 지시하는 상황이었다. 1990년 김우중 회장은 그룹 발전에 관해 고민이 많았다. 물론 그때 나는 그 고민을 정확하게 이해하지 못했다. 그러나 대우전자에서 3년을 일하는 동안, 또 퇴사한 뒤 모스크바 유학 시절 만난 주재원들과 교류를 통해 그 내용을 구체적으로 알게 되었다. 그리고 그 고민은 대우그룹만의 것이 아니라 고도성장을 이끌어온 우리 기업 모두의 것이라는 점도 알게 되었다.

우리 기업이 맞이한 러시아 시장 기회

우리 기업들이 북방정책을 어떻게 이해하고 접근했는지 파악하려면 잠시 1990년에 우리 기업이 직면했던 경영 환경을 이해할 필요가 있다. 우리나라가 산업화를 시작하면서 ㈜대우는 해외 건설 수주와 수출을 통해 막대한 부를 거머쥘 수 있었다. 그러나 1980년대 후반에 들어 대외 교역 환경이 나빠지면서 이러한 특별한 시기는 마감되었다. 1986년 우리 경제는 산업화를 시작한 이후 처음으로 무역흑자를 기록했으며 이러한 추세는 3년간 지속되었다. 무역흑자 배경에는 우리 기업들의 노력도 있었지만, 국제경제 상황이 변화하면서 반사이익을 받은 점도 컸다. 1986년 관세무역일반협정(GATT)의 우루과이 라운드가 시작되면서 선진 각국은 일본과의 무역 적자를 해소하기 위해 비관세 무역 장벽을 철폐하고자 했다. 일본 경제에 압박을 가한 것이 풍선 효과가 되어 한국 경제의 무역 흑자를 증가시킨 것이었다.

선진국들은 한국이 제2의 일본이 될 것으로 염려했다. 미국은 우리나라에 지식재산권 등 미국에 유리한 분야의 시장 개방을 요구했으며 슈퍼 301조를 적용하면서 한국산 전자제품 등에 반덤핑 관세를 부과했다. 유럽도 EU 출범을 목전에 두고 역외 국가에 반덤핑 관세를 부과하고 있었다. 반덤핑 관세는 미국과 EU로 제품을 수출하고 있던 우리 기업의 가격 경쟁력을 약화시켰다. 이를 극복하기 위해 우리나라 수출 주력 상품이었던 TV 등 전자제품 공장이 미국과 유럽 등지에 설립되기 시작했다.

그런데 우리 전자제품이 선진국에서 생산되기 시작하면서 한국 제품의 원가가 상승했다. 우리 기업의 생산 원가가 상승하니 '주문자 상표부착 생산'(OEM) 수주 물량이 감소하게 된다. 이를 해결하려고 우리 기업들이 선택한 전략은 자사의 브랜드를 전면에 내세워 국제시장에서 경쟁하는 것이었다. 자체 브랜드 부착 상품을 수출하려면 해외 마케팅 역량을 대폭 강화하는 수밖에 없었다. 결과적으로 종합무역상사에 의존하여 수출하는 방식을 줄이고 전자 회사들은 국외 생산법인과 판매법인을 각각 설립하기 시작했다.

그러나 자체 브랜드 부착 상품의 국외 시장 판매는 큰 성공을 거둘 수 없었다. 가장 큰 이유는 미국과 유럽 시장에서는 전자제품이라면 일본 제품이 최고라는 인식이 오랫동안 자리 잡았기 때문이었다. 국내 시장에서 오랫동안 경쟁 관계를 형성하면서 나름대로 마케팅 노하우가 많았던 삼성전자와 LG전자도 힘겨워하는 상황이니 대우전자는 외국 시장에서 더 많이 고전하는 형편이었다. 자체 브랜드 제품 수출 방식은 재고 자산을 떠안을 위험이 있는데 실제 팔리지 않아 쌓인 재고도 많았다. 전자제품의 속성상 시간이 더 지나면 악성 재고가 될 것이 뻔한 상황이었다.

이 과정에서 김우중 회장과 김용원 사장이 주목한 것은 소련을 비롯한 사회주의 진영의 변화였다. 1988년 서울 올림픽이 열렸고 올림픽 이후 우리나라와 사회주의 진영 간 관계 개선이 빠르게 전개되었다. 1989년 11월 베를린 장벽이 무너진 뒤 바로 다음 해 초에 대우전자에 입사했는데 당시 ㈜대우 등 수출 기업들은 소련과 동유럽 시장에 대한 기대가 적지 않았다. 수교 이전이라 독자적으로 소련과 동유럽에 지사를 내지 않아 헬싱키와 빈 지사를 통해 한국 제품이 재수출되었고 덕분에 대우전자의 악성 재고는 크게 줄어들었다.

보고서는 다양한 경영 성과를 포함하고 있었지만, 특이한 사항은 소련과 동유럽 시장에서 대우전자 제품이 잘 팔리게 된 이유를 분석한 것이었다. 돌이켜보면 아주 낮은 수준의 보고서였지만, 그래도 여의도 대우경제연구소, 전경련, 한국수출입은행을 쫓아다니며 발품을 팔면서 나름대로 자료 수집에 공을 들였다.

우리 제품이 잘 팔린 첫 번째 이유는 88올림픽을 통해 한국의 인지도가 대폭 상승했다는 것이다. 흥미로운 오락거리가 많지 않은 과거 사회주의 국가 국민들에게 올림픽은 가장 큰 볼거리였다. 그런데 1976년 몬트리올 올림픽 이후 1980년 모스크바 올림픽과 1984년 LA 올림픽을 양 진영이 번갈아 가며 보이콧하여 1988년 서울 올림픽은 12년 만에 동서양 진영이 모두 참여한 올림픽이었다. 소련과 동유럽 국민들은 모처럼 자국 선수들이 서방 진영의 선수들과 경쟁하는 올림픽을 주목할 수밖에 없었다. 그들은 올림픽 경기만 본 것이 아니라 한국도 알게 되었다. 그리고 잘 몰랐던, 또 안다면 전쟁 이후 가난한 나라라고만 인식하던 한국의 발전상을 보게 된 것이다. 이미 선두 기업들의 광고와 프로모션에 길든 서구의 소비자와 달리 이 지역의 소비자들은 기업의 광고와 프로모션에 노출된 빈도가 낮았다. 선진 시장에서 어렵게 힘겨루기하고 있던 우리 기업들에는 기회가 되었다. 체제 전환을 해야 할 정도로 경제 사정도 어려워 소비자들의 주머니도 가벼운 실정이었다. 요즘 표현대로 가성비 높은 제품을 찾을 수밖에 없는 상황이었다. 소련과 동유럽 소비자의 눈높이, 주머니 사정에 맞은 제품이 바로 한국 제품이었다. 나중에 모스크바로 유학하러 가서 알고 지내게 된 러시아인들이 전한 이야기로는 88 올림픽 때 소련과 미국의 농구 시합에서 한국인들이 일방적으로 미국을 응원할 것으로 예상했는데 뜻밖에 소련을 응원하는 한국인이 많아 의아하게 생각하기도 했지만, 한국을 다시 생각하게 되었다고 했다.

회장에게 전달된 보고서에는 이렇게 장황한 내용을 담을 수 없었다. 올림픽 이후 한국의 이미지 개선과 이에 따른 반사 효과, 소련과 동유럽 소비자의 소득 수준, 우리 제품의 꾸준한 품질 개선 등으로 소련과 동유럽 시장에서 성과가 좋았다고, 이렇게 간단하게 보고되었다.

당시 대우전자 사장으로 나중에 부회장까지 승진한 후 퇴직한 김용원 사장은 이 보고서를 가장 잘 이해한 분이었다. 김용원 사장은 언젠가 따님이 쓴 책을 가까운 임원들에게 건네주었고 우리 부서의 임원은 자료를 작성한 우리 팀에게 수고했으니 한번 읽어보라고 전달했다. 그 책은 1990년 발간된 『레닌그라드에서 온 편지』로, 연세대학교 김진영 교수가 유학 시절 집필한 책이다. 먼 훗날 김 교수를 한국슬라브·유라시아학회 회장으로 모시게 될 줄을 그때는 상상하지 못했다.

그런데 김우중 회장은 대우전자만을 들여다볼 수 없는 그룹의 총수였다. 종합무역상사로서 ㈜대우의 사업을 거칠게 요약하자면, 해외 건설 부문과 무역 부문으로 나누어진다. 해외 건설 부문이 가지는 장점은 수주하면 일정한 외화를 선급금으로 받는 것이다. 무역 부문은 국내에서 생산된 제품을 수출하는 역할을 수행했다. 상사원들은 적게는 1~2개, 많게는 30여 개 국내 생산업체를 관리했다. 자원이 없는 우리나라에서 국내 생산업체가 제품을 생산하는 데 필요한 원자재는 대부분 수입으로 조달되었는데 종합무역상사는 이를 수입해주었다. 또 기술력이 부족할 경우 외국 기술의 사용 면허 계약을 통해 기술도 얻어주었다. 종합무역상사가 해외 건설과 무역을 같이 진행하는 이유는 해외 건설을 수주하여 외화를 획득하면 이를 원자재와 기술을 사들이는 데 지출하고 국내 생산업체가 이를 받아서 생산하면 수출하는 일을 종합무역상사가 진행했다.

그런데 덩치가 큰 계열사들이 통상 환경 변화에 따라 독자적인 해외 영업망을 구축하면서 ㈜대우의 사업은 재조정되어야 했다. 그동안 국내 생산업체를 위해 원자재를 조달하는 과정에서 종합무역상사는 자연스럽게 자원 거래에 참여하게 되었다. 자원 개발과 거래 분야는 종합무역상사의 새로운 사업 분야로 중요해졌다. 자원 개발에 적극적으로 참여하고

자 했으나 쉽지 않았다. 석유와 천연가스 등 주요 에너지 산업은 글로벌 에너지 기업들이 과점적으로 지배하는 시장이었기 때문이다.

자원 개발 참여가 소기의 성과를 내지 못하고 지지부진한 상황에 사회주의 진영의 변화는 종합무역상사에게 절호의 기회를 제공하게 된다. 우리나라 종합무역상사들이 모두 자원 개발에 관심을 보였지만, 적극적이었던 기업은 대우와 현대였다. 현대는 1998년 소 떼를 이끌고 판문점을 넘어 북한을 방문하면서 남북 교류의 물꼬를 텄는데, 시베리아에서 북한을 거쳐 가스를 들여오는 일에 관심을 보였다. 대우도 북한과의 경제 협력에 관심을 두고 있었다. 실제로 내가 근무할 당시 북한에 TV 공장 설립이 가능한지 알아보려고 관련 자료를 찾아 모아서 부서 내 파일로 보관해놓기도 했다.

그러나 북핵 위기로 ㈜대우의 자원 개발 관심은 러시아가 아닌 베트남과 미얀마로 방향을 바꿨다. 모스크바에서 공부할 때 대우가 우즈베키스탄에 자동차 공장을 건설한 것을 보고 이는 우즈베키스탄과의 자원 협력을 고려한 투자라고 판단했다. 김우중 회장은 자원을 확보하기 위해 베트남이나 미얀마를 방문하여 자원 개발권을 주면 그 나라에 전자제품 공장을 건설하여 산업화에 이바지하겠다고 현지 정부 관계자를 설득했다. 즉 김우중 회장은 자원 개발권과 제조업 투자를 교환하는 협상을 많이 진행했다. 그런데 산업화 기반이 전혀 없는 곳에 공장을 설립하니 성과가 좋지 않았다. 자원 개발 사업도 속도가 나지 않았다. 다행히도 베트남은 개혁을 진행하면서 경제 사정이 좋아져 대우전자가 투자한 전자 공장도 소기의 성과를 낼 수 있었지만, 미얀마에 투자한 전자 공장은 그렇게 되지 못했다.

흥미롭게도 대우그룹이 몰락한 이후 2014년 ㈜대우의 후신인 대우인터내셔널이 미얀마 가스전 개발에 성공했다는 소식을 언론을 통해 접하게 되었다. 김우중 회장의 노력이 오랜 기간이 지나 결실을 맺었구나 하는 생각이 들면서 만감이 교차했다. 자원 개발은 단기간에 성과를 낼 수 없다는 생각과 더불어 이러한 노력을 그때부터 러시아에서 진행했으면 제조업 기반도 다지고 자원 개발도 성과가 있지 않았을까 하는 상념에 젖어들었다.

좌충우돌 유학 준비기

그렇게 첫 번째 회장 보고에 참여한 이후에도 퇴직할 때까지 낮은 직급의 회사원이었지만 임원들의 생각을 알 수 있는 위치에서 회사 생활을 이어갔다. 경영기획부로 조직이 개편될 때 우리 부서로 이전되어온 해외 투자와 연구개발 관리 업무를 새롭게 맡게 되었다. 공교롭게도 그 시기에 한·소 수교가 이루어졌다. 그래서 국외 투자 업무를 맡았을 때 미국과 EU뿐 아니라 소련(그리고 러시아)을 포함한 다양한 형태의 국외 투자 프로젝트를 건의했다. 통상적으로 프로젝트를 기획하고 진행한 담당자가 현지 법인에 파견되어 근무하는 것이 관행이었다. 나는 러시아 근무를 머릿속에 상상하고 있었다. 그 당시 지도를 놓고 곰곰이 생각해보면 대우전자에는 러시아와 독립국가연합(CIS) 국가들이 진출하기 가장 좋은 지역이었다. '대우 정신'에도 합당하다고 판단했다. 그러나 우리 팀이 심도 있게 검토하고 조사한 지역은 베트남과 미얀마 등이었다. 이후, 하는 일은 변함없는데 조직을 개편할 때마다 경영관리, 전략기획, 경영기획 등으로 우리 부서 이름은 바뀌었고 점점 무기력해지는 모습을 발견하고는 직장을 그만두고 학업을 이어가기로 했다. 물론 의무 복무 기간 3년을 채워야 했다. 아마 그때 러시아 프로젝트라도 생겼다면 내 운명은 달라졌을 것이다.

그런데 1년 반 이상을 쉬지 않고 일만 하다가 막상 학업을 이어가자니 걱정이 앞섰다. 직장 생활을 하면서 경영학 공부에는 흥미를 잃어버렸다. 현실은 책 속의 이론과는 아주 달랐다. 대우전자에 입사해 국외 투자 업무를 진행하면서 사회주의 경제에 대한 흥미가 많아져, 무엇인가 차별화된 공부를 하고 싶었다. 그래서 러시아가 유학하기 좋은 곳인지 알아보기 위해 유학원을 찾아 상담을 받았다. 부모님이 주신 전세 자금과, 직장 생활을 하면서 쉴 틈이 없어 강제적으로 저축한 돈을 고려하니 장학금 없이도 공부할 수 있을 것으로 판단되었다.

무엇보다 러시아어 공부가 시급했다. 직장 생활을 병행하며 러시아어를 공부하기는 쉽지 않았다. 회사 내에 영어 회화, 일본어 회화 수업은 있었지만 러시아어를 가르쳐주는 곳은 없었다. 교보문고를 들러 특수 언어로 지정된 서가에 꽂힌 『독학 러시아어 첫걸음』을 샀다. 카세트테이프에 강덕수 교수님의 목소리가 저장된 학습 교재를 사서 열심히 공부했다. 책 뒷부분 형동사 부분은 어려웠지만, 접하기 힘든 언어를 배우는 즐거움이 컸다.

러시아어를 독학하는 동안 유학원에서는 파트리 루뭄바 러시아민족우호대학교(RUDN)에서 어학 교육을 받고 박사 과정 입학은 현지에서 알아보는 것이 더 쉽다고 했다. 내가 회사를 그만두고 유학하러 간다고 해서 환송연에 참석한 입사 동기들은 러시아에 유학하는데 어찌 아프리카 대학으로 가는 것이냐고 해서 아프리카 혁명가 이름을 딴 대학이라고 얼버무리고 말았다. 사실 유학원에서 알려준 지식이 모두였기에 밑천도 없었다. 창피하기도 하여 한종만 교수님이 번역한 폴 그레고리의 『러시아·소련·독립국가연합 경제의 구조와 전망』을 끙끙거리며 공부했지만, 소련에 관한 이해가 부족하다고 판단되어 다시 러시아 역사책을 읽으면서 유학을 준비했다.

직장을 다니면서 공부하다 보니 역사, 경제는 진도가 나가는 느낌이 들지 않아 읽다가 말다가 했다. 러시아 문법책 역시 글씨체도 그렇고 내용도 그래서인지 과거 영어를 공부할 때 재미없는 문법책을 공부하는 것과 별반 다르지 않았다. 하지만 강덕수 교수님의 『독학 러시아어 첫걸음』은 혼자 학습해도 충분히 이해할 수 있도록 간결하고 또 발음도 적혀 있어 공부하기 쉬웠다. 또 카세트테이프로 들을 수 있어 그야말로 독학으로 공부하기 좋았다. 나중에 유학길 비행기 안에서 러시아 신문을 집어 들자 옆에 있던 고려인이 러시아어 잘하느냐고 러시아로 물어왔을 때 아직은 한참 더 해야 하는구나 하고 깨닫는 등 의기소침한 적도 많았지만, 이 책을 통해 자신감을 얻은 것이 가장 큰 소득이었다. 그 당시 공부하면서 내가 읽은 책의 저자들을 나중에 모두 뵐 것이라고 상상하지는 못했다.

퇴사 후일담과 소회

내가 퇴사한 뒤, 일본 기업뿐 아니라 국내의 다른 브랜드에조차 밀렸던 대우전자는 러시아 시장에서 큰 성공을 누렸다. 대우전자는 삼성과 LG 같은 방식으로 경쟁해서는 이길 수 없다고 판단하여 러시아를 제2의 내수시장으로 삼겠다는 전략을 채택했다. 그래서 내가 박사 과정에 입학해 공부하는 시기에, 퇴사 직전까지 모셨던 임원이 대우전자 모스크바 판매법인장으로 부임했고 같은 부서 내 반덤핑 관세를 맡았던 동료와 나에게 경영관리 업무를 인수한 후배 직원도 앞서거니 뒤서거니 하면서 모스크바로 발령받아 부임해왔다. 모스크바에서 만난 동료가 "이 대리가 근무할 때 모스크바 법인 만들었으면 퇴사하지 않아도 됐을 건데"라고 아쉬운 듯 말했다. 그런데 자존심이 앞서 퉁명스럽게, 회사 그만두고 나오니 더 많은 것도 보고 자유롭고 좋다고 답했던 기억이 난다. 그렇지만 속으로는 아마 그렇게 되었다면 회사에 더 다녔을 수도 있겠다고 생각하고 있었다. 여하튼 1997년 우리나라의 외환위기 이후 대우가 몰락하면서 안타깝게도 대우의 꿈은 달성되지 못하였다.

대우뿐 아니라 다른 우리 기업들도 소비재 시장에서 선전하며 러시아 소비자의 사랑을 받는 기업으로 성장했지만, 자원 개발 분야는 뚜렷한 성과를 거둘 수 없었다. 당시 미얀마에서 논의되던 가스전 개발이 2014년에 성과를 낸 것을 고려한다면 러시아 시장에서 에너지 자원 개발을 남·북·러 삼각 협력 형태로만 들여다볼 것이 아니라 한·러 간 양자 사업으로 고려했다면 하는 아쉬움이 제일 크다. 물론 남·북·러 삼각 협력 사업을 제외하자는 의미는 아니다. 어찌 보면 한·러 양자 간 에너지 협력 사업이 장기적으로 추진됐다면 아마도 그 대상 지역은 극동 시베리아였을 것이고 그렇게 됐다면 남·북·러 삼각 협력도 부가적으로 성사될 가능성이 커지지 않았을까 하는 생각도 든다.

한국과 러시아가 수교한 1990년에 나는 우리 기업이 소련과 러시아 시장으로 달려간 이유를 현장에서 체험했다. 그 당시 열심히 고민했던 우리 기업인들의 생각을 나의 짧은 견문으로 이 글에 다 담지는 못했다. 하지만 분명한 것은 그때 맞이한 엄중한 국제 정세를 두고 우리 기업의 생존과 미래를 고민한 수많은 기업인의 노력이 있었기에, 또 이를 정부 차원에서 적극적으로 지원해주었기에 그나마 오늘날 이 정도로 한·러 양국 간 협력이 가능해졌다고 믿고 있다.

오늘의 국제 정세는 한·러 양국이 수교할 당시 못지않게, 어쩌면 더 열악한 국면으로 바뀌고 있다. 그동안의 성과와 실패를 교훈 삼아 미완으로 남아 있는 상생 협력의 잠재력을 끌어올리는 지혜와 노력이 필요할 것이다. 오늘 우리가 누리는 것은 과거 누군가의 고민이 있었기에 가능했다. 우리가 다시 신발 끈을 묶고 한·러 관계의 발전을 위해 한발 더 앞으로 나아가야 하는 이유는 아주 많다.

내가 사랑한 러시아

러시아의 추운 겨울을 싫어하는 사람도 있지만, 영하의 날씨가 공기마저 얼리고 온 사방 눈 덮인 풍경은 매번 일상에 지쳐버려 넋을 놓은 나에게 위안을 준다. 겨울의 태양은 북쪽으로 갈수록 강하게 비추는데 역사적 풍광과 일상의 모습이 공존하는 상트페테르부르크에서 맞이하는 겨울날 풍경은 머리를 맑게 하고 또 새로움을 채울 힘을 제공한다. 겨울날 러시아를 여행하지 않고는 러시아를 알 수 없을 것이라고 감히 단언한다.

상트페테르부르크
이삭 대성당과
네바강의 겨울 풍경

이상준

고려대학교 경영학과를 졸업했고 한국과학기술원(KAIST)에서 경영공학 석사를 마친 뒤 1990~93년 대우전자에서 근무했으며 1999년 모스크바 세계경제·국제관계연구원(IMEMO)에서 경제학 박사 학위를 받았다. 국민대학교 국제학부장, 유라시아연구소장을 역임했고 현재 국민대학교 유라시아학과 교수. 저서로는 『푸틴시대의 러시아』(공저, 2014), 『한·러협력비전2030』(공저, 2016), 『한·러 혁신기술 협력: 가능성과 사례』(공저, 2017), 『한·러관계의 새지평』(공저, 2018), 『동아시아 공동번영과 한반도 평화』(공저, 2019)가 있고 역서로는 『러시아를 움직이는 힘』(공역, 2013)이 있다.

비즈니스도 시베리아의 들꽃처럼

송종찬

2006년 8월, 태양의 고도는 높았다. 8월 4일은 상상 속에 남아 있던 러시아 땅을 처음으로 밟는 날, 며칠 전부터 가슴이 설레었다. 첫 시집 발간으로 인연이 있던 실천문학사에서 독립운동가 조명희 시인의 시비를 블라디보스토크에 세우는 데 동행을 요청해와서다. 조명희 시인이 러시아와 어떤 연관이 있는지 알지 못한 채 동행을 약속했다. 문화계 인사로 구성된 10여 명의 사절단에는 소설가 박완서 선생, 민영 시인을 비롯해 후손인 조철호 동양일보 회장도 있었다. 아마도 주최 측에서는 러시아 문학을 전공했던 내가 조금이라도 도움이 될 성싶어 초청했던 것 같다.

명색이 러시아 문학을 전공했는데, 대학교 입학 후 20년 만에 러시아를 처음 방문한다는 게 말이 되는가. 지금이야 언어 전공자에게 현지 어학연수는 필수코스라지만, 냉전의 논리가 지배하던 1980년대는 감히 '소련'이라는 단어를 떠올리는 것만으로도 불온하게 느껴지던 시절이었다. 가방에 북한판 조로사전을 가지고 다니다 멀리에서 전투경찰이 보이기 시작하면 나도 모르게 움츠러들곤 했었다.

페레스트로이카와 글라스노스트로 알려진 고르바초프의 개혁·개방 정책은 급기야 소련의 붕괴로 이어졌다. 1990년 들어 한·러 수교를 기점으로 많은 사람이 유학, 관광, 사업 등의 목적으로 러시아를 방문하기 시작했지만, 나에게는 좀처럼 기회가 찾아오지 않았다. 회사에서 러시아 사업을 위해 전공자를 채용했지만, 수출 대금을 못 받게 되자 러시아 사업은 뒷전으로 밀려났고 나는 전략, 홍보, 혁신 등 주로 지원 부서로 떠돌았다. 회사원이 된 후 외국 여행을 다녀올 경제적 여유는 있었지만, 일주일간의 휴가를 내기가 쉽지 않았다.

러시아라는 단어가 뇌리에서 사라져갈 때쯤 방문 기회가 찾아왔으니 얼마나 들떴겠는가. 부푼 기대도 잠시뿐, 탑승한 인천공항발 아에로플로트 러시아 항공은 인내를 시험하기에 충분했다. 동해 상공을 거쳐 블라디보스토크까지 2시간 남짓한 비행 동안 좌석은 앞뒤로 심하게 흔들렸다. 낡은 비행기 내부는 냉방이 되지 않아 태양의 열기가 그대로 전해졌다. 고희에 가까운 박완서, 민영 선생은 연신 부채를 드셨다. 뜨거운 열기를 냉각시켜준 것은 다름 아닌 스튜어디스의 무뚝뚝한 표정이었다. 기내가 덥다고 말해도 흘려듣는, 처음 본 러시아 여인은 잘 훈련된 여군의 모습이었다.

8월의 블라디보스토크는 우리나라 여름 못지않게 무더웠다. 시외버스터미널 같은 국제공항을 빠져나왔을 때 첫눈에 들어온 것은 금발의 여인이었다. 동양인이 살고 있어야 할 땅에서 서양인을 보는 것은 흥미로운 일이었다. 슬라브인들은 언제 우랄산맥을 넘어 극동까지 차지했을까. 공항에서 블라디보스토크 시내까지 한 시간 남짓 승합차를 타고 달리는데 한국산 중고차가 자주 보였다. 신촌여객, 제천운수, 예비군버스라는 한글 로고가 새겨진 중고차는 시내 도로 위 꽃가루 사이를 달렸다. 버스 뒤편에는 '사랑한다'라는 낙서도 남아 있고, 낯익은 행선지 이름이 그대로 적혀 있었다. 연해주를 질주하는 중고차들을 보고 있으니 가슴이 뛰었다. 연해주 땅은 우리 독립군이 나라를 되찾기 위해 말 달리던 곳이다. 그동안 무엇을 위해 살고 있는지 자괴감이 들 때가 많았는데, 국산 자동차가 연해주를 질주하는 모습을 보면서 나의 노동도 헛된 것이 아니었음을 깨닫게 되었다.

꿈에 그리던 러시아에서의 첫날 밤이 흘러가고 있었다. 에어컨도 없는 호텔 방에서 쉬 잠이 올 리 없었다. 거리로 나가볼까 하다 가이드로부터 위험하다는 경고를 몇 번 받았던 터라 잠을 이루지 못하고 밤새 뒤척였다. 창문 틈으로 기차 바퀴 소리가 들려왔다. 그 소리를 들으며 언젠가 기차를 타고 대륙을 횡단해보리라는 꿈을 꾸었다. 저 기차를 타고 가면 백석이 그리워하던 나타샤, 지바고가 사랑했던 라라를 만날 수 있지 않을까 생각하며 잠이 들었다.

이틀간의 블라디보스토크 일정을 마치고 이르쿠츠크행 야간 비행기에 몸을 실었다. 네 시간여를 날아 새벽 두 시에 공항에 도착했다. 다시 차로 밤길을 달려 숲속 통나무집에서 고단한 몸을 뉘었다. 그야말로 통나무처럼 쓰러져 자다 새벽녘 창밖의 바스락거리는 소리에 깼다. 안가라 강 위로 동이 트며 새벽안개가 서서히 걷히기 시작하고 창문을 여니 자작나무들이 통나무집을 에워싸고 있었다. 안개가 점점 강 끝으로 물러나면서 자작나무의 종아리가 드러났다. 지난밤 하얀 자작나무 천사의 호위를 받으며 푹 잔 것이다.

이르쿠츠크에서 바이칼 호수로 이어지는 마지막 여정, 이르쿠츠크역에서 슬류단카역까지 시베리아 횡단열차를 타고 민족의 시원이 서린 바이칼에 도착했다. 일행은 누구라고도 할 것 없이 바이칼 호수에 뛰어들었다. 처음에는 바지를 걷고 발목을 적셨다가 몇 사람과 함께 부끄러움도 잊은 채 팬티만 입고서 깊은 곳까지 들어갔다. 객기였을까 아니면 목마름이었을까. 처음 본 바이칼은 어머니의 품처럼 따스했고, 도시 생활에 찌든 영혼을 정화해주는 듯했다.

러시아와의 첫 만남은 너무 짧았다. 바이칼 호수를 뒤로하고 준비 없는 이별을 했다. 시베리아 벌판에 흐드러지게 피어 있던 들꽃, 자작나무 숲을 돌아가던 횡단열차, 바이칼의 파도 소리, 슬그머니 옆에 서서 사진을 찍고 싶던 소녀들, 안가라강 위로 퍼지던 성당의 종소리. 내가 본 것은 사람과 사물이 아니라 때 묻지 않은 아름다움 그 자체였다.

가슴에 진한 아쉬움이 남았다. 바이칼 호수를 떠나며 야생에서 피어난 붉은 양귀비꽃 한 송이를 책갈피에 넣었다. 서울로 돌아와 책상 위에 횡단열차를 배경으로 찍은 사진과 자작나무 그림을 올려놓고 다시 러시아로 돌아가겠다는 소박한 꿈을 키워나갔다. 간절함이 통했던 것인지 이명박 정부가 자원 외교를 벌이기 시작했고, 회사에서도 자원이 풍부한 북방에 대한 관심이 점점 높아져 갔다. 나는 러시아에 대한 꿈을 이어가기 위해 북방 전략을 수립하는 일을 자원해서 맡았다.

북방 전략 중 중국 프로젝트는 순조로웠다. 중국 정부에서 낙후된 동북 3성 개발을 위해 외자 유치를 추진하고 있어서 회사가 나아가고자 하는 방향과 잘 맞아떨어졌다. 동북 3성 중 가장 많이 주목한 곳은 접경 지역이었다. 장차 통일 시대를 대비하려면 두만강변을 선점하는 것이 중요하다고 판단해 북·중·러 3국의 접경 지역인 훈춘에 물류 기지를 세우기로 했다. 길림성 정부는 발 빠르게 움직였다. 회사가 요구하는 조건에 순순히 응했다. 물류 기지 주변의 도로, 전기, 수도 등 인프라를 성 정부에서 깔아준다는 약속도 잊지 않았다. 지금도 잊을 수 없는 장면 중 하나는 CEO가 현지를 방문했을 때 100m 간격으로 교통경찰을 배치해놓고 지나가는 차량을 향해 거수경례를 계속했던 일이다. 중국의 각 지방

정부는 경쟁적으로 외자 유치에 나섰다. 중국인의 극진한 대접은 투자가 결정될 때까지 이어졌다. 하지만 외자 유치 후에는 태도가 변해 현지에 파견된 직원들이 애를 먹었다는 말이 들리기도 했다. 길림성에 물류 기지, 가공 센터 설립을 위한 토대를 닦은 다음 몽골에 사무소를 열고 마지막으로 러시아 전략 수립 작업에 들어갔다.

회사에서 러시아 진출 필요성을 설득하는 일은 쉽지 않았다. 많은 사람이 러시아를 공산 국가로 인식하고 있었다. 중국이야말로 7천만 공산 당원이 지배하는 일당 체제이고 러시아는 다당제 국가인데, 일반인은 거꾸로 인식하는 경우가 많았다. 당장 수익 구조가 없는 것도 문제였다. 뚜렷한 수익 사업도 없이 법인부터 만들면 어떻게 감당할 것이냐고 문제를 제기했다. 지구상에서 자원이 가장 많고, 장차 남·북·러 사업을 진척시키려면 필요하다고 설득해 어렵게 모스크바에 법인을 설립할 수 있었다.

2011년 10월 1일 저녁 6시 모스크바 셰레메티예보 공항에 도착했을 때 창밖에는 어둠이 깔리고 있었다. 공항 청사를 빠져나오는 순간 주재원과 그의 딸린 식구들, 현지 직원까지 먹여 살려야 하는 막중한 책임감에 어깨가 무거워짐을 느꼈다. 통상 법인을 설립할 때는 먹거리를 만들어 문을 여는 게 일반적인데, 가능성만을 보고 들어왔으니 감당해야 할 짐이 이만저만이 아니었다. 러시아에서의 첫 주말, 주재원들과 함께 노보데비치 수도원을 찾았다. 성당에 들러 직원들의 무사와 법인의 발전을 빌고 싶었다. 성당 입구에서 양초 세 자루를 사 성화 앞에 촛불을 밝혀 놓고 묵상 기도를 올렸다.

10월 중순에 첫눈이 날리기 시작하더니, 11월부터는 한 번도 경험해 보지 못한 어둠이 깔리기 시작했다. 어둠의 두께가 느껴졌다. 짙은 어둠처럼 사업도 막막했다. 월말 결산을 해보면 들어오는 것은 없고 지출만 늘어갔다. 중소기업 사장들의 고뇌를 알 수 있을 것 같았다. 모스크바 물가는 왜 그렇게 비싸던가. 직원들의 주거비가 월 5천 달러가 넘고, 된장찌개 한 그릇 값이 한국의 세 배에 달했다. 점심으로 햄버거를 먹고 지하철로 출퇴근했지만, 이는 비용을 줄이기 위한 목적보다는 비장한 각오를 다지는 행위였다.

러시아에서 구상한 사업은 크게 세 가지였다. 한국의 모사가 필요로 하는 자원 무역을 수익 기반으로 해서 러시아 현지에 투자 사업을 일으키는 그랜드 구상이었다. 투자 검토는 물류, 광산, 철강 기업 합작 측면에서 진행했다. 본사에서 기대가 컸다. 조직 내에서 이례적으로 전략 부문이 직접 발의해 설립한 법인이라서 지원을 아끼지 않았다.

사업을 한창 구상하고 있을 무렵 외교부에서 아시아 지역을 담당하고 있던 알렉산드르 마체고라 국장(현 북한 주재 대사)과 함께 오찬을 한 적이 있었다. 그는 한국의 대러, 대중 투자 자료를 보여주면서 한국이 중국 투자의 10%만 러시아에 해준다면 한반도의 운명이 바뀔 수 있을 것이라며 안타까움을 표시했다. 한반도를 둘러싼 강대국 중에서 통일을 지지할 수 있는 국가는 러시아뿐이라는 점도 은근히 내비쳤다. 나는 항변하지 못했다. 실제로 대기업을 비롯해 개인 사업자까지 중국 시장에 환상을 품고 들어가는데, 국가 리스크 때문인지 러시아에 대해서는 무관심했다. 내가 속한 회사만 하더라도 중국에 1조 원 넘게 투자했는데, 러시아 투자는 전무했다.

동지가 지나고 신년이 왔다. 본격적인 비즈니스를 시작하면서 가장 먼저 관심을 둔 것은 남·북·러 철도 연결 사업이었다. 러시아로부터 석탄을 수입하고 있던 상황에서 물류망 확보는 중요한 아이템이었다. 폭설이 내리던 날, 아르바트 거리 인근의 스탈린식 고층건물에 자리 잡은 외교부를 방문했다. 원료 공급사였던 메첼의 도움으로 알렉산드르 티모닌 특명 대사를 만나 남·북·러 협력 사업의 중요성과 사업 비전을 밝히며 지원을 요청했다. 그날의 미팅을 시작으로 해서 러시아철도공사와 본격적인 비즈니스 협상에 들어갔다.

러시아철도공사는 이미 북한과 합작으로 라선콘트랜스Rasoncontrans라는 법인을 만들어 사업을 추진하고 있었다. 라선콘트랜스는 러시아 하산과 북한 라진 간 철도 연결과 항만·터미널 운영 사업을 하고 있었다. 러시아철도공사는 사업의 안정성을 높이고, 투자금 분산을 위해 한국 파트너의 참여를 환영했다. 회사 입장에서도 석탄의 안정적인 물류망을 확보하고, 만성 적체 현상을 빚고 있는 극동 항만 대신 저렴한 라선항을 원료 부두로 활용하면 원가를 낮출 수 있는 이점이 있었다.

남·북·러 시범 사업의 출발은 순조로웠다. 시베리아의 석탄을 실은 횡단열차가 이르쿠츠크, 블라디보스토크, 하산역을 거쳐 라진항까지 다다랐으며, 라진항에서 하역, 선적된 석탄이 포항까지 운송되었다. 남·북·러 철도 사업이 순조롭게 진행된다면 정부가 추진하는 가스관, 전력망 연결 사업도 탄력을 받을 수 있었다. 또한, 러시아 지분의 일부를 취득하는 것은 간접적이나마 북한과의 경제 협력을 의미하여 경색된 남북 관계의 물꼬를 트고, 장차 통일 시대를 여는 데 이바지하리라는 희망도 있었다. 만일 러시아와 합작으로 북한을 통과하는 철도망과 가스망을 만든다면 경제적 이득을 넘어 평화에 이바지하는 길이라고 생각했다. 설령 남한이 맘에 안들더라도 러시아 자금이 투자된 인프라를 북한이 자기 맘대로 좌지우지할 수는 없기 때문이다.

두 차례에 걸친 시범 사업을 성공적으로 끝내고, 본사에서 러시아철도공사와 본격적인 지분 협상을 추진했다. 정부에서도 관심이 많았다. 하지만 2016년 지분 투자 결정을 얼마 남기지 않은 시점에서 북한이 핵실험을 재개함에 따라 야심 차게 시작한 남·북·러 철도 사업은 다시 수면 아래로 가라앉고 말았다. 대북 경제 제재가 본격화하는 마당에 사업을 더 지속시키는 것은 불가능했다.

삼각 협력 사업이 물거품이 된 후 러시아에 직접 투자하는 사업을 구상했다. 내가 다닌 회사는 세계 최고의 경쟁력을 가진 철강 기업이다. 제조업은 제품의 생산과 판매가 사업의 근간이지만, 공급 과잉 시대를 헤쳐나가려면 돈 안 들이고 할 수 있는 새로운 사업 모델이 필요했다. 비록 제조업체이지만, 러시아에서 운영 노하우를 판매하는 철강 서비스업을 해보고 싶었다. 러시아 철강업은 우리나라보다 100년 먼저 태동했지만, 기술력은 선진 철강사와 비교해 뒤떨어진 상황이었다. 고급 제품 대신 저가품을 주로 생산하고, 제대로 가동되지 않는 제철소도 상당수 있었다.

하바롭스크주에 아무르스탈이라는 극동 유일의 제철소가 있었다. 소련 시대에 무기 소재 공급을 위해 세워진 철강사였다. 국영 기업으로 경영이 제대로 되지 않아 대외경제개발은행(VEB)의 관리를 받고 있었다. 안드레이 사펠린 부행장을 만나, 운영을 맡겨주면 5년 안에 정상화를 이룰 수 있다며 설득했다. 위탁 경영에 따른 기술, 자문료를 받는 대신 정상화 이후 투자 협력 가능성도 열어 두었다. 대외경제개발은행은 반색했다. 적자투성이의 회사를 살려놓겠다니 얼마나 반가운 일이겠는가. 기술진을 몇 차례 현지에 파견해 실사를 마치고, 프로젝트 계획을 세웠다. 아무르스탈은 한반도와 인접해 있어, 사업 시너지를 낼 수 있었다. 태스크포스를 구성하고 대외경제개발은행이 제공한 전세기를 타고 날아가 양해각서(MOU)까지 맺었다. 하지만 이 사업도 막판에 러시아 정부에서 거부함에 따라 결실을 보지 못했다. 러시아 정부에서 투자 없는 단순 위탁 경영을 허락하지 않았다. 자존심 문제였는지, 정보 유출을 우려한 것인지 구체적인 이유를 알 수는 없었다. 이 밖에도 바니노 항만 개발, 이르쿠츠크 전기로 건설 등 여러 건의 협력 사업을 추진했으나 사업성 부족, 러시아 파트너의 계약 변경, 본사의 투자 의지 부족 등의 사유로 무산되고 말았다.

3년 사이에 무려 10여 건에 달하는 협력 양해각서를 체결했다. 신사업을 개척하기 위해 사할린, 하바롭스크, 야쿠츠크, 첼랴빈스크, 볼가강, 돈강 유역 등 동서에 이르는 많은 지역을 발이 닳도록 돌아다녔지만, 결실로 이어진 것은 거의 없었다. 그 이유는 무엇이었을까. 우리나라와 러시아 사이에는 정치·경제 등 모든 분야에서 불신의 골이 깊었다. 생각하고 일하는 방식이 달랐다. 비즈니스는 신뢰가 기반인데, 내일을 장담하기 어려웠던 소련 시절을 살아온 러시아 사업가들은 미래 대신 당장의 돈을 요구했다. 러시아 정부 당국은 우리나라를 미국의 종속 국가, 우리나라는 러시아를 공산 독재국가로 인식하고 있었다. 협력하면 큰 성과를 낼 것이라고 공감하면서도 서로 선뜻 손을 내밀지 않았다. 러시아는 우리에게 마음의 문을 쉽게 열어주지 않았고, 반대로 우리는 조금도 손해 볼 생각을 하지 않았다. 러시아의 저명한 시인 알렉산드르 푸시킨은 '삶이 그대를 속일지라도 슬퍼하거나 노여워하지 말라'고 했는데, 슬픔의 날을 견디면 기쁜 날이 온다고 했는데, 그야말로 좌절의 연속이었다.

물류, 철강 등 야심차게 추진했던 프로젝트들이 풀리지 않자 본업인 석탄 광산 투자 제안도 본사에 꺼내기가 어려웠다. 러시아는 국내에서 철강 제조와 발전에 필요한 석탄을 최단 거리에 조달할 수 있는 유리한 입지에 있다. 러시아로부터 회사에서 연 300만 톤 이상의 석탄을 수입하고 있어, 구매 조건으로 투자한다면 낮은 가격에 안정적으로 원료를 조달할 수 있었다. 본사에서는 국가 리스크를 예로 들면서 투자보다는 필요할 때 원료를 구매하면 된다는 입장이었다. 2010년 이후 내가 경험한 러시아는 사업하기 좋은 국가였다. 까다롭지 않은 법인 설립, 합리적인 세제, 노동의 유연성, 우수한 인적 자원 등 어느 신흥시장보다 조건이 나쁘지 않았다. 하지만 우리나라 사람들은 러시아에 대해 제대로 알지 못하면서 중국이나 인도보다 사업하기 어려운 국가로 인식하고 있었다.

돌아보건대, 나는 성공하지 못한 법인장이다. 러시아에서 냉장고, 스마트폰, 자동차, 라면 등 소비재를 파는 한국 기업들이 자리를 잡은 것과 대조적으로 나는 회사 브랜드를 각인시키는 데 실패했다. 법인 설립 후 석탄 수입량이 3배 규모로 늘고 적자를 면할 수 있었지만, 장기적 관점의 투자 사업은 성과를 내지 못했다. 북방에 대한 관심이 어느 때보다 높았던 시점에 진출해 본사로부터 전폭적인 지원을 받았는데도 상호 '윈윈'할 수 있는 사업을 일구지 못한 것이다. 사업을 통해 한·러 관계 발전을 지원하고, 이를 통해 남·북·러, 남·북·중·러로 사업을 확장해가겠다는 야심 찬 비전은 꿈에 지나지 않았다.

더 안타까운 것은 정부 차원의 러시아 협력도 성과를 내지 못하고 있다는 점이다. 양국이 발전하려면 메가 프로젝트들이 성사되어야 하는데 십수 년째 가스, 전력, 철도, 항만 등 비슷한 유형의 프로젝트들이 검토만 되고 있다. 그동안 양국 간에 오고 간 양해각서 숫자가 얼마나 될까. 앞으로도 한·러 양국 간 행사가 있을 때마다 비슷한 의제들이 테이블 위에 올라와 기업·정부 간 양해각서가 체결되고, 언론에 발표될 가능성이 크다. 언제까지 한·러 경제 분야에서 희망 고문이 반복될 것인가.

러시아는 비즈니스의 오지인가? 러시아인을 신뢰할 수 있는가? 러시아의 미래는 밝은가? 대한민국은 러시아와의 경제 협력 의지가 있는가? 북한이라는 변수 없이 양자 협력을 강화할 수 있는가? 미국 눈치 보지 않고 메가 프로젝트를 진척시킬 수 있는가?

이에 대해 대답할 자신이 없다. 그 이유는 경제 논리만으로 풀 수 없기 때문이다. 양국 간 정치, 경제, 지리, 역사가 꼬여 있는 고차방정식을 풀기에는 지혜도 경험도 부족하다. 그래도 누군가가 러시아 사업에 관해 물어온다면 나의 대답은 지극히 추상적일 수밖에 없다.

우선, 러시아 사업이 어렵다는 것은 창의성이 부족하기 때문이다. 러시아 예술가들은 고난과 질곡의 역사 속에서 불멸의 작품을 완성했다. 비즈니스 영역도 마찬가지다. 성숙하지 않은 비즈니스 환경은 오히려 기회의 장이 될 수 있다. 세계적인 문학과 예술이 탄생한 세계 최대 국가에서 왜 비즈니스는 안 된다는 말인가. 러시아 비즈니스를 위해서는 상투성에서 벗어나 사업을 보는 새로운 눈이 필요하다. 해빙기의 사업 아이템과 구조를 가지고 러시아를 바라보고 있지 않은지 진지하게 돌아볼 필요가 있다.

또한, 러시아 사업이 어렵다는 것은 지구력이 부족하기 때문이다. 러시아에서 들판의 꽃을 보려면 적어도 6개월을 인내해야 한다. 러시아에서 살아남는다는 것은 기다린다는 의미이다. 몇 차례 눈보라가 치고 북풍이 몰려간 후 봄이 찾아온다. '빨리빨리 정신'으로 자고 일어나면 새로운 것을 만들어내는 한국과는 문화적·사회적 배경이 다르다. 러시아에서 사업을 하려면 장편 소설 같은 긴 호흡이 필요하다. 중국에 웃고 들어갔다 울고 나오는 것과 달리 러시아에서는 울고 들어갔다 웃고 나올 확률이 높다.

마지막으로 러시아 사업이 어렵다는 것은 본질을 외면하기 때문이다.

우리가 언제 러시아를 러시아로 바라본 적이 있었는가. 러시아는 언제나 변방이었다. 상수가 아니라 변수였다. 군사·외교적 관점에서 중요했을 뿐 경제는 후순위에 불과했다. 가장 너른 영토, 무한한 자원, 지리적 이점, 우수한 기초과학 등을 인식하고는 있지만, 이를 활용할 적극적 의지를 갖지 못했다. 러시아를 북한 전략의 한 수단으로 보거나 미국적 시각에서 바라본다면 '짝사랑'의 한계를 벗기는 어려울 것 같다.

본사로부터 귀임 통보를 받았다. 4년여는 결코 적은 시간이 아니었는데 나는 한 발짝도 러시아 안으로 들어가보지 못한 느낌이었다. 아무런 성과 없이 가방을 싸려니 회한이 밀려왔다. 나름대로 최선을 다했는데 무역을 제외한 투자 프로젝트는 될 듯 될 듯하다 허사가 되고 말았다. 현지에서 채용했던 러시아 직원을 하나둘씩 내보낼 때마다 가슴이 아팠다. 직원들과 마지막 만찬을 하고 나서 집으로 걸어오는 길에 눈시울이 뜨거워지기도 했다. 러시아에 와서 절박하게 싸우고 있는 중소기업 사장들의 고충을 알 것도 같았다. 서방의 경제 제재로 경기 회복은 난망한데 러시아 직원들이 어떻게 밥벌이를 하며 살아갈지 걱정이 앞섰다.

러시아와 이별 아닌 이별을 하고 귀국한 뒤에도 한동안 내 삶 속에는 러시아가 있었다. 겨울이 다가오자 어둠을 뚫고 나오던 오보에 음을 듣고 싶어 무작정 모스크바행 비행기에 오르기도 했다. 모스크바 '1905년' 지하철역과 동물원 길을 지나 차이콥스키 홀까지 눈을 맞고 걸었다. 12월의 적막한 밤, 오케스트라 선율을 들으며 묵은 때를 씻어내기도 했다. 여름날, 삶의 열정이 느슨해질 때면 트레티야코프 미술관에 있는 그림들이 생각났다. 일리야 레핀, 발렌틴 세로프, 알렉산드르 이바노프의 그림을 보려고 단기 휴가를 내 모스크바로 무작정 떠나기도 했다. 이바노프의 평생에 걸친 대작인 〈민중 속에 나타난 예수〉 앞에서 나의 좀스러운 삶을 반추하며 어떻게 살아가야 하는지 생각해보기도 했다.

2016년 모스크바를 떠나며 언젠가 다시 돌아오겠다고 다짐했었는데 그 순간이 올지 모르겠다. 여름이면 술잔에 잠기던 백야, 겨울날 애인이 되어주던 자작나무, 멀리서 봐도 위로가 되던 정교회 성당, 가슴에 스며들던 가는 눈발, 얼음장을 뚫고 나오던 민들레, 마음씨 착한 이웃들까지……. 비록 큰 사업을 일구지는 못했지만, 러시아에서 내가 찾은 것은 아름다움이었다. 배운 것은 사랑이었다. "사람은 무엇으로 사는가? 그것은 사랑이다." "아름다움이 세상을 구원할 것이다." 톨스토이와 도스토옙스키가 던진 두 명제를 이해하게 된 것만으로 가슴이 따스해진다.

내가 사랑한 러시아

여행이 끝나면 결국 몇 장의 이미지만 남는다. 러시아를 방문하는 사람이 가볼 만한 곳을 추천해달라면 트레티야코프 미술관을 추천한다. 그 이유는 러시아인의 삶과 영혼이 화폭에 고스란히 녹아 있기 때문이다. 미술관에는 순수 러시아 화가들의 작품 13만 점이 전시되어 있다. 나는 일이 잘 풀리지 않을 때마다 성상화 〈모자상〉 앞에 서서 지혜를 달라고 기도했다. 삶의 열정이 떨어질 때마다 이바노프의 대작 〈민중 속에 나타난 예수〉 앞에서 날밤을 새웠을 작가주의를 생각했다. 우리는 일생이라는 화폭에 한 장의 그림을 그리며 산다. 러시아에 가시거든 트레티야코프 미술관에 들러 자기가 그리고 있는 삶의 화폭을 한 번쯤 떠올려보시면 좋겠다.

이바노프의
〈민중 속에 나타난 예수〉

송종찬

시인. 고려대학교 노어노문학과를 졸업하고 언론대학원에서 광고·홍보를 전공했다. 1993년 『시문학』에 「내가 사랑한 겨울나무」 등 시 9편을 발표하며 작품 활동을 시작했다. 시집 『그리운 막차』, 『손끝으로 달을 만지다』, 『첫눈은 혁명처럼』, 산문집 『시베리아를 건너는 밤』을 발간했다. 러시아 외국문학도서관 부설 루도미노 출판사에서 러시아어 시집 『시베리아를 건너는 밤』(Transsibirskie nochi)을 발간했다. 2011년부터 4년여 동안 포스코러시아 법인장으로 생활하면서 경제와 문화를 넘나드는 전방위 활동을 전개했다.

철의 실크로드와 유라시아 물류 혁명

성원용

운명이다. 대학에서 전기공학을 전공한 내가 얼떨결에 러시아어를 배우고, 유학지로 소련을 선택하고, 그리고 7년간 레닌그라드대학교(현재 상트페테르부르크국립대학교)에서 경제학으로 석·박사 과정을 밟은 것은 운명이었다. 게다가 정작 러시아에서 공부했던 러시아 경제사·경제사상사 분야는 밀쳐두고, 시베리아횡단철도(TSR) 연구자나 교통물류 전문가로 '밥벌이'하는 것도 다 운명이라 생각한다. 처음부터 계획했던 것은 아니었고, 그저 '별'을 바라보고 걷다 보니 어느 순간 현재의 위치에 도달하고 말았다!

대학 전공을 선택할 때 특별한 고민은 없었다. 한국 경제가 고속성장을 계속하던 때였고, 전기·전자공학이 가장 유망한 분야로 추앙받던 시기였다. 취직 걱정 따위는 없으리라는 주변의 추천을 따랐을 뿐인데, 현실은 기대 수준을 훨씬 더 넘어섰다. 학과 동기들 다수가 3학년부터 글로벌 가전 3사 입사를 확약하고 전액 장학금을 받았고, 졸업과 동시에 방위산업체 근무로 병역면제 혜택을 입었다. 지금은 도저히 상상할 수 없는 일이다. 그때는 그랬다. '취업난'은 저 먼 별나라의 언어였다. 강전強電을 공부한 동기들은 한국전력공사 등에 입사했고, 일찌감치 약전弱電

263

에 몰두했던 동기들은 가전, 반도체, 컴퓨터, 자동차 회사 등에 들어가 맹활약했다. 이들이 한국 정보통신(IT) 혁명의 주역들이자 수혜자들이다. 동기들을 만나면 "그 시절이 다시 오겠는가?"라고 서로 묻곤 한다.

그런데 '아쉽게도' 나는 그 열차에 올라타지 못했다. 학적부상으로는 분명 '전기공학'과 학생이었지만, 실상 나는 대학 생활 내내 야학夜學과 사회과학 독서 동아리를 오가며 '정치경제학'에 몰두한 채 지냈기 때문이다. 1980년대의 적잖은 대학생들이 이런 '이중생활'을 자처했기에 그다지 특별할 것이 아니었다. 반독재 민주화 투쟁의 깃발을 높이 들었던 시기였고, 강의실이 아닌 거리와 광장에서 '진리'를 깨닫고 실천했던 시기였다. 그러나 전공 아닌 전공에 몰입할수록, 한편으로는 자유인이 되었지만 다른 한편으로는 좌절을 경험해야 했던 고통스러운 시간이었다.

입대와 제대 후 복학한 시기는 소련의 개혁·개방 논쟁이 한반도를 강타했던 시기다. 당시 페레스트로이카, 글라스노스트와 관련된 논쟁들을 지켜보면서 자연스럽게 '도대체 무엇이 일어나고 있는가?', '소련은 어디로 가고 있는가?'라는 궁금증이 커졌다. 그리고 불현듯 러시아어로 〈이즈베스티야〉와 〈프라우다〉를 직접 읽을 수 있으면, 더 정확하게 실체를 파악할 수도 있겠다는 호기심이 생겼다. 아마도 1989년쯤일 것이다. 사회학과 전공 수업을 듣던 중 교수님이 안식년으로 옥스퍼드대에 다녀오시면서 러시아어도 공부하고 소련의 〈프라우다〉 신문도 읽게 되었다고 자랑을 늘어놓으셨는데, 바로 이것이 내 심장에 불을 지폈다. '그래, 나도 러시아어를 공부하자!' '나만의 관점으로 소련의 대변혁을 읽어내자!' 이런 결심을 한 뒤 신촌에 있는 한 학원에 등록하여 러시아어 문법 공부와 함께 신문을 읽는 강독 공부를 했다. 나중에는 모교에 교환학생으로 입국한 모스크바국립대 학생에게 회화를 배웠고, 1990년 9월 한·소 수교가 이루어진 뒤 '내 눈으로 직접 무엇이 일어나고 있는지를 보자'는 결심을 굳히고, 1991년 2월 소련으로 유학하러 떠났다.

주변에서는 공학에서 사회과학으로의 전환이 무모한 것이고, 그것도 다 망해가는 '결핍'과 '빈곤'의 소련 땅에서 무슨 '정치경제학'을 공부하겠다는 것인지 모르겠다며 나의 유학을 강력하게 반대했다. 물론 당시 소련 유학을 결심하지 않았다면, 그에 따라 삶의 궤적도 지금과는 많이 달라졌겠지만, 내 선택은 바뀌지 않았다. 당시 나에게 소련은 지향과 극복의 대상이었고, 그곳으로의 탈주는 몹시 절박하면서도 흥분되는 판타지의 신세계였다. 그래서 운명인 것이다.

유라시아 교통물류 연구자의 길

다수의 연구자는 나를 러시아 철도 전문가, 유라시아 교통·물류 전문가로 알고 있다. 그래서 으레 학부에서 유사 전공을 했거니 짐작하겠지만, 실상은 그렇지가 않다. 러시아에서 교통공학도, 교통경제학도 공부하지 않은 내가 교통·물류 연구에 뛰어들기 시작한 것은 오로지 정규직 첫 직장으로 입사한 곳이 한국교통연구원(KOTI)이었기 때문이다.

러시아에서 경제사·경제사상사를 공부한 나는 귀국 후 잠시 대학 연구소에서 연구교수라는 타이틀을 갖기도 했지만, 7년간 서울과 지방을 떠돌며 강의를 하던 고단한 비정규직 강사였다. 공부하러 소련으로 날아간 지 1년도 채 안 지나 소련이 몰락·붕괴·해체되는 불운을 경험했는데, 귀국한 1997년에 한국이 IMF(국제통화기금) 위기를 맞았고, 다음 해에는 러시아가 국가채무 위기로 모라토리엄을 선언하지 않았는가! 참으로 어처구니가 없었다. 러시아 경제 전문가로 뜻을 펼쳐보려 해도, 한국의 교역과 투자에서 그 존재가 미미하니 수요가 없었고, '러시아 경제' 전문가는 배곯기 딱 알맞은 전공이겠거니 절망하며 살았다.

　그러던 차에 총리실 산하 경제인문사회연구회에 속한 KOTI가 러시아 지역 전문가를 찾는다는 소식을 들었고, 주변의 지원과 응원에 힘입어 2003년 8월에 책임연구원으로 입사하게 되었다. KOTI는 교통공학의 엔지니어들을 주축으로 하고, 물류 분야의 교통경제학자들로 구성된 조직인데, 당시 '동북아 물류 중심지' 전략이 주요 국정 과제로 부상하고 대륙횡단철도 연결 과제가 급부상하면서 러시아와 중국의 철도를 연구할 수 있는 지역 연구 수요가 발생했다. 2007년 2월 인천대학교 동북아국제통상학부(SONAS)로 이직하기 전까지, 예상과 달리 비록 3년 반이라는 짧은 기간이기는 했지만, 교통·물류가 얼마나 중요한 역할을 담당하는지를 깊이 알게 되었고, 유라시아 대륙 전체를 교통·물류 측면에서 조망할 수 있는 시야를 갖게 되었다. 무엇보다도 이곳에서 국내 최고의 북한, 중국 지역 전문가들과 호흡을 맞추며 대륙횡단철도 연결의 기본 전략과 방향을 수립할 수 있었고, 압록강 끝에서 두만강 끝까지 도로·철도로 북·중·러 접경 지역을 함께 탐사하며 통일 한반도의 미래와 신북방정책에 대한 비전을 나눌 수 있었던 것을 인생의 큰 영광이자 보람이라고 생각하고 있다.

　지금도 어제 일처럼 생생하다. 1991년 2월 23일 하얀 눈이 펑펑 내리는 겨울날, 소련에 입국했다. 모스크바 셰레메티예보 국제공항을 빠져나와 레닌그라드 기차역까지 이동하면서 바라본 모스크바는 얼핏 잿빛의 낡고 음산하며 칙칙한 도시였다. 그러나 '붉은화살' 열차에 오르면서 이 느낌은 한순간에 사라졌다. 달리는 열차의 복도에 기대어 창밖으로 펑펑 날리는 눈을 보았고, 달빛에 빛나는 한없이 곱고 아름다운 순백의 자작나무를 보았다. 지금 생각해보면 붉은화살 열차를 처음 탔던 1991년 겨울의 그 황홀했던 기억이 지금까지도 대륙횡단철도를 타고 유라시아 대륙의 경계를 넘나들며 현지 조사를 반복하게 하는 힘의 원천인지도 모르겠다.

유학 시기에 내게 세계란 러시아였고, 그리고 그 중심은 언제나 두 개의 수도, 즉 모스크바와 상트페테르부르크뿐이었다. 한국과 직항이 있는 모스크바와 유학지인 상트페테르부르크를 오갈 때 자주 철도를 이용하기는 했지만, 서유럽이나 극동을 철도를 타고 다녀올 엄두가 나지는 않았다. 물질적으로 궁핍했고, 시간과 마음의 여유도 없었다. 그러니 내게 유라시아 철도는 지도상에 그려진 관념의 회로일 뿐이었다. 나중에 KOTI에 입사한 뒤 동서로 뛰어다니며 대륙횡단철도 연구에 참여하면서 극동과 시베리아도 다녀오고, 중국횡단철도, 만주횡단철도, 몽골횡단철도 등을 타고 국경을 넘어가는 호사를 누리기도 했다. '철의 실크로드' 담론이 본격화된 뒤에서야 철도로 러시아에서 민스크-브레스트-바르샤바를 거쳐 서유럽까지 이동하는 경험도 할 수 있었다. 이런 경험이 쌓이고 난 뒤에야 비로소 러시아가 얼마나 거대한 국가인지, 왜 유라시아의 중심국인 러시아와의 철도 연결이 대한민국의 미래에 중요한지를 깨닫게 되었다.

러시아는 유라시아 대륙의 중심국이고, 그 자연·지리적 조건, 공간에 대한 이해 없이는 러시아 국가의 정체성과 러시아인의 멘탈리티를 결코 이해할 수 없다. 바실리 클류쳅스키, 게오르기 베르나츠키 등 러시아의 저명한 역사학자들은 자연환경이 러시아의 사회 발전에 얼마나 결정적인 영향을 미쳤는지를 강조해왔다. 클류쳅스키의 표현대로 인간은 자연환경에 구속되어 있다. 끊임없이 적응하든지, 아니면 자연환경을 인간과 자신의 필요에 적응시켜야만 하는 운명과 맞닥뜨리게 된다. 자연환경은 러시아 역사의 전개 과정에서 외적이고 물리적인 자연·지리적 공간의 의미를 넘어 러시아의 운명을 결정짓는 내적이고 정신적인 요소였다. 그래서 러시아의 사상가 니콜라이 베르자예프는 러시아의 거대한 공간을 "러시아 정신의 지도"라고 하지 않았던가!

러시아는 지리상으로 동도 서도 아닌 그 중간, 즉 유라시아 대륙에 자리 잡고 있다. 한 대륙에 집중되어 있으면서 두 대륙에 걸쳐 있는 국가들도 있지만, 러시아는 그들과 달리 유럽과 아시아가 상대적으로 대비될 수 있는 크기이고, 단일하게 통합되어 있다. 그래서 이 공간을 지키고 개발하는 것에서 결코 자유로울 수 없는 운명의 노예였다. 광활하게 펼쳐진 하나의 '대륙', 그러나 외부의 침입으로부터 보호받지 못하는 '개방된 공간.' 그래서 오랫동안 러시아는 이웃 국가의 군사적 침공에 맞서 혹독한 '방어적 투쟁' 속에서 두 개의 길("사멸하든지, 아니면 끝도 보이지 않는 대지를 무기와 국가 권력으로 평화롭게 만들든지") 중 하나를 선택해야만 했다. 끝없이 펼쳐진 광활한 평원, 그리고 삼림과 스텝의 대립으로 특징지어진 자연조건은 중앙집권적인 강력한 국가 권력을 요구하게 되었고, 국가 주권을 지키기 위해 국가가 경제 과정에 적극적으로 개입하는 경제 문화를 강화해왔다. 혹자는 러시아의 산업생산 구조에서 군산복합체가 과도한 비중을 차지하게 된 것을 사회주의의 유산 탓으로 돌리지만, 실상은 외부의 침입에 대항해 국가 주권을 지켜야 한다는 '피해의식'에서 비롯된 것이고, 본질적으로는 공간에 의해 규정된 것이다.

러시아와 러시아인들은 일종의 자연의 '포로'였다. 혹독한 기후조건, 일조량이 적고 토양이 비옥하지 못한 환경에서 러시아인은 새로운 에너지원, 경제 활동에 호의적인 영토를 찾아 끊임없이 팽창과 식민화의 과정을 밟아왔다. 생존의 자연스러운 논리적 과정이다. 물론 러시아는 천연자원의 보고이기도 하다. 풍부한 천연자원은 때때로 러시아인들에게 비경제성, 무사태평, 나태 등의 행동 양식을 낳기도 하고, 어로와 채취부터 수렵, 목축에 이르기까지 원시적인 자연경제가 장기간 지속되는 상황을 낳기도 했다.

러시아의 풍부한 천연자원은 외연적 경제 성장 모델을 쉽게 채택하도록 하는 요인이 되기도 했다. 서구 자본주의 국가들이 자원 이용이 한계에 이르면 새로운 생산 기술을 개발하고 노동 조직을 개편함으로써 노동 생산성을 증가시키는 내포적 경제 성장 방식으로 이행했던 반면, 러시아는 거의 무한한 자원을 활용할 수 있는 가능성 때문에 끝도 보이지 않는 미개척지를 전유화하고, 또 새로운 원료 생산지를 찾아 요소 투입을 증가시키는 외연적 경제 성장 방식을 주요한 전략으로 채택해왔다.

이처럼 거대한 유라시아 공간을 어떻게 하나의 교통·물류 체계로 결합할 수 있겠는가? 가능하다고 한다면 그것은 철도라는 거대한 기간교통망이 작동하고 있기 때문이고, 특히 동서로 등뼈처럼 연결된 시베리아횡단철도가 유라시아 대륙교로 운영되고 있기 때문일 것이다.

시베리아횡단철도 건설은 자연에 대한 인간의 위대한 도전

특강을 시작할 때 청중들과 소통하며 외치는 구호가 있다. "인간은 두 부류, 시베리아횡단철도를 타본 사람과 타보지 않은 사람으로 나뉜다! 블라디보스토크에서 모스크바까지 9,288km, 이 열차에 오른 모험심 가득한 자들만이 92세까지 팔팔하게 살다 갈 수 있다. 여러분들은 어디에 속하겠는가?" 곧바로 강의실에는 웃음소리가 터지고, 마치 지금이라도 당장 국제열차에 탑승하러 달려갈 기세로 바뀐다. 그만큼 우리에게 대륙은 미지의 황홀한 공간이고, 대륙철도 연결은 꿈의 프로젝트이다.

러시아에서 시베리아횡단철도 건설 배경은 러시아의 동진 정책과 결코 무관할 수 없다. 러시아는 크림전쟁(1853~56) 패배 이후 유럽에서의 열세를 만회하고 부동항을 획득하기 위해 동진을 계속했고, 당시 청의 지배가 약했던 연해주를 쉽게 지배할 수 있게 되었다. 이 시기 제기된 최우선 과제는 어떻게 이 지역을 개발하고 러시아인의 식민화를 실현할 것이냐의 문제였다.

러시아가 시베리아횡단철도를 부설하게 된 것은 전략적인 목표 때문이었다. 대청對淸 방어가 가장 핵심적인 사안이었다. 이는 당시 이르쿠츠크 총독인 육군 준장 알렉산드르 이그나티예프와 아무르 총독인 안드레이 코르프 남작의 청원에서 그대로 드러난다. 이들은 철도 부설에 막대한 자금이 필요하다는 것과 당시 러시아가 주기적인 재정 위기에 처해 있다는 점을 고려하여 두 개의 지선支線 부설을 제안했다. 하나는 아무르강 상류와 오비강 노선을 연결하는 것이고, 다른 하나는 우수리에서 블라디보스토크까지 철도를 연결하는 것이었다. 두 사람은 종래 유럽령 러시아에서 동아시아령 러시아로 물품과 병력을 운송하는 데 1년 반에서 2년이 걸리는 것과 비교하여, 양 지선의 철도라면 1개월 반에서 2개월이면 충분할 것이라고 주장했다. 요지는 간단했다. 장차 일어날 가능성이 충분한 청국의 침공에 맞서 동아시아령 러시아를 보호할 철도를 부설하자는 것이었다. '위대한 시베리아횡단철도의 가장 고귀한 건설자'로

칭송받는 알렉산드르 3세(1881~94년 재위)는 이들의 절박한 청원서를 받아들여 1886년 시베리아횡단철도 건설에 관한 격렬한 논쟁의 종지부를 찍고, 프로젝트를 인가하는 결정을 내렸다. 그리고 마침내 1891년 2월 시베리아횡단철도 건설을 최종적으로 결정한다.

철도는 동서 양쪽에서 착공되었다. 알렉산드르 3세는 철도 건설에 착수하는 결정을 내린 뒤 세계여행을 마치고 블라디보스토크에 도착하는 니콜라이 황태자에게 다음과 같은 편지를 보냈다. "풍요로운 시베리아 지방과 내부의 철도 시스템을 연결하는, 시베리아를 가로지르는 철도를 건설하는 명령을 내렸다. 짐은 황태자가 동방의 외국들을 돌아본 후 러시아의 영토에 들어오는 것과 동시에 짐의 의지를 선언할 것을 위임한다. 동시에 짐은 황태자가 블라디보스토크에서 시베리아횡단철도 우수리 구간 건설을 위한 초석을 놓기를 원한다." 아버지의 뜻을 받들어 황태자 니콜라이는 1891년 3월 31일 착공식에 참석하여 자갈이 가득 담긴 첫 번째 외바퀴 수레를 시베리아횡단철도의 동쪽 종착역이 되는, '동방을 지배하라'는 뜻이 담긴 블라디보스토크의 제방에 몸소 쏟아부었다.

시베리아횡단철도 건설은 자연에 대한 인간의 위대한 도전이었다. 러시아인은 혹독한 자연조건을 극복하며 철도를 건설하는 위업을 달성했다. 10여 년이라는 비교적 짧은 시간에 모든 난관을 극복하고 1891~98년 우수리철도, 서시베리아철도, 중부시베리아철도를 건설했고, 1895~1900년에는 바이칼통과철도, 1897~1901년에는 동청철도를 건설했다. 1901년에 이르러 시베리아횡단철도 건설 공사의 대부분이 완료되었고, 1904년에 바이칼환상環狀철도 노선이 완공되어 사실상 동서 양 기점은 완전히 연결되었으며, 1907~16년간 아무르철도가 건설되어 마침내 1916년 현재와 같은 9,288km의 시베리아횡단철도의 모습으로 탄생하게 되었다.

　먼 훗날 러시아의 역사를 회고한다면 지난 20세기는 위대한 공간 개척사로 기억될 것이다. 1904년 러시아인들은 유라시아 대륙을 동서로 연결하는 시베리아횡단철도를 건설함으로써 대략 지구 둘레(40,030km)의 4분의 1에 철길을 새기는 '신화'를 완성했고, 1957년에는 최초의 인공위성인 스푸트니크호를 발사하여 3차원의 우주 공간을 개척하는 역사의 첫 장을 열었다. 시베리아횡단철도가 완공됨으로써 시베리아·극동 지역의 도시들과 산업이 발전하기 시작했고, 러시아는 하나의 통일된 경제 공간을 구축할 수 있게 되었다. 철도 완공 이후 10여 년간 시베리아의 주민은 무려 두 배나 증가하게 되었고, 철도가 통과하는 주요 도시(크라스노야르스크, 이르쿠츠크, 하바롭스크, 블라디보스토크 등)는 이 지역의 대규모 산업 중심지가 되었다.

　철도의 완공은 물류 측면의 시간 단축과 운송비 절감 효과 외에도 동부 지역의 공간에 대한 기존의 관념을 바꿔놓았다. 이제 극동 시베리아는 한번 가면 다시는 돌아오지 못하는 오지가 아니라 개척되어야 할 잠재력이 충만한 거대 공간으로 변모했다. 당시 시베리아횡단철도가 러시아인의 사회 인식에 어떠한 변화를 불러왔는지는 다음과 같은 인상기에 잘 드러나 있다. "기관차의 기적소리가 눈 덮인 시베리아의 평원, 그리고 늑대의 울부짖음과 죄수의 쇠사슬 소리만이 들리던 평원의 정적에 대한 음산하고 야만적인 전설을 쫓아버릴 때, 인류의 눈앞에 열린 것은 위대한 나라, 구세계의 곡창 지대로 급속히 변모할 것을 약속하는 나라였다."

'철의 실크로드'와 국제운송회랑의 지정학

대한민국이 대륙횡단철도와 연결하는 '철의 실크로드' 프로젝트를 실질적으로 시작한 지도 20여 년의 세월이 흘렀다. 시베리아횡단철도-한반도종단철도 연결로 구현될 '철의 실크로드'는 오랜 세기 동안 반도에 갇힌 한민족의 국운을 유라시아 대륙으로 확장할 수 있는 동맥이 될 것이며, 이로써 유라시아 대륙은 아시아와 유럽을 직접 연결하는 사회·경제적 공간으로서의 온전한 의미를 회복하게 될 것으로 기대했다. 서구보다 뒤늦게 1899년 9월 18일 노량진에서 제물포까지 33.2km 구간, 7개 역을 평균 속도 22km로 처음 달렸던 한국의 철도는 그동안 우리 겨레와 영욕을 함께하면서 파란만장한 역사를 겪어왔다. 구한말 일본이 식민지 지배와 수탈의 도구로 부설한 한국의 철도는 일제 강점기 동안 일본의 대륙 침략을 위한 병참간선으로 활용되었다. 1945년 8월 15일 해방을 맞았지만, 9월 11일부터 철도는 남북 간 운행이 중지됨으로써 반신불수 상태가 되었고, 이후 남북 분단이 고착됨으로써 대륙과 연결되는 한반도종단철도의 기능을 상실했다.

대한민국의 철도는 반드시 대륙으로의 출로를 열어야만 비로소 국제 철도로서의 온전한 기능을 회복할 수 있다. 한반도종단철도의 복원, 그리고 이것을 대륙 철도와 연결하는 '세기의 프로젝트'가 과연 언제쯤 실현될지는 아무도 예측할 수 없다. 너무나 많은 정치적 변수가 프로젝트에 영향을 주기 때문이고, 선결 과제도 산적해 있기 때문이다. 외형적으로만 본다면 대륙 철도 연결은 역내 국가들의 물류·교통망 개선 차원에서 직접적인 당사국 모두에 이익이 되는 호혜적인 프로젝트지만, 선한 의지만 있다고 자동으로 철도가 연결되는 것은 아니다. 이것은 바로 국제

운송회랑의 지정학과 연결된 문제이기 때문이다.

지금 유라시아에서는 육로와 바닷길을 통해 대륙을 연결하려는 국제 운송회랑 주도권 각축이 치열해지고 있다. 국제운송회랑은 국제 운송이 가장 많이 집중된 노선에서 여객과 화물의 복합 운송을 실현하는, 기술적으로 잘 완비된 간선 교통로의 총체이다. 그러나 다른 한편으로 국제 운송회랑은 단순히 교통로의 그물망 구조에 머무르는 것이 아니라 지정학의 대상이기도 하다. 여객과 화물의 시·공간적 재배치라는 협의의 교통·물류 개념을 넘어서면, 그것은 다름 아닌 공간을 지배하고 세력권을 확대하려는 '국제정치경제의 횡단선'이 된다. 인류문명사에서 드러나듯이 새로운 교통수단의 출현과 확산, 그리고 이들이 연출하는 속도의 문화는 문명 간 교류를 촉진할 새로운 교통로 개척을 요구했다. 그렇다면 과연 누가 속도 경쟁에서 최종 승자가 될 것인가? 과연 누가 생산과 교환의 중심지가 될 것인가? 이것은 자원과 시장을 대상으로 공간을 지배하려는 일국의 전략과 결코 분리될 수 없는 문제이다.

지금 유라시아 공간에는 세계화 시대에 지정학의 귀환으로 표현되는 '역설적인' 국제질서의 판도가 전개되고 있다. 이 공간은 이미 오래전부터 국제운송회랑을 둘러싼 강대국의 각축장이 되었다. 운송로의 국제적 연계에 따라 발생할 수 있는 지정학적, 지경학적 위상 변화를 예측하는 가운데 각국이 주변국들과 합종연횡하면서, 유라시아 실크로드는 국가 간 경쟁과 협력이 교차하는 복잡한 지정학적 '게임의 공간'이 되었다. 과연 누가 그 게임의 최종 승자가 될 것인가?

북방물류 전문가 양성이 시급하다

뜻하지 않게 밥벌이한다고 겁 없이 유라시아 '북방물류' 연구에 뛰어든 지 오랜 세월이 지났다. 이제는 대륙횡단철도 연결이나 북방물류 의제도 전환점을 맞고 있는데, 조금 걱정이 앞선다. 특강을 하면서 현장 분위기를 살피면, '철의 실크로드' 담론도 이제 서서히 '흘러간 옛 노래'처럼 들리고 있다는 느낌을 강하게 받기 때문이다. 특히 청년 세대의 무관심과 무뎌진 태도에 화가 난다. 그러나 잘못이 그들에게 있는 것이 아니니 그들을 탓할 일은 아니다. 실행력을 갖추지 않고 정치적 구호만 남발해온 기성세대와 정치권이 더 깊이 반성해야 한다. 그래도 한 가지 명확해진 것이 있어 다행이다. 북을 넘어서지 않고 북방으로 가는 최단 경로는 존재하지 않는다는 사실이다. 더불어 초국경 소다자협력 공간으로 진입하는 경로를 확보해야만 비로소 접경 지역의 부재를 극복할 물리적 토대를 구축할 수 있다는 교훈도 얻었다.

이제 북방물류 이슈도 점차 다른 세계로 진입하고 있다. 바야흐로 유라시아 북방물류 시대가 열렸다. 그런데도 일부 논자와 정책 결정자의 사고는 여전히 과거 '동북아 담론'과 비슷한 공간 인식 구조에서 결코 벗어나지 못하고 있다. 안타까운 현실이다. 시대 환경이 복잡해졌는데도, 유라시아 북방물류 시대를 개척할 전문가 양성은 생각하지 않고 늘 똑같이 한목소리로 '철의 실크로드' 구호만 외치고 있다. 유라시아 대륙 북방 국가들의 교통·물류 현황과 중장기 전략을 제대로 분석하는 국책연구기관 하나 없는 것이 현실이다. 러시아 통상 전공 졸업생이 대륙철도 연결 사업의 주체인 조직에 들어가도 이리저리 떠돌며 역사에서 기차표를 파는 역무원으로 살고 있고, 오랫동안 국제철도 협력을 주도해온 전문가가 지방 외딴곳의 한직으로 보내지는 '황당한' 나라에서 진정 대륙철도 연결을 꿈꾸는 것이 가당키나 한 것인지 묻지 않을 수 없다.

대한민국의 중앙·지방 관료 및 정치인들과 여러 차례 회담 기회가 있었던 러시아인들은 묻는다. "대한민국에는 대학생 없어요? 왜 매번 초등학생만 보내는 거요?" 조롱성 비난이 섞인 악의적인 발언이라고 반발할 일이 아니다. 모름지기 질문의 구체성이 인식의 수준을 대변하는 법! 러시아의 기관을 방문한 대한민국 대표단들이 모두 하나같이 '초등생'의 질문을 던지니 답도 없는 것이 당연하고, 그래서 대륙횡단철도 연결 의제도 무뎌지는 것이 아닌지 의심해볼 일이다. 개인적으로 대러 경제 협력을 조율하는 최고위급 회의체인 한·러 경제과학기술공동위원회 회의에 참여하며 받았던 인상도 크게 다르지 않기에 이러한 의혹은 더욱 짙어진다.

나의 세대는 1990년대 북방정책의 수혜자였다. 그래서 다행인지 불행인지는 모르겠지만, 1세대 유학생으로서 소련 붕괴와 체제 전환의 혼란기를 몸소 체험하는 세례도 받았다. 그러나 그만큼 좌충우돌하고, 무모하게 질주하고, 실수를 반복하고, 불필요하게 잠재력을 소진하며 절망해 온 세대이기도 하다. 개인적으로는 뜻하지 않게 유라시아 교통·물류, 시베리아횡단철도 연구자의 길로 가는 행운 아닌 행운을 누리며 살고 있는데, 이제는 부디 제대로 된 전문가를 양성하고 충원하는 체계가 구축되기를 바란다. 개인의 운명적 선택에 맡겨진 것이 아니라, 국가가 전적으로 그 부담을 떠안고 유라시아 공간을 주도적으로 개척해가는 대한민국을 보고 싶다.

내가 사랑한 러시아

블라디보스토크는 러시아의 동진과 조선 민초들의 북방 이주가 운명적으로 만나는 접점의 공간인 연해주의 주도州都이다. 러시아 해군의 태평양함대 기지가 있는 군항 도시이며, 시베리아횡단철도의 시종점으로 항만과 철도가 연계된 해륙 복합 운송의 거점 도시이다. 최근 대대적인 사회간접자본 투자로 도시의 면모가 급격하게 바뀌고 있고, 이 도시의 매력에 푹 빠진 한국인 관광객들의 방문도 급증하고 있다. 머지않아 '동방의 진주'라 불리던 과거의 영화를 되찾고 러시아 경제 부흥의 중심지로 우뚝 성장할 것이다. 바다로 둘러싸인 도시여서 시내에서 10~15분만 걸어 나가면 바로 항구에 닿을 수 있고 바다의 흥취에 흠뻑 빠질 수 있다. 우리의 부산처럼 야트막한 구릉과 언덕으로 이루어져 있는데, 석양이 질 때 가장 높은 214m의 '독수리 둥지' 전망대에 오르면 도시의 아름다운 파노라마를 감상할 수 있다.

블라디보스토크에 있는 금각교

성원용

연세대학교 전기공학과 졸업. 러시아 상트페테르부르크국립대학교 경제학부 박사. 한국비교경제학회 회장과 대통령 직속 북방경제협력위원회 1기 민간위원을 지냈다. 현재 인천대학교 동북아국제통상학부 교수. 주요 논문으로는 「러시아 농업개혁의 패러독스: 개인부업농과 상품·화폐관계의 공존은 가능한가」(2011), 「푸틴주의와 러시아 국가자본주의: 역사적 기원과 현대적 변용」(2014) 등이 있다. 저서로 『국제운송회랑의 새로운 지정학: 유라시아 실크로드 구축을 위한 협력방안 연구』(공저, 2015), 『북방에서 길을 찾다』(공저, 2017) 등이 있다.

한·러 협력을 강화해야 하는 이유

이대식

한반도에 다시 한 번 위기가 닥치고 있다. 유사 이래 한반도는 해양 세력과 대륙 세력 간의 각축장이 되어왔고 한민족은 이 각축전의 수동적인 희생양이었다. 16세기 임진왜란, 17세기 호란, 구한말 청일전쟁, 러일전쟁, 그리고 1910년 한일합방, 1945년 해방 이후 한국전쟁까지 한민족은 동일한 역사를 반복해왔다. 동일한 방정식을 풀어야 할 시점을 단 한 번도 미리 예견하지 못했고 주체적으로 풀어낸 적은 더더욱 없었다.

방정식의 본질은 항상 주변 열강 간의 패권 판도의 변화에 있었다. 판도 변화가 있을 때마다 항상 변화의 실체를 읽지 못하여 헛발질을 해댔다. 옛 패권에 의지하거나 새로운 패권의 향방을 잘못 짚었다. 무엇보다 심각한 것은 항상 어느 한쪽을 선택하여 의지하려 했다는 것이다. 단 한 번도 상황을 주체적으로 해결하거나 국면을 선도할 의지가 없었다. 그리하여 매번 볼품없는 희생양으로 전락했다. 갖은 뭇매를 맞고 만신창이가 된 다음에 최종 승리한 패권국의 품에 안겨 반노예 신세에 만족했다.

21세기에 다시 한 번 글로벌 패권의 대전환이 일어나고 있다. 약 100년에 걸쳐 전 세계의 패권을 장악했던 미국의 쇠퇴 징조가 심상치 않다. 150년 넘게 동면하고 있던 중국의 부활이 전 세계를 긴장시키고 있다.

미국과 중국의 패권 경쟁이 다시 한반도를 격동의 장으로 몰아가고 있다. 사드THAAD로 인한 피해는 그 전초전의 전초전에 불과하다. 미국 대세론과 중국 대세론 사이에서 국론이 분열되고 있다. 유감스럽게도 그동안 지겹게도 반복되어온 동일한 방정식과 동일한 무해법이 또 다른 비극을 몰고 올 가능성이 높다.

한민족은 이번에도 미·중 패권의 희생양이 될 것인가? 아니면 반만년 역사에서 처음으로 열강의 경쟁 판도를 제대로 읽고 상황을 주도할 것인가? 한민족에게 이 골치 아픈 패권 방정식의 능동적인 해결자가 될 능력이 있는가? 일본보다 적은 인구와 작은 면적으로 20억 명에 가까운 두 열강의 위세를 극복할 수 있을까? 항상 세계 슈퍼파워에 둘러싸인 한민족에게 약소국의 비극은 불가피한 것이 아닌가?

그러나 한민족보다 훨씬 더 열악한 조건에서 동일한 방정식을 풀어내고 세계의 패권을 장악한 사례가 있다. 17세기 초 네덜란드는 우리나라 경상도 정도의 면적에 인구는 고작 150만 명 정도에 불과했다. 당대 유럽 최강국이었던 스페인의 한 작은 공국, 즉 식민지였던 네덜란드는 80년전쟁 끝에 스페인 제국으로부터 독립하고 1648년 세계사의 대전환점이 된 베스트팔렌조약 체결을 주도했다. 17세기 말 영국과의 전쟁에서 세 차례나 승리한 네덜란드의 패권은 18세기 말 산업혁명을 주도한 영국에 넘어갈 때까지 150년 이상 지속되었다. 네덜란드는 지금까지 세계사에서 패권국의 국민소득이 2위인 나라보다 2배 이상 높았던 유일한 국가이며 국내 총생산보다 해외 투자가 2배에 달하는 유일한 국가다. 한마디로 세계 경제에 대한 장악력은 지금의 미국을 압도했다고 할 수 있다.

영국, 프랑스, 스페인 등 강대국에 둘러싸인 소국 네덜란드가 세계 경제의 패권을 장악한 비법은 어디에 있는가? 이 비법은 같은 조건, 엄밀하게는 인구와 면적에서 네덜란드보다 훨씬 나은 조건에 있는 한국이 주변 강대국 간 경쟁의 희생양에서 패권국으로 부상할 수 있게 할지도 모른다. 물론 네덜란드가 패권을 장악할 수 있었던 것은 무엇보다 상업혁명에 성공했기 때문이다. 따라서 관건은 어떻게 네덜란드가 상업혁명에 성공했느냐에 있다.

첫째, 상품과 화폐 유통의 물류 라인을 장악했기 때문이다. 우선 유럽의 한자동맹이 배타적으로 독점하고 있던 발트해 물류를 차지했다. 발트해 연안에서 공급되는 밀을 비롯한 곡물과 해군 군수품에 대한 독점적 지배가 네덜란드인들에게 엄청난 수익을 가져왔다. 네덜란드인들은 발트해 무역에서 거둔 거대한 유동성을 이용하여 암스테르담을 유럽 중심적 세계 경제의 상업 및 금융 중계 중심지로 만들었다. 이는 발트해 물류뿐만 아니라 당대 최대 강국이었던 스페인 연안의 물류, 특히 스페인인들이 아메리카에서 가져오는 은의 유통까지 장악하게 했다. 네덜란드인들은 동인도회사를 통해 유럽과 동아시아 간 물류도 장악했다. 1641년 데지마에 개설한 네덜란드 상관商館은 1854년 일본의 개항 직후까지 일본의 대유럽 무역을 독점했다. 일본과 네덜란드 또는 자카르타(네덜란드 동인도회사의 본부) 간 왕복 선박 수가 213년 동안 707척에 달했다. 네덜란드인들은 일본산 은을 인도와 중국, 유럽 전역에 퍼뜨렸다.

둘째, 해상 물류를 장악할 수 있었던 것은 뛰어난 기술력 때문이다. 네덜란드인들은 한자동맹의 해군, 영국 해군, 그리고 16세기까지 세계 최강자였던 스페인 해군을 제압했다. 그것은 그들에게 '바다의 마부'라는 별명을 안겨줬던 당시 최고의 쾌속선 플류트선을 제조한 기술력 덕분이었다. 속도에서는 영국에도 비슷한 수준의 쾌속선이 있었으나 이를 제조할 때 영국은 1,300파운드가 드는 데 비해 네덜란드는 800파운드만으로 충분했다. 속도와 가격 양면의 경쟁력은 네덜란드가 해전에서뿐만 아니라 해상 화물 수송에서도 타국의 상선을 압도할 수 있는 원천이 되었다. 실제로 네덜란드 상선은 타국 상선보다 훨씬 더 날렵했을 뿐아니라 화물 운송비에서도 경쟁국의 1/3에 불과하여 세계 곳곳에서 상권을 선점하고 독점했다. 결과적으로 17세기 중엽 전 세계 상선의 무려 3/4이 네덜란드 선박이었을 만큼 네덜란드의 해상 물류 장악력은 압도적이었다.

셋째, 뛰어난 기술력은 네덜란드인들의 대담할 정도의 개방적인 대외정책에 의해서 가능했다. 무엇보다 가톨릭 수호를 위해 다른 종교를 무참하게 짓밟은 스페인과는 달리 모든 종교에 관대한 포용 정책을 썼다. 네덜란드는 유대인뿐 아니라 청어잡이를 위한 독일인 어부, 위그노전쟁과 30년전쟁을 피하려는 신교도와 가톨릭교도도 가리지 않고 받아들였다. 특히 기술을 지녔거나 지식인인 경우에는 더욱더 환대했다. 플류트선은 1595년 홀란트주 북부 도시 호흔의 한 조선소에서 외국인과 네덜란드인의 협업에 의해 개발되었다. 유대인들은 네덜란드의 금융업과 상업을 키웠고 이후 세계 최초의 주식회사가 등장하는 데 결정적인 기여를했다. 무엇보다 마치 아메리칸 드림과 같이 더치 드림을 꿈꾸는 이들의자유로운 기업가 정신이 네덜란드의 국가 경쟁력을 세계 최고 수준으로올려놓았다.

17세기에 소국 네덜란드가 패권 국가가 될 수 있었던 것은 물류 장악력, 기술력, 그리고 개방적 포용력 등의 덕분이다. 현재의 한국 또한 이세 가지 힘을 갖춘다면 적어도 과거의 잔혹사를 반복하지 않을 수 있을것이다. 이제 세계사를 다시 조감하며 현재적 시점에서 새로운 물류, 새로운 기술, 새로운 개방성은 어디에서 구할 수 있을지 찾아야 한다.

세계사를 돌아보면 실크로드로부터 지중해, 발트해, 대서양, 태평양, 인도양 등 새로운 물류를 개척하고 장악한 국가가 세계 문명과 패권을 좌지우지했다. 중국이 명나라의 정화가 개발한 물류를 적극적으로 활용했다면 그 이후의 비극적인 운명을 피했을 것이며, 유럽으로 기운 패권의 축도 반대로 기울었을 것이다. 그런데 지금 우리 앞에 새로운 물류가 열리고 있다. 바로 가시적으로는 북극항로이며 비가시적이지만, 더 큰 의미가 있는 것이 데이터 유통이다.

주목할 점은 이 두 가지 새로운 물류 부분에서 한국이 글로벌 영향력을 발휘할 수 있도록 협력할 유력한 조력자가 바로 러시아라는 사실이다. 우선 러시아는 북극해 연안의 60%를 차지한다. 북극항로를 통해 부산과 로테르담을 운항하면, 기존 수에즈 운하를 통한 운항보다 거리는 32%(2만 2,000km → 1만 5,000km), 운항 일수는 10일(40일 → 30일)을 줄일 수 있다. 시간과 비용 모두를 절감할 수 있을 뿐만 아니라 북극 및 러시아에서 생산되는 천연 지하자원·광물자원 등을 직송할 수 있는 루트도 새로 생긴다.

그런데 북극 루트는 단순한 경제성 이상의 가치가 있다는 점을 간과해서는 안 된다. 그것은 북극항로에 의해서 인류사상 처음으로 북방과 남방이 연결되는 새로운, 본래적 의미의 글로벌 물류가 만들어진다는 점이다. 한국 정부가 추진하는 신남방정책과 신북방정책을 잇는 매개가 바로 북극항로다. 일본은 벌써 우리보다 이 점을 먼저 간파하여 북극-태평양-인도양을 잇는 가스 물류 벨트를 구축하기 시작했다. 2019년 6월 러시아의 북극 액화천연가스(LNG) 개발 프로젝트인 Arctic LNG 2 사업에 10% 지분 투자를 결정했고, 북극항로가 본격화하면 환적항이 될 극동아시아의 캄차카항과 유럽 북단의 무르만스크항에 투자를 시작했다. 또한, 일본의 사이부가스와 큐슈전력은 2018년부터 노바텍사와 캄차카 환적항과 일본의 큐슈 지역의 히비키 터미널을 연계하는 논의를 해왔으며 히비키 터미널은 LNG 벙커링 사업을 시범적으로 하는 방안도 진행하고 있다.

일본은 동시에 미국, 호주와 연대하여 인도·태평양 에너지 물류 벨트를 구축하는 전략도 추진하고 있다. 2018년 11월 미국과 일본, 호주의 주요 정부 당국자들과 금융 기관 대표들이 만나 동남아 국가들이 저장탱크, 항만 등 LNG 수입 인프라를 갖출 수 있도록 자금을 지원하자고 합의했다. 일본 정부는 이 사업에 100억 달러(약 11조 원) 규모의 투자를 집행할 계획이다. 일본 정부는 여기에 더해 도쿄 등에 LNG 거래소를 만들어 싱가포르를 대체하는 LNG 거래 시장을 구축한다는 계획이다. 이로써 일본은 북극-캄차카-히비키-필리핀-아세안-인도로 이어지는 거대한 글로벌 LNG 체인을 구축하고 있다. 2019년 블라디보스토크 동방경제포럼에서 아베 총리는 기조연설을 통해 동석한 모디 인도 총리에게 향후 러시아 가스는 일본이 인도에 전해주겠다고 선언했다. 새로운 물류를 장악하기 위한 경쟁이 에너지 부문에서 이미 본격화되고 있는 것이다. 중국 또한 북극항로에 엄청난 투자를 진행하며 마치 자국의 내해로 삼으려는 듯한 야심을 드러내고 있다. 한국이 서두르지 않으면 단군 이래 처음으로 온, 글로벌 물류를 선도할 기회를 날리게 될 것이다.

다행히 지정학적 리스크로 인해 러시아는 내심 중국이나 일본보다는 한국을 선호한다. 게다가 북극항로를 통과하기 위한 쇄빙선 등 특수선박 건조 기술을 가진 한국과의 협력은 이미 진행되고 있다. 1차 북극 야말 가스전 개발을 위해 러시아는 대우조선해양에 특수 LNG 쇄빙선 15척을 주문한 바 있다. 나아가 우리의 조선 기술을 전수받고 공동 생산 체제를 갖출 것을 제안하고 있다. 여기서 흥미로운 점은 러시아가 신물류를 조성하는 중요한 파트너로 한국에 손을 내밀 뿐만 아니라 기술 부문에서도 우리의 협력을 필요로 한다는 것이다. 마치 네덜란드가 외국인과 함께 플류트선을 개발한 것과 같은 상황이 신기루처럼 반복되고 있다. 한국은 이 기회에 소형 원자로 선박, 무인자율주행 선박, 북극항로 모니터링용 드론 등 4차 산업혁명 기술을 개발할 시험대(test bed)를 확보할 수 있게 된다.

4차 산업혁명 초기에 새로운 물류가 한국에 열리고 있다는 것은 강대국이 될 수 있는 두 가지 조건, 즉 물류와 기술을 함께 개발할 기회가 열리고 있는 셈이다. 이것은 두 번째 물류인 데이터 유통과도 긴밀하게 연결되어 있다. 마윈은 제2의 석유가 데이터라고 말했고, 푸틴 러시아 대통령은 인공지능(AI)을 지배하는 자가 세계를 지배할 것이라고 했다. 데이터 물류를 장악하기 위한 최고의 원천 기술은 결국 수학이다. 러시아는 이 부분에서 세계 최고 수준이다. 러시아의 인재들은 이를 바탕으로 세계적인 수준의 창의적인 알고리즘을 만들어내며 AI 등 4차 산업혁명의 주요 기술 부문에서 수많은 스타트업을 양산하고 있고 구글, 페이스북 등 글로벌 정보통신(IT) 기업들의 단골 인수합병(M&A) 대상이 되고 있다. 마치 이스라엘 창업 단지에 설립된 글로벌 기업의 연구소들이 실상은 이스라엘 스타트업을 인수하기 위한 에이전시 역할을 하듯, 모스크바에도 러시아의 인재들과 스타트업을 확보하기 위한 글로벌 기업의 연구소들이 확대되고 있다. 삼성 등 한국의 대기업들도 예외가 아니다. 러시아 정부는 이 부분에서도 빠르게 성장한 한국 기업의 노하우를 전수받기를 원하고 있다.

물류와 기술에서 한국과 러시아의 협력은 러시아의 다민족성과 개방성, 그리고 한국인에 대한 우호적인 태도, 한국에 대한 지경학적 친화성에 의해 더욱더 촉진될 수 있다. 또한, 러시아는 한국이 당면한 인구 문제, 베이비붐 세대의 대규모 실업, 가속화되는 출산율 저하 등에 대한 지리적 대안을 제공할 수 있다. 러시아는 자국의 낙후한 극동 지역에 대한 한국의 투자와 인력 유입이 필요하고, 한국은 글로벌 물류와 기술의 허브가 되기 위해 러시아를 비롯한 수많은 기업과 인재가 자유롭게 드나들 수 있는 개방형 플랫폼이 만들어져야 한다. 즉 러시아와 함께 새로운 물류 장악력과 기술력을 강화·발전시키기 위해서 제3의 상호 협력적인 개방형 플랫폼이 한·러 양국에 마련되어야 하는데, 다행히 양국 기업도 정부도 이를 원하고 있고 이를 위한 공조 정책을 추진하고 있다. 2019년에 양국이 만든 한·러 혁신센터는 그 대표적인 사례라고 할 수 있다.

새로운 물류와 새로운 기술을 양국의 상호 협력적 개방형 플랫폼을 통해 확보한다면 상호 원원임과 동시에 한국은 유사 이래 처음으로 세계 경제의 새로운 패권국으로 부상할 수 있다. 여기에 러시아가 제공하는 막강한 에너지원은 거절할 수 없는 덤이다. 4차 산업혁명이 진행됨에 따라 급증할 전력 수요를 충당할 수 있는 대규모 수력발전과 천연가스라는 청정 발전원을 가스관과 선박을 통해 안정적으로 공급할 수 있는 곳도 지척에 있는 러시아다. 또한, 미·중 경쟁이 한국에 양자 선택의 문제로 치환되지 않도록 하려면 그 사이에 있는 중간국 간의 협력 또한 매우 중요하다. 러시아는 미국에도 중국에도 필요한 중간 강국이다. 트럼프 집권 전후에 키신저가 미국과 러시아 간의 관계 개선을 시도한 것은 바로 중국을 견제하기 위한 가장 효과적인 수단이 러시아였기 때문이다. 중국에는 경제적으로, 미국에는 안보적으로 의존하고 있는 한국도 중간국의 위상을 오히려 적극적으로 활용해야 한다. 이때 가장 적합한 파트너가 바로 러시아다.

결론적으로 한반도에 들이닥치고 있는 미·중 갈등의 대격변에서 한국이 수동적인 희생양이 아니라 판도를 이끌고 가는 능동적 중개자, 더 나아가 새로운 판을 만들어가는 패권국으로 탈바꿈하려면 한국과 러시아의 협력 관계를 전면적인 전략적 동반자 관계로 격상시킬 필요가 있다. 따라서 이 시점에서 한국과 러시아가 외교, 물류, 에너지, 기술, 그리고 인적 교류 등 다양한 차원에서 훌륭한 동반자가 될 가능성이 있다는 점을 명확히 짚고 넘어갈 필요가 있다.

내가 사랑한 러시아

무엇보다 사람이다. 그들의 가슴속엔 광야가 있다. 거칠지만 결국엔 인간을 따스하게 품어주는 어머니 대지가 러시아인의 가슴속에 있다. 러시아인들은 언제나 이 광야로 혼자 길을 나설 준비가 되어 있다. "나 홀로 길을 걷네"(Vykhozhu odin ya na dorogu). 그래서 그들은 굳이 사람에게 형식을 차리지 않는다. 그러나 그들에겐 어머니 광야처럼 사람을 품어주는 깊음과 넓음이 있다. 무뚝뚝하지만, 결국은 가장 믿음직스러운 친구. 12년간의 러시아 생활에서 나는 굳이 많은 친구가 필요하지 않았다. 자주 연락하지도, 출장 갈 때마다 살뜰하게 만나지도 않는다. 그렇지만 내 가장 소중한 것으로 언제나 갚을 준비가 되어 있는 심장 같은 빚이다. 내가 연락 없이 등장하면 한없이 맑은 미소로 안아주는 친구가 태어난 러시아의 광야를 나는 사랑한다.

레핀아카데미 교수이자
나의 절친한 친구
세르게이 레핀의 그림

이대식

서울대학교 노어노문학과를 졸업했고 같은 학과 대학원에서 박사 학위를 받았다. 삼성경제연구소 수석연구원으로 근무했고 지금은 민간 싱크탱크 여시재에서 기획실장을 맡고 있다. 『줌인 러시아』(2016), 『줌인 러시아 2: 도시이야기』(2020), 『한·러 혁신기술 협력: 가능성과 사례』(공저, 2017), 『EU 자본주의와 민주주의』(2017), 「소비에트 연방에 대한 지문화적 노스탤지어」(2018), 「유럽 미사일방어망을 둘러싼 미러 갈등 분석」(2015) 등 여러 저서와 논문이 있다.

러시아, 우리 '내부의 창'으로 바라보기

기대에 못 미친 한·러 관계

2020 경자년, 한국과 러시아가 수교한 지 시나브로 만 30년이 되었다. 인간사로 비유하면 결혼 30주년이 된 셈이다. 강산이 세 번 바뀌는 동안 한·러 관계에는 적지 않은 갈등과 우여곡절의 애정 다툼이 있었다. 그런 부부싸움 속에서도 '비 온 후 땅 굳어지듯' 큰 틀에서는 나름대로 우호적 협력의 애정 관리를 잘해왔다는 게 중론이다. 하지만 애정의 몰입도라든가 사랑의 깊이 문제에 이르면 얘기는 달라진다. 대체로 전문가들은 한·러 양국이 지닌 상호 협력의 가능성과 잠재력에 비해 실질적 성과가 부족했다고 평가한다. 외연적으로는 꾸준한 발전 곡선을 그렸지만, 내포적으로는 '속 빈 강정'처럼 기대 수준에 미치지 못했다는 것이다.

경제·통상적 거래 내역이나 외교·안보적 연대, 사회·문화적 소통 등 모든 면을 보더라도, 미·중·러·일로 대표되는 주변 4강 가운데 한·러 관계가 상대적으로 가장 빈약하고 안정감이 떨어지는 게 사실이다. 무엇보다 교역 현황을 보면 단박에 알 수 있다. 러시아와 한국이 2019년 기준으로 각기 세계 국내총생산(GDP) 규모 11위와 12위였는데, 양국 간

무역액은 223억 달러에 그쳤다. 이 수치는 한·중 교역액(2,434억 달러)의 1/11 수준에 불과하다. 경제 규모가 크지 않은 베트남과의 교역액(692억 달러)보다도 훨씬 작다. 인적 교류 역시 마찬가지다. 2018년 기준 한·일 간 1,043만 명, 한·중 간 972만 명이 왕래했는데, 한·러 간에는 고작 67만 명 정도였다. 2014년 60일 체류 무비자 협정 체결 이후 증가 추세를 보이긴 하지만, 여전히 미·중·일에 견주면 미약한 수준이다.

'무늬'만 전략적 관계

2008년 9월 이명박 대통령과 드미트리 메드베데프 대통령은 모스크바에서 양국 관계가 '전략적 협력 동반자 관계'임을 만천하에 선언했다. 포괄적 동반자 관계에서 전략적 동반자 관계로 한 단계 격상하기로 합의한 것이다. 양국이 전략적 관계를 맺었다는 것은 대외정책에서 상대방이 차지하는 비중이 높아졌음을 반영한다. 동시에 협력의 범위와 깊이도 정치에서 문화예술에 이르기까지 전 방위적으로 확대·심화해나가겠다는 의지의 표명이기도 하다. 그리고 12년의 세월이 흘렀다.

그러면 지금 한·러 관계가 진정 전략적 관계인가? 양국 간 협력의 양적, 질적 수준을 보면 '무늬'만 전략적 관계라는 것을 금방 알 수 있다. 양국이 합창한 전략적 동반자 관계는 아직 외교적 '입발림' 차원에 머물러 있는 것이다. 현재 한·러 관계가 삐걱거리고 불편한 사이는 아니지만, 여타 주변 강대국과 비교하면 지정학적·지경학적 협력의 밀도가 낮은 것만큼은 분명하다. 우리에게 지리적으로 이웃한 러시아가 여러 '쓰임새'가 많은 중요한 국가임에도 여전히 정서적으로 멀리 느껴지고, 뭔가 가까이

해서는 안 될 '꺼림칙한' 나라로 인식되고 있는 게 작금의 현실이다.

한·러 관계 발전의 긍정적 요인들

서울과 모스크바 사이에는 미래 지향적 관계 발전을 지속할 수 있는 유익한 여건이 두루 갖추어져 있다고 말한다. 한·중, 한·일 관계와는 달리 우호적 협력 확대를 근본적으로 방해하는 영토 분쟁, 민족 갈등, 역사 불신이 없기 때문이다. 또 대외 지향적인 발전을 추구하는 한국 경제는 기술과 자원이 풍부한 러시아 경제와 상호 보완적이다. 러시아는 한국 경제의 배후지로, 한국은 러시아가 아시아·태평양 지역 경제와 결합하는 교두보가 될 수 있어 양국의 협력 강화는 모두에게 경제적 이득을 보장해준다.

북한의 비핵화 등 한반도와 동북아를 둘러싼 주요 외교·안보 쟁점에 대해서도 청와대와 크렘린의 이해관계는 많은 점에서 일치한다. 중국과 달리 러시아는 북한과의 군사동맹 관계를 스스로 먼저 청산했고, 친서울 중심적 외교정책을 펼치고 있다. 대외적으로 한·러 양국이 추구하는 국익 구조를 살펴보면, 상호 충돌의 요소보다는 조화의 요소가 더 크고 더 많다. 바로 이 점에 주목해 2008년 두 나라는 공유 이익의 확대와 심화를 위해 전략적 관계를 선언한 것이다.

러시아에 대한 편견과 이해 부족

그런데도 한·러 관계 발전 수준은 전반적으로 매우 더디고 기대치를 벗어난다. 왜 그럴까? 전략적 관계라는 외교적 선언과 현실의 불일치는 어디서 연유하는가? 그동안 한·러 관계의 순조로운 발전을 가로막았던 여러 제약 요인에 대해서는 다수의 전문가가 냉철한 분석을 내놓았다. 여기서 나는 러시아를 '색안경'을 쓰고 바라보는 우리 국민의 편향된 태도와 이해 부족을 먼저, 그리고 강조해서 지적하고 싶다.

소련이 무너진 지 30년이 지나고 세상이 엄청나게 바뀌었는데도 아직도 러시아를 '검게 칠하는' 냉전적 시각이 우리 사회에 만연해 있다. 러시아를 소련의 연장선상에서 악의 제국 또는 세계 질서의 교란자로 인식하고, 북한 공산 체제와 연결 지으며, 한반도의 영구 분단을 조장하는 통일의 방해 세력으로 받아들이는 일종의 오도된 사고의 항상성恒常性이 우리 국민 의식의 심연 속에 뿌리 깊게 자리 잡고 있다. 국내 언론에 나타난 러시아 관련 기사를 한번 차분히 살펴보시라. 아마 80~90% 이상이 러시아의 공격성과 후진성, 비상식성을 강조하는 부정적 어조 일색일 것이다.

오랜 기간 한국은 독자적인 시각과 관점을 결여한 채 주변 강대국들이 일방적으로 제공한 '외부의 창'을 통해 러시아를 규정해왔다. 여기에는 그럴 만한 충분한 역사적 이유가 있다. 19세기 말 이래 열강들의 치열한 세력 각축 속에서 '고래 싸움에 새우 등 터지듯' 한반도가 그들의 힘에 의해 늘 휘둘려왔기 때문이다. 패권국들은 한반도를 자신의 세력권으로 묶어두기 위해 러시아를 침략과 팽창주의 속성을 지닌 음흉한 제국주의 세력으로 묘사해왔다. 물론 그들의 주장에 역사적, 논리적 타당성이 없는 것은 아니지만, 분명한 사실은 러시아에 대한 과도한 이미지 조작을 통해 한국이 절대 가까이해서는 안 될 위험한 국가로 인식시켜왔다는 점이다. 근 100여 년 동안 시간의 경과와 함께 차례로 한반도에 지배적 통제권을 행사해온 중국도 그랬고, 일본도 그랬고, 서구로 대표되는 미국 역시 지금 그렇다. 푸틴의 악마화는 서구에서 일상화돼왔다.

주변 강대국들이 자의적으로 각색한 이미지에 사로잡혀 오늘날까지도 우리는 러시아와의 협력에서 얻어질 다양한 활용 가치를 제대로 인식하지 못하고 있다. 참으로 안타까운 일이 아닐 수 없다. 이른바 러시아 '때리기'로 일관하는 외부 세계의 그릇된 시각을 무비판적으로 수용하는 상황에서 한·러 관계가 정상적으로 작동되고 심화·발전하길 기대하는 것은 은유적으로 표현해 '나무에서 고기를 얻는' 연목구어와 다를 바 없다.

이보다 더 우려스러운 문제는 러시아에 대한 부정적 인식의 타력惰力이 자칫 한반도의 평화와 안정은 물론이고 21세기 한국의 국익과 국가적 번영에 매우 큰 해악을 끼칠 수 있다는 점이다. "국제사회엔 영원한 적도, 영원한 동지도 없고, 국가이익만 있을 뿐"이라고 갈파한 전 영국 외무장관 파머스턴 자작子爵의 경구가 새삼 떠오른다. 한국 외교가 역사적 기로에 선 현시점에선 더욱 그렇다. 소련 해체 이후 시장경제 국가로 '환골탈태'한 러시아는 이제 더는 철의 장막 뒤편의 나라도, 세계 공산주의 운동의 거점도, 북한의 후원 세력도 아니다. 한국에 러시아는 배척과 경원의 대상이 아니라, 오히려 남북 관계의 안정적 관리를 넘어서 한국의 총체적 국력 증대와 국제적 위상 제고를 위해 전략적 협력을 강화해야 할 국가로 변한 것이다.

러시아의 잠재적·현실적 국력

한국이 러시아와 친하게 지내야 하는 이유는 차고 넘친다. 21세기 러시아가 한국에 주는 의미와 중요성을 객관적으로 이해하려면 먼저 이 나라가 보유한 잠재적·현실적 국력의 현주소를 있는 사실 그대로 살펴볼 필요가 있다. 러시아는 동쪽 끝 블라디보스토크에서 해가 뜨면 동시에 서쪽 끝 칼리닌그라드에서 노을이 지는, 지구 육지 면적의 1/8을 차지하는 세계 최대 영토 대국이다. 영토 규모에 비해 인구가 매우 희박하지만, 그래도 약 1억 4천6백만 명이 살고 있다. 땅이 넓은 만큼 다양한 지질 구조가 발달해 지구상 존재하는 거의 모든 종류의 자원이 묻혀 있다. 그것도 매장량 선두권을 다툴 정도로 풍부하다. 특히 세계 가스 수출 1위, 석유 수출 2위 지표가 보여주듯 에너지 자원의 매장과 생산 규모는 압도적이다.

다양하고 풍부한 환금성 자원에 바탕을 둔 경제력도 만만치 않다. 한때 파탄 일보 직전까지 내몰렸던 러시아 경제는 2000년 블라디미르 푸틴이 집권한 이후부터 국제 유가의 고공행진에 힘입어 10여 년간 국제사회에서 경이의 시선을 한 몸에 받으며 고도성장을 구가했다. 그래서 당시 러시아를 신흥 경제 강국의 상징인 브릭스BRICs의 선두주자로 불렀다. 세계적 투자자문 회사 골드만삭스는 러시아가 2028년 독일을 추월하여 세계 5위의 경제 대국으로 부상할 것으로 예측했다. 2012년에는 세계 GDP 규모 8위까지 치고 올라갔다. 2014년 우크라이나 사태 이후 서구의 경제 제재와 유가 폭락의 이중 악재로 성장률이 하강 곡선을 그리고 있지만, 그럼에도 2019년 세계 GDP 규모 11위를 유지할 정도로 기초 체력이 탄탄하다. 러시아는 2015년 독립국가연합(CIS) 5개국을 규합해 유럽연합(EU)에 대항하는 유라시아경제연합(EAEU)이라는 독자적인 경제권을 창설했다.

러시아의 과학기술이 세계 최고 수준임을 부인할 사람은 없다. 기초과학 분야가 특히 그렇다. 원소주기율표를 만든 드미트리 멘델레예프, 조건반사를 밝힌 이반 파블로프, 유산균 과학의 아버지 일리야 메치니코프 등을 배출한 기초과학기술계의 비옥한 토양이다. 그 전통과 자부심은 오늘날에도 이어지고 있다. 현재 러시아 국내에만도 4천여 개의 각종 기초과학 연구소가 불을 밝히고 있고, 핵물리학, 동력공학, 항공, 조선, 광학 및 레이저, 기계공학, 신소재 분야의 기술 수준은 최첨단을 달리거나 이에 근접한다. 러시아의 실리콘밸리로 불리는 '스콜코보'는 인공지능, 사물인터넷, 블록체인, 자율주행, 스타트업 등 4차 산업혁명을 주도하는 혁신의 아이콘으로 세계적 주목을 받고 있다.

우주항공 기술 분야 역시 세계 최강이다. 1957년 인류 최초의 인공위성 스푸트니크호를 발사해 세계를 깜짝 놀라게 한 것은 잘 알려진 사실이다. 1961년에는 유리 가가린이 탑승한 보스토크호가 처음으로 유인 우주비행에 성공함으로써 전 세계에 러시아의 높은 과학기술 수준을 각인시켜주었다. 한국은 미국, 일본, 프랑스 등 우주항공 분야 선진국들의 기술 이전 거부로 인공위성 개발에 애로를 겪고 있었는데, 러시아의 발사체 기술 지원으로 2018년 최초의 한국형 우주발사체 나로호 개발에 성공했다.

군사 대국으로서 러시아의 강력한 이미지도 여전하다. 2000년대 중반 신흥 강국으로 부상한 중국과 초강대국인 미국이 가장 큰 글로벌 영향력을 행사하는 나라라는 의미로 G2라는 신조어가 만들어졌다. 하지만 새로운 세력 재편을 의미하는 이 용어는 적어도 경제적 측면에서만 유효하다. 중국이 GDP 규모는 빠른 속도로 미국을 추격하고 있지만, 워싱턴의 압도적 군사력을 상대하기엔 아직 역부족이다. 반면 강한 근육질의 핵 및 재래식 군사력, 힘의 외부 투사 능력 면에서 미국과 자웅을 겨룰 수 있는 국가는 오늘날 러시아가 유일하다. 그래서 군사·안보적 측면에서 G2는 여전히 미국과 러시아라고 해도 과언이 아니다. 우크라이나 사태, 시리아 문제, 이란 핵 문제, 중거리핵전력조약(INF) 파기 등과 같은 굵직한 국제정치 이슈에서는 모두 러시아가 핵심 행위자임이 틀림없다. 더욱이 러시아는 P5(미국, 중국, 영국, 프랑스, 러시아) 강대국 클럽인 유엔 안전보장이사회 상임이사국이다. 북한의 핵실험에 따른 유엔의 대북 제재 결의안 제출과 수정, 채택에서 보듯 안보리에서 거부권을 가진 러시아는 국제정치적 '거인'이다.

세계적 강대국으로서 국력의 크기나 국제적 위상으로 볼 때, 오늘날 러시아는 소련 해체와 무관하게 여전히 세계 질서의 형성자이자 세력 균형자로서 중요성을 인정하지 않을 수 없다. 그럼에도 우리 한국 사회에서 러시아는 몰락한 소련의 후예로 인식되어왔다. 오랜 기간 욱일승천하는 중국의 시야에 가려져 있었고, 미국의 동맹적 위계질서에 짓눌려 있었다. 이로 인해 러시아가 한국에 제공해주는 다중적 가치를 제대로 이해하지 못했다. 심지어 러시아를 왜곡하고 폄훼하는 일들이 다반사였다.

생각을 바꾸면 미래가 보인다는 어느 광고회사의 카피처럼, 러시아에 대해 갖고 있는 관성적인 편견과 선입견을 제거하면 한국의 미래가 러시아와 매우 밀접히 연결되어 있음을 깨닫게 된다. 그렇다면 러시아는 한국에 어떤 존재인가? 좀 더 구체적으로, 러시아라는 국가가 한국에 부여하는 현실적 의미와 활용 가치는 무엇인가? 왜 21세기 한국은 러시아를 객관적으로 이해해야 하고 전략적 관계를 심화·발전시켜야 하는가?

한·러 관계의 지정학적 숙명성

한국이 러시아와 우호 관계를 연출해야 하는 가장 중요한 이유는 러시아가 한반도에 막강한 영향력을 행사할 수 있는 이른바 '슈퍼 갑'이기 때문이다. 두만강 끝자락을 경계로 약 17km의 국경선을 마주한 러시아는 역사적으로 한반도를 항상 자국의 중요한 국가적 이해관계 영역에 포함해왔다. 1896년 아관파천, 1905년 러일전쟁, 1945년 북한 점령과 남북 분단, 1950년 한국전쟁 등이 보여주듯 한반도를 둘러싼 지정학적 세력 게임의 중요한 참가자로서 한국의 운명을 좌우해왔다.

한·러 관계의 지정학적 숙명성은 오늘날도 마찬가지다. 러시아가 한반도에 깊은 이해관계를 투영하고 있다는 것은 불문가지의 사실이다. 그래서 유라시아 강대국 러시아의 협력과 동의 없이는 북핵 문제의 원활한 해결은 절대 쉽지 않고, 한반도 평화 구도 정착과 통일 과정도 순조로울 수 없다는 게 전문가들의 중론이다. 최근 글로벌 파워 러시아의 이해관계가 거칠게 반영된 우크라이나의 크림반도 접수와 시리아 내전 개입은 많은 시사점을 던져준다. 문재인 정부가 추구하는 한반도 평화 프로세스를 성공적으로 구현하려면 중국 요인 못지않게 러시아 변수도 중요하게 고려해야 함을 보여주는 생생한 지정학적 교훈이다.

한국 경제의 '기회의 창'으로서 러시아

한·러 관계에서 지정학이 과거였다면, 현재와 미래는 지경학이 될 것이다. 이제까지 한국이 러시아에 큰 관심을 둔 이유는 대북 전략적 우위 확보라든가 한반도의 평화와 안정, 통일, 북핵 문제 등 주로 지정학 문제에서 비롯되었다. 하지만 21세기에 접어들어 러시아의 전략적 가치가 이전과는 전혀 다른 새로운 모습으로 다가온다. 러시아가 시장경제 국가로 바뀌고, 글로벌 상위권 경제 강국으로 진입하고, 특히 극동 개발을 가속함에 따라 우리나라와 지경학적 연계성이 현저히 증대되고 있기 때문이다. 그러면서 북방의 러시아가 한국의 국가적 번영과 민족적 웅비에 기여할 새로운 '기회의 창'을 열어주고 있다.

현재 한국이 추구하는 일련의 중요한 대외경제적 국익들을 얼추 살펴보면 러시아와 밀접히 관련됨을 알 수 있다. 이를테면 부산과 목포가 유라시아대륙횡단철도망의 기종점이 되는 철의 실크로드 구축, 한국 경제의 새로운 블루오션으로서 대규모 신규 상품과 건설 시장 확보, 에너지 자원의 안정적 수급, 차세대 성장 동력 산업 발굴을 위한 첨단 기초과학 및 원천기술 입수, 한국이 꿈꾸는 우주항공 기술 강국 도약, 국외 식량기지 건설 등은 모두 러시아와 분리해서 설명할 수 없다. 2016년 사드 배치로 중국에 당한 집요한 경제 보복에서 절감했듯이, 러시아는 한국 경제가 중국 경제에 종속되는 것을 방지하는 대안 시장으로서의 가치도 매우 크다. 이 모두는 신북방정책의 추진 목표 속에 잘 반영되어 있다.

한국에 러시아의 가치는 지경학을 넘어선다. 21세기 한반도의 미래 생존과 직결된 전략 자원의 보고이기 때문에 그렇다. 특히 한반도와 인접한 극동 지역은 식량(Food), 에너지(Energy), 물(Water) 등 이른바 'FEW'로 약칭되는 3대 글로벌 희소 자원을 완벽하게 갖추고 있고, 우리의 단백질 공급원인 수산 자원마저 풍부하다. 또 극동은 21세기 새로운 무역로인 북극항로의 주요 경로이기도 하다. 문재인 정부가 대러 경협에서 '9개의 다리(9-Bridge) 전략'을 우선해서 채택한 이유다.

한국의 글로벌 후원 세력으로서 러시아

모스크바와 사이좋게 지내야 하는 이유는 또 있다. 세계적 권력 보유자 러시아가 한국의 국제적 입지 확대에 여러모로 도움을 줄 수 있기 때문이다. 한국은 한강의 기적을 이루고 압축 성장 신화를 창조해 세계 8위 무역 대국으로 올라섰다. 경제 강국으로서의 위상에 걸맞게 국제적 역할 확대를 점진적으로 모색하고 있는데, 다극적 세계의 독자적 중심부 세력인 러시아와의 협력은 국제무대에서 우리에게 적지 않은 기회와 가능성을 제공해줄 수 있다. 2013년 5월 한국이 북극이사회 정식 옵서버 지위를 획득한 일이나 2006년 반기문 전 외무장관이 유엔 사무총장에 피선된 경우가 대표적인 사례일 것이다.

전통적으로 유엔 사무총장은 중립국 출신들이 맡아왔다. 거부권을 갖고 있는 안보리 상임이사국 P5와 정치·외교적으로, 군사·안보적으로 특별한 연대가 없는 나라의 인물이 선출되는 게 불문율이었다. 실제로 초대부터 6대까지 노르웨이, 스웨덴, 버마, 오스트리아, 이집트, 가나 출신이 유엔 사무총장을 맡아왔다. 그런데 7대 유엔 사무총장에 미국의 대표적 동맹국인 한국의 외무장관 출신이 선출됐다는 것은 대단히 이례적인 사건이라고 하지 않을 수 없다. 미국의 반대편에 서 있지만 한국에 우호적인 러시아의 지지와 협조가 있었기에 가능했던 것이다.

균형 외교의 대상으로서 러시아

21세기 러시아가 주는 또 하나의 중요한 가치는 한국의 외교적 자율성을 넓혀주는 균형 외교의 대상이라는 점이다. 최근 요동치는 동북아 국제 정세는 한·러 간 전략적 협력의 내실화를 요구한다. 글로벌 세력 전이의 시대, 미·중 전략 경쟁이 격렬해지면서 한국 외교의 좌표 설정이 날로 곤혹스러워지고 있다. 두 거인이 엮어내는 여러 형태의 세력 투쟁 속에서 배타적 선택을 강요받고 있기 때문이다. 이런 상황에서 한국이 러시아와 전략적 협력 메커니즘을 어떤 수준으로 어떻게 설정하느냐에 따라 미·중 양자 관계에 의해 영향을 받는 동북아 국제정치의 과도한 민감성을 일정 수준 완화하는 데 기여할 수 있다. 또 미·중 사이에 낀 한국 외교의 딜레마를 해소할 일종의 '출구'가 될 수도 있다. 미·중의 이해와 대립에 휩쓸리지 않고 우리의 국익과 미래를 주도적으로 개척해나가야 하는 외교적 노력이 필요한 시점에서 일종의 균형 외교, 다변화 외교의 대상으로서 러시아의 존재감이 묵직하게 다가온다.

한반도를 둘러싸고 시시각각 변하는 동북아의 현실은 러시아에 대한 21세기적 사고를 요구한다. 러시아도 변하고 세계도 변하는데, 우리만 동북아시아의 귀퉁이에서 과거의 잔영을 되새기며 시간의 미로 속을 헤맬수는 없다. 이제 시장 민주주의 국가로 변신한 러시아를 탈냉전의 새로운 조건하에서 우리 '내부의 창'을 통해 바라보고 한국의 독자적인 시각에서 접근해야 한다.

한국 외교가 한·미 동맹 프레임에 갇혀 있는 한 대러 정책에서 상상력을 발휘하기란 쉽지 않다. 한국 외교의 대상들이 모두 움직이는 목표물이고 동시에 자신도 쉬지 않고 변동하는 행위 주체라는 동태적인 전략관에 입각해 국제관계에 대한 관성적 이미지에서 벗어나 새로운 현실에 기초한 대외 전략을 강구해야 한다. 그동안 한·미 동맹관계를 지나치게 경직되게 수용함으로써 경원시했고 중국의 부상에 가려져왔던 러시아의 다양한 가치를 우리의 국익 관점에서 냉정하게 평가해야 한다. 말하자면 러시아를 한국의 총체적 국가 역량 강화를 위한 유용한 전략적 자산으로 인식하고, 외교적 자원으로 동원하는 원모심려의 지혜가 필요한 것이다.

2020년은 한·러 관계 발전에 커다란 전환점이 되었으면 하는 바람을 가져본다. 이런 소망은 수교 30주년을 기념하기 위해 양국 정부가 공동 선정한 슬로건 "우정과 신뢰로 함께 빚는 미래"(Druzhit´. Doveriat´. Deistvovat´) 속에도 잘 반영되어 있다. 수교 30주년에 즈음해 러시아의 존재가 한국에 제공해주는 다중적 가치를 명료히 인식하는 가운데 양국 관계가 명실상부한 전략적 관계로 진입하는 '원년'이 되길 기대한다.

내가 사랑한 러시아

러시아 연구자로서 현지조사차 여러 지역을 방문할 기회가 많다. 150여 다민족으로 구성된 광활한 영토 대국이다 보니 지역마다 문화와 공간 분위기가 무지개처럼 다채롭다. 탐방 지역 모두 인상적이고 좋았지만, 한 곳만 꼽으라 한다면 캄차카가 아닐까 싶다. 이곳은 생각 이상으로 태고의 신비를 간직한 채 세계 최고의 생태 지역으로 남아 있었다. 맑은 공기는 산소 그 자체였다. 만년설에 뒤덮인 해발 3,000m 이상의 고봉들이 병풍처럼 펼쳐져 있고, 29개의 봉우리에서는 유황 안개 자욱한 화산 활동을 하고 있었다. 그중 하나를 등정했다. 붉은 곰들이 여유로이 노니는 모습에서 모처럼 평화로움을 느꼈다. 핏빛 연어들의 필사적 회귀는 장엄하기까지 했다. 지구온난화와 미세먼지로 고통받는 지금, 캄차카가 그리워진다.

태고의 신비를
간직한 캄차카

홍완석

한국외국어대학교 노어과에서 학·석사를 마치고 모스크바국립국제관계대학교(MGIMO)에서 정치학 박사 학위를 받았다. 한국슬라브·유라시아학회 회장, 한국정치학회 부회장, 한국외대 국제지역대학장 및 러시아연구소장 등을 맡았다. 현재 한국외대 국제지역대학원 러시아·CIS학과 교수. 「한반도 평화 프로세스 구현에서 러시아 변수 고찰」(2019), 『푸틴 4.0 – 강한 러시아』(공저, 2019) 외 90여 편의 논문과 저서, 「푸틴·김정은의 블라디보스토크 시험대」(《매일경제》, 2019.04.22) 등 50여 건의 언론사 칼럼을 썼다. 주요 연구 관심 분야는 러시아의 대내외 정책, 한·러 관계, 동북아 및 CIS 국제관계이다.

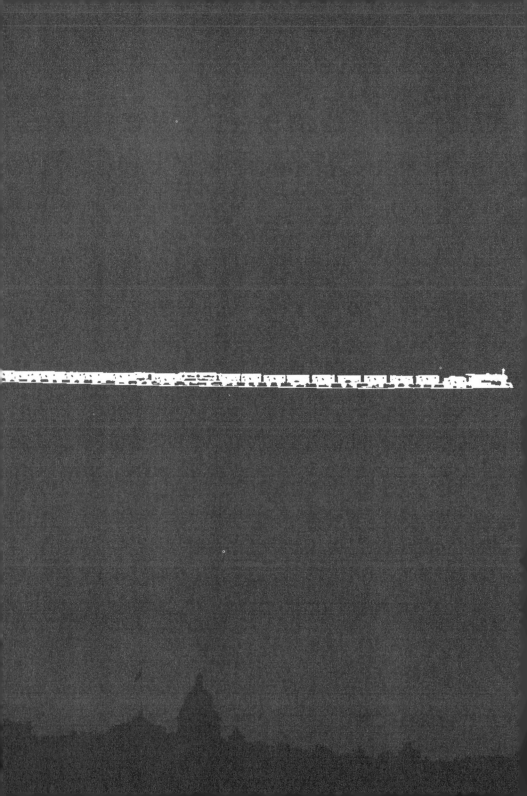

4부

학문과 과학의 세계

이제는 만날 수 없는 러시아 학자들

엄구호

평생 처음 만난 소련인 티호미로프 박사

노태우 정부가 북방정책을 선언하고 1988년 서울 올림픽에 소련이 참가하면서, 우리에게 '철의 장막' 너머 공포의 대상이었던 공산 국가는 과거와 달리 한국에 조금 친숙하게 다가왔다. 블라디미르 드미트리예비치 티호미로프 박사를 처음 만났던 1989년은 소련과의 수교 가능성마저 점쳐지던 해였다. 나는 당시 연세대학교 행정학과 박사 과정 학생으로서 러시아와는 아무런 관계가 없는 사회과학도였다. 그해 초여름 지도교수님의 갑작스러운 부름을 받고 연구실에 달려가 보니 인자한 인상의 외국 분이 계셨는데 그분이 바로 티호미로프 박사님이었다.

티호미로프 박사님은 1929년 모스크바에서 태어나 1947년 모스크바 국립대학교 아시아·아프리카대학에서 조선어를 전공한 이후 1952년 러시아과학아카데미 동방학연구소에서 역사학 박사 학위를 받고 이 연구소 연구원 생활을 시작했다. 그 후 공산당 중앙위원회 산하 고등당학교 연구원과 공산당 중앙위원회 국제부 부부장을 거쳐 동방학연구소 부소장을 역임했다. 특히 유리 안드로포프 공산당 서기장이 국가보안위원회

(KGB) 의장 시절 보좌관을 지낸 경력도 있었다. 방한 당시에는 동방학연구소 부소장이셨던 걸로 기억된다.

티호미로프 박사님을 뵙고 놀랐던 것은 당시 만날 수 있을 것으로 생각지도 못한 소련인이었다는 사실 외에 그분이 한국어를 잘하셨다는 점 때문이기도 했다. 지도교수님께 티호미로프 박사님이 한국에 계시는 동안 어려운 점이 없도록 잘 도와드리라는 말씀을 듣고 처음 인사를 드렸다. 내 손을 잡으면서 한국말로 "티호미로프입니다"라고 인사하시는데 그 인자한 미소를 잊을 수가 없다.

티호미로프 박사님이 두어 달 한국에 계시는 동안 자주 저녁을 같이 먹으면서 소련에 관한 말씀을 많이 들었다. 내 전공은 행정학이어서 러시아가 매우 생소했고 러시아어는 알파벳도 몰랐다. 이런 상황에서 그분이 해준 러시아와 가족 이야기는 나에게 그야말로 신세계였다. 박사님 가족은 모스크바대 교수인 부인, 대학교를 갓 졸업한 아들과 며느리로 이뤄져 있었고 모스크바대 근처 아파트에 모두 같이 산다고 하셨다. 박사님은 한국과 소련이 곧 교류하게 될 텐데 소련에 유학하러 오면 어떻겠느냐고 권하셨고 아들 내외가 곧 분가할 예정이니 당신 댁에서 유학생활을 하게 해주겠다고 하셨다. 수교도 안 돼 있고 러시아어도 모르는 상황에서 엄두가 날 일이 아니었지만, 어렴풋이 세계적 명문으로 알고 있던 모스크바대학교 유학이 가능할 수도 있다는 생각에 묘한 흥분을 느꼈다.

티호미로프 박사님이 소련으로 돌아가시고 나는 막연하나마 소련 유학에 대한 기대감으로 러시아어 공부를 시작했다. 당시 한국외국어대 노어과 학부생에게 러시아어를 배웠는데 세월이 한참 흘러 당시 학생에 대한 기억은 잊었지만, 세상이 어찌나 좁은지 그 학부생을 다시 만나게 되었다. 그 학생은 미국 유학을 마치고 돌아와 내가 소장으로 있는 한양대 아태지역연구센터에서 다시 조우하여 함께 연구소 생활을 하다가 성균관대 교수가 된 김상현 교수다.

막연하기만 했던 모스크바대 유학이 티호미로프 박사님이 소련으로 돌아가고 얼마 되지 않아 모스크바대 총장 일행 방문으로 가능하게 되었다. 그런데 박사님 댁에서 같이 생활하면서 공부하리라는 계획에 부풀어 있던 그때 정말 예상치 못한 비보를 접했다. 박사님이 뇌종양 진단을 받으셨다는 것이었다. 한국서 수술하기를 원하신다는 말씀도 전해 들었는데 얼마 후 돌아가셨다는 소식을 듣고 말았다. 내가 지금도 러시아인들은 인간적이라는 이미지를 갖고 있는 것은 티호미로프 박사님의 그 인자한 인품에서 비롯됐으리라고 생각한다.

연세대학교를 방문한 로구노프 모스크바대학교 총장 일행

나의 소련 유학 꿈이 실현된 계기는 1990년 2월 26일 러시아 대학 총장으로는 역사상 최초로 모스크바대 아나톨리 로구노프 총장과 알렉산드르 트로핀 부총장, 세르게이 지멘코 부총장보가 서울을 방문한 일이었다. 로구노프 총장은 양자이론계의 저명한 물리학자이며 나중에 러시아과학아카데미 원장을 지내셨다. 그분은 긴 수염이 인상적이었고, 그래서였는지 톨스토이 같다고 말한 한국 사람들이 많았다.

티호미로프 박사님을 도와드렸던 연유로 자연스럽게 로구노프 총장 일행을 돕는 역할을 맡게 되었다. 방문 다음 날 로구노프 총장님은 연세대학교에서 '소련의 미래와 개혁정책의 역할'이라는 주제로 강연하셨는데

백주년기념관을 1천5백 명의 청중이 꽉 채웠던 기억이 난다. 로구노프 총장 일행의 열흘간 서울 일정을 함께하면서 기억에 남을 일이 많이 있었다. 가장 기억에 남는 것은 3월 4일 삼청각에서 이루어진 김영삼 당시 민자당 총재와의 저녁 회동과 3월 5일 노태우 대통령 예방이었다. 소련과의 수교를 추진 중이던 상황에서 김영삼 총재가 로구노프 총장과의 만남을 통해 미하일 고르바초프 대통령에게 노태우 대통령의 친서를 전해 줄 것을 제안했고 그날 저녁 급하게 친서가 준비되었다. 그 친서 준비에 조그만 역할을 담당했던 기억이 아직도 남아 있다.

로구노프 총장 방문 기간에 연세대학교와 모스크바대학교는 한·러 역사상 최초로 대학 간 학술 교류 협정을 맺게 되었고 자연스럽게 내가 최초의 러시아 교환학생이자 유학생이 되었다. 당시로는 적성국 소련에 유학하러 간다는 게 화제가 되어 신문 기사도 나고 KBS 방송에 출연하기도 했다. 두 학교가 합의하기는 했지만 교육부 승인이 필요해서 모스크바로 진짜 출발하려면 몇 달 기다려야 했다. 당시 지도교수였던 최평길 교수님은 1979년 세계정치학회가 모스크바에서 열렸을 때 모스크바에 다녀오신 적이 있고 한·소 수교를 위해 여러모로 노력을 기울이셨다. 최 교수님은 일일이 열거할 수 없는 많은 도움을 주셨지만, 특히 소련 유학의 길을 열어주셨다.

교육자의 길을 일러준 프리마코프 총리

작년 10월 러시아 외무부 앞에 예브게니 프리마코프 전 총리의 동상이 세워졌다. 프리마코프 총리는 1996년 1월에서 1998년 9월까지 2년

8개월 외무부 장관으로 있으면서 러시아의 이른바 '전방위 외교'를 확립했다. 동상이 외무성을 바로 보며 서 있는 것은 어쩌면 러시아 외교의 방향성을 보여주는 것 같다.

프리마코프 총리의 학계와 정계 이력을 일일이 나열할 수는 없지만, 체제 전환기 위기의 시대에 러시아를 지탱한 중요한 인물임에는 틀림없을 것이다. 세계경제·국제관계연구원(IMEMO)에서는 그분이 작고한 2015년부터 국제관계와 세계경제 관련 주요 이슈를 다루는 '프리마코프 독회'를 개최하고 있는데 2016년에는 푸틴 대통령이 참석하여 이 모임의 의의를 지지하는 연설을 했다.

프리마코프 총리는 한·소 수교에도 크게 이바지하였다. 1988년 10월 4일 블라디보스토크에서 개최된 '아시아·태평양지역국제회의'에 남덕우 당시 무역협회 회장이 참석했을 때 당시 소련의 아시아·태평양경제협력 국가위원회 위원장이었던 프리마코프 총리는 한국 대표단과 극동 지역 진출 등에 대해 협의했었다. 1988년과 1989년 박철언 대통령보좌관, 정재문 의원 등이 소련과의 수교를 위해 소련 주요 인사들과 접촉할 때는 당시 IMEMO 소장이던 프리마코프 총리가 중요한 역할을 수행한 것으로 알려져 있다.

프리마코프 총리를 직접 뵈었던 때는 명예박사 학위를 수여받기 위해 한양대학교를 방문하셨던 1997년 7월 25일이었다. 당시 나는 한양대 교수가 된 지 몇 달 되지 않은 교수 초년병으로서, 러시아 외무부 장관으로 한국을 방문한 그분을 감히 바로 바라보기도 어려웠다. 그런데 박사 학위 수여 장소인 백남음악관으로 올라가는 길에 10분 정도 둘만 걸어가면서 얘기를 나눌 기회가 있었다. 프리마코프 총리는 그 짧은 시간에 전혀 예상하지 못했던 말씀을 내게 해주셨다. 학생들이 최근 공부를 열심히 하는지 물어보시면서 일생에 학생 교육만큼 중요한 일은 없다고 하셨다. 교육자로서의 사명감이 정말 중요하다면서 본인이 IMEMO에서 대학원생들을 가르치던 시절을 회상하셨다.

2019년 11월 모스크바 방문 때 외무부 앞에 서 있는 프리마코프 총리 동상을 바라보면서 20년도 더 지난 그날의 기억을 다시 떠올렸다. 그분이 안경을 오른손에 쥐고 있다 글을 볼 때만 쓰시던 기억이 났는데 동상도 안경을 손에 쥐고 있어서 나도 모르게 미소가 떠올랐다.

아버님 같던 티타렌코 러시아과학아카데미 극동문제연구소장

한양대 아태지역연구센터(당시 중소연구소)는 한·소 수교와 한국의 러시아 연구에 크게 이바지했다고 자부하고 있다. 한양대 아태지역연구센터와 러시아과학아카데미 극동문제연구소는 양국 수교 훨씬 전인 1988년부터 매년 정기 학술회의를 해왔고 2019년에 31차 학술회의를 모스크바에서 개최했다. 한국은 물론 전 세계적으로 30년 이상 정기 학술회의를 지속한 경우는 유례를 찾기 어렵다.

미하일 레온티예비치 티타렌코 소장님은 1985년 러시아 극동문제연구소 소장이 되어 돌아가신 2016년까지 31년간 극동문제연구소를 이끌어오셨고 과학아카데미 회원으로서 중국 연구에 큰 공적을 남기셨다. 철학박사로 중국 정치철학 연구에 큰 업적을 세웠지만, 동북아 국제관계에 관한 많은 논문도 쓰셨다. 한반도 문제에도 큰 관심을 두고 계셨고 한국의 역사와 문화에 해박한 지식을 갖고 계셨다.

개인적으로 티타렌코 소장님을 처음 뵈었던 것은 1997년 한양대에 자리를 잡으면서부터였고 2000년 10월 6일에는 한·러 관계 발전에 기여한 공적으로 한양대학교에서 명예박사 학위를 받으셨다.

한반도 문제에 관해 이견이 없었던 것은 아니었다. 의견이 다르면 세미나 중에도 탁상을 내리칠 정도로 열정적이셨다. 그러나 회의가 끝나면 왜 그렇게 화를 냈는지 본인의 경험에 비추어 식사 중에도 자상하게 설명해주곤 하셨다. 특히 둘이서만 차로 이동할 때에는 오랜만에 뵙는 아버님처럼 가족과 학교, 학문에 대해 걱정해주시고 많은 조언을 해주셨다.

2015년 10월 27차 한·러 학술회의에 참석하기 위해 모스크바에 갔을 때 한 번도 회의에 불참한 적이 없었던 티타렌코 소장님이 참석하지 않으셨다. 아프셔서 병원에 입원하셨다가 집에서 요양 중이라는 말만 들었는데 저녁에 티타렌코 소장님이 나와 통화를 원하신다고 하셔서 통화하게 되었다. 소장님은 숨이 가쁜 목소리로 지난 20년 넘게 우리가 논의한 사항들을 내가 꼭 실천해야 한다고 말씀하셨다. 그 말이 유언이 되고만 것은 몇 달이 지나지 않아서였다. 2016년 2월 25일 갑작스러운 부고를 접하게 되었고 유세희 한양대 명예교수님과 함께 러시아과학아카데미 로비에서 열린 영결식에 참석했다. 영결식에는 러시아 고위직 관료, 학계의 저명한 학자들과 러시아과학아카데미 산하 연구소 소장들, 그리고 중국, 북한 등에서 온 조문단 등이 참석했다. 한국에서는 유세희 교수님과 나만 참석해서 아쉬운 마음이 없지 않았다. 티타렌코 소장님은 한·소 수교에도 크게 공헌한 분이다. 수교 전에 프리마코프 총리가 한국 무역협회와 극동 개발을 협의하도록 주선한 분도, 러시아 내 한반도 전문가들이 수교에 긍정적 입장을 갖도록 분위기를 조성한 분도 티타렌코 소장님이었다. 올해는 한·러 수교 30주년이 되는 해다. 프리마코프 총리님과 티타렌코 소장님에게는 한·소 수교 공로에 걸맞게 한국 정부의 국가 훈장이 추서되었어야 마땅할 것이다.

수교 30주년을 맞으면서

　내가 러시아에 유학하러 가게 된 해가 1990년이고 수교도 1990년이 기 때문에 러시아와의 사적인 인연과 국가 수준의 외교 관계가 이뤄진 지 모두 30년이 되었다. 1990년부터 1994년 여름까지 4년간의 유학 시 기는 러시아의 격동기였고 이제 와 돌아보면 나는 역사의 현장에 있었던 것이다. 1991년 8월에 소련 공산당 보수파들이 고르바초프 대통령을 반 대하여 일으킨 쿠데타가 있었고, 그 여파로 1991년 12월 26일에는 소련 이 해체되어 역사 속으로 사라졌다. 1993년 9월과 10월에는 의회와 행 정부 간 갈등이 최고조에 이르러 무력으로 의회를 진압하는 사태가 빚 어졌고 1993년 12월에는 국민투표를 통해 헌법 개정이 이루어져 소련의 회의체 전통이 축소된 대통령 중심제 국가가 되었다.

　소련의 해체는 거대한 공룡이 순식간에 쓰러지는 장면처럼 다가왔다. 70년 이상 사실상 제국으로서 미국과 국제질서를 양분했던 슈퍼파워가 그렇게도 무기력하게 무너지는 것은 실감하기가 어려운 모습이었다. 거지 없는 유토피아를 지향했던 소련에서 당시 빵을 사기 위해 늘어섰던 긴 줄과 집에서 쓰던 식탁보까지 팔기 위해 길 위에 늘어서 있던 할머니들 의 모습은 지금까지 눈에 선하다. 그러나 지난 30년간 러시아 연구자로 살면서 러시아가 보유한 저력과 문화의 깊이를 다 이해하지 못하고 있다. "러시아는 이성으로 이해할 수 없다 (……) 러시아는 믿을 수 있을 뿐이다"라는 표도르 튜체프의 시구절에 새삼 공감하게 된다.

김영삼 정부 이후 역대 정부는 이름은 달랐지만, 러시아를 위시한 북방 국가들과의 협력을 추구하는 정책을 펴왔다. 그간의 성과에 대한 평가는 사람마다 다를 수 있을 것이지만, 우리의 삶 속에 러시아가 들어왔을까 하는 질문에 대해서 그렇다고 답하기는 어려울 것 같다.

각 정부의 북방정책의 기본 전제에는 경제 협력 수준이 높아지면 양국 간 정치적 신뢰의 수준이 높아질 것이라는 인식이 자리 잡고 있다. 거꾸로 말하면, 아직 양국 간 신뢰 수준이 낮은 것은 경제 협력의 수준이 기대에 못 미쳤기 때문이라고 판단하고 정치적 신뢰를 얻기 위해 경제적 타당성이 부족한 프로젝트라도 추진해야 한다는 주장이 북방정책의 주류가 되었고, 이것이 한·러 관계의 발전을 오히려 방해한 적도 있었던 것 같다.

진정한 협력 관계가 되려면 어쩌면 양국 역사와 문화에 대해 먼저 서로 이해해야 하고 그러한 이해가 각자의 삶에 투영되어야 할 것이다. 정치학과와 경제학과에서 가르치는 러시아 정치론이나 러시아 경제론과는 다른 러시아 정치론, 러시아 경제론을 가르치고 싶다는 생각을 30년 가까이 해왔지만, 그 답은 역사·인문학 기반 위의 융합과 복합을 통한 러시아 정치론, 러시아 경제론을 창출하는 것이어야 한다는 생각을 갖고 있다.

2015년 5월 세르게이 나리시킨 국가두마(하원) 의장이 방한했었다. 2015년은 러시아에서 '역사의 해'였다. 이를 주관하는 기관인 러시아역사위원회 위원장이 나리시킨 의장이었고 부위원장이 모스크바국립국제관계대학교(MGIMO) 총장인 아나톨리 토루코노프였다. 나리시킨 의장의 방문으로 이루어진 양국 간담회에서 그는 "한·러 관계가 한 단계 성숙하여 진정한 협력 관계가 되려면 양국 학자들이 공동으로 참여하는 양국 역사 관계 연구가 꼭 필요하다"면서 "러시아와 일본 간에도 그러한 시도가 이루어지고 있다"고 말했다. 19세기 말 제국주의 혼돈 속에서 아관파천이 있었고, 해방 때 소련은 북한의 해방군을 자처하고 결국 6·25 전쟁의 책임을 짊어진 바 있다. 그런 러시아와 과연 역사 관계의 공감대를 이룰 수 있을지는 모르지만, 그러한 시도 없이 진정한 협력 관계로 나아갈 수는 없을 것이라는 확신이 들었다.

한국국제교류재단에 한·러 역사 관계 공동 연구 필요성을 여러 번 요청했고 2018년에 결국 지원을 받게 되어 김학준 교수님을 비롯한 저명한 한국 학자들과 토르쿠노프 MGIMO 총장을 비롯한 저명한 러시아 학자 22명이 공동 연구단을 꾸릴 수 있었다. 티호미로프 박사님, 프리마코프 총리님, 티타렌코 소장님이 계셨다면 정말 기뻐하셨을 것이고 연구에 많이 기여하셨을 것이다. 수교 30주년을 기념하여 모스크바에서 최종 학술회의를 개최하여 양국 연구 결과를 집대성하게 된 것은 개인적으로 우리 러시아학계의 큰 경사라고 생각한다. 올해로 한·러 수교 30주년이 되지만, 우리의 연구는 1884년 조로수호통상조약으로 거슬러 올라간다는 점에서, 한·러 관계 30년을 136년으로 확장했다는 데 가장 큰 의의가 있다고 할 것이다.

붉은광장 바로 옆에 로시야 호텔이라는 괴물 같은 건물이 있었다. 모스크바에는 러시아 외무부, 모스크바국립대 등 드미트리 체출린이 건축한 소비에트 고딕 양식의 고층 건물 7개가 있어 이른바 '스탈린의 일곱 자매'로 불린다. '여덟 번째 자매'가 자랴디예에 세워질 계획이었으나 스탈린 사후에 이 계획은 취소되고 그 자리에는 기네스북에 세계 최대 호텔로 등재되었던 로시야 호텔이 세워졌다. 나도 몇 번 투숙한 적이 있지만, 로시야 호텔은 덩치만 큰 바보와 같은 건물이었다. 시설이 낙후되고 동선도 너무 힘들게 설계되었기 때문이다. 결국 로시야 호텔의 철거가 결정되면서 그 자리에 어떤 건물이 들어설 것이냐를 두고 이목이 쏠렸는데, 시민들을 위한 아름다운 자랴디예 공원이 2017년 9월에 완공되었다. 자랴디예 공원에서는 현대적 감각의 건물도 물론 멋있지만, 모스크바강 위로 걸쳐지게 만들어진 유리 길에서 모스크바의 주요 건물을 바라볼 수 있다는 점이 가장 멋지다. 특히 석양이 깃드는 저녁에.

모스크바
자랴디예 공원에 있는
'부유하는 다리'

엄구호

연세대학교 행정학과를 졸업하고 같은 곳 대학원에서 박사를 취득한 후 러시아 모스크바국립대학교에서 법학 박사 학위를 받았다. 한양대학교 국제학대학원 원장과 국제학부 학장을 거쳐 현재 한양대 국제학대학원 러시아학과 교수로 러시아 정치경제론을 연구하고 가르치고 있다. 대통령직속 통일준비위원회 민간위원과 북방경제협력위원회 민간위원을 지냈고, 한양대 아태지역연구센터 소장으로 인문한국(HK) 유라시아 사업단을 이끌고 있다. 2010년 러시아 정부가 수여하는 푸시킨 메달을 받았다.

러시아에서 북한 기록물 찾기

기광서

러시아 유학과 모스크바의 겨울

소련이란 나라를 자각하게 된 것은 아마도 중고등학교 시절 사회 과목을 배우면서부터였을 것이다. 유신 시대 냉전적 세계관이 보편적이었던 한국 사회에서 소련은 중공과 함께 북한 다음으로 '악마의 나라'로 인식되었다. 세계 지리와 이와 연관된 통계를 좋아했던 나는 이 '나쁜 나라'의 경제와 각종 통계가 미국 다음가는 수준임을 발견하고 꽤 호기심을 갖게 되었다. 여기에 우연히 접하게 된 대문호 레프 톨스토이와 표도르 도스토옙스키의 작품들이 러시아에 대한 관심을 더해주었다.

대학 입학 후 소련에 대한 흥미는 러시아어 수강으로 이어졌다. 필자가 다니던 대학에는 러시아학과가 없었지만, 다행히도 교양 러시아어 1~3이 개설되어 열심히 듣게 되었다. 그때 육군사관학교 교관 신분으로 출강한 한국외국어대학교 김현택 교수님으로부터 러시아어와 소련에 관해 배웠다. 나름대로 장래 진로에 대한 대비를 자기도 모르게 한 것이 아닌가 싶다.

1980년대 민주화운동은 자연스럽게 이념과 민족 문제에 대한 학생들의 관심을 끌어올렸다. 나 역시 학창 시절 이와 유사한 고민을 하고 있었다. 분단 상태에서 온전한 민주화를 달성하기 위해서는 남과 북의 적대 상태 종식과 평화 구축, 궁극적인 통일이 분리될 수 없다는 생각이었다. 그래서 통일의 대상인 북한에 관해 정확히 학습할 필요를 느끼곤 했다.

1990년 9월 한·소 수교가 이뤄지고, 동유럽 사회주의가 붕괴하면서 한국 사회의 냉전 논리도 많이 이완되었다. 88올림픽을 전후로 한 노태우 정부의 북방외교가 일정한 성과를 거둔 것인데, 한국은 소련에 이어 중국과도 수교함으로써 외교적으로 북한을 압도하게 되었다. 아쉬운 것은 한·미가 한국의 대중·대소 수교에 상응하여 북한의 대미·대일 관계 정상화로 나아갔다면 역사가 전혀 다르게 전개되었으리라는 점이다. 다소 과장해서 말하면, 한반도에 평화는 물론이고 통일이 도래했을지도 모를 일이다. 그러나 당시 한국 주류 세력들의 대북 대결 의식은 매우 강고했고, 무엇보다도 미국은 대북 수교에 대해 전혀 고려하고 있지 않았다. 동유럽에서 사회주의 체제의 붕괴를 자유주의 세계의 승리로 인식하고 있던 미국이 5만여 명의 자국 군인이 희생된 한국전쟁과 이후 수십 년간의 적대 관계를 잊고 북한의 요구를 순순히 들어주기는 쉽지 않았을 것이다. 더구나 북한은 그대로 두어도 동구에 뒤이어 곧 무너져내릴 수 있는 상태로 보였을 것이다. 한국과 서방 측의 이러한 인식이 북한으로 하여금 NTP(핵확산금지조약)를 탈퇴하고 자신의 체제 수호를 위해 핵무장으로 나아가게 한 사실은 익히 알려진 바이다. 그런데 이때의 상황은 지금도 반복되고 있는 것이 아닌가.

한·소 수교 덕분에 러시아에 유학하러 갈 수 있게 되었지만, 막상 출국 수속을 하려고 하니 여러 난제가 가로놓여 있었다. 가장 큰 문제는, 수교는 되었지만 소련이 아직 사회주의 국가라는 점 때문에 유학이 국가

안전기획부(현 국가정보원)의 허가 사항이라는 점이었다. 서울에서 내게 러시아어 회화를 가르쳐준 올가 미하일로브나 선생님의 도움으로 러시아 교육기관의 초청장을 획득했음에도 허가는 쉽게 나오지 않았다. 반년 가까이 시간을 끌다가 얻은 답변은 공식 허가가 아닌, 그냥 출국하라는 통보였다. 복잡한 서류 절차에 시달린 것을 생각하면 기쁨보다는 허무한 순간이었다. 관료적 행정의 전형적 모습을 보는 것 같아 씁쓸했는데, 나중에 안 일이지만 일부 유학생이 이미 헝가리를 통해 러시아에 들어가 공부하고 있는 상황에서 민간 교류 제약이 무리라고 파악한 것으로 보인다.

1991년 12월 어느 날 저녁, 눈이 펑펑 내리는 모스크바 셰레메티예보 국제공항에 도착했다. 비행기에서 만난 헝가리 경유 유학생 부부의 도움으로 밤늦게 모스크바국립대학교의 거대한 본관 기숙사에 임시 숙소를 얻을 수 있었다. 이튿날이 토요일인지라 바로 시내 구경에 나서게 되었다. 지나가는 버스를 그냥 탔는데 아무도 요금을 내지 않아 사회주의 국가라 버스 요금도 공짜려니 생각했다. 이 또한 나중에 안 사실이지만, 승객들은 정기권을 소지하거나 일회용 표를 버스에 부착된 펀치에 찍었는데 대부분이 정기권을 소지한 까닭에 무료 승차처럼 보였던 것이다. 이 사실을 알기까지 며칠간은 무임승차한 셈이었다. 검사원에게 적발되면 대략 30배의 벌금을 물었을 텐데 '무사히' 피해갈 수 있었다. 물론 30배의 벌금도 당시 시세로는 얼마 되지 않는 금액이었다. 사실 달러를 사용하는 외국인은 루블과의 엄청난 비공식 환율 차이 때문에 내국인들의 불안정한 살림살이와는 달리 일상생활에 별다른 어려움이 없었다. 러시아 시민들은 경제적 고통이 가중되었지만, 자본주의 국가에서 온 외국인들의 생활은 더 윤택해지는 역설이 나왔다.

토요일과 일요일 연이어 모스크바 중심지인 붉은광장 주변을 찾아 소련 최대 국영백화점 굼과 레닌 영묘 등을 관람했다. 소련을 계승한 러시아연방이 가격 자유화를 공표한 상황에서 백화점 내 상품을 파는 곳은 주방용품 판매점뿐이었다. 백화점 내 거의 모든 상점이 문을 닫았고, 시장경제의 새로운 시스템에 적응해야만 했다.

나이 든 연령층은 대체로 정이 많다는 점에서 우리네 정서와 통하는 점을 발견했다. 지하철 등 대중교통 수단에서 노인들에게 자리를 양보하는 젊은이들은 우리와 꼭 닮은 모습이었다. 두툼하고 따뜻한 모자를 쓰지 않으면 두통으로 견디기 힘든 날씨에 필자가 모자 없이 걸어 다니자 "머리 시려서 어떡하지"라는 걱정 어린 말을 건넨 그들을 지금도 잊을 수가 없다.

러시아의 젊은 총리 이고리 가이다르가 주도한 시장 자유화에 따른 급격한 물가 상승은 대다수 월급쟁이와 연금 수급자의 생활 수준을 급격히 떨어뜨렸다. 이후 10년간 러시아의 대다수 국민은 정치적 소용돌이 속에서 나락을 경험했다. 더욱이 국가 자산의 사유화 과정은 극소수 신흥 재벌에 의한 부의 독점을 가속해 러시아 경제를 더욱더 파탄으로 내몰았다.

러시아인들에게서 받은 첫인상은 가공할 경제적 어려움이 닥쳤음에도 이를 공동으로 극복해야 할 숙명으로 받아들이고 있다는 것이었다. 정부를 향한 분노와 항의는 별로 표출되지 않았다. 아마도 별다른 대안이 없다는 것을 느끼고 인내하는 정서가 발동했던 것처럼 보였다.

문서보관소 자료 발굴

이제는 본 이야기로 넘어가 보겠다. 러시아가 한국학(북한학) 연구에서 광범위한 기록물 소재지라는 점은 가장 주요한 장점으로 꼽혔다. 알려진 대로, 해방 후 3년 동안 소련군은 북한에 주둔하여 북한 체제 수립에 주요 행위자로서 역할을 수행했고, 이어진 한국전쟁과 북한 사회주의 체제 구축 과정에도 깊이 관여했다. 소련군의 북한 주둔과 이후 긴밀한 양국 관계에 따라 러시아에는 엄청난 수량의 한반도-북한 관련 자료와 문서가 축적되었다.

러시아는 당과 정부 부처별로 문서보관소를 운영한다. 통합된 공공 기록보존소가 존재하는 것이 아니라 부처별, 기관별로 문서를 보존하는 시스템이니만큼 필요한 자료를 얻으려면 문서보관소마다 출입증을 얻어 문서 신청 → (비밀 해제) → 열람 → 복사 등의 절차를 거쳐야 한다.

내가 러시아과학아카데미 동방학연구소 대학원에 입학한 1992년은 보리스 옐친 대통령 정부가 소련 시절에 생산된 비밀문서들을 해제하여 공개하기 시작한 해였다. 소련 해체에 따른 자유화 바람이 러시아 시민들의 삶에는 큰 고통과 혼란을 안겨주었지만, 반대로 학문적 자유를 추구하는 이들에게는 큰 '행운'을 안겨주기도 했다. 북한 정치 체제 수립 과정을 연구해보고자 한 나에게는 딱 맞아떨어지는 절묘한 상황이었다. 나라 전체의 질서가 제대로 잡히지 않아 각 기관에 대한 통제도 느슨했던 시절이라 과거 비밀문서의 공개 원칙도 제대로 지켜지지 않았다. 빈번한 건 아니지만, 일부 비밀 기록은 돈에 팔려 빈번히 외국으로 유출되기도 했다.

1994년 6월 옐친 대통령이 러시아를 방문한 김영삼 대통령에게 한국

전쟁 관련 '스탈린 문서' 230건(A4용지 800쪽 분량)을 전달한 것은 한국전쟁을 연구하는 학자들뿐 아니라 일반 대중에게도 센세이션을 불러일으켰다. 한국전이 남침이라는 사실을 확인해주었을 뿐 아니라 이를 둘러싼 스탈린-모택동-김일성의 3자 간 협의와 개입 과정을 고스란히 보여주었기 때문이다. 이처럼 옐친 정부가 제공한 문서는 한국전쟁의 진실에 다가가는 데 많이 이바지했고, 얼마 지나지 않아서 중국학자 션즈화(沈志華) 교수의 수천 매에 이르는 '스탈린 문서'가 추가로 빛을 봤다. 사실 문서의 질적 수준으로 보자면 후자가 훨씬 더 풍부하고 구체적인 내용을 담고 있다고 볼 수 있다. 바로 이 점 때문에 옐친의 스탈린 문서 선물을 두고 외교적 성과로 자화자찬하던 한국 정부의 위신이 추락하는가 싶었다. 옐친이 전달한 문서를 두고 "핵심 내용이 빠졌다", "러시아가 자국에 불리한 것을 빼고 주었다"는 등의 설왕설래가 많았다. 국가 정상 간에 전달된 문서가 개별 연구자가 입수한 문서보다 수준이 떨어지는 것을 어떻게 해석해야 할지 당황스러울 뿐이었다. 물론 이러한 사실이 언론 등에 전혀 알려지지 않았기에 러시아 정부를 비난하거나 한국 정부의 위신에 금이 가는 일이 발생하지는 않았지만, 씁쓸함을 금치 못한 것은 사실이다.

나는 동방학연구소 대학원 입학 후 북한 체제의 형성 과정을 연구 주제로 제출하고 문서보관소에서 자료 발굴 작업을 본격적으로 시작했다. 처음 이 작업을 지도해준 분은 러시아의 저명한 한국학자로서 지도교수인 유리 바닌 교수였다. 그는 조선 중세사 연구를 시작하여 관련 저서 여러 권을 통해 이름을 알렸고, 그 후 한국 현대사 연구를 수행하면서 초기에 문서보관소에서 관련 자료 연구에 관심을 가졌다. 나에게 학문 연구 방법뿐 아니라 올바른 가치관도 깨닫게 해준 분이었다.

처음 바닌 교수의 조언에 따라 소련 공산당 문서보관소가 이름을 바꾼 사회정치사문서보관소(RGASPI, 일명 '르가스피')에서 해방 후 한반도-북한 관련 문서를 열람했다. 비록 제약이 없는 것이 아니었지만, 적잖은 문서를 살펴보았다. 하지만 원하는 문서를 신속하고 정확하게 받아보기에는 어려움이 많았다. 관료주의가 지배하는 공적 체계에서 비밀문서의 해제는 여러 단계에 걸쳐 많은 시간이 소요되었기 때문이며, 그나마 비밀 해제 자체도 용이하지 않았다. 그럼에도 르가스피에서 살펴본 기록물은 필자가 문서 공개 후 제일 먼저 접한 것들이 적지 않았는데, 이제까지 전혀 알려지지 않았거나 기존의 주장을 바꿀 만한 새로운 사실을 확인할 때 느끼는 희열은 말로 표현하기 어려울 정도였다. 이들 기록물에는 소련의 대한반도-북한 정책, 소련과 북한 지도부의 관계 및 상호 협력, 북한의 정세와 각종 통계 자료, 토지개혁을 비롯한 민주개혁 조치, 북한 당정 시스템의 형성과 발전 등이 망라되었다.

문서보관소 작업은 일명 '외무부 문서보관소'로 불리는 대외정책문서보관소(AVPR, 일명 '아베페에르')로 이어졌다. 이곳은 '국립' 문서보관소와는 다르게 '관청' 문서보관소인 까닭에 문서 공개 절차가 더 까다로운 곳이었다. 하지만 초기에는 그런대로 상당량의 문서를 공개하고 복사 신청을 받아주었다. 아베페에르에는 '조선 관련 보고부', '몰로토프 폰드', '말리크 폰드', '모스크바3상회의', '주북조선소련민정', '미소공동위원회' 등 다양한 관련 폰드로 구분되어 소련의 대한반도 정책을 들여다보는 데 유용한 기록들이 소장되어 있다. 여기서도, 예를 들면 김일성과 박헌영의 자필 서명이 들어간 문서 원본들을 열람하면서 꼭 역사의 현장에 있는 기분이 들었다. 그러나 몇 년이 지나 아베페에르의 자료 공개는 다소 보수적으로 변하게 되었다. 일설에는 일부 문서가 남한 언론에 공개되어 북한을 비난하는 데 활용되고 있는 것과 관련하여 북한 측이 강력히 항의하는 바람에 비밀 해제가 엄격해졌다고 한다. 하지만 러시아와 협조 관계를 맺은 미국 출신 한국학 학자에게는 새로운 자료가 제공되는 걸 보고서 이에 대해 이의를 제기한 적이 있었다. 돌아온 답변은 "그쪽과는 협약에 따른 것"이라는 말이었다. 미국 학자 덕분에 새로운 주요 자료들을 열람하기는 했지만, 카피는 해주지 않아 지금도 그 아쉬움이 또렷이 기억에 남는다. 이 문서들은 아직도 입수하지 못하고 있다.

세 번째는 국방부 문서보관소(TsAMO, 일명 '차모')다. 해방과 함께 소련군이 북한에 진주하면서 소련 정치군인들의 개입에 의해 북한의 정치·경제 질서가 형성되고 소련의 대한반도-북한 정책 입안이 이루어진 것을 고려하면, 국방부 문서보관소에는 가장 광범위한 자료와 문서가 소장되어 있음을 알 수 있다. 실제로 차모의 대북한 관련 기록물은 '소련군 총정치국', '연해주군관구', '제25군', '주북조선소련민정', '각도 경무사령부' 등 매우 세분된 문서 폰드로 분류되어 있다. 차모는 보안과 비밀엄수에 철저한 러시아 국방부 소속 기관이며, 정작 문서보관소는 모스크바에서 40km 떨어진 포돌스크시에 있어 접근조차 어려웠다. 그러나 소련 시절 기록물에 대한 옐친 정부의 비밀 해제 방침에 차모 역시 부응할 수밖에 없었다.

한편으로 각 문서보관소가 문서 공개와 복사에 나선 이유 가운데 하나는, 국가로부터 받는 재정 지원이 축소되면서 문서보관소 운영에 어려움이 닥치자 수요자들에게 문서 제공 대가를 받아 예산을 충당하려는 데 있었다. 특히 외국인들에게는 문서 1장당 0.5~1달러 상당의 복사 비용을 청구했다. 국방부 문서보관소 역시 이러한 문서 '판매' 방식을 적용했다. 그런데 외국인 연구자들이 문서보관소에 왕래하기 어려운 여건에서 차모에 근무하는 담당 장교를 국방부 청사에서 면담하여 희망하는 자료를 신청하면, 차모 내부에서 이를 검토하고 관련 기록물의 비밀 해제를 거친 다음 문서 목록을 제시했다. 그러면 문서 목록을 살펴보고 복사를 신청하는 방식으로 기록물 입수 절차가 진행되었다. 최소한 양적인 측면에서 차모의 자료 분량은 가장 방대했다. 한 번씩 자료를 수령하려면 바퀴 달린 커다란 여행용 가방을 들고 가야만 했다. 지금은 문서보관소들의 자료 이용이 체계화되었지만, 당시만 해도 다소 혼란한 시기여서인지 수공업적인 방식이 혼재되어 있었다.

마지막으로 소개할 곳은 국립문서보관소(GARP, 일명 '가르프')다. 소련의 당·국가 체계에서 소련(러시아) 정부 기관의 기록물을 보존하는 기관으로, 북한과 관련해서는 주로 경제, 사회, 문화 교류와 연관된 자료를 찾아볼 수 있다. 가르프의 자료 공개 상황은 일찍부터 다른 문서보관소와 비교하여 까다롭지 않고, 복사 비용도 저렴한 편이었다. 현재도 기록물 입수가 상대적으로 용이하여 한국의 기관들이 활발히 이용하는 편이다.

다른 주도자들

러시아 문서보관소에서 필자와 같이 한반도-북한 관련 자료와 문서를 수집하고 연구한 유학생은 여럿 되었다. 그중에서도 경북대학교 전현수 교수의 기여도는 매우 크다. 북한 경제사를 전공한 그는 뛰어난 자료 발굴 감각을 지녀서 생각지 못한 엄청난 자료를 발굴하곤 했다. 이를테면, 해방 후 북한 체제 형성에 가장 핵심적인 역할을 수행한 연해주군관구 군사회의 위원이자 초대 북한 주재 대사인 테렌티 시티코프Terentii

Shtykov의 아들을 찾아내어 '시티코프 일기'와 기록 사진첩 등을 입수했다. '시티코프 일기'는 해방 후 북한사와 소련의 대한반도 정책을 조망하는 데 이루 말할 수 없이 귀중한 사료이다. 전 교수는 또한 국방부 문서 보관소에서 연해주군관구 군사회의 문서군과 대외정책문서보관소에서 주북조선소련민정 문서군 등 수만 쪽에 이르는 다수의 자료를 발굴했다.

현재 한신대에서 정치학을 가르치고 있는 백준기 교수 역시 이 대열에서 중요한 역할을 담당했다. 1950~60년대 북한 정치 체제 발전에 관해 박사 학위 논문을 쓴 그는 대외정책문서보관소(AVPR) 작업을 통해 북·소 외교 관계 문서 수만 쪽을 수집했다. 이 시기의 북한은 정치적 경쟁과 갈등 속에서 유일 체계로 이어지는 다면적인 정치 상황이 전개되었다. 백 교수가 수집한 기록물은 당시의 북한 정세와 정치 세력들의 활동 및 상호 관계 등을 조명한, 해당 분야에서 비교 대상이 없을 정도로 독보적 가치가 있는 내용으로 구성되어 있다. 한편 조·소 문화 교류를 전공한 국사편찬위원회의 강인구 선생은 〈로동신문〉의 전신인 조선공산당 북조선분국 기관지 〈정로〉와 조·소 문화 교류 관련 자료를 발굴하는 공로를 세웠다.

러시아에서 문서 자료를 발굴하여 사본을 취득하기 위해서는 유학생 신분으로는 감당하기 힘든 비용이 들었다. 각자가 국내외 연구 기관이나 언론 기관의 기금을 지원받아 공동으로 자료 발굴에 나설 수밖에 없었다. 나도 역시 한국 사학자인 이규태 교수의 주선으로 한 연구 기관의 도움을 받아 기록물을 수집했다. 개인적인 은인인 셈이다.

러시아 문서보관소에 한국 연구자들이 접근한 지 30년이 다 되었으며, 그동안 관련 사료 발굴 여건은 훨씬 더 개선되었다. 그럼에도 1990년대 이들 연구자가 수집한 각종 기록물은 한반도-북한 관련 러시아 자료의 보고로서 지금까지 북한사 자료의 토대가 되었을 뿐 아니라 해당 분야 연구의 진척에도 절대적으로 공헌했다.

귀국 후 러시아 자료 수집

1997년 9월 나는 천신만고 끝에 북·소 관계에 관한 박사 학위 논문을 마치고 귀국 길에 올랐다. 2년 후에는 행운이 뒤따라준 덕분에 지금 재직 중인 대학에 취업할 수 있었다. 러시아의 한국학 관련 연구를 하다 보니 국가기록원, 국사편찬위원회 등 여러 국가 기관의 요청을 받아 국외 자료 수집에 자문 활동을 병행하게 되었다. 문서보관소에서의 개인적인 경험이 국가 차원의 자료 수집에 도움을 줄 수 있고, 이것이 관련 연구의 진척에 이바지할 수 있으리라는 점에 고무되었다.

러시아 자료의 수집과 관련하여 현재까지 러시아에 거주하는 신세라 선생의 활동과 기여에 매우 중요한 의미를 부여할 수 있다. 국내에서 석사를 마치고 모스크바에 유학하러 간 그는 국내 여러 기관의 러시아 문서 수집을 직접 수행해온 한국학 관련 베테랑 자료 수집 전문가라 할 수 있다. 물론 2000년대 푸틴 정부의 자료 비밀 해제 기준이 엄격해지고 기존 공개 문서들도 다시 문이 닫히는 등 자료 공개를 둘러싼 환경은 매우 열악해지는 실정이었다. 그럼에도 신세라 선생은 2000년대 중반 이후 러시아 한국학 문서 자료의 발굴과 수집에 헌신하면서 '러시아 자료 수집 전문가'로서 자신의 역할을 충실히 수행하고 있다.

국가 기관을 자문하는 러시아 자료 수집 활동 과정은 마냥 순탄한 것이 아니다. 앞서 언급했듯 러시아의 문서 관리와 개방 시스템은 서구의 그것과는 판이하기에 많은 시간과 노력이 요구된다. 필자가 관계 기관을 자문하면서 보람 있는 일도 많았지만, 잊지 못할 아쉬운 순간도 두어 차례 있었음을 고백한다. 우선 2000년대 중반 모 기관의 기관장과 함께 러시아연방 기록청과 협약을 맺고, 개별 문서보관소들과 협력을 구축하기 위해 러시아를 방문한 적이 있었다. 이 방문의 주요 목적 가운데 하나는 러시아 사회정치사문서보관소와 한국 관련 자료 및 문서집의 공동 발간을 협의하는 것이었다. 이미 실무 차원에서는 공동 발간에 합의했고, 두 기관 책임자의 서명만 남은 상태였다. 그러나 결론부터 말하면 이 협약은 한국 측의 거부로 무산되었다. 별로 '중요하지 않은' 사업에 몇 년간 투자할 수 없다는 이유에서였다. 현장에서 필자는 협약 체결을 위해 나름대로 열심히 힘써보았으나 별다른 소득이 없었다. 한·러 국가 기관 간 최초의 학술 저술 공동 출판 사업이 이렇게 해서 무산되었다. 만일 이때 이 공동 출판 사업이 결실을 거두었다면 양국 간 교류와 러시아 기록물 접근에서 한층 더 원활한 관계가 유지되었을 것이다. 눈앞의 실적을 우선한 관료적 행정 체계가 중요한 성과를 날려 보낸 셈이었다. 독일과 일본 등 서방 국가들과 공동 출판을 진행해온 르가스피는 바로 얼마 뒤인 2007년 『코민테른과 한국, 1918~1941』이라는 제하의 문서집을 일본 학자 와다 하루키와 공동으로 출판했다. 매우 의미 있는 문서집 발간을 보고도 부끄러움이 앞선 것은 비단 필자만이 아니었을 것이다.

다른 사례도 있다. 소련 공산당 기관지 〈프라우다〉와 소련 정부 기관지 〈이즈베스티야〉는 언론 매체이면서도 대국민 선전지로서 기능을 수행한 신문들이었다. 그러나 이들 신문은 소련 당과 국가 정책의 흐름과 주요 방향, 한반도 문제를 비롯한 역사적 사건과 수많은 사실을 알려주는 주요한 사료라고 할 수 있다. 당연히 한국의 관련 기관이 소비에트 시대의 이 두 신문을 전량 수집해야 마땅했다. 필자가 이들 신문 수집을 요청했고, 해당 기관에서 이를 수용하여 수집 절차가 진행되었다. 그러나 예산상의 문제와 분량 제한으로 인해 1917~1991년 시기의 신문 전체를 수집할 수 없는 상황에서 우선 1960년까지로 한정하기로 하고 나머지 시기의 분량은 차후에 추진하기로 했다. 이렇게 해서 〈프라우다〉와 〈이즈베스티야〉의 국내 반입이 이루어져 그간 서방 출판물에서 간접적으로 인용한 신문 내용을 국내 관련 연구자들이 직접 활용할 수 있게 되었다. 그런데 나머지 1961~1991년분의 도입을 둘러싸고 논란이 벌어졌다. 이미 널리 공개된 자료를 국가 기관이 나서서 굳이 수집할 필요가 있느냐는 주장과 연구 기반 구축 차원에서 기초 자료는 반드시 확보해야 한다는 주장이 맞섰다. 전자의 주장은 소수였지만, 해당 기관이 적극적으로 나서지 않는 바람에 시간은 마냥 지체되었고, 마침내 수집 결정이 났을 때는 〈프라우다〉의 판권이 미국 회사로 넘어간 뒤였다. 미국 회사는 이미 비싼 복사 비용을 책정했고, 게다가 국가 기관이 국민에게 제공하는 것마저 불가한, 그야말로 개별 열람권만을 허용하는 쪽으로 돌아섰다. 이보다 더 일찍 서둘렀다면 이미 한국에는 전체 신문이 도입되어 모든 학문 분야의 연구에 이바지할 수 있었으리라는 데 생각이 미치자 두고두고 후회가 남을 뿐이었다.

한국 관련 기록물의 보고로서 러시아 문서보관소의 위상은 여전히 줄어들지 않고 있다. 지금까지 수집한 관련 자료는 수십만 쪽에 이를 만큼 적지 않지만, 아직도 공개되지 않은 많은 문서고가 열리기를 기다리는 중이다. 다만 지금까지의 수공업적인 접근 방식을 지양하고 국가 차원의 조직적인 노력이 집중될 때 한국 근·현대사와 북·러, 한·러 관계사 연구는 더욱 큰 성과를 거둘 수 있을 것이다.

내가 사랑한 러시아

역사 속으로 사라진 소련은 생산 관계의 인위적인 변혁을 통해 인간 해방을 추구한 최초의 국가였다. 70여 년간의 이 실험이 실패로 끝나면서 전체주의와 독재라는 부정적 인식을 남겼음에도 이 나라가 나치 독일의 세계 지배를 막아내고 이후 식민지 독립에 큰 공헌을 했다는 것은 단순하게 평가할 일이 아닐 것이다. 소련은 제2차 세계대전을 사실상 종식시킨 승전국이자 2천만 명 이상의 인명을 빼앗긴 최대 피해국이었다. 아이젠하워, 처칠과 같은 반열의 소련 측 영웅이 스탈린의 '업적'에 가려 처음에는 크게 부각되지 않았다. 소련 해체 후 보리스 옐친 정부는 비로소 독일과의 전쟁 '최대 영웅'으로 게오르기 주코프 원수를 내세워 러시아 승리의 상징으로 만들었다. 그는 레닌그라드 공방전, 모스크바 방어전, 스탈린그라드 전투, 베를린 전투 등 소련군이 승기를 잡은 주요 전투를 성공적으로 이끌었다. 초반 독일군과 비교해 압도적인 전력의 열세를 극복하고 때론 스탈린의 '오판'을 이겨내면서 전장의 승세를 굳히는 데 그의 역할은 지대한 것이었다. 그래서 주코프는 나치 독일로부터 러시아, 더 나아가 세계를 구하는 데 중요한 역할을 수행한 인물로 각인된다.

국립역사박물관 앞의
주코프 동상

기광서

연세대학교 사회사업학과를 졸업했고 러시아과학아카데미 동방학연구소 대학원에서 박사 학위를 받았다. 조선대학교 사회과학대학장과 정책대학원장을 역임했고, 현재 조선대 정치외교학과 교수로 북한학을 연구하고 가르치고 있다. 『북한 국가의 형성과 소련』(2018), 『한국현대사 1 – 해방과 분단, 그리고 전쟁』(공저, 2018), 『한국전쟁기 남·북한의 점령정책과 전쟁의 유산』(공저, 2014), *Understanding North Korea: Indigenous Perspective*(공저, 2013) 등의 저서를 비롯하여 북한 정치사와 한국전쟁 관련 논문 40여 편이 있다.

러시아 과학기술의 넓고 깊은 위대함

서길원

러시아 과학자의 첫인상

내가 처음 러시아 과학자를 만난 것은 1992년 5월 일본 센다이에서 열린 '용융 슬래그 및 플럭스'에 관한 국제 학술회의에서였다. 당시 나를 포함한 서방 세계 발표자 대다수는 슬라이드 프로젝터를 이용하여 연구 결과를 발표했는데, 러시아에서 온 학자들은 대부분 오버헤드 프로젝터를 사용해서 발표했다. 그중 나이 지긋하게 든 한 러시아 과학자가 오버헤드 투명 용지에 공식과 숫자를 너무 빼곡하게 채우는 바람에 아무것도 알아볼 수 없을 지경이었던 것이 특히 기억에 남아 있다. 그런데도 그는 당당하게 발표를 이어갔고 청중 바로 옆에 앉아 있던 미국 학자는 혼자서 웃음을 감추지 못했다. 당시 젊은 공학도였던 나는 발표 내용보다는 발표 기술로 러시아 발표자를 판단하는 우매한 실수를 저질렀다. 나는 심지어 러시아 참가자들의 발표 기술에 문제가 있다고 생각했다.

그 후 나는 홍릉 과학기술연구원(KIST)의 선임연구원으로 근무하면서 1994년 5월 러시아 모스크바에서 열린 국제 항공엔진 전시회를 업무상 참관하게 되었다. 처음으로 러시아를 방문하게 된 것이다. 그때 나

329

는 항공 엔진 터빈 블레이드의 국산화 프로젝트에 참여하고 있었던 덕분에 이와 관련하여 러시아 논문들을 많이 접하게 되었다. 그런데 이때 읽었던 논문 중 하나에서 기발한 발상에 감탄하지 않을 수가 없었다. 이때부터 나는 러시아와 그들의 과학기술에 지대한 관심을 기울이기 시작했고, 예전에 국제 학술회의에서 글씨가 빼곡한 오버헤드 슬라이드로 발표했던 나이 지긋한 러시아 과학자를 다시 한 번 떠올렸다.

1990년대 우루과이 라운드 협상 결과 1995년 세계무역기구(WTO) 체제가 발동하면서 우리나라는 '무역 관련 지식재산권에 관한 협정'(TRIPS)에 따른 선진국들의 기술 보호주의 장벽에 정면으로 부딪쳤고, 이로 말미암아 원천기술을 마련하기 위한 새로운 돌파구가 절실하게 필요한 시기를 맞이했다. TRIPS는 1995년 WTO 설립과 더불어 체결된 일련의 협정 중 하나로 미국, 유럽, 일본 등 선진국들의 이해를 앞장세워서 처음으로 지식재산권을 통상교역의 한 항목으로 다뤘다. 그동안 생산기술과 리버스 엔지니어링에 능숙하던 우리나라는 이제 기초 원천기술과 아이디어를 자체적으로 개발하거나 비싼 프리미엄을 내고 기술을 도입해야 하는 어려운 처지에 놓이게 되었다. 이런 측면에서 볼 때 1990년도 러시아와의 수교, 과학기술 협력 관계 수립은 우리에게 서방 선진국들의 기술 보호주의 장벽을 우회할 수 있는 더없이 좋은 기회였다.

마침 그때 과학기술정책연구원(STEPI) 국제협력단(CISTEC)에서는 나에게 한·러과학기술협력센터 모스크바 사무소장으로 근무하도록 제의를 해왔다. 당시 나는 미국 매사추세츠공과대학(MIT) 박사후연수(postdoc) 제의를 이미 받아놓은 상태이긴 했지만, 러시아의 항공우주 분야 기초 원천기술과 첨단기술에 이미 많은 관심이 있었기 때문에 어렵지 않게 러시아행을 선택할 수 있었다.

러시아 과학자의 투철한 직업정신

현재 세계는 코로나19(COVID-19) 유행병으로 막대한 인명과 경제·사회적 피해를 보고 있다. 이에 선진국들을 위시한 세계 각국은 코로나19 치료제나 백신 개발에 전력을 기울이고 있다. 러시아도 예외는 아니다. 러시아 국립바이러스생명기술연구센터(VECTOR, 벡터)는 코로나19 검사 장비를 개발하고 백신 연구에도 앞장서 나가고 있다. 이 연구소는 현재 6가지 백신을 개발 중이며 2020년 7월 15일부터 300명을 대상으로 임상 시험에 돌입했다. 이곳은 원래 1974년 미·소 냉전 당시 바이러스성 세균을 이용한 무기를 개발하기 위해 시베리아 노보시브르스크주 콜초보시에 설립된 비밀 무기연구소였다.

내가 이 연구소를 처음 방문한 것은 2000년 9월 정부 간 국제기구인 국제과학기술센터(ISTC)의 선임과제관리관으로 근무하면서 당시 관리하던 과제의 진행 결과를 실사하기 위해서였다. 당시 벡터에서 내가 접한 것은 007 영화에서나 볼 수 있을 법한 풍경이었다. 광활한 시베리아 벌판에 짙은 숲으로 둘러싸여 있는 벡터는 누가 봐도 외부와 단절된 비밀 연구소의 모습을 띠고 있었다. 내가 실사하려고 한 과제는 기술재해 등 극한 상황의 결과로 발생하는 에어로졸 및 가스 오염의 주변 확산을 통계적으로 계산하여 예측할 수 있게 하는 컴퓨터 모사에 관한 과제(ISTC 0413)였다. 이 과제에 참여한 벡터 연구진은 바이러스 등 세균이 대기 중에 퍼져나가는 것을 주로 모사하던 과학자들이었다. 과제 책임자이던 B 박사는 내게 과제 현황 보고를 마친 후 벡터와 주변 시설을 견학시켜주었다.

시설물 중에서 지금도 기억에서 지워지지 않는 것은 실험용 원숭이들을 가둬뒀던 수많은 박스형 철창과 실험실, 복도 천장을 따라 길게 이어지는 환기통, 환기통 곳곳에 달린 미닫이문들이었다. B 박사의 말에 따르면 실험용 원숭이들은 환기통에 따라 흐르는 에볼라나 탄저균과 같은 세균이 실린 공기 속에서 미닫이문을 통해 머리 부분만을 노출해 병균에 감염되고 나서 일정한 증상 효과를 보인다. 바로 이런 감염 증상 효과를 관찰하는 데 사용되는 실험용 원숭이들은 건강해야 했기 때문에 어려웠던 소련 말기에도 각종 생과일 등으로 잘 먹였다고 한다. 그런데 더 인상적으로 내게 와닿았던 것은 정말로 먹을 것이 부족하고 모두가 어려웠던 시기였어도 원숭이에게 먹일 생과일이 없어진 경우가 단 한 번도 없었다는 B 박사의 설명이었다. 참고로, 실험이 끝난 뒤 병균에 노출되어 죽어간 원숭이 시신들은 불에 태워서 소각됐다고 한다. 연구소 견학을 마칠 즈음 건물 한쪽 귀퉁이에서 소형 화장터로 보이는 굴뚝이 높은 건물 하나가 눈에 띄었다. 이 시설은 이제 사용하고 있지 않아서인지 외국인인 나에게 보여줄 수 있었던 것 같다. 미·소 냉전 시절 역사의 한 단면을 직접 두 눈으로 보는 묘한 느낌을 지금까지도 잊을 수 없다.

야간기차 안에서 맞은 9/11

2001년 뉴욕에서 일어난 9/11 테러 사건은 누구나 생생하게 기억할 것이다. 바로 그때 어디에서 무엇을 하고 있었는지도 대부분 기억할 것이다. 나는 당시 러시아 사로프시(옛 아르자마스-16 비밀도시)의 전러시아 이론물리연구소에 가서 과제를 시찰하고 돌아오는 기차 안에서 밤새 지낸 것이 기억난다.

이 연구소는 세계에서 최초로 수소폭탄을 설계한 무기 연구소로, 외국인 출입이 철저하게 제한되어 있으며 외국인은 차량으로는 출입이 금지되고 기차로만 드나들 수 있는 곳이다. 수목이 짙은 숲으로 둘러싸인 비밀 연구소인 이곳에 외국인은 당시 45일 사전 방문 신청 후 심의를 거쳐야 방문할 수 있었으며, 허락된 외국인 방문객은 지정된 호텔에서만 묵어야 했다. 지금도 잊을 수 없는 것은 호텔에서 투숙 수속할 때 컴퓨터, 휴대전화나 전자시계 등 소지한 모든 전자기기를 호텔 접객실에 맡겨야 했던 일이다. 이뿐만 아니라 호텔 방문 밖에는 안전요원이 24시간 배치되어 있었다. 안전요원 호위 없이는 방 밖으로 나갈 수 없게 되어 있어서 식사하러 갈 때도 식사 장소까지 안전요원이 항상 같이 따라다녔다. 그 이후로 사로프에 출장을 갈 때는 저녁에 읽을 수 있는 책 한 권을 꼭 챙겨 갔던 것이 기억난다.

9/11 당시 내가 사로프에서 시찰했던 과제는 초고 자기장 내 반도체 물질의 거동을 연구하는 과제(ISTC 0238)였다. 이 연구에 참여한 연구원들은 대부분 핵폭발을 모사하거나 그 영향을 연구하는 무기 과학자들이었다. 핵폭발은 대개 전자기파 파열을 동반하는데, 이는 인근 전자 장비에 전류나 전압의 급등을 유발하여 해로운 영향을 미치는 것으로 알려져 있다. 이 과제의 연구 책임자인 T 박사와 그의 연구팀은 관련 연구로 러시아 대통령 과학상을 수상한 바 있다.

이처럼 러시아에서는 고온, 고압, 고진공, 극저온, 아음속과 같은 극한 상황이 물질이나 인체에 미치는 영향 등에 관한 연구가 많이 이루어져왔다. 그만큼 기초연구 토대가 탄탄해서 세계 최초로 유인 우주선 발사를 통해 사람(유리 가가린)을 우주에 보내고, 우주정거장 '미르'를 설치하는 등 과학적 성과를 거둘 수 있었다. 탄탄한 기초과학만이 어려운 기술 문제를 해결할 길을 열어주기 때문이다. 참고로, 미르 우주정거장은 현재 국제우주정거장의 전신으로 1986년부터 2001년 11월까지 지구 저궤도의 마이크로 중력 상태에서 생물학, 인체생리학, 물리학, 천문학, 기상학 등 각종 실험을 수행했던 우주 실험실이다. 초창기에는 독자적으로, 소련 붕괴 이후에는 미국 우주왕복선 프로그램과 연계하여 러시아가 운영한 최첨단 과학기술 복합체라고 할 수 있다.

우주 분야 기초연구와 관련한 또 하나의 사례를 들자면 러시아 우주청 산하의 '콤포지트Kompozit'라는 연구소다. 이 연구소에는 우주의 극한 환경을 모사해서 우주선이나 위성용으로 개발한 소재를 시험할 수 있는 장비가 있다. 이것은 우주에 떠다니는 각종 입자와 전자기파가 재료에 미칠 수 있는 영향에 대한 실험을 가속해서 시험(가령 우주 환경에서 3년 치에 해당하는 시험을 1년 동안 압축하는 시험)하는 연구 장비다. 천체우주 분야와 전자기파, 입자물리, 고체물리 등의 분야에 대한 기초지식이 있어야 만들 수 있는 장비다. 이러한 장비를 보유한 국가는 러시아, 미국 등 몇 개국에 불과하다.

모스크바와 사로프를 오갈 때는 주로 숙박 칸이 있는 야간기차를 활용한다. 모스크바에서 살아본 사람이라면 한 번쯤 야간기차를 타고 상트페테르부르크나 니즈니노브고로드 같은 도시를 방문한 경험이 있을 것이다. 뉴욕에서 9/11 테러 사건이 일어나고 있던 바로 그 순간, 나는 사로프시에서 과제 시찰을 마치고 모스크바행 야간기차를 타기 위해 사로프 기차역을 향하고 있었다. 물론 사로프에 있는 동안 외부 세계 소식을 접할 수 있는 길은 전혀 없었다. 야간기차를 타고 모스크바에 도착할 때까지 나는 줄곧 평상시와 같이 집에 들러서 샤워하고 출근할 생각이었다. 그런데 그날 아침 뉴스를 보고 세상의 종말을 보는 듯한 느낌이었다. 바깥세상과 연락이 끊긴 며칠 사이에 세상은 온통 바뀌어 있었다. 정말 그날은 평생 잊을 수 없는 하루였다.

멘델레예프의 원소주기율표: 기초과학의 산실로

2019년은 러시아과학아카데미 창립 295주년과 멘델레예프 원소주기율표 탄생 150주년을 맞이한 기념비적인 해였다. 2020년 2월 모스크바 국립대학교 화학부를 방문했을 때 이를 기념하는 행사 기념품으로 원소주기율표가 그려진 넥타이를 선물로 받았다. 금속공학(희토류금속)으로 박사 학위를 취득한 나로서는 매우 반갑고 나름대로 의미 있는 선물이었다.

드미트리 멘델레예프는 원소의 성질이 원자가와 원자량에 규칙적으로 의존함을 발견하고 그 규칙을 원소주기율표로 정리하여 1869년 러시아 화학학회에 공식 발표한 바 있다. 우리가 고등학교 화학 시간에 배웠던 행과 열 모양으로 된 원소주기율표는 바로 멘델레예프가 처음 정리한 것이다. 이는 자연과학과 기초연구의 중요성에 대한 인식과 그러한 연구가 가능하도록 기초과학 발전을 체계적으로 도모하기 위한 과학아카데미 같은 국가 시스템 덕분에 이룩해낼 수 있었다. 놀랍게도 멘델레예프는 원소주기율표를 활용하여 당시 아직 발견되지 않은 새로운 원소(갈륨, 게르마늄, 스칸듐 등)의 존재를 정확하게 예측하기도 했다. 그리하여 멘델레예프는 지금도 원소주기율표의 아버지라고 불린다. 모스크바화학기술대학은 그를 기려 멘델레예프화학기술대학으로 명명되어 지금까지도 화학 분야에서 많은 후학을 양성하고 있다. 멘델레예프는 안타깝게도 결국 노벨상을 타지 못했지만, 영국 왕립학회의 외국 회원으로 초빙되는 영예를 누렸다.

2002년에 상트페테르부르크의 이오페Ioffe 물리기술연구소를 방문했을 때의 일이다. 광 산란 스펙트럼을 이용한 박막 재료의 인터페이스 특성을 연구하는 실험실에 들렀는데 벽에 걸린 원소주기율표가 당시 내가 보고 배웠던 멘델레예프의 행과 열로 이루어진 표 방식과는 매우 달랐다. 이들이 사용하는 원소주기율 도표는 둥근 원 형태였다. 이것을 처음 접해본 나는 매우 이색적이라고 생각하고 내심 놀라지 않을 수 없었다. 분야로 따지면 화학보다는 양자역학을 연구하는 연구실이어서 이 분야의 특성에 더 적합한 원소주기율표를 사용하는 것이었다. 러시아 과학자들은 과학의 기초 원리와 이론에 대한 지식이 깊어서 대개 문제에 봉착하면 그것을 해결할 수 있는 방법을 찾는 데 주저하지 않는다. 이때 경험은 러시아 과학자들의 역량을 다시 한 번 확인할 수 있었던 기회였다.

실험할 때도 마찬가지이다. 러시아 과학자들은 기초이론에 강해서 실험에 임하기 전에 실험 결과를 이론적으로 사전 예측한다. 아울러 실험이 실패할 수 있는 요인들을 여러 각도에서 미리 면밀하게 생각해보고 검토하는 편이다. 마치 체스 한판 두는 것처럼 한 수 한 수 실험을 어떻게 진행할까 고민하다가 실제로 실험을 진행할 때는 후다닥 끝내버린다. 이와는 반대로 내가 대학원 시절 방문했던 미국과 캐나다의 실험실은 물자가 풍부한 탓인지 모든 가능성에 대해서 철저하게 '융단폭격'하듯이 실험에 임했던 것이 기억난다. 실험에 접근하는 두 방식이 매우 대조적이었다.

또한, 러시아에서는 측정 기기나 시약, 시편을 젊은 대학원생들이 직접 제조해서 사용하는 사례가 많다. 이는 기초과학에 근거한 측정의 기본 원리와 그 응용성에 대한 충분한 이해와 기본 역량이 갖추어져 있기에 가능한 일이다. 일례로, 나는 석사 과정 때 실험실에서 시마즈사의 최신 시차열분석기 담당 오퍼레이터로 일하며 이 측정기를 많이 활용했는데, 기기가 고장 나면 직접 고쳐보겠다고 마음먹은 적은 솔직히 단 한 번도 없었다. 그런 만큼, 상트페테르부르크기술대학을 방문했을 때 이 대학 대학원생들이 자체 제작한 시차열분석기로 실험을 진행하고 있던 모습과 기기 고장 시 기본적인 수리는 손수 진행한다는 말이 매우 인상적이지 않을 수 없었다. 겉으로는 낡고 보잘것없어 보이는 자체 제작 시차열분석기였지만, 그들은 이 장비를 십분 활용할 수 있을 뿐만 아니라 그것을 응용하여 활용할 능력도 보유하고 있었다. 나는 그때 과학에 접근하는 러시아 과학 교육 시스템과, 기자재를 주저 없이 자유자재로 활용할 수 있는 대학원생들의 자신감이 러시아 과학 발전에 이바지했음을 확신할 수 있었다.

기술 협력에 대한 잘못된 인식

러시아는 영토도 넓지만, 원소주기율표에 표시된 모든 원소를 보유하고 있는 나라이다. 그중에서도 특히 티타늄이 많이 난다. 모스크바에 가 본 사람이라면 레닌 대로변에 최초의 우주인을 기념해 세운 거대한 유리 가가린 동상을 기억할 것이다. 이 동상은 바로 티타늄으로 만들었다. 그래서 부식되지 않고 은백색 광택을 그대로 유지할 수 있다. 티타늄 금속이나 합금은 가벼우면서도 강도가 높아 항공우주 분야에 많이 활용되고 있지만, 융점이 높고 강도가 높은 만큼 가공하기 쉽지 않은 단점이 있다.

러시아 바시코르토스탄공화국의 수도 우파에는 러시아과학아카데미 산하 금속초소성문제연구소가 있다. 이 연구소는 금속의 초소성 성질을 활용하여 가공하기 어려운 금속 간 화합물, 티타늄 합금 등의 가공 방법을 연구한다. 이곳에서는 외부 온도나 변형 조건을 조절해서 금속이 초미세입자 조직을 갖게 하여 초소성 가공이 가능하도록 하는 연구를 진행한다. 당시 이 분야에서는 러시아가 세계적으로 앞서 있어서 한국뿐만 아니라 미국 굴지의 기업 제너럴일렉트릭(GE)도 금속초소성문제연구소와 연구 계약을 맺는 등 국제 협력이 매우 활발했다.

나는 이 연구소를 여러 차례 방문한 경험이 있는데, 금속의 여러 가지 분야 중에서도 오직 가공 분야에만 연구소를 통째로 하나 설립한 러시아의 '통 큰' 면모에 금속 전공자로서 놀라지 않을 수 없었다. 한 분야에만 파고들 수 있도록 연구소 하나를 통째로 세운 것이다.

그런데 우리나라와의 기술 거래가 화를 일으켰다. 우리나라 모 기업에서 이 연구소의 기술을 들여다 국산화했는데, 이것이 화근이 되어 해당 연구소 K 소장이 주요 기술을 외국으로 빼돌렸다는 혐의로 기소되고 가택연금을 당했다. 물론 그는 소장직에서 물러나야만 했다. 나는 바로 그 즈음에 이 연구소를 방문한 적이 있다. 국제기구 직원으로 과제 시찰차 이미 승인받은 방문이었지만, 한국 여권 소지자라는 이유로 30분마다 나의 행적이 현지 정보기관에 보고됐다. 우파 공항에서 비행기에 오르기 전까지 나에 대한 감시는 계속되었다. 상당히 긴장되는 출장이었다.

한때 우리는 과학기술 협력이라고 하면 러시아 기술이나 기술자를 국내에 싸게 데려와서 그 기술을 국산화하는 것으로 생각했다. 하지만 이것을 러시아 현지에서는 기술자나 기술 유출로 간주할 수 있다는 점은 생각하지 못했다. 러시아 정부 시각에서 보면 러시아 연구원들이 다년간 연구하여 완성한 기술을 거저먹겠다는 것으로 충분히 보일 수 있었다.

1990년대 중후반에 실제로 러시아 언론은 한국이 러시아 인력과 기술을 싸게 유출해간다고 자주 지적한 바 있다.

한편, 러시아에서는 한때 과학기술 협력이라고 하면 일방적인 투자를 일컫는 경우가 있었다. 특히 외국인에게서 투자만 받으면 모든 것이 해결되는 듯이 여긴 시절이 있었다. 투자 대가와 그에 상응하는 반대급부나 책임에 대해서는 소홀하면서 일방적으로 투자만 요구했던 것이다.

기술 협력이라고 하면 쌍방에게 혜택이 돌아가야 한다. 기술을 가져오는 입장에서는 기술이나 지적재산권에 대한 충분한 대가를 지불해야 한다. 그리고 기술 인력을 장기간 국내로 초청한다는 것은 초청할 수 있는 좋은 풀의 과학기술자를 제한하는 것이다. 왜냐하면 한국으로 가서 장기간 살면서 일할 러시아 과학기술자의 수는 많지 않기 때문이다. 반대로 러시아에 와서 장기간 살면서 근무할 우리나라 과학기술자도 많지 않으리라 생각된다.

가장 좋은 방안은 각자가 필요하고 부족한 부분이 무엇인지 먼저 정확하게 파악한 후에 상대방이 내게 줄 수 있는 것이 있는지 알아보고 협력을 타진하는 것이다. 그리고 똑같은 기술이라도 러시아 것이 싸야 한다고 생각하는 것은 출발점부터가 잘못된 것이다.

내가 사랑한 러시아

러시아에 와서 보고 느낀 것도 참 많고 좋아하는 것도 많이 생겼지만, 그중에서 나에게 제일 와닿는 것은 러시아의 끝없이 광활한 대지와 그 위에 자작나무와 소나무로 가득하게 채워진 숲이다. 꼭 산에 가야 삼림욕을 할 수 있는 것은 아니다. 그리고 길이 있어도 인기척이 없다. 자연과 혼자 대화하면서 산책할 수 있는 시간이 너무 좋다. 모스크바 북서쪽 트베리 지방에서부터 러시아의 북서쪽 지역의 자연경관이 인상에 깊게 남는다. 특히 상트페테르부르크에서 배를 타고 라도가 호수에 있는 발람섬을 들러 그곳 남성 수도원에서 미사를 보고, 이어서 오네가 호수에 있는 키지섬을 들러 못 하나 없이 지었다는 목제 성당을 보았을 때의 벅찬 인상은 평생을 가도 지워지지 않을 것이다.

자작나무와 소나무로
가득한 숲속 오솔길

서길원

고려대학교 금속공학과를 졸업했고 동 대학원에서 공학박사 학위를 받았다. 현재 모스크바 소재 한·러 과학기술협력센터 센터장으로 근무하고 있으며, 미국에서 변리사로 활동한 2011~2017년을 제외하고는 1994년부터 2001년까지 한국과학기술정책연구원(STEPI) 및 한국과학기술평가원(KISTEP) 모스크바 사무소장, 그리고 2001~11년에는 정부 간 국제기구인 국제과학기술센터(ISTC) 선임과제관리관 및 프로그램 조정관으로 줄곧 모스크바 현지에서 한·러 과학기술 협력 증진에 힘을 보태왔다. 2020년 4월 과학기술 진흥 분야 대통령 표창을 받았다.

체첸에서 평양까지:
러시아와 함께 달려온 연구 편력

현승수

"고보리트 모스크바"

중고등학생 시절, 단파 방송 청취가 내 취미였다. 지금은 인터넷과 유튜브, 사회관계망서비스(SNS)로 지구촌 곳곳이 그물망처럼 촘촘히 연결되지만, 1980년대는 인터넷도 스마트폰도, 그 흔한 개인용 컴퓨터조차 없던 시절이었다. 공부 열심히 하라며 아버지께서 사주신 큼지막한 수입산 라디오 카세트 플레이어에 AM이나 FM 말고 SW라는 단파방송이 잡힌다는 사실을 깨달은 순간, 내 인생의 방향이 결정되었는지 모른다. 학교에서 집으로, 다시 도서실로 전전하던 15세 소년의 가슴에 창문 하나가 달렸다. 세계로 난 창이었다. 지지직거리는 잡음 사이사이로 들어보지도 못한 각종 외국어가 섞여 나오고 있었다. 심지어 미국, 일본, 중국, 소련이라는 세계 강대국들이 한국인을 상대로 한국말로 국제방송을 한다는 사실도 알게 되었다. 수업을 마치고 집으로 돌아오면 부리나케 라디오 앞에 앉아 여러 나라가 쏘아주는 한국어 국제방송을 듣는 게 중고등학교 시절 내 유일한 낙이었다. 나와 러시아의 인연도 그때 시작했다.

"고보리트 모스크바"(모스크바가 전해 드립니다). 소련 국제방송은 이

멘트로 시작한다. 모스크바 조선어 방송을 매일 들었다. '모스크바 방송'은 당시 소련이 내보내는 국제방송이었다. 지금은 지구상에서 사라져버린 사회주의 종주국 소련! 1980년대를 살았던 한국인이라면 소련이라는 고유명사의 어감이 주는 공포감을 얼추 공감할 수 있을 터다. 적성 국가가 보내는 방송을, 그것도 야밤에 단파 라디오로 듣는다는 행위 자체가 어쩌면 국가보안법 위반이었을 수도 있겠다는 생각이 든다. 당시는 간첩을 식별하는 방법 가운데 '야심한 밤에 단파 라디오를 듣는 자'가 분명히 포함돼 있었기 때문에…….

딱딱한 북한식 말투에 무미건조한 시사 프로그램 위주의 '모스크바 방송'이 사춘기 한국 소년에게 그렇게 호소력을 발휘할 리는 없었다. 남한 아닌 남조선이라는 표현도 그렇고, 전 세계가 미국 제국주의 세력의 음모 속에서 놀아나고 있다는 식의 평론도 공포 반, 지루함 반일 뿐이었다. 그래도 내가 '모스크바 방송'을 꾸준히 들은 이유는 그곳에서 하는 러시아어 강좌와 소련 음악 프로그램 때문이었다. 특히 방송에서 주워들은 러시아어 몇 마디를 학교에 가서 친구들 앞에 자랑하듯 읊조리면 친구들은 무척 신기해했다. 그때 시내 큰 서점에서 몇 권의 러시아어 교재를 사다가 공부해보곤 했는데, 내가 한국외국어대학교 노어과에 입학한 후 가르침을 받던 교수님들이 모두 그 교재의 집필자들이셨다. 한국외대와의 인연도 이미 중학생 때 결정되었던 것 같다. 대입 학력고사 성적표를 들고 나는 주저 없이 한국외대 노어과에 지원했다. 부모님과도, 담임 선생님과도 상의하지 않고 혼자서 내린 결정이었다. 나중에 담임 선생님께서 내게 "노어과에 지원했다고? 노르웨이어과?"라고 묻던 일이 생각난다.

소련은 사라졌지만

1987년 노어과에 입학했을 때 존재하던 소련은 내가 군 생활을 하던 91년에 사라져버렸다. 전역하고 복학했을 때는 소련은 이미 15개 공화국으로 분리돼 있었고, 러시아연방이 소련을 계승해 새로이 출범한 후였다. 한·러 관계의 새 시대가 열렸고, 러시아는 더는 우리에게 적성 국가도 공포의 대상도 아니었다. 삼성, 대우, 현대 같은 굴지의 우리 기업들이 러시아와 중앙아시아 등 옛 소련권 국가들로 진출을 본격화한 것도 이때였다. 졸업한 동기와 선배들은 대기업에 취직해 모스크바, 상트페테르부르크, 알마아타 등지에서 한국 제품의 새 시장을 개척했다. 학부 졸업 후 취업 전선에 뛰어들지 않고 통역대학원 입시를 준비하던 나는 이제 '지역학'의 시대가 도래했다면서 러시아 정치를 공부해볼 것을 권하는 선배들의 유혹에 넘어가, 진로를 바꿔 러시아 지역학을 공부하기로 했다.

대학원 진학을 고민하던 1992년 3월부터 모스크바에서 반년 남짓한 유학 생활을 했다. 정식 유학은 아니었고 러시아어 어학연수였는데, 그때 내 인식에 큰 변화가 찾아왔다. 소련 시절 모스크바는 전 세계 사회주의의 메카였다. 아시아, 아프리카, 중동의 제3세계 국가들이 소련에 유학생을 파견했고, 소련은 무상으로 이들을 교육해 사회주의 엘리트로 키워냈다. 소련이 붕괴하고 신생 러시아가 막 출범한 1992년에도 여전히 소련 시스템이 돌아가고 있었다. 세상은 그리 쉽게 변하지 않는 법이다. 물자는 부족해서 물건 없는 상점 앞으로 장바구니를 든 사람들이 장사진을 이루고 있었다. 책방에 가도 책이 없고 과일 가게에 과일이 없었으며, 채소가게에 채소가 없던 시절이었다. 루블화 가치가 땅에 떨어진 탓에 러시아 시민들은 달러를 구하려 아우성이었다. 덕분에 서방에서 온 유학생들은 1달러 지폐 하나면 모스크바 시내의 웬만한 지역을 택시로 갈 수 있었다. 모스크바에 갓 진출한 맥도날드와 피자헛 매장에서 먹거리를 사 들고 나오면 러시아 아이들이 구름 떼처럼 모여들어 한입 달라고 애원하던 시절이었다.

사회주의 교육 시스템이 아직 남아 있던 당시였기에, 유학생이던 우리는 구소련 전역을 무척 저렴한 비용으로 돌아다닐 수 있었다. 모스크바에 사는 외국인 유학생이 벨라루스 민스크로 여행을 가도 모든 요금에 학생 요금이 적용되어 무척 쌌다. 그걸 믿고 우크라이나를 혼자 여행하려다가 키예프에서 낭패를 보기도 했다. 우크라이나 수도 키예프는 독립 열기로 가득했다. 그곳 사람들은 모스크바에서 온 유학생이라면 우크라이나에서는 학생으로 인정받을 수 없다면서 몇 배나 비싼 외국인 성인 요금을 내야 한다고 했다. 소련 시절 모스크바 표준시간이 적용되던 비행기도 키예프 시간으로 바뀐 줄 모르고 공항에 갔다가 비행기를 놓쳐 발을 동동 굴렀던 기억……. 30년이 지난 지금까지도 우크라이나는 러시아와의 결별을 꿈꾼다. 독립은 했지만, 홀로서기는 여전히 진행 중이다.

나는 우즈베키스탄을 여행하면서 중앙아시아의 매력에 흠뻑 빠져들었다. 그곳 사람들이 우크라이나와는 다르게, 모스크바에서 온 한국인 유학생을 환대해주었기 때문만은 아니었다. 모스크바에서도 자유화의 물결을 타고 종교가 '부활'하고 있었는데, 그것이 정교회의 재건과 정교 문화의 복원이었다면, 여기 중앙아시아에서는 이슬람이 되살아나고 있었다. 사실 한국에서 러시아어를 전공하면서 나는 소련에 이슬람 문화가 남아 있으리라고는 생각조차 해보지 못했다. 아니, 학교에서 그런 공부를 해본 기억이 없었다. 소련은 그냥 러시아인과 러시아어의 세계였다. 소련이라는 나라가 문명적으로 다채로운 200여 개 민족이 함께 공생하는 유라시아 국가였다는 사실을 깨달은 것도 우즈베키스탄에서였다. 어슴푸레 석양이 질 때, 사마르칸트의 이슬람 사원에서 들려오던 아잔(예배 알림) 소리를 지금도 나는 잊을 수 없다. 한국으로 돌아오는 여행 가방 안에 러시아어로 된 쿠란을 사 넣었다. 한남동에 있는 이슬람 사원에서 이슬람 공부도 본격적으로 해나갔다. 나중에 대학원에서 석사 논문을 쓰게 되었을 때, 지도해주시던 국립외교원의 고재남 교수님께서 체첸 분쟁을 논문 주제로 다뤄보면 어떨지 제안을 주셨다. 체첸 민족이 이슬람 전통을 가진 유서 깊은 민족인 걸 그때 알았다. 체첸 분쟁. 러시아 속의 이슬람. 내 호기심은 러시아의 변방 캅카스로 내달리고 있었다.

체첸 분쟁

체첸 민족이 모여 사는 캅카스는 카스피해와 흑해 사이에 가로놓인 회랑지대로, 유럽인의 조상으로 알려진 아리아인들의 발원지라고도 하며, 그리스 신화에서 프로메테우스가 제우스의 명을 어기고 인간에게 불을 전해준 벌로 독수리에게 간을 쪼이던 땅으로도 유명하다. 캅카스에는 해발 4~5천m가 넘는 고산준령이 즐비한데, 제정 러시아는 17세기부터 이 지역에 눈독을 들였고 오스만제국, 페르시아제국 등 이슬람 강국들과의 한판 대결을 위해 캅카스가 필요했다. 이곳을 지나야 중동 이슬람 세계로 들어갈 수 있었다. 캅카스에 사는 50개 이상의 소수민족은 하나둘씩 제정 러시아의 지배를 받게 된다. 일반적으로 1859년 캅카스 전쟁이 종식되면서 이 지역이 완전히 제정 러시아에 점령된 것으로 알려져 있다. 역사는 체첸 민족을 마지막까지 러시아에 저항해 싸운 용맹스러운 전사들로 기록한다.

레프 톨스토이, 미하일 레르몬토프 등 내로라하는 근대 러시아 문호들이 모두 캅카스전쟁에 참전했다가 체첸인들에 관한 기록을 남기고 있다. 그들이 본 체첸인은 호전적이며, 우직하고, 신앙심 깊은 이슬람교도들이다. 체첸 사람들은 제정 러시아가 몰락한 자리에 소비에트 정권이 들어서는 1920년을 전후한 시기에도 러시아에서 벗어나기 위해 싸웠으나 뜻을 이루지 못했다. 제2차 세계대전 당시 독소전쟁이 발발했을 때 소련 지도자 스탈린은 체첸인들이 나치 독일에 협력해 소비에트 정권에 맞설 것으로 의심하고 민족 전체를 열차에 태워 머나먼 중앙아시아 오지로 추방해버렸다. 체첸인들이 모여 살던 체첸자치공화국도 폐지됐다. 1944년의 일이다. 소련 땅 동쪽 끝 연해주에 살던 한인들이 일본의 스파이 노릇을 할 수 있다는 이유로 중앙아시아에 강제 이주당했던 1937년의 사건과 판에 박은 듯 닮았다.

스탈린은 소련 전역에서 소수민족들을 강제 이주시키는 미증유의 범죄를 저질렀다. 체첸 사람들과 극동 한인들은 중앙아시아의 집단농장에서 이웃하여 살면서 이산 민족의 아픔을 공유했다. 1953년 스탈린이 사망한 후 집권한 니키타 흐루쇼프 공산당 서기장은 스탈린이 저지른 역사적 과오들을 비판하는 이른바 스탈린 격하 운동을 벌였고, 체첸인들이 받았던 대적 협력 민족이라는 낙인도 지워주었다. 사라졌던 체첸자치공화국도 부활시켰다. 그러나 중앙아시아에 살던 체첸 사람들이 자기네 땅으로 돌아오도록 허락받은 것은 훨씬 더 나중의 일이다.

냉전이 종식되고 소련이라는 거대 국가가 15개 공화국으로 분열되던 1990년대 초 체첸인들은 다시 한 번 독립 열망을 안고 반러 투쟁에 나선다. 소련은 사라졌지만, 체첸공화국은 여전히 러시아연방의 일개 소수

민족 공화국으로 남아 있었기 때문이다. 소련 공군 장교 출신의 조하르 두다예프가 민족 독립 투쟁의 선봉에 섰다. 당시 러시아연방 대통령이었던 보리스 옐친은 서방에 민주주의자, 친서방주의자로 알려져 있으나, 체첸이 분리·독립해 나가는 것을 원하지 않았다. 그는 1994년 12월 체첸 공화국을 군사 공격한다. 하지만 경제 위기와 정치 혼란으로 총체적 난국에 빠져 있던 러시아 정부는 무기력했고, 러시아군의 기강도 해이할 대로 해이해져 있었으니, 그들은 인구 150만도 되지 않지만 독립 의지로 똘똘 뭉친 체첸인들을 상대해내지 못했다. 결국 전쟁은 1년 넘게 끌다가 양측의 휴전으로 일단락된다.

문제는 전쟁 기간에 체첸인들을 물심양면으로 지원해준 이들 중에 중동, 아프가니스탄 등지에서 몰려온 이슬람 근본주의자들이 섞여 있었다는 사실이다. 이들은 체첸이 러시아에서 독립해 종교가 지배하는 신정국가로 거듭나야 한다고 주장하면서 체첸 민족주의자들을 몰아세웠다. 체첸인 공동체 안에서는 아랍인 세력에 협력하는 이슬람 근본주의자들과 체첸 국가의 세속화를 주장하는 민족주의자들 사이에 분열이 발생했다. 결국 정치적 혼란과 종교 극단주의가 횡행하는 체첸 땅은 제2의 아프가니스탄으로 변질됐고, 1999년 12월 31일 사임한 옐친 대통령의 뒤를 이어 러시아연방 대통령 권한대행을 맡은 블라디미르 푸틴은 제2차 체첸 전쟁을 일으켜 최종적으로 체첸의 독립을 좌절시키는 데 성공한다. 강력한 군사력과 철저한 정보 통제, 전 지구적으로 전개된 대테러전쟁 덕분이었다. 20년 넘게 흔들리지 않는 러시아 국민의 푸틴 지지는 사실 체첸 전쟁의 승리가 실마리를 제공했다고 할 수 있다.

한국에서 석사 학위를 받고 유학을 결심한 내가 일본 도쿄대학교에서 쓴 박사 논문은 체첸 분쟁의 연원과 경과를 추적하면서 체첸인들의 대러 독립 투쟁이 국제 이슬람 테러 운동과 연계되는 과정을 고찰하고, 아울러 러시아연방 정부의 소수민족 정책과 종교 정책, 정치와 종교의 상관관계를 분석하는 것이었다. 분쟁과 테러에 관한 이론 공부도 전제되어야 했다. 논문을 쓰기 위해 나는 러시아와 터키(터키에는 체첸인 디아스포라 공동체가 다수 있다), 캅카스 지역을 여러 차례 방문해 현지 조사를 진행했고, '아르히프'로 불리는 러시아 곳곳의 문서보관소를 누비고 다녔다. 일본의 러시아 연구 기관으로부터 지원금을 받을 기회가 주어졌을 때, 나는 과감히 체첸으로 가는 연구 여행도 계획했었다. 그러나 일본의 지도교수께서는 분쟁이 여전히 진행 중인 체첸 지역으로 가는 여행이 위험할 수 있다면서 반대했고, 결국 뜻을 이루지 못했다. 러시아가 체첸을 평정하고 그곳에서 이슬람 무장 세력들을 완전히 제압하는 데 걸린 시간은 10년이 넘는다. 2000년에서 2010년까지 모스크바를 비롯해 러시아각지에서 발생한 크고 작은 테러 사건에는 늘 체첸이라는 말이 붙어 다녔다. 아직도 러시아에서 체첸은 반역, 사회 불안, 테러, 광신의 이미지로 각인되어 있다. 푸틴 대통령은 강대국 러시아 건설을 위해 국가의 일체성과 다민족 통합을 누누이 강조하는데, 체첸이 러시아에 완전히 통합되는 것은 그 본보기이자 양보할 수 없는 푸틴의 자존심이기도 하다.

정치학도로서, 그리고 러시아 지역학을 전공으로 한 러시아학도로서 나는 '나라와 국민을 만드는 작업'에 대해 늘 관심을 가져왔다. 소련이 해체된 후 독립한 15개 공화국이 과거 30년 동안 경험한 시행착오와 성과들이 결국은 새로운 나라와 새로운 국민을 만드는 작업이었기 때문이다. 러시아는 소련이라는 사회주의 실험 국가가 사라진 자리에, 그것도 4분의 3으로 축소된 영토에 러시아연방을 새롭게 만든 셈이다. 더구나 200개나 되는 크고 작은 민족(그중에 인구수가 가장 많은 민족이 러시아인이다)을 러시아연방의 국민으로 재창조하는 작업은 결코 쉬운 일이 아니었다. 우리가 흔히 '러시아인'이라고 할 때는 백인의 형질을 갖고 유라시아 지역에 사는 동슬라브인 계열의 일개 민족을 가리키는 경우가 많다. 러시아 말로는 '루스키'다. 하지만 시베리아에 살면서 한국인과 유사한 외모를 가진 야쿠트인이나 앞에서 말한 캅카스 거주 체첸인도 러시아연방의 국민으로서 러시아인이다. 이 경우에는 '로시야닌'으로 부른다. 러시아연방의 지도자급 인사들조차도 '로시야닌'으로 불러야 할 때 '루스키'라고 말해 낭패를 보기도 한다. 더욱이 러시아연방의 인구수가 줄어들고 있는 현실 속에서 '루스키'는 감소하는 반면, 비러시아 민족들, 특히 캅카스나 중부 러시아 지역에 거주하는 이슬람계 주민들의 비율이 증가하는 추세는 러시아연방의 미래에 중요한 함의를 갖는다. 인구 문제는 러시아가 직면한 최대 난제다. 푸틴 대통령이 기회 있을 때마다 국가의 통합성을 강조하는 데에는 인구 불균형 문제가 그 배경에 깔려 있다.

불변의 러시아와 급변의 한반도

현재 나는 통일연구원에서 일하고 있다. 통일연구원은 이름 그대로 우리의 통일·대북 정책, 한반도 주변 4강과의 통일 외교를 연구하는 정부 출연 연구기관이다. 이곳에서 내가 다루는 주제는 주로 러시아와 한반도 관계다. 북핵 문제를 해결하고 한반도에 평화를 실현할 수 있도록 러시아와 어떻게 협력해나갈 것인가를 연구하는 것이 내게 주어진 주요 임무다. 하지만 우리 정부의 대북·통일 정책을 러시아 측에 설명하여 이해와 지지를 얻어내는 일은 결코 쉬운 일이 아니다.

러시아는 1990년대 이후 일관되게 남·북한 모두와 균형 외교를 펼치며 미국이 주도하는 한반도 질서 변화 시도에 민감하게 대응한다. 그래서 러시아는 북핵 문제 해결을 위해 자국을 포함한 동북아 주변국들의 다자 협의를 중시한다. 최근 북·미 협상이 원활하지 않자 러시아가 6자회담 복원을 주장하는 것도 이 때문이다. 러시아는 북한의 핵 개발을 용인하지는 않되 이해한다는 입장이다. 북한이 미국으로부터 체제 안전을 보장받으려고 불가피하게 핵 개발 카드를 꺼내 들 수밖에 없다는 사태의 본질을 이해하고, 북핵 문제를 해결하고자 한다면 미국이 먼저 양보하고 행동에 나서야 한다고 본다. 러시아의 관료들이나 한반도 문제를 연구하는 학자들을 만나보면, 러시아가 미국에 대해 가진 불신감과 아울러, 미국의 경제 제재를 받는 북한에 대해 그들이 느끼는 동병상련과 같은 감정을 읽을 수 있다. 2014년 현 직장에 자리를 잡고 제일 먼저 부여받은 임무는 러시아의 협력 기관을 방문해 우리의 대북·통일 정책을 설명하고 이해를 구하는 일이었다. 그런데 당시는 북한의 핵실험으로 대북 제재가 가중되던 시기였고, 나는 한국 정부의 공식 입장에 따라 국제사회의 대북 제재에 러시아가 적극적으로 동참하고 북한에 압력을 행사해 무모한 핵실험을 중단하도록 노력해줄 것을 요구했다. 그때 러시아의 한반도 문제 전문가들이 바라보는 북한과 국제 정세에 대한 시각은 우리의 그것과는 많은 부분에서 달랐고, 우리의 대북 정책이 그들에게 공감을 불러일으킨다는 느낌을 받지 못했다.

2017년 문재인 정부가 출범한 후 나는 다시 모스크바와 블라디보스토크에 있는 협력 기관을 방문했는데, 우리 정부의 공식 입장은 크게 바뀌어 있었다. 남·북한 협력을 활성화할 방안을 러시아와 협의하자는 것이었다. 유엔과 미국의 대북 제재가 엄중한 상황에서 남·북한 협력이 크게 제약받고 있으니 이를 극복할 수 있는 묘안을 러시아 측에 구하는 일도 내게 주어진 임무였다. 그때 러시아 측 학자가 내게 이런 말을 했다. "나는 지난 30년 동안 한국 학자들과 만나 한반도 문제를 논의해왔다. 하지만 한국은 5년마다 정권이 바뀌고 그때마다 새로운 대북정책을 들고 나오는데, 러시아가 어느 정책에 장단을 맞춰야 하는가? 나는 당신이 3년 전에 왔을 때 했던 말을 기억한다. 도대체 한국이 원하고 지향하는 한반도 통일이란 무엇인가?" 그때 내가 그에게 한 답변은 통일보다 평화가 우선되어야 한다는 한국 신정부의 통일정책을 설명하는 수준에서 크게 벗어나지 않았을 것이다. 하지만, 요즘도 나는 기회 있을 때마다 그가 던진 질문을 복기해본다. 우리가 원하는 한반도의 통일이란 어떤 것인가? 국제 정세의 큰 틀이 바뀌고 한반도 주변의 전략 환경이 변화해도 바뀌지 않을 우리의 통일 비전은 존재하는가? 대한민국 국민이 원하는 통일의 형태는 우리 안에서 합의되어 있는가? 계층 간, 세대 간, 정파 간에 판이한 통일과 북한에 대한 인식의 간극을 과연 좁힐 수 있을까?

한반도 통일이 당장 어떤 형태로 올지는 알 수 없다. 독일 통일이 그랬듯, 주변 정세의 급변에 따라, 또는 북한 정권 내부의 변화에 따라 뜻하지 않게 찾아올 수도 있을 것이다. 그러나 통일이 성사된 후 진행될 사회 통합은 고스란히 우리의 몫이다. 그것은 미국도 중국도, 그리고 러시아도 도와줄 수 없는 오로지 우리 민족의 임무다. 민주주의는 다양성을 최고의 미덕으로 삼는다. 다양성은 공동체 안에 나와 다른 생각을 하는 사람들의 목소리를 들어줄 수 있는 아량이다. 그러나 다양성과 분열을 혼동해서는 곤란하다. 공동체가 한 가지 비전을 제시하고 구체적인 목표를 세울 때는 다양성의 원칙에 따라 끊임없는 토론과 합의의 장이 마련되어야 하지만, 일단 비전과 목표가 세워지면 일관된 추진력과 효율성으로 세부 정책을 실행해나가야 하고, 공동체 안의 합의는 지켜져야 한다. 지금 우리에게는 통일의 형태 이상으로 통합에 대한 준비가 필요하다. 남한 주민들 사이에 통일과 통합에 대한 합의가 필요하며, 100년 앞을 내다보는 민족 번영의 비전이 공유되어야 한다. 러시아와 옛 소련 국가들이 지난 30년 동안 경험했던 지난한 국민국가 건설과 국민 만들기 작업을 통일된 한반도 국가도 피해갈 수 없다. 같은 민족이지만 70년 이상을 다른 체제, 다른 문화, 다른 사회 속에서 살아온 두 개의 국민을 하나로 통합하는 일은 쉬울 수 없으며, 또 많은 역경을 각오해야 한다. 통일 비용이라는 경제적 개념만으로 설명하기란 불가능하다.

얼마 전 시행한 러시아 국민투표에서 푸틴 대통령의 종신 집권을 가능하게 해줄 헌법 개정안이 78%의 압도적 지지로 통과됐다는 뉴스를 접했다. 30년 넘는 집권이라니! 강한 지도자를 바라는 러시아 국민의 바람이 반영된 결과라고 치부해 넘길 수만은 없을 것 같다. 러시아의 미래가 걱정되고 실망도 크다. 하지만 외교정책을 연구하는 학인의 입장에서는 주어진 현실을 받아들이고 우리의 대응 전략을 고민해야 할 터다. 푸틴의 장기 집권은 러시아의 한반도 정책이 쉽게 변하지 않을 것임을 시사한다. 푸틴은 자신이 늘 강조했던 '강대국 러시아' 건설을 위해, 또 미국 중심의 세계 질서를 바꿔보고자 다양한 외교정책을 구사할 것이다. 미·중 패권 경쟁이 뜨거운데 거기에 미·러 간 갈등까지 장기화하면 우리의 외교 입지는 크게 제약을 받게 되고, 남북 협력과 통일은 점점 더 어려워질 수 있다. 미·일 대 중·러의 냉전 구도가 재연되는 상황 속에서 주변국 사이의 기 싸움에 한반도가 끌려가지 않도록 '심모원려'가 필요하다. '불변'의 러시아와 '급변'의 한반도를 교차하는 나의 고민도 깊어질 수밖에 없다.

내가 사랑한 러시아

성 바실리 대성당은 모스크바, 아니 러시아 전체를 상징하는 대표 건축물이다. 한국인들에게도 친숙한 이 건물은 모스크바대공국의 군주 이반 4세가 1552년 카잔한국을 점령한 것을 기념하기 위해 지어졌다. 하지만 신비롭고 기하학적인 건물의 외양에 비해 그 역사적 의미는 덜 알려져 있다. 러시아인들은 유사 이래 끊임없이 튀르크·몽골계 유목민들의 침입을 받아왔다. 러시아 최초의 국가인 키예프 루시는 몽골족의 침입으로 멸망했고 러시아인들은 240년 동안 그들의 지배를 받았다. 모스크바대공국이 힘을 키워 몽골의 지배에서 벗어난 후 몽골계 유목 강국인 카잔한국을 점령한 사건은 러시아인들이 유목민에 대한 콤플렉스를 벗어던지고 유라시아 제국 러시아를 동과 남으로 확장해가는 대장정의 서막으로 기록된다. 러시아인들에게 유라시아란 단순히 유럽과 아시아를 합친 지리적 개념이 아니다. 러시아 자체가 유라시아이기 때문이다.

붉은광장에 있는
성 바실리 대성당

현승수

한국외국어대학교 노어과를 졸업하고 일본 도쿄대학교에서 러시아 지역학 전공으로 석·박사 학위를 받았다. 외교통상부 외교안보연구원 책임연구원, 한국슬라브학회 연구이사, 국가정보원 테러정보통합센터 정책자문위원, 한양대학교 국제학대학원 겸임교수를 거쳐, 현재 통일연구원 연구위원이다. 『중국의 부상과 중앙아시아』(공저, 2015), 『동북아평화협력구상과 유라시아 협력 추진을 위한 다자주의적 접근』(공저, 2015), 『주변국 국경안보: 사례와 검증』(공저, 2017), 『한국의 에너지 전환과 북방경제협력』(공저, 2018) 등 다수의 저서와 논문이 있다.

'나의 로트만': 소비에트 연구와 나의 세대

김수환

러시아, 아직 소련

나는 1990년에 대학에 입학했다. 내가 이렇게 이야기하면 "아, 그럼 소련 무너지고 입학하셨나 봐요?"라고 되묻는 사람들이 있는데, 그렇지 않다. 내가 입학할 당시에 '소비에트사회주의공화국연방'은 엄연히 존재했다. 비록 건재한 상태는 아니었지만. 1990년 3월에 시행한 공화국 선거에서 공산당은 (에스토니아를 포함한 6개 공화국의) 권력을 잃었고, 5월에 러시아최고소비에트 의장에 선출된 보리스 옐친은 그해 7월에 급기야 공산당 탈퇴를 선언했다. 내가 노어노문학과에 입학했던 그해, 내가 전공해야 할 바로 그 나라가 차근차근 '끝'을 향해 달려가고 있었다. 하지만 그해를 수놓았던 모든 드라마틱한 '끝의 풍경'을 하나씩 되짚어가며 음미하게 된 것은 꽤 먼 훗날의 이야기다. 이제 막 대학이라는 곳에 발 디딘 신입생에게 그 모든 걸 압도하며 더 강렬하게 다가왔던 사건은 1990년 9월 30일의 한·소 수교였다. 그런데 더 솔직히 말하자면, 당시 나는 이런 '큰 이야기들'에 별 감흥이 없었다.

사실 노어노문학과는 나의 1지망 전공이 아니다. 나와는 전혀 어울리지 않는다는 반응들이 주를 이루지만 나는 경제학과 지망생이었다. 학력고사 점수가 모자랐던지 1지망에서 떨어졌고, 말 그대로 별생각 없이 적어낸 2지망 전공 노어노문학과에 합격했다. 여담이지만, 당시 경제학과에서 내 면접을 보았던 분이 故 김수행 교수다. 그는 나에게 "음, 군이 우리 과에 들어와야겠군"이라고 말씀하셔서 순진한 지원자의 마음을 한껏 부풀린 바 있는데, 20년 후에 내가 일하던 연구단에 강연차 모셨을 때 그 말씀을 드렸더니 '허허, 내가 그랬나요?' 하고 웃기만 하셨다. 1990년 2월 중순, 그러니까 내가 면접을 보았던 바로 그때가 1년 전에 어렵게 서울대 경제학과에 임용된 그분이 이제껏 한국에서 금서였던 『자본론』을 3권까지 완역해 막 출간했던 때라는 걸 알게 된 것 역시 수년이 지나서다. 조금 이상하게 들릴지 모르지만, 서로 관계가 없어 보이는 이 일들이 동시에 일어났던 1990년 그해를 나는 이후에도 여러 차례 다시 떠올렸다. '불온서적' 『자본론』의 합법적인 출현이 한 체제의 갑작스러운 소멸과 동시에 이루어졌다는 사실, 그리고 하필이면 바로 그해에 내가 노어노문학과에 입학했다는 사실이 내내 뭔가 기이한 운명처럼 여겨졌다. 혹시 나를 포함한 내 세대 전체에게 그것은 어떤 그림자를 드리운 게 아닐까?

로트만을 읽다

나는 유리 로트만Iurii Lotman이라는 20세기 러시아 사상가의 이론을 전공했다. 노어노문학과에서 '이론'을 전공하려면 선택지가 딱 둘 뿐이라는 농담이 있다. 그중 한 명이 로트만이다(나머지 한 명은 훨씬 더 유명한 '대화주의' 사상가 미하일 바흐친이다). 석사 학위 논문을 쓰고 그 주제로 박사까지 했으며, 10여 편의 논문과 번역본, 저서까지 있으니, 명실상부한 로트만 전공자로 봐줘도 좋을 테다. 흔히 하는 말처럼 로트만과의 인연은 몇 가지 우연과 필연이 겹쳐지면서 내 삶의 한복판을 통과했다. 우연이라고밖에 볼 수 없을 두 가지 기억부터 더듬어보면 이렇다.

이런저런 사정으로 나는 입대 시기가 매우 늦었다. 석사 1년 차를 마친 1995년 1월 상당히 늦은 나이(25살)에 카투사로 현역 입대했다. 2년간 정신없이, 어쩌면 인생을 통틀어 가장 자유롭게 아무 생각 없이 보내다가 어느새 제대 3개월을 앞두게 되었다. 2년 가까이 전공을 잊고 살다가 대학원 3학기로 복학을 하려니 걱정이 밀려왔다. 특히 가물가물 잊힌 러시아어가 큰 문제였다. 마침 그 무렵 중대본부 인사과로 발령이 나는 바람에 온종일 사무실에 앉아 내근할 수 있게 됐고, 제대를 코앞에 둔 말년 병장을 아무도 건드리려 하지 않았다. "그래, 이제부터 제대하는 날까지 매일 여기 앉아 온종일 러시아어 책을 읽는 거다!"

처음엔 이것저것 닥치는 대로 읽었다. 그런데 곧 지겨워졌다⋯⋯. 온종일 사전을 수백 번씩 뒤적이는 일도 고역이었지만, 무엇보다 내용이 재미가 없었다. 언어 공부도 중요하지만, 내가 흥미롭게 읽을 만한 텍스트가 필요했다. 그때 손에 쥐게 된 책이 로트만의 저서 『예술 텍스트의 구조』(1970)였다. 왜 하필 로트만이었을까? 당시엔 진지하게 생각해보지 않았던 이 질문을 나는 수년이 지난 후에 몇 번이나 곱씹어 보았다. 분명 거기엔 이유가 없지 않았는데, 그 이야기는 뒤에 다시 언급하기로 하자. 아무튼 남은 3개월 동안 나는 로트만의 이 책을 주말을 제외하고 거의 매일, 말 그대로 온종일 읽었다. 이런 '무식한' 읽기가 중반을 넘어가자, 로트만이 자주 사용하는 단어나 표현들, 심지어 전형적인 구문 형태까지 익숙해지기 시작했고, 책의 여백에 적어놓은 나의 메모는 문법이나 용례가 아니라 이론적 개념이나 논지에 관한 것으로 바뀌고 있었다.

그러던 중 놀라운 두 번째 우연과 마주하게 되는데, 복학 서류를 제출하려고 2년 만에 학교에 갔을 때다. 학과 사무실에 들렀더니 다음 학기 대학원 개설 과목을 알려주었다. '모스크바-타르투 학파와 유리 로트만 연구'였다. 지금껏 단 한 번도 대학원에 개설된 적이 없었던 신설 과목이었다. "어라? 이게 어찌 된 일이지? 설마 나를 위해서?" 당연히 나를 위한 건 전혀 아니었지만, 아무튼 이 과목 덕택에 나의 대학원 3학기 복학은 성공적인 '연착륙'으로 귀결될 수 있었다. 그뿐인가? 마지막 4학기에 석사 학위 논문을 로트만으로 쓰겠다고 결심했을 때, 내 앞에는 한 학기 동안의 수업을 통해 대학원 동료들이 함께 읽어준 각종 자료가 수북이 쌓여 있었다. 고작 석사 학위 논문인데도 30여 년에 걸친 로트만 사상의 진화 과정 전체를 다루려는 욕심을 부릴 수 있었던 건 순전히 이런 우연한 행운 덕분이었다. 전역해서 복학할 때까지만 해도 과연 공부를 계속할 수 있을지 확신을 갖지 못했던 나는 로트만으로 쓴 석사 논문 이후에 별다른 고민 없이 박사 과정에 진학했다. 과정을 수료하는 동안 한국의 IMF 구제금융(1997년)과 러시아의 모라토리엄(1998년)이 차례로 이어졌고, 1999년 마침내 나는 러시아로 떠나게 되었다.

이론가와 사상가

유학 공부를 할 기관으로 훨씬 더 잘 알려진 유명 대학(가령, 모스크바국립대학교나 상트페테르부르크국립대학교)이 아니라 러시아과학아카데미 산하 문학연구소를 선택한 데에는 명확한 이유가 있었다. 먼저 수학하고 있던 선배의 영향도 있었지만, 결정적인 이유는 그곳에 재학하면 보리스 예고로프 교수에게 논문 지도를 받을 수 있게 해주겠다는 제안이 있었기 때문이다. 예고로프가 누구인가? 타르투 학파의 핵심 멤버이자 평생토록 로트만과 우정을 나눈 가장 가까웠던 동료가 아닌가! 나로서는 두 번 생각할 필요도 없는 선택지였지만, 사실 우려의 목소리도 없지 않았다. 우려의 요인은 크게 두 가지였는데, 우선 유명 대학교가 아닌 '연구소' 박사 학위가 나중에 한국에 돌아왔을 때 감점 요인이 되지 않겠느냐는 지극히 한국적인 걱정거리가 그 하나라면, 당시 이미 73세였던 지도교수의 나이가 너무 많지 않으냐는, 혹시라도 논문지도 중에 세상을 떠나기라도 하면 어쩌느냐는 우려가 두 번째였다. 전자의 문제는 그곳을 거쳐 간 연구자들의 이후 행적과 성과가 저절로 해결해주었고, 후자는 완전한 기우였음이 판명되었다. 나의 지도교수 예고로프 교수는 지난 2020년 5월에 94번째 생신 축하연을 성공적으로 치렀고, 나는 축하 메일을 보낸 바 있다.

예고로프 교수와 관련해 지금 생각해도 놀랍고 곱씹을수록 거듭 감사히 여기게 되는 몇 가지 사실이 있다. 첫 번째로 지도 학생을 대하는 그의 특별한 태도다. 실제 만남 이전에 주고받은 메일을 통해 그는 내가 이미 로트만으로 석사 논문을 썼으며, 로트만의 주요 저작 상당수를 소화하고 있음을 알고 있었다. 그렇긴 해도 그의 유명한 아파트 서재 방에서 처음 만났을 때 나는 충격을 받았는데, 나를 대하는 그의 태도가 내 예상과 크게 달랐기 때문이다. 나는 그가 나를 한 수 배움을 얻겠다고 머나먼 타국에서 찾아온 햇병아리 외국인 학생이 아니라 로트만 연구라는 같은 분야에 관심을 둔 학문적 동료로 대하고 있다는 인상을 받았다. 한국에서 대학원을 다녀본 사람이라면 누구나 알 것이다. 이런 경험이 어째서 그토록 충격적으로 다가왔는지를. 그가 내게 보여준 모습이 러시아 학계의 일반적 경향이 아니라 학문을 대하는 자세에서 비롯된 그의 고유한 특징이었다는 걸 알게 되기까지, 그리 오랜 시간이 걸리지 않았다.

두 번째는 예고로프 교수가 내게 열어주었던 새로운 지평과 놀라운 기회들이다. 이런 표현이 어떨지 모르겠지만, 그는 '이론가' 로트만을 넘어 '사상가' 로트만의 세계를 내게 보여주었다. 이론가와 사상가는 어떻게 다를까? 내 식으로 멋대로 말해보자면, 사상가란 '역사적 맥락이 부여된' 이론가다. 이론은 역사적 맥락을 떠나 존재할 수 있지만, 사상은 절대 진공 속에서 생겨날 수 없다. 모든 위대한 사상에는 그것을 낳은 '시대'의 흔적이, 그 시대만의 온갖 조건과 한계가 덕지덕지 붙어 있다. 로트만의 시대란 말할 것도 없이 소비에트다. 그는 소비에트사회주의공화국연방이 출범한 해(1922)에 태어나 그것이 사라진 지 2년 후(1993)에 사망했다. 요컨대, 그와 함께한 유학 기간에 내게서 로트만이라는 연구 대상은 미묘하지만 중대한 변모를 겪었다. 흔히 움베르토 에코나 롤랑 바르트에게 비견되곤 하는 탁월한 '기호학 이론가'에서 구체적인 역사적(정치적, 문화적) 맥락 속에서 자신과 자신의 말을 지켜내고자 치열하게 고군분투했던 한 명의 '소비에트 사상가'로 말이다.

1991, 한 세계의 종말과 그 이후

아마 그때부터였던 것 같다. "왜 하필 로트만이었을까?"라는, 그 옛날 복학을 앞둔 내가 진지하게 생각해보지 않았던 저 물음이 커다란 무게로 다시 다가온 것. 로트만이 진공 속의 이론가가 아니라 소비에트라는 역사적 현실 속의 구체적인 '개인'으로 내게 다가오기 시작하면서부터 비로소 나는 중립적인 삼인칭이 아닌 '나의 로트만'에 관해 생각하기 시작했다. 이전에는 던져보지 않았던 질문들, 가령 "학과의 동료 대부분이 서구로 망명했는데도 그는 어째서 끝까지 망명하지 않았던 걸까?", "모두가 더 큰 권위와 자유를 보장하는 과학아카데미 교수로 옮겨갈 때 왜 그는 끝까지 '지방' 대학 선생의 길을 고수했던 걸까?" 따위의 궁금증이 나를 강하게 사로잡기 시작하면서부터 비로소 나는 대한민국의 한 노문학도에게 최초의 로트만이 어떻게 다가왔었는지를 곰곰이 다시 떠올려보게 되었다.

입학 당시에는 분명 존재했던 나라가 그 이듬해가 되자 지구상에서 사라져버리는 일. 이런 경험이 결코 흔하다고는 말할 수 없을 것이다. 지금도 또렷이 기억한다. 1991년 12월 25일 크리스마스 날이었다. 평소 장광설로 정평이 나 있던 미하일 고르바초프(일본의 저명한 통역사 요네하라 마리에 따르면, 그는 15분 예정의 연설을 3시간 넘게 하는 것으로 유명했다)가 텔레비전에 등장해서 몇 마디 짧게 이야기를 마치더니 풀죽은 모습으로 내려갔다. 소련이 공식적으로 사라지는 순간이었다. 그 순간이 단순히 '한 나라'의 소멸이 아니라 그런 나라가 존재할 수 있었던 '한 세계'의 종말을 가리키고 있다는 걸 깨닫게 된 것은 한참이 더 지나서다. 하지만 어쨌든 그 세계의 끝은 1990년대 초중반 한국의 대학생이었던 내게도 영향을 끼쳤다.

내가 로트만의 글을 처음 만나게 된 것은 갑작스레 도래한 저 '이후(post-)의 세계'를 납득하기 위해 앞다투어 등장했던 서구의 온갖 담론 한가운데에서였다. 푸코에서 시작해 데리다와 라캉, 들뢰즈로 이어지는, 구조주의와 후기구조주의를 거쳐 포스트모더니즘으로 이어지는 현기증

나는 담론의 소용돌이. 그 모든 '90년대의 담론'이 결국 소련이 사라진 세계라는 거대한 '공백'을 메워보기 위한 안간힘이었다는 사실을 나중에야 깨닫게 되었다. 하지만 이 떠들썩한 포스트의 향연에 슬슬 지쳐갈 무렵 처음 만났던 로트만의 텍스트가 내게 어떤 느낌으로 다가왔는지는 똑똑히 기억한다.

비유컨대 그건 몹시 익숙한 외양을 지닌 낯선 이를 만난 것 같은, 마치 잘 아는 목소리로 모르는 메시지를 전해 듣는 듯한 그런 느낌이었다. 구조주의나 기호학의 이름으로 소개되는 로트만. 분명 그것은 지금껏 내가 읽어왔던 서구의 담론과 동일한 '언어'로 말을 하고 있었는데, 그럼에도 불구하고 무언지 알 수 없는 이물감이 뚜렷이 잔존했다. "어, 이게 뭐지? 이 다른 느낌은 도대체 뭘까?" 당시의 나는 어쩌면 석사 논문을 쓰던 시기까지도 그것이 서구식 담론과는 다른 무언가 독특한 '러시아 이론'의 매력 같은 거라고 막연하게 생각했다. 하지만 지금은 좀 더 정확하게 말할 수 있다. 그 이물감의 한복판에는 소비에트라는 특수한 사회·문화적 환경이 놓여 있었다. 그 시절 나를 사로잡았던 것은 러시아에 오기 전까지 내가 명확히 알 수 없었던 바로 그 환경의 '차이'였다.

요컨대, 당시 로트만이 내게 발휘한 기이한 호소력은 70년 넘게 존재했던 한 세계의 끝과 그 '이후'에 맞닥뜨리게 된 공허의 감각, 그리고 그 감각 속으로 파고든 낯선 소비에트의 흔적이 복합적으로 작용한 결과였다. 감히 단언컨대, 바로 그때 그 시절이 아니었다면, 로트만의 텍스트가 그런 기묘한 궁금증으로 나를 사로잡지 못했을 것이라고 확신한다. 그러나 로트만을 그토록 특별하게 느끼도록 만든, 그 시절 내가 경험했던 저 '끝'의 감각도 이젠 어느새 아득한 과거가 되어버렸다. 그 감각의 상실은 러시아인들에게도 예외가 아니어서, 이제 자신들의 과거(소비에트)를 '낯선 나라'로 여기게 된 러시아의 신세대들은 이미 로트만을 다르게 읽는다.

로트만의 도시, 타르투

돌이켜보면, 나의 세대를 특징짓는 저 '이행기'의 감각은 내내 계속되었던 것 같다. 내가 유학을 떠났던 1999년에는 아직 모스크바-타르투 학파의 과거 동료들이 대부분 생존해 있었다. 그러니까 나는 비록 로트만 본인은 갔어도 그가 일군 '세계'만은 여전히 잔존하던 시절에 그곳에 머물렀다고 말할 수 있다. 내가 페테르부르크에서 막 학위 논문 집필을 시작하던 2002년 2월 로트만의 도시 타르투Tartu에서 로트만 탄생 80주년 기념 국제학회가 열렸다. 이전에도 몇 차례 현지 학술대회에서 발표한 경험이 있었기에 발표 자체는 새로울 게 없었지만, 로트만 연구와 관련된 저명 연구자들이 전 세계에서 한꺼번에 모여드는 행사라는 점 때문에, 그리고 무엇보다 로트만의 흔적이 고스란히 남아 있는 타르투대학에서 열리는 행사라는 사실 때문에 무척이나 흥분했던 기억이 난다. 당시 내가 속한 패널의 사회자가 독일 콘스탄츠대학교에 재직하던 이고리 스미르노프 교수였는데, 발표 후 그가 나를 소개해 주겠다며 웬 노인들이 모여 있는 그룹으로 데려갔다. 알렉산드르 퍄티고르스키, 보리스 가스파로프, 블라디미르 토포로프, 보리스 우스펜스키…… . 그동안 내가 책과 사진으로만 봐오던 모스크바-타르투 학파 구성원들을 직접 만나 이야기를 나누는데, 흡사 꿈을 꾸고 있는 것 같은 느낌이 들었던 기억이 난다. 그들 중 대부분이 내가 귀국한 후 몇 년이 지나지 않아 사망했으니, 말 그대로 나는 또 한 차례 '끝'의 풍경을 경험했다고 해야 할까.

　그러고 보니 학회 참석차 타르투로 가는 도중에 내게 일어났던 특별한 일화 하나도 떠오른다. 당시 이 학회에 참석하기 위해 페테르부르크에서 출발하는 연구자가 워낙 많았던 덕분에 따로 버스를 전세 내 모두 함께 이동하게 되었다. 페테르부르크를 떠날 때부터 돌기 시작한 보드카 탓에 국경을 넘을 때쯤엔 이미 버스 안에 있던 사람 대다수가 취해 있었는데, 에스토니아 국경의 검문 절차가 지나치게 까다롭게 진행되었다. 아마 당시 러시아와의 껄끄러운 관계 때문이었을 것이다. 그러던 중 국경수비대 경찰이 버스에 올라타더니 내 이름을 부르며 차에서 내리라고 하는 게 아닌가! 잠시 전까지 흥겹게 술잔을 돌리던 버스 안의 일행 모두가 창문에 바싹 얼굴을 붙인 채 걱정스러운 표정으로 어디론가 끌려가는 내 모습을 바라보았다. 수비대 초소 건물로 나를 데려간 경찰은 내게 불쑥 종이 두 장을 내밀며 말했다. "여기 앉아서 답을 적으시오." 거기엔 "한국에서 봄에 피는 꽃의 이름을 쓰시오", "애국가의 2절을 적어보시오" 따위의 문제가 한국어로 빼곡하게 적혀 있었다. 알고 보니 버스 안의 유일한 동양인이었던 내가 남한 여권을 소지한 북한 사람이 아닌지 알아보려는 일종의 시험이었던 것이다. 술기운에도 불구하고 무사히 시험에 통과한 내가 다시 버스에 오르자 버스 안의 일행이 일제히 손뼉을 치며 브라보를 외쳐주었다.

　사실 로트만이 타르투대학에 정착하게 된 것은 순전한 우연이었다. 유대계라는 출신 성분 탓에 문화적 모태이자 학문적 뿌리인 레닌그라드(현재 상트페테르부르크)에서 더는 삶을 꾸려갈 수 없음이 명백해졌을 때, 로트만은 타르투에 있는 2년제 전문학교에 임시직 강사 자리를 제안받았다. 이제 막 소련에 편입된 에스토니아는 러시아어를 가르칠 강사가 다수 필요했던 까닭에 그의 출신 성분을 따질 겨를이 없었던 것이다. 1950년 로트만은 주저 없이 떠났고, 거대 제국 소련의 변방 지대인 타르투를 한 시대의 문화적 중심지로 만들기까지, 그리고 결국에는 신흥 독립국이 된 에스토니아에서 마지막 숨을 거둘 때까지, 다시는 중심으로 되돌아오지 않았다. 1993년 10월 28일 로트만이 숨을 거뒀을 때 당시 에스토니아 대통령이 그의 장례식에 참석하려고 독일 공식 방문 일정을 급히 중단하고 귀국했다는 일화는 유명하다. 공화국의 러시아화를 위해 고용된 유대계 러시아 학자가 반세기가 지난 후 독립국 에스토니아의 국민적 자랑거리가 된 이런 사례는 분명히 흔치 않은 것이다. 오늘날 타르투는 모스크바-타르투 학파라는 이름과 더불어 20세기 지성사에 영원한 자취를 남기게 되었고, 여전히 로트만의 유산을 찾아 모여드는 전 세계의 연구자들을 맞이하고 있다. 나는 지난 2012년에 열린 로트만 탄생 90주년 학술대회에도 참석했다. 유일하게 아직 살아 있는 학파 참여자였던 보리스 우스펜스키가 기조 강연을 했는데, 학술대회 구성진과 타르투의 분위기가 10년 전과 많이 달라졌음을 확인할 수 있었다. 2년 후인 2022년에 열릴 100주년 행사에는 또 어떤 모습이 기다리고 있을까.

소비에트의 재발명

유학을 마치고 귀국한 뒤 20년 가까이를 연구자로, 또 러시아 문학과 문화를 가르치는 선생으로 살았다. 그간 국내 대학의 어문학, 특히 서양 어문학 학과들이 봉착하게 된 심각한 위기 상황과 사회 전반에 걸친 인문학 퇴조 현상을 목도하면서 낙담했던 적도 있다. 그런가 하면, 현저히 달라진 교육 현장을 앞에 두고 '내가 배운 것'과 '내가 가르쳐야 할 것' 사이에서 길을 잃은 것만 같은 난처함을 느끼기도 했다. 하지만 이 세월 동안 내가 무엇보다 절실하게 느낀 것 한 가지를 꼽으라면, 그건 바로 '20세기 러시아'라는 거대한 '공백'이다.

한 세대에 이르는 시간 동안 적지 않은 전공자와 상당량의 연구 성과가 축적되었음에도, 여전히 우리는 소비에트라 불리는 러시아의 20세기와 온전히 대면하지 못하고 있음을 인정하지 않을 수 없다. 탈식민을 경험한 한국에 한때는 대안적 근대성의 모델로 여겨지기도 했던 20세기 러시아의 역사는 냉전 기간 내내 반공과 혁명의 이데올로기 사이에서 양 갈래로 찢긴 일그러진 표상만을 거듭해왔다. 그리고 이제 그 세계의 '끝'의 풍경마저 아득한 옛날로 느껴지는 오늘날, 말 그대로 부표 없이 떠도는 '노 맨스 랜드'(No Man's Land)의 신세가 되어버린 듯하다.

19세기 페테르부르크에 사는 가난한 법대생의 심리에 공감하는 대학생, 심지어 표트르 대제 개혁 이후 급격한 변화를 맞이한 18세기 러시아 귀족의 삶에 공감하는 독자를 숱하게 만나왔지만, 가령 1930년대 후반 혹은 1980년대 초반의 소비에트인들이 과연 어떤 세계를 살아갔는지, 그들이 무슨 생각을 하며 어떤 꿈을 꾸었는지를 어렴풋하게나마 떠올릴 수 있는 사람은 거의 보지 못했다. 이 거대한 불균형을 그냥 내버려 둔 채로 우리는 앞으로 나아갈 수 있을까?

왜인지는 모르겠지만, 나는 이 불균형을 조금이라도 해소할 임무가 바로 우리 세대에게 주어져 있다는 생각이 든다. 한 세계의 급작스러운 몰락과 그 이후의 삶을 성년의 체험으로 간직한 우리 세대, 그중에서도 인간의 삶과 상상을 다루는 인문학 전공자들이 이 과제를 감당해야 하지 않을까? 우리에겐 20세기 러시아를 21세기의 지금 여기 새로운 세대에게 연결해줄 책임이 있지 않은가? 나는 우리 세대가 소비에트를 재발명해낼 필요가 있다고 말하고 싶다. 지금껏 전 세계에서 19세기 러시아를, 도스토옙스키와 톨스토이를 계속해서 새롭게 발명해왔듯이 말이다. 좀 더 자유분방하고 좀 더 실험적으로, 사실과 판단에 얽매이기보다는 창의적인 상상력에 더 많이 열린 방식으로. 이를테면, 시도와 오류, 비판의 현장이 아니라 혁신적인 잠재력을 지닌 가능성의 무대로서. 이미 이루어져 실행된 것들이 아니라, 분명 가능했지만 실현되지 못한 것들, 그 수많은 '탈각된 노선들'을 되살려내는 방식으로……

몇 년 전에 출간한 책의 서문에서 나는 로트만 사상의 현재성을 말하며 이렇게 쓴 적이 있다. "흔히 우리는 사상은 그대로인 반면 현실은 변화무쌍하다고 생각한다. 하지만 실상은 그 반대다. 대개 현실은 거기서 거기인 반면 사상은 변화한다. 모든 진정한 사상에는 포이어바흐가 '발전 가능성'이라고 부른 어떤 것이 들어 있다"(『책에 따라 살기』, 9쪽). 언젠가 로트만은 역사가, 철학가를 가장 흥분시키는 문제 중 하나가 바로 "상실된 노선들"이라고 지적하면서, 역사의 과거 속에는 "실현되지 못한 모든 것의 구름이 실현된 사건들을 둘러싸고 있다"(『문화와 폭발』, 105쪽)고 말했다. 나는 이제 이 말을 따라서 이렇게 바꿔 말해보고 싶다.

흔히 우리는 과거는 이미 일어난 것 그대로 고착돼버리는 반면 미래는 예측 불가능하게 열려 있다고 생각한다. 하지만 실상은 그 반대다. 대개 미래는 거기서 거기인 반면 (왜냐하면 그 미래라는 것은 언제나 우리가 지금 붙들려 있는 현재라는 지평의 한계에 걸려 있기 때문에) 과거는 변화할 수 있다. 모든 진정한 과거는 현재와 새롭게 만나 다시 써질 수 있는 잠재력을 갖고 있다.

지나간 10년이 아니라 다가올 10년을 바라보면서 희망을 담아 다짐해 본다. 우리가 발 딛고 선 지금 이 땅에서, 러시아의 20세기, 소비에트라 는 저 낯선 과거를 흥미롭게 다시 써 내려가는 일에 미력이나마 보탤 수 있기를.

내가 사랑한 러시아

러시아는 아름다운 곳이다. 내가 살았던 곳, 도시 전체가 하나의 커다란 박물관이라 불리는 상트페테르부르크는 더 말할 나위가 없다. 관광객으로 찾게 되는 유명 궁전이나 정원, 성당과 박물관 외에도 중심가에서 벗어난 외곽 골목의 한구석에 놓여 있는 소박한 벤치, 운하를 가로지르는 작은 다리의 섬세한 장식 문양에서도 깊은 감동을 받을 수 있다. 하지만 내가 사랑한 장소, 그 사랑이 담겨 있는 단 한 곳을 꼽으라면, 역시 그건 지도교수의 서재일 것이다. 러시아에서 공부하는 내내 한 달에 한두 번씩 드나들었던 저 곳, 바로 저 자리에서 나는 러시아를 사랑하기 위한 내 나름의 관념을 얻었다.

지도교수
예고로프의
서재 풍경

김수환

서울대학교 노어노문학과 학부와 대학원을 졸업했고 러시아과학아카데미 문학연구소에서 박사 학위를 받았다. 현재 한국외국어대학교 러시아학과 교수로 일하고 있다. 지은 책으로 『사유하는 구조: 유리 로트만의 기호학연구』(2008), 『책에 따라 살기: 유리 로트만과 러시아문화』(2015) 등이 있고, 옮긴 책으로 『기호계』(2008), 『문화와 폭발』(2014), 『영화와 의미의 탐구 1, 2』(2017), 『코뮤니스트 후기』(2017), 『모든 것은 영원했다, 사라지기 전까지는: 소비에트의 마지막 세대』(2019), 『자본에 대한 노트』(2020) 등이 있다.

한국어와 러시아어의 거리

홍택규

한·러 수교 30주년 기념 글을 제안받았을 때 처음 든 생각은 두 가지였다. 집필진 면면을 볼 때 언어학 전공자는 나 혼자인 듯한데, 과연 내가 다른 인문학 분야와 비교하여 상대적으로 전문적인 기술 체계를 가진 언어학 관련 내용을 잘 전달할 수 있을 것인가, 더욱이 러시아학이라는 학문 영역 내에서도 차츰 변방으로 밀려나고 있는 어학 관련 내용을 어떤 연결 고리를 통해 시의성 있게 전달할지가 첫 번째 고민이었다. 또 순전히 개인적인 의미만 있을 뿐인 이 글이 실제로 독자들에게 어떤 가치가 있을까, 괜한 지면 낭비는 아닐까 하는 것도 고민의 또 다른 일단이었다.

하지만 대학을 둘러싼 대외 환경이 변하고, 기초학문을 바라보는 사회의 시선이 예전 같지는 않을지언정, 그리고 한 사람의 개인적인 술회가 현재의 현실 속에 얼마나 호소력이 있을지 자신할 수는 없더라도, 30년이 넘는 그간의 시간 속에 담겨 있는 의미마저 사라지는 것은 아니리라는 위안에 펜을 들었다.

전공 선택의 앞뒤

어떻게 노문과에 입학하게 되었나요? 지금도 종종 받는 질문이다. 대학에 입학했던 1987년은 그런 과가 있다는 것 자체가 일반인에게 잘 알려지지 않았던 시절이었고, 나 역시 대학에 원서를 쓰기 전까지는 전혀 모르고 있었다. 오죽해야 같이 대학에 입학했던 고등학교 동기가 다른 사람들에게 나를 소개할 때 '러문과'라고 하면, 내가 '노문과'라고 정정하며, "너는 프문과, 도문과라고 하니? 한자 '이슬 로露'를 가차로 음역해 쓰니, 노문과라고 해야 한다"고 면박을 주었던 기억이 지금도 '웃프다.' 학력고사 성적표를 받아보고 실망스러운 마음에 잠깐 들렸던 2학년 교사 화장실에서 우연히 1, 2학년 때 영어 선생님을 만나게 되었고, 선생님은 러시아어를 배우는 과가 있으니 그 전공도 고려해보라 하셨다. 혹시나 하는 마음에 2지망으로 노문과를 썼고 그게 나의 길로 결정됐으니 사람의 운명이라는 게 참 알다가도 모를 일이다. 더구나 남자 둘이 나란히 소변을 보며 나눴던 대화로 인해서. 그렇게 채 5분도 걸리지 않은 대화의 행로를 통해 지금의 아내도 만났고, 가정을 일구며 공동의 업으로 살고 있다. 인연이 전혀 없을 것만 같던 러시아어와는 이렇게 한 걸음 두 걸음씩 가까워졌다.

80년대 후반의 대학 생활

이렇게 진학한 대학에서 러시아어가 갖는 의미는 남달랐다. 동향의 학과 동기가 영어로 된 러시아어 교재를 어디선가 구해와 입학 전부터 공부도 해봤고, 학기를 마칠 때마다 맞이하게 되는 방학 초의 각오는 남달랐다. 그렇다고 늘 마음만큼 몸이 따라주는 것은 아니었지만, 일찍이 학부 2학년 때 공부를 계속해야겠다고, 즉 대학원에 진학해야겠다고 마음먹었다. 당시에는 아직 러시아어를 구사하는 사람이 드물었던 탓에 아무도 해보지 못한 새로운 것을 한다는 도전 정신과 자부심도 자극을 주었겠지만, 사실 러시아어가 내게는 이미 운명이 되어버렸다고나 할까, 그런 느낌이 강했다.

3학년 때부터 본격적으로 배우게 된 언어학 강의들은 너무도 재미있었고, 뭐랄까 내 기질이나 사고 패턴에도 딱 맞았다. 책을 읽다 보면 그 이후의 흐름이 쉽게 잡히고, 저자가 앞으로 이러저러한 해결책을 제공하겠구나 하는 생각이 들 때마다 거의 내 예측대로 갈 때가 많아서, 별다른 고민 없이 언어학을 전공하기로 마음먹었다. 은사이신 이인영 교수님의 강의는 늘 명쾌했고, 또 그러면서도 기존의 프레임을 넘어서 생각해보도록 하는 자극과 도전을 주었다. 지금 생각하면 어이없고 우습기도 하지만, 그때는 뭔가 새로운 길을 개척한다는 묘한 뿌듯함이 하루하루 삶을 살아가게 하는 엔진이었다. 또 이렇게 러시아어에 한 걸음 다가갔다!

그런데 이 시절을 생각하면 한 가지 깊은 아쉬움이 있다. 내 생각을 러시아어로 잘 정리해 말하는 훈련을 해볼 엄두도 내지 않았는데, 이 점이 두고두고 아쉬움으로 남는다. 아직 한·러 수교 전이라 원어민에게서 러시아어 수업을 들어볼 기회가 전혀 없기도 했지만, 여건은 그렇다 치더라도 자기 생각을 외국어로 표현하는 능력의 중요성을 잘 몰랐다는 건 개인적으로 너무도 큰 공백이다. 여하튼 4학년 때 비로소 처음으로 외국인에게 러시아어 회화 수업을 들을 수 있게 되었다. 그나마 모국어 화자에게 듣는 수업이 아니라, 학교 어학연구소에서 영어 회화를 가르치는 영국분이 러시아어도 한다는 소식을 접한 뒤 급하게 개설된 수업이었다. 수업시간에 우리가 '고스포딘 하드랜드'라고 불렀던 그분도 러시아 카잔에서 2년 체류한 경험으로 가르치셨으니, 그분의 언어적 재능이 아주 탁월했던 것과는 별개로, 그 당시 우리의 교육 여건이 얼마나 열악했는지 짐작이 갈 테다. 그래도 당시 내 주변에서 환경이나 여건을 탓하는 목소리가 나오는 걸 들어본 적은 없었다. 이 정도의 어려움은 그다지 큰 장애라 생각되지 않았으며, 설령 어려움이 있다 하더라도 그 정도는 극복해나가는 것이 개척자들의 특권이라 생각했던 것 같다.

수교 전 러시아 여행: 자본주의 대 사회주의?

1990년 2월 생애 첫 외국 여행이자 러시아 여행을 떠나는 행운을 얻었다. 아직 수교 전이어서 국가 간의 특별한 허가에 의해서만 가능했던 여행인데, 당시 문교부(지금의 교육부)는 20여 명의 학생을 선발해 모스크바와 민스크, 베를린, 프랑크푸르트를 둘러보게 했다. 89년 여름방학에 있었던 대학생 소련 연수 프로그램에 이은 두 번째 행사였다. 모든 비용을 국가가 다 대주면서, 사회주의의 현실을 통일을 앞둔 독일 상황과 비교해보라는 취지였던 것 같다. 당시 학생들과 단장을 맡으신 교수님 이하 운영진을 통틀어 러시아어를 할 줄 아는 이는 나밖에 없어서 드디어 러시아 땅을 밟아본다는 기대감 못지않게 부담감, 압박감도 컸던 여행이었다. 여하튼 얼마 전까지만 해도 적성 국가였던 사회주의 종주국을 방문하는 프로그램이라서 출국 전 교육도 요란하게 받았으며, 당시 국가안전기획부 직원도 동행했다. 지금은 9시간 정도면 도착하는 모스크바 직항편이 있지만, 당시에는 소련 영공을 통과할 수 없어 미국 알래스카 앵커리지에서 급유하고, 핀란드 헬싱키를 거쳐 프랑스 파리에 도착한 다음, 에어프랑스로 갈아타고 모스크바에 도착하는 장장 22시간에 걸친 여정이었다.

드디어 모스크바 도착. 비행기가 공항 착륙 전 모스크바 근교를 빙 둘러 고도를 낮출 때의 설렘과 탄성, 드디어 금단의 땅 '붉은 제국' 입국, 그리고 긴장감. 지금도 기억이 생생하다. 셰레메티예보 국제공항에 도착해 모스크바 시내로 들어가는 길 양옆 자작나무의 이국적인 모습에 압도돼 아무 말도 하지 못했던 시간은 잠시뿐, 지금의 트베르스카야 거리에 접어들었을 때 이틀 전에 막 개장한 맥도날드 매장 앞에 추위에도 아랑곳하지 않고 수십 미터나 되는 줄을 지어 서 있는 러시아인들의 모습을 보며 느낀 복잡한 심사는 지금도 설명하기 힘들다. 인간 본연의 순박함이라는 사회주의적 이상이 망가지고 있는 모습으로도, 이제 비로소 인민들을 먹여 살릴 수 있을 자본주의적 풍요가 도착한 것으로도 느껴졌던 광경이었다. 아직은 젊어서 사회주의의 이상에 대한 낭만적 태도가 남아 있었던 때라 사회주의가 전 세계적 체제 경쟁에서는 졌을망정 자본주의적 왜곡을 거치지 않은 어떤 이상적인 모습을, 그 흔적을 담고 있기를 바랐던 감상 과잉의 치기라고나 할까. 그러면서도 앞으로의 변화 가능성에 대한 기대감으로 부풀었던, 여하튼 여러 갈래로 복잡한 심사였다. 사회주의 땅은 처음 밟아보는지라 일단 뭐든지 '자본주의 대 사회주의의 대립'이라는 구도로밖에 볼 수 없었던 감상들. 이렇게 내 개인적으로 러시아에 또 한 걸음 다가갔다.

러시아어 상: 언표내적 힘의 강화와 약화

이제 글을 연구와 관련된 주제로 옮겨보자. 필자의 주된 연구 주제는 '상相' 범주를 위시한 동사 문법 범주로, 이는 박사 논문 이래 계속 천착하고 있는 주제이다. 주지하다시피 슬라브어 상은 언어유형론적으로 여타 언어들에서 보이는 상 범주의 행태와는 다른 모습을 보인다. 학부 4학년 때부터 러시아어 상의 용례에 관해서는 계속 관심을 기울여왔던 터라, 박사 학위 논문 주제로 선정하는 것은 쉬운 일이었다. 대학원에서도 계속 관련 수업을 들었고, 학부와 대학원에서도 강의하며 계속해서 고민을 이어와, 상의 여러 담화-화용적 용례에 대한 언어적 감은 가지고 있었지만, 언어학적 전문 술어로 상의 담화-화용적 용례를 체계적으로 설명하는 것은 또 별개의 문제였다. 1996년에는 1년간 교환연구 과정으로 모스크바국립대학교에서 연수하며 많은 모국어 화자들에게 내 가설로 설문을 해보았지만, 여전히 전체적인 틀을 세울 수는 없었다.

그러다 1997년 여름방학 한 달 동안 미국 일리노이주립대학교 어바나-샴페인 캠퍼스에서 슬라브 연구자 워크숍에도 참여하면서 도서관을 마음껏 이용할 기회를 얻었다. 개가식 도서관이라 서고에 들어가 이 책저 책 찾아보며 실컷 읽고, 또 필요하다고 생각되면 복사하는 그런 일상의 연속이었다. 그러던 중 우연히 당시 서울대 영어교육과에 재직하고 있던 조준학 교수님의 한국어에 관한 박사 논문을 읽게 되었는데, 아주 흥미로운 접근이라 생각돼 게스트하우스로 빌려와 틈틈이 살펴보았다. 한국어와 일본어에 특징적으로 발견되는 언표내적 힘의 강화/약화 현상에 대한 화용적 분석으로, 간략하지만 한국어 동사 어미에 대한 이해의 지평을 높여준 논문이었다.

그런데 다음 날 새벽 꿈속인지, 잠결인지 구분되지 않는 상황에서 문득 언표내적 힘의 강화/약화라는 개념이 내가 그간 계속해서 고민해왔던 러시아어 상의 문제를 풀 수 있는 실마리가 되겠다는 생각이 들어 잠을 깨우고는 두세 시간 동안 분석 대상으로 삼고 있던 용례들에 하나하나 적용해보았다. 그간 고민의 실타래들을 한 올 한 올 풀어주듯이 모든 내용이 완벽히 설명되었으며, 그렇게 '정보전달적 레지스터에서 러시아어 완료상과 불완료상은 각각 언표내적 힘의 강화/약화와 관련된 기능을 수행한다'는 박사 논문의 기본 가설이 완성되었다. 다시 말해 한국어를 우회로 삼아 역설적으로 러시아어에 더 깊게 들어갈 수 있었던 것이다. 뒤에서 좀 더 이야기하겠지만, 한국어를 하는 것이 러시아어에 대한 이해를 깊게 하는 데 큰 도움이 될 때가 있으며, 그 역도 마찬가지다.

러시아의 한국어학 연구: 알렉산드르 홀로도비치의 사례

내가 국내에서 박사 학위를 마쳤을 때 서울대 국문과 고영근 교수님이 알렉산드르 홀로도비치Aleksandr Kholodovich의 저작들을 전해주시며, 러시아의 한국어 연구 수준이 매우 높았으니 이를 국어학계에 소개하는 서평 논문을 써줬으면 좋겠다는 요청을 해오셨다. 사실 청탁을 받고 처음에는 내심 마땅찮은 마음이 들었던 것도 사실이지만, 책을 읽어가면서 생각이 완전히 바뀌었다. 한국어 연구에서 러시아 학자들의 기여도가 그간 정치적, 국제관계적 제약으로 인해 국내에 잘 알려지지 않았을 뿐, 그들의 연구는 깊이가 상당하다.

한국어에 대한 최초의 이론적 문법서는 흔히 핀란드 언어학자 구스타프 욘 람스테트Gustaf John Ramstedt가 1939년 출간한 『한국어 문법』(*A Korean Grammar*)으로 알려져 있지만, 사실 페테르부르크 유형론 학파를 대표하는 알렉산드르 홀로도비치가 쓴 『한국어 문법. 제1부. 형태론』(*Grammatika koreiskogo iazyka. Chast' I. Morfologiia*)이 2년 앞서 나왔다. 필사본 저작으로 280부만 복사돼 제작되었지만 수준이 녹록지 않았으며, 간노 교수의 평가대로 한국어학사상 처음으로 한국어 동사 문법 범주로 시제, 상(동작류), 법, 태, 인칭을 확립한 역사적 의미가 있다. 특히 한국어 동사 문법 체계 내에 인칭 범주를 설정해놓은 것은 꽤 흥미로운 대목으로, 이를테면 '먹더라', '먹었더라', '받았읍데다' 등에 사용된 '-더/-ㅂ더'를 삼인칭 표지로 분류하는 식의 설명을 한다.

요즘에 와서는 '-더'가 증거성(evidentiality)의 표지로 분류되는 것이 일반적이지만, 동시에 주어로 일인칭이 올 수 없다는 제약이 있다는 점 역시 자주 지적되는 바다. 동사의 현재시제가 주어의 인칭에 따른 변화를 하는 인도유럽어의 전통에서는 동사 문법 범주로 인칭 범주가 존재한다는 것이 그리 획기적인 사실은 아니더라도, 한국어 문법 기술에서 한동안 주목받지 못한 내용이 이미 1937년에 서술되었다는 것은 간단히 평가할 사항이 아니다. 더욱이 중세 국어에도 인칭을 신호하는 어미들이 존재했었으며, 현대 한국어에도 그 흔적이 남은 용법들이 꽤 있다. 이를테면 일인칭 주체를 신호하는 동사 어미 {-오-}가 결합된 {-하노라}와 같은 종결형은 오늘날에도 주어가 일인칭일 때에만 사용된다. 예컨대 '-를 선언하노라'와 같은 표현은 디폴트로 일인칭 주어를 전제한다.

더욱이 1954년에 출간된 『한국어 문법 개론』(*Ocherk grammatiki koreiskogo iazyka*)은 한층 더 완결된 문법 기술로, 현재의 맥락에서도 아주 의미 있는 일반언어학적 통찰을 보여준다. 당시 최신의 언어학적

성과들을 받아들여서 한국어에도 능동태, 피동태 외에 중동태(middle voice) 범주를 설정해야 함을 역설했고, 동사 시제 범주와 관련해서는 절대시제와 상대시제를 구분해 형태론적, 의미-화용론적 의미 기술의 체계를 세운다. 지속상과 종결상을 토대로 한국어에 동사 상 범주를 설정할 수 있음을 보여줬으며, 테마/레마와 어순과의 상관관계, 그리고 조사 '-은/-는', '-이/-가'의 선택과의 관련성 등에 대해 지금의 시각에서 보더라도 어느 하나 뺄 것 없이 정교하게 분석한다.

이를테면, 홀로도비치는 중동의 의미를 '행위가 전적으로 주어의 영역에만 집중되어 있어, 주어에 대해 일반적인 자동사와는 다른, 독특한 관계를 맺게 되는 경우'라고 규정하며, 에밀 벵베니스트Emile Benveniste가 고대 그리스어의 중동태와 능동태의 대립을 설명하면서 제시했던 기준에 맞춰 무의지성無意志性의 뉘앙스('오늘은 모래쟁이만 잡힌다'), 잠재적 가능성의 뉘앙스('이런 그물에도 붕어가 잡히오'), 독립적 활동의 뉘앙스('몇 분이 지나서 문이 슬며시 열리더니 박이 방 안으로 들어왔다')를 중동의 세 가지 하위 의미로 제시한다. 다시 말해, 통상 피동의 의미를 전달한다고 이해되는 {-히-}, {-리-} 등과 같은 접미사들이 위의 예에서처럼 피동이 아닌, 중동의 의미를 전달할 수 있으며, 그런 까닭에 한국어에도 중동의 범주를 설정해야 한다는 지적이다.

이해를 돕기 위해 좀 더 부언하자면, "이 책은 잘 팔린다"라는 명제가 영어에서는 능동태 구성을 통해 "This book sells good/well"이라고 표현되는 반면, "책들이 다 팔렸다"라고 할 때는 수동태 구성을 통해 "Books are sold out"이라고 표현된다. 다시 말해, 한국어로는 둘 다 피동접미사 {-리-}를 가지고 있는 동사 '팔리다'가 사용되고 있지만, 영어에서는 후자처럼 피동의 의미를 전달하고자 할 때는 수동태 구성 {be sold)가 사용되는 반면, 전자처럼 중동의 의미를 살리고자 할 때는 그냥 능동태 구성이 사용된다. 이처럼 한국어의 경우 피동태의 형태적 구성을 통해 피동과 중동의 의미가 표현되는 반면, 영어의 경우 중동의 의미는 능동태의 형태적 구성을 통해 표현된다. 러시아어는 "Eta kniga khorosho prodayotsia"(이 책은 잘 팔린다), "Vse knigi prodalis"(책들이 다 팔렸다)처럼, 한국어의 용례적 분포와 마찬가지로 중동과 피동 공히 -sia 동사를 통해 표현된다.

사실 이미 1950년대 중반에 한국어 동사의 태 범주에 능동, 피동과 더불어 중동을 설정해야 한다고 본 홀로도비치의 주장은 매우 선구적이면서도 깊은 통찰을 담고 있다. 흥미롭게도 이러한 견해는 북한에서도 곧바로 받아들여져, 1960년에 발간된 『조선어 문법 1』은 피동태의 하위 범주로 중동을 설정한다. 더욱이 예시로 "여기서는 고기가 잘 잡힌다", "이 문은 쉽게 열린다" 등과 같은 문장들을 들고 있는데, 이처럼 홀로도비치가 제시한 문장 유형을 거의 그대로 반복하고 있는 것을 보더라도 그 영향 관계는 명확하다고 생각된다. 그 결과 북한에서는 중동태 연구가 남한에서보다 훨씬 더 이른 시점에 시작되었으며, 여기에는 북한의 연구자들이 한결같이 러시아어에 익숙했다는 점도 작용했을 가능성이 크다. 러시아어가 제공하는 인지적 프레임과 사고 틀로 한국어를 새롭게 바라볼 수 있는 여지가 컸던 것인데, 이처럼 '나'를 온전히 알기 위해서는 방법적 사고 훈련의 측면에서도 '타인의 시선'으로 '나'를 바라보는 연습이 필수적이라 할 수 있다.

유사한 이유에서, 한국어 동사 상 범주에 대한 연구도 북한의 연구들이 앞서간 측면이 있다. 하지만 때로는 러시아어와의 친연성이 지나쳐, 한국어와 러시아어의 형태 구조의 차이를 간과한 채, 러시아어의 틀을 비판 없이 그대로 적용하는 경우도 종종 보인다. 이를테면, 한국어 습관-반복상의 표지인 {-곤 하-}를 1949년에 발간된 『조선어 문법』에서는 지속태(요즘의 용어로는 지속상)로 분류한다. 한국어에서 전형적인 지속상의 표지는 {-고 있-}인데, {-곤 하-}를 지속상으로 간주하는 것은 너무 지나치다고 아니할 수 없다.

이러한 파격은 무엇보다 러시아어에서는 습관-반복의 의미와 지속의 의미가 불완료상이라는 하나의 형태 범주에 의해 표현된다는 점에 의해 유인된 결과일 가능성이 크다. 당시 조선어 문법을 기술했을 북한 학자들에게는 습관-반복도 넓은 의미에서는 '무언가 어떤 행동이 꾸준히 지속되는 상황'으로 자리매김할 수 있을 것으로 이해되었을 터이기 때문이다. 사실 한국어의 동사 상 체계는 지속상, 습관-반복상, 종결상, 단절상 등 여러 문법소들로 구성된 것으로 간주해야 함에도, 1949년 『조선어 문법』의 저자들은 완료상과 불완료상의 이분법적 대립이라는 러시아어의 기준에 따라 완료태(요즘의 용어로는 완료상)와 지속태의 두 가지로만 구성된 것으로 제시한다.

러시아어 어순이 테마(구정보)/레마(신정보)의 정보 구조에 따라 정해진다는 것은 우리에겐 너무도 친숙한 내용이다. 구어에서는 억양이 보조적인 수단으로 작용할 수 있어서 문어보다는 상대적으로 자유로운 어순을 가질 수 있지만, 여전히 러시아어 어순의 가장 결정적인 요인은 테마/레마의 정보 구조이다. 그런데 한국어 역시 테마/레마의 정보 구조 표현에 민감한 언어여서 어순과 '-은/-는', '-이/-가'의 보조사, 격조사의 선택이 이러한 정보 구조를 전달하는 데 꽤 큰 역할을 담당한다. 흥미롭게도, 홀로도비치는 이 대목을 선구적으로 포착해 이미 1954년 저작에 관련 내용을 서술해놓았다. 예컨대, "주어와 술어 모두가 신정보에 해당할 경우에는 주어는 기본격 형태 '-은/-는'을 가질 수 없으며, 이 경우 상황어나 보어가 구정보가 되어, 문두로 나오게 된다'고 주장하며, '오늘은 아침부터 눈이 내리기 시작합니다', '그런 문제는 한 말로 대답하기가 곤란합니다' 등과 같은 문장 구성이 나오는 것도 결국 이러한 정보 구조상의 원리가 작용하고 있기 때문이라고 지적한다.

다시 러시아로

2000년 2월, 이미 1년 전에 한국에서 박사 학위를 마쳤지만, 그간 공부한 내용과 또 머릿속 아이디어를 더 전개할 요량으로 러시아과학아카데미 언어학연구소로 떠났다. 20년도 더 된 과거지만, 새로운 도전에 나선다는 그때의 긴장과 각오가 지금도 생생하다. 처음에는 박사후연수(postdoc) 과정처럼 1년 정도 공부하고 돌아올 생각이었다가 이내 국가박사 과정 입학을 두드려보기로 마음먹고 '언어의 논리적 분석' 그룹의 리더이자 러시아 언어학계의 대가인 니나 아르튜노바 선생님께 메일을 보냈다. 화행이론의 관점에서 러시아어 상에 접근하고자 하는 내 논지를 30쪽 분량의 러시아어로 정리한 파일과 함께. 당시 내 머릿속엔 박사 학위 논문의 가설과 평소 아이디어들을 러시아 학계에 소개하고, 또 거기서 피드백도 받으며 검증하고 싶은 생각이 가득했다.

선생님에게서 답장이 왔는데 당신은 이미 나이도 많으니(23년생이시니 그때 나이로도 77세에 달했다), 젊고 좋은 연구자를 소개하겠다며 블라디미르 플룬갼 선생을 추천해주셨다. 나보다 8살 많은 분이라 괜찮을까 하는 생각도 있었지만, 학문적 역량에 관해서는 들은 바가 많았으니 나쁘지 않겠다는 판단이 들었다. 만나서 내 글을 읽어보시고는 국가박사 과정에 받아들이기로 하셨다. 한 고비를 넘긴 느낌이었다. 더구나 은사이신 이인영 교수님이 꽤 거액의 장학금을 지원해주신 터였다. 선생님께는 지금도 늘 감사함을 달리 표현할 길이 없어 아쉬운 마음뿐이다.

플룬갼 선생님은 정말 탁월하신 분이었다. 이런저런 조언과 함께 필요한 세미나들을 추천해주셨는데, 나의 지적 호기심과 갈급함을 채우기에 부족함이 없었다. 내 글을 읽는 것을 흥미로워하셔서 논문 작업도 순조롭게 진행되었다. 원래 자신이 하시던 분야가 아닌데도 그렇게 잘 소화하는 분은 정말 처음 본 것 같다. 그러니 이른 나이에 러시아과학아카데미 정회원과 유럽아카데미(Academia Europaea) 정회원에도 피택되셨겠지만. 유럽아카데미는 러시아 학자들이 총 60여 분 정도만 속해 있을 정도로 권위 있는 기관이라 나중에 소식을 접했을 때 무척 들뜬 마음에 축하해드린 기억이 있다.

모든 논문 작업을 순조롭게 마무리하고 2002년 7월 러시아 최고자격 심사위원회에서 국가박사 학위를 받게 된 순간은 언제 생각해도 기쁘다. 동시에 과연 내가 그때의 간절함으로 삶을 살아가는지, 내 삶에서 목표란 진정 무엇이 되어야 하는지를 돌아보게 하는 순간이기도 하다.

돌이켜보면 마치 우연처럼 보이는 많은 순간이 내 삶의 운명으로, 필연으로 빚어지는 과정에 많은 분의 도움이 있었고, 또 그 힘으로 여기까지 올 수 있었다. 러시아, 러시아어 연구와의 관계도 그러했다. 내가 한국어의 시각에서 러시아어에 접근하고 있는 것이 아니라 보편의 관점에서 접근하고 있다고 강변하고 싶었던 때도 있었다. 어차피 보편도 구체를 매개로 해서 실현된다는 것을 모르는 바는 아니었지만, 왠지 마치 한국과 무관하게 추상화된 보편에서 접근하는 것이 더 깊이 있는 분석인 양 생각하고 싶었던 때가 있었다. 하지만 어차피 나의 시선을, 존재의 근거를 넘어선 또 다른 관점이 이미 나에게 존재하는 듯이 생각하는 것 자체가 지적 오만이고 욕망이었음을 깨닫는다. 어쩌면 나에 대한 자신 없음에서 기인하는 보호색이었을지도 모르겠다. 나의 시선을 더 깊고 넓게 하는 것은 절실히 필요한 과정이지만, 굳이 '오컴의 면도날'이라는 현학적 용어를 대지 않더라도, 또 다른 보편적 존재로서의 나를 상정할 필요는 없기 때문이다. 결국, 남는 것은 타자의 시선으로 나를 바라보는 것, 또 나에게 익숙하지 않은 지식 체계에 의해 생산된 정보들을 나의 지식 체계에 적용·환류해보는 것이리라. 이 과정이 또 역으로 타자에 대한 이해를 깊게 해줄 터다. 나의 한국어와 러시아어의 거리가 이러했으면 참 좋겠다!

여행을 떠나는 지인들이 가장 러시아적인 풍광을 담고 있는 곳을 추천해달라고 할 때, 늘 1순위로 떠오르는 도시가 바로 천 년의 고도 수즈달이다. 유리 돌고루키 공이 이곳을 로스토프–수즈달공국의 수도로 정한 건 1125년이지만, 문헌에 최초로 등장하기는 1024년이니 거의 천 년이 다 된 도시다. 사진에 보이는 목조 교회 말고도, 인구 1만여 명이 사는 전원풍의 소도시에 50여 개의 교회와 수도원이 곳곳에 펼쳐져 있어, 어느 각도에서 바라보더라도 자연과 어우러지는 고즈넉한 풍경과 고요가 일품이다. 마음과 머릿속 생각을 다 씻어주는 평화와 잔잔함이 지금도 그립다. 15세기 들어 모스크바공국의 지배를 받게 되면서 러시아 정교회의 중심지로 떠오른 이곳은 많은 교회가 17~18세기에 세워진 원형 그대로의 모습을 담고 있어, 시골길을 따라 찬찬히 걷다 보면 마치 중세 고도 속에 푹 잠긴 듯한 느낌을 받는다. 이미 유명한 관광지가 되었지만 시간이 멈춘 듯한 일상을 살아가는 현지인들을 보는 것도 색다른 재미다.

수즈달의
'목조건축교회
박물관'

홍택규

서울대학교 노어노문학과를 졸업했고 동 대학원에서 러시아 언어학 전공으로 석·박사 학위를 마쳤으며, 러시아과학아카데미 언어학연구소에서 대조언어학으로 어문학 박사 학위를 받았다. 현재 한림대학교 러시아학과 교수이며, 저서로 *Russkii glagol'nyi vid skvoz' prizmu teorii rechevykh aktov*(2003)가 있다. 러시아어 상을 위시한 동사 범주의 다양한 담화-화용적 현상을 주된 분석 대상으로 삼고 있지만, 동시에 문법론과 화용론, 서사론 사이의 방법론적 간극을 좁히는 데도 큰 관심이 있다.

러시아어, 말 전하면서 가까워진 내 친구

이혜승

　사람이 언어로 자신을 표현할 수 있는 분량은 전체의 10퍼센트도 안 된다고 한다. 내가 백 가지 생각, 백 가지 행동을 할 수 있다고 하더라도 정작 내 입으로 나의 언어를 통해 표출되는 것은 내가 가진 것, 혹은 내 머릿속에 저장된 것의 10퍼센트도 안 된다는 말이다. 통역은 그 10퍼센트도 안 되는 말을 분석하고 재조합해서 그 사람을 다른 사람에게 이해시키고 두 사람 사이를 중개하는 가장 적극적인 소통 행위다. 일반적인 단일 언어 소통이 상대방을 이해하고 나를 이해시키는 행위가 중심이 된다면, 통역은 단순한 이해를 넘어 그것을 다시 제삼자에게 전달하고 납득시키는 상황까지 포괄한다. 10퍼센트도 안 되는 만큼만 내뱉어진 어떤 사람의 말을 통해 통역은 그 사람을 다른 사람에게 이해시키고, 다른 사람과의 적극적 소통과 교류를 유도한다. 때로 통역은 말로 표현된 것 이상을 전달해야 할 때도 있고, 전달자를 넘어서 상황을 통찰하고 해결을 적극적으로 유도해야 할 때도 있다. 한순간도 섣부른 판단을 용인하지 않는 통역은 상황에 따라 때로 설득이자 협상이고, 거래이자 타협이 된다.

　러시아어 이인칭 대명사에는 친숙한 상대를 부르는 '너'(ty)와 격식을 갖추어야 하는 상대를 뜻하는 '당신'(vy), 두 가지 종류가 있다. 이 중 '당신'을 활용해서 재미난 표현을 만들어낼 수 있다. 내가 컴퓨터를 잘 다룰 줄 모른다면 "My s kom´iuterom na vy," 즉 "나는 컴퓨터를 당신이라고 불러", "나와 컴퓨터는 서로 당신이라고 부르는 사이야"라고 표현할 수 있다. 나와 러시아어의 지난 30년 상황을 떠올려보면 나는 아마 아직도 러시아어와 '당신'이라고 부르는 사이일지도 모르겠다. 매일 러시아어와 함께하지만, 통역을 준비하다 보면 몰랐던 표현, 생경한 단어들이 불쑥 나타나곤 하니 '너'라고 부르는 사이가 되려면 아직도 멀었나 싶은 안타까움이 생긴다. 하지만 그 때문에 더욱 애착이 가기도 한다. 하루가 다르게 변해가는 이 세상처럼 언어도 끊임없이 변화를 거듭하기에, 그 변화를 몸과 머리로 체화하고 말로 풀어내려면 그만큼 그 언어를 자주 찾고 접할 수밖에 없기 때문이다. 통역사로서 말을 전하면서 한국과 러시아, 한국어를 하는 사람들과 러시아어를 하는 사람들을 설득하고 연결하고 협상하고 거래해온 지난 시간의 단상을 잠시 나누어보려 한다.

비슷함을 통해 가까워진 러시아어

생소함과 복잡함. 러시아어를 배워본 적이 있는 사람들이라면 누구나 동의하는 공통의 경험이다. 조사를 통해 격을 표현하는 교착어인 한국어와는 달리 러시아어는 단어의 어미변화를 통해 격의미를 부여하는 굴절어다. 특정 단어 뒤에 '-은, -는, -이, -가'가 붙는 게 아니라 단어 자체의 형태가 변하면서 문장 내에서의 역할이 정해지는 것이다. 명사를 예로 들면, 하나의 단어가 여섯 개의 격 형태를 가지고 복수도 마찬가지로 여섯 개의 격 형태로 변하기 때문에 하나의 명사가 열두 개 종류로 어미변화를 한다고 보면 된다. 게다가 동사도 인칭에 따라 여섯 가지 종류로 형태가 변하고, 행위의 진행 혹은 완료 여부에 따라 각 동사는 완료상, 불완료상으로 나뉜다. 어느 곳으로 가는 행위를 지칭하는 이동 동사도 걸어가는지 이동 수단을 타고 가는지에 따라 종류가 달라지고, 다양한 접두사가 붙어서 행위의 구체적 방향과 특성을 부여한다.

이렇게 열거하다 보면 러시아어는 좀처럼 가까이하기 어렵게 까탈스러운 상대로 여겨질지도 모르겠다. 아마 이런 생소함과 복잡함뿐이었다면 지나간 시간 어디쯤에서 나 역시 포기해버렸을지도 모른다. 어렵고 힘든 과정에서 나를 지탱해준 건, 서로 너무도 멀어 보이는 한국어와 러시아어가 뜻밖에 지닌 유사점들이었다. 겉으로는 무뚝뚝하고 불친절해 보이지만, 친구가 되고 나면 많은 것을 베풀며 넉넉한 품을 내어주는 러시아 사람들에게서 한국인의 정情이라는 정서를 떠올리게 되는 것과 비슷했다. 배울수록 어렵다고 느끼면서도 그 가운데 뭔가 내가 쓰고 있는 한국어, 그리고 한국 사람들이 살아가는 모습과 비슷한 점을 발견하면서 러시아어에 대한 애착은 그만큼 오래 지속될 수 있었다.

주체를 내세우지 않아도

다른 외국어보다 우리에게 아무래도 더 친숙한 영어와 비교해보면 이해가 쉬울 것 같다. 영어에서는 행위의 주체가 주어로 항상 분명히 드러난다. 문법적으로 주어가 없는 문장은 성립되지 않는다. 하지만 한국어에서는 종종 주어가 생략된 문장을 발견할 수 있다.

신도시에 초고층 건물을 짓는다.

‒ 일하는 중이니?
‒ 아니, 점심 먹고 있어.

첫 번째 문장에서는 신도시에 초고층 건물이 건설되고 있는 모습을 주어를 생략하고 표현한 문장이다. 전후 맥락상 주어진 정보에 의해서 텍스트 참여자들이 누가 건물을 짓고 있는지를 알고 있는 경우 문장의 주어일지라도 생략이 가능한 것이다. 두 번째 문장의 경우 암묵적으로 화자와 청자가 서로 알고 있는 정보가 있기에 굳이 주어를 밝히지 않는 상황이다. 내가 누구에게 이야기하는지, 누구에게 대답하는지에 대한 앎을 화자와 청자가 이미 공유하고 있기에 굳이 주어를 붙여서 문장의 주체를 내세우지 않아도 되는 것이다.

러시아어는 어떨까. 러시아어도 역시 주어가 빠진 문장이 가능하다. 러시아어로 위 첫 번째 문장을 옮겨보면 이 문장은 부정 인칭문, 즉 인칭이 정해져 있지 않은 문장이 된다. 누가 해당 행위를 하는지가 중요하지도, 관심의 초점이 되지도 않는 경우 사용된다. 다시 말해, 주체와 관련된 정보보다 신도시에 초고층 건물이 지어지고 있는 사실이 더 중요하게 부각된다. 두 번째 문장 역시 러시아어로 비슷하게 옮겨진다. 상황적 맥락이 주어졌을 뿐 아니라, 동사의 인칭변화형으로 주어를 자동으로 유추할 수 있는 특징이 있다. 상대방을 향해 일하는 중이냐고 물을 때, ‘너’ 혹은 ‘당신’이라는 이인칭 대명사와 함께 쓰이는 동사 인칭변화형이 다른 인칭과 함께 쓰이는 변화형과 다르므로, 주어가 주어져 있지 않아도 그 형태적 표지만으로도 생략된 주어가 이인칭이라는 것을 알 수 있다.

두 언어에서 모두 주격으로 표현되는 문장의 주체가 드러나지 않아도 문장이 성립되는 것을 볼 수 있다.

주체를 드러내지 않아도 된다는 유사점은 소유를 나타내는 구문을 통해서도 살펴볼 수 있다. '-가 -을 가지고 있다'라는 소유의 의미를 나타내는 가장 일반적인 러시아어 구문은 '전치사 u + 생격' 구문이다. 소유하는 주체를 주격으로 나타내지 않고 전치사 u 다음에 생격 형태로 표현하는 것이다.

U menia est´ kniga.

위 문장을 그 문법적 특징을 살려서 한국어로 옮겨보면 "내게는 책이 있다"가 된다. 에리히 프롬이 『소유냐 존재냐』를 사유하면서 언급했던 것처럼 '가지다'라는 표현이 세계 모든 언어에 공유되지는 않는다는 점, 그리고 갈수록 언어들이 '가지다'라는 표현을 쓰는 방향으로 발전하고 있다는 점을 고려할 때, 러시아어의 위 구문은 소유의 의미보다는 나에게 속한 그 책의 존재 자체에 중심이 맞추어져 있다고 볼 수 있다. 한국어에서 "나는 책을 가지고 있다"라는 문장도 쓰지만, "내게는 책이 있다"라는 구문도 가능하다는 점을 상기해보면 여기서도 무언가 좀 비슷한 부분을 찾아낼 수 있을 듯하다. 두 언어가 소유보다 존재를 더 중시한다고 단정적으로 말하기는 어렵다 하더라도, 둘 다 적어도 어떤 사물을 누가 소유하고 있는지 주체를 밝히기 이전에 사물의 존재 자체에 의미를 부여할 줄 아는 언어라고 나름대로 정리해본다.

'예'도 되고 '아니요'도 되고

30년이 아니라 그보다 더 오랜 시간을 배워온 영어로 대화를 나눌 때 가장 빈번하게 저지른 실수 중 하나가 부정 의문문에 대한 대답이었다.

- 숙제 안 했나요?
- 예, 안 했어요.

위와 같이 한국어로 대화할 때, 숙제를 아직 하지 않았느냐는 질문에 대해 "예"라고 긍정으로 답한 사람은 숙제를 아직 하지 않은 상태이다. 안 한 사실을 긍정하는 "예"라는 답과 "안 했어요"로 표현된 행위 부정이 서로에게 위배되지 않는다. 그런데 영어의 경우 이대로 답하면 소통에 혼선이 생긴다. 영어에서는 숙제하지 않은 사실보다 숙제라는 행위 자체에 초점이 맞춰지기 때문에 했으면 'yes', 안 했으면 'no'로 대답을 해야 한다. 물음이 부정이든 긍정이든 숙제를 했으면 'yes', 안 했으면 'no'로 답한다. 러시아어는 어떨까.

- Ty ne sdelal domashnee zadanie? 숙제 안 했니?
- ① Da, ne sdelal. 예, 안 했어요.
- ② Net, ne sdelal. 아니요, 안 했어요.

숙제하지 않았다고 답하는 데에는 '예'(da), '아니요'(net) 모두 쓸 수 있다. 즉 숙제하지 않은 사실을 긍정하기 위해 '예'라고 답할 수도 있고 하지 않은 행위를 지칭하기 위해 '아니요'를 쓸 수도 있다. 물론, 더 표준

389

적인 것을 고르라면 ②번을 선택하게 되겠지만, 기본적으로 부정 의문문에 대해 행위의 부정과 긍정의 대답이 공존할 수 있다는 점에서 한국어와 유사한 특성을 발견할 수 있다. 이런 러시아어의 특성을 이용해서 다음과 같은 재미난 이야기가 만들어지기도 한다.

Na vopros referenduma: "Ne vozrazhaete li Vy, chtoby Putin poshel na tretii srok? budut 2 varianta otveta:
① Da, ne vozrazhaiu.
② Net, ne vozrazhaiu.

러시아 국민투표의 질문 "푸틴 대통령이 3선에 도전하는 것에 반대하지 않으십니까?"에 대한 답은 다음 두 가지이다.
① "네, 반대하지 않습니다."
② "아니요, 반대하지 않습니다."

때에 따라 '예'도 되고 '아니요'도 되는 러시아어, 바로 그래서 학습자로서 비집고 들어갈 틈이 더 많고 인간적이라고 느꼈던 건 아닐까 생각해 본다.

서술과 의문의 동거

내가 속해 있는 학교는 2017년부터 외국어학부 학부제로 학생들을 모집하기 시작했고, 학생들은 1학년을 마치고 영어, 중국어, 일본어, 프랑스어, 러시아어 중 하나를 전공으로 선택한다. 상황이 이렇다 보니 알파벳부터 생소한 러시아어는 학생들의 관심을 얻는 데 불리할 수밖에 없다. 1학년에 처음 입학한 학생들에게 러시아어가 어렵고 멀기만 한 언어가 아니라는 점을 보여주는 데 자주 이용했던 구문이 평서문과 의문문이다.

Eto ruchka. 이것은 펜이다.
Eto ruchka? 이것은 펜이니?

앞서 계속해서 예로 들었던 영어와 비교해보면 차이는 확연하다. 의문문을 만들려고 평서문에서는 보이지 않던 조동사를 끌어오거나 동사, 주어의 순서를 바꾸어야 하는 영어와 달리 러시아어는 평서문과 의문문 어순이 동일하다. 어순은 그대로 하고 평서문 문장의 억양 구조만 바꾸면 의문사 없는 의문문을 쉽게 만들 수 있다. 한국어는 의문문으로 만들려면 어미를 교체해야 하지만, 영어처럼 어순 자체를 바꾸어야 하는 상황은 아니다. 따라서 생소한 외국어를 배우는 학습자의 입장에서는 평서문과 의문문의 어순이 같은 러시아어식 구문이 여타 외국어와 비교하여 더 수월하게 느껴질 수 있다.

가더라도 방향과 상황을 일단 정하고 나서

러시아어에서는 어디로 가고 오는 행위를 지칭하기 위해 이동 동사를 활용한다. 그리고 그 움직임에 다양한 접두사를 붙여서 구체적인 방향성이나 특성을 표현한다. 예를 들어, '걸어서 한 방향으로 가다'를 의미하는 idti 동사 앞에 'vy-', 'v-', 'ot-', 'pod-' 등의 접두사를 붙여서 각각 '나가다', '들어가다', '떠나가다', '다가가다' 등의 의미를 부가한다. 영어를 생각해보면 좀 다르다. '가다'라는 뜻의 동사 'go' 뒤에 다양한 전치사가 붙어서 유사한 상황을 표현한다. 'go to', 'go into', 'go out'처럼 동사 'go' 이후 구체적 방향을 나타내는 전치사가 그 뒤에 이어 나오면서 해당 표현에 방향성이나 특성을 덧붙여준다.

한국어에서 움직임, 동작을 나타내는 동사 '가다', '오다'는 어떨까. 러시아어와 마찬가지로 해당 동사 앞에 무언가가 붙는다. '나다'와 '가다'라는 용언이 결합해서 '나가다'가 만들어지고, '들다'와 '가다'가 결합해서 '들어가다'가, '떠나다'와 '가다'가 결합해서 '떠나가다'가 만들어진다. 물론 앞에 덧붙이는 단어가 러시아어는 접사이고 한국어는 용언(어근)이지만, 구체적으로 가는 행위 앞에 미리 그 방향성이나 특성을 규정하는 무언가가 물리적으로 먼저 나온다는 점은 공통적이다. 이를 토대로 영어권에서는 일단 가는 행위를 먼저 시작하고 나서 방향을 결정하지만, 러시아어나 한국어 사용권에서는 가는 행위를 시작하기 전에 어디로 갈지, 어떻게 갈지를 결정하고 미리 정하고 간다고 말하기에는 무리가 있을지도 모르겠다. 하지만 공간과 움직임을 표현하는 데서 구체적 행위보다 방향성과 특성을 먼저 보여준다는 측면에서 한국어와 러시아어가 유사한 특성을 지닌 것은 분명해 보인다.

통역으로 말을 전하다

내가 러시아어를 처음 접한 것은 한국과 러시아가 공식 외교 관계를 맺은 1990년 바로 그해다. 그러다 보니 한·러 수교 ○○주년을 기념할 때마다 자동으로 러시아어를 익히고 배워온 지난 시간을 떠올리곤 했다. 올해는 30주년, 그러니까 러시아어를 써온 시간도 꼬박 30년이 되었다. 대학에서 처음 접한 키릴 문자와 생소한 발음, 복잡한 동사의 상 의미와 각종 접두사가 붙은 이동 동사들이 안겨주었던 도전과 고민은 학생이 아닌 선생으로서 역할을 수행하는 지금까지도 현재진행형이다. 아직도 러시아어는 내게 넘어야 할 산이자 하루하루 나의 게으름을 가늠할 수 있게 해주는 잣대이다.

통역을 업으로 삼게 된 계기는 참 단순했다. "사람과 사람을 연결할 수 있다." 통역사로서 일을 시작할 때부터 지금까지 가장 가치 있게 여기는 말이다. 내가 처음 맡았던 통역은 러시아 출신 축구 감독의 기자회견 통역이었다. 당시 부진을 면치 못하던 대한민국 축구대표팀이 꺼내든 회심의 카드가 러시아 출신 유명 감독의 영입이었고, 수많은 사람의 시선을 끌며 한국으로 부임하기 직전 감독이 한국 기자단을 상대로 진행하는 기자회견 현장에 러시아 교환학생 생활을 갓 마치고 돌아온 학부생이 통역으로 투입되었던 것이다. 도무지 끝날 것 같지 않던 두 시간 남짓의 통역도 어느덧 마무리되고 자리가 정리될 무렵, 한 기자가 내게 와서 말을 건넸다. 미소 띤 얼굴로 그 기자가 내게 꺼낸 말은 아직도 잊히지 않는다. "통역은 잘했는데, 왜 축구선수들을 농부, 일꾼으로 만들어요?" 무슨 말인지 못 알아듣는 어린 대학생에게 기자는 다시 설명했다. "선수들에 관해 기자들이 질문할 때마다 감독의 말을 통역하면서 계속 '일한

393

다'고 했잖아요. 누구도 일 잘하고, 누구도 일 열심히 하고, 누구는 일 많이 하고. 축구 선수가 무슨 일을 그렇게 많이 해요."

그랬다. 러시아어에서 '일하다'라는 뜻의 동사 'rabotat´'는 우리말의 '일하다'보다 범위가 더 넓다. 학생이 공부하는 것도 일한다고 말할 수 있고, 선생이 가르치는 것도 일한다고 표현할 수 있다. 축구선수가 플레이를 잘하는 것도 일을 잘한다고 할 수 있다. 당시 감독은 이 'rabotat´' 동사를 적극적으로 활용해서 자신이 선수들을 어떻게 평가하는지를 설명했고, 그 동사를 나는 내리 '일한다', '일 잘한다', '일 열심히 한다'로 통역했던 것이다. 본의 아니게 나의 통역을 통해 한국의 축구 선수들은 일 잘하는 농부가 되어버린 셈이다. 하지만 이 일을 계기로 나는 통역이라는 직업에 대해 더 관심을 두게 되었다.

맥락 혹은 화자의 의도에 따라 하나의 단어, 하나의 발화는 얼마든지 다르게 해석될 수 있고, 그것을 어떻게 전달하느냐에 따라 소통의 효과는 반감될 수도 극대화될 수도 있다. 시야를 더 넓혀, 16세기 에스파냐의 신대륙 정복에서 중요한 역할을 수행했던 통역 말린체Malinche, 7~8세기 이슬람교의 아프리카 전파를 위해 아랍어 설교를 담당했던 통역사들, 기원전 5~6세기 유대인들의 예배를 위해 봉사했던 히브리어-아람어 통역사들을 되돌아보면, 이문화권 의사소통의 중심에 있는 통역은 인류 문명의 교류 및 발전과 그 궤적을 같이해왔음이 잘 드러난다. 서로 다른 언어와 문화 사이에 만들어지는 수많은 교류 안에는 그것을 가능하게 하는 다양한 소통의 주체가 있다. 주체 사이에 빚어질 수 있는 수많은 갈등과 오해는 그것을 중개하는 역할에 따라 생각보다 수월하게 해결될 수도 있지만, 역으로 그 골이 깊어질 수도 있다.

통역으로서 한국과 러시아, 한국어와 러시아어 사이를 넘나들며 지낸 지난 30년은 새뮤얼 베케트의 말처럼 더 나은 실패(fail better)를 위해 노력해온 시간이 아니었나 싶다. 성공이라고 평가받든 그렇지 못하든, 나에게 매번의 통역은 다음번에 더 나은 실패를 하기 위한, 용기를 낸 도전이었다. 쉽지 않았던 그 여정을 함께 해준 러시아어 —— 주체를 잘 내세우지 않고, '예'도 되고 '아니요'도 되고, 서술과 의문이 동거하는 가운데, 가더라도 방향과 상황을 일단 정하고 나서 가는 러시아어라는 친구에게 그동안 함께해주어 행복했다고, 그리고 앞으로의 여정도 같이했으면 좋겠다고 말해주고 싶다.

내가 사랑한 러시아

모스크바국립대학교는 내게 언제든 다시 돌아가고 싶은 시간과 공간을 선사해주었다. 더디고 게으른 대학 생활로 4학년이 되어서야 떠났던 교환학생. 그곳에서의 1년은 다른 어떤 시간, 공간과 비교할 수 없을 만큼 그립고 아쉽다. 곧 돌아오리라 쉽게 생각하고 떠났지만, 이후 길게 이어진 학업의 여정에서 나는 그곳에서 공부할 기회를 다시 가질 수 없었다. 되돌아갈 수 없는 스물셋의 내가 그리운 건지, 뒤처진 학업을 따라가고자 매일 정신없이 러시아어만 들여다보았던 그때의 열정이 그리운 건지, 세계 곳곳에서 각자 저마다의 사정으로 그때 그곳에 모였던 독특한 인연들이 그리운 건지, 사실 잘 모르겠다. 단편적으로 남아 있는 기억의 조각들만으로도 언제든 나를 희미하게라도 웃을 수 있게 해주는 그곳, 그 공간이 내게는 러시아의 어느 모습보다도 사랑스럽다.

'참새 언덕'에 있는
모스크바국립대학교
본관 건물

이혜승

연세대학교 노어노문학과를 졸업했고 한국외국어대학교 통번역대학원에서 석·박사 학위를 받았다. 2018년 문재인 대통령의 러시아 국가두마(하원) 연설을 비롯해서 한국과 러시아어권 국가 관련 정상급 행사와 국제회의를 통역하고 있다. 현재 수원대학교 러시아어문학과 교수이며, 한국형 온라인 공개강좌(KMOOC)인 '글로벌 소통의 중심, 통역과 번역'을 운영하고 있기도 하다. 저서로는 『은유는 번역될 수 있는가』(2011), 『내게는 특별한 러시아어를 부탁해』(2017), 『통역과 번역의 이해』(2018)가 있고 역서로는 『나보코프의 러시아문학강의』(2012)가 있다.